POUR UNE ÉCONOMIE POPULAIRE ET RÉVOLUTIONNAIRE

5-7, rue de l'École polytechnique, 75005 Paris

www.harmattan.fr

ISBN : 978-2-14-025506-9
EAN : 9782140255069

Ahmed Sékou Touré

POUR UNE ÉCONOMIE POPULAIRE ET RÉVOLUTIONNAIRE

TOME XX

L'Harmattan

POUR UNE ÉCONOMIE
POPULAIRE ET RÉVOLUTIONNAIRE

AHMED SEKOU TOURE
Responsable Suprême de la Révolution
Secrétaire Général du Parti-Etat de Guinée

AVANT - PROPOS

L'histoire a pour trame le combat du Peuple pour le pouvoir d'être et pour le pouvoir de devenir. C'est dire la place importante qu'occupe dans l'histoire la lutte du Peuple pour satisfaire ses besoins vitaux, pour nourrir, se vêtir, se soigner, se loger, s'éduquer et s'instruire, enfin pour résoudre tous les problèmes matériels et immatériels de la solution desquels dépend son équilibre interne et externe.

L'histoire donc exige que le concept de bonheur se traduise de façon dynamique par un niveau de créativité chaque fois renouvelé et accru. Et si, périodiquement, la Révolution guinéenne veut que chaque étape parcourue soit examinée à la lumière des enseignements qu'elle comporte, c'est encore pour armer les militants et les responsables d'éléments nouveaux pouvant contribuer au perfectionnement des organismes et à la qualification des hommes. Chaque jour on s'instruit ; la victoire instruit, l'échec instruit, tous les phénomènes de la vie sanctionnant une activité doivent se transformer en moyens de formation et de surformation.

Ahmed Sékou Touré

CHAPITRE PREMIER

Le Développement économique

La vocation des Peuples et des nations au développement historique est une donnée commune et permanente, car toute entité sociale vise à accroître ses capacités et ses moyens en vue de satisfaire ses besoins.

Toutefois, le développement, pour se réaliser dans l'intérêt des Peuples, implique nécessairement certaines conditions objectives et morales dont les plus essentielles sont :

Les Conditions politiques

Indépendance nationale et souveraineté réelle.
Liberté, égalité et solidarité des producteurs ;
Garantie de sécurité et de justice ;
Mode de production et rapports de production justes ;

Les Conditions organisationnelles

Structures organiques favorables au développement ;
Organisation rationnelle du travail ;
Responsabilité collective dans la détermination des objectifs et des moyens du développement.

Les Conditions socio-culturelles

Structure sociale démocratique ;
Libération des initiatives ;
Conscience nationale dynamique ;
Volonté collective de progrès par le travail ;
Enseignement scientifique ;
Education technique et professionnelle du Peuple ;
Besoins internes et externes du développement ;

Les Conditions naturelles

Existence et valorisation des ressources naturelles (richesses du sol. du sous-sol, de la forêt, des mers et fleuves, du cheptel et de la faune, etc...).

Les Conditions techniques

Disposer de moyens techniques de travail en rapport constant avec les capacités et les besoins du Peuple.

L'élaboration et la conduite d'une juste politique de planification du développement économique, social et culturel du Peuple pour éviter à sa croissance tout caractère anarchique et anti-social.

Chaque pays, en plus de l'étude sérieuse de ses conditions spécifiques, doit analyser objectivement l'utilisation combinée de ses divers facteurs politiques, économiques, techniques et humains en vue d'engager valablement son développement tout en lui conférant à la fois une ampleur et un rythme satisfaisants et une nature démocratique et harmonieuse.

Nous avons déjà affirmé que le P.D.G. opte pour un développement harmonieux et équilibré, un développement conçu, décidé et réalisé par et pour le Peuple ; un développement qui exclut l'exploitation capitaliste et l'appauvrissement des masses laborieuses au profit d'une classe économiquement dominante.

Nous avons également précisé que la République de Guinée ne fait pas la politique de son économie mais plutôt l'économie de sa politique révolutionnaire.

L'affirmation de la volonté de progrès par une nation ne suffit pas, celle-ci doit mettre concrètement en action son génie créateur dans une entreprise de valorisation constante de toutes les richesses potentielles de son Peuple et de la nature.

C'est pourquoi, dès l'indépendance du pays, le P.D.G a mis sur pied toutes les structures organiques, indispensables à sa promotion, précisé les principes directeurs et adopté les méthodes de travail les mieux appropriées à la traduction concrète de la volonté créatrice de progrès qui anime notre Peuple.

Le choix fait en faveur de la Planification scientifique, de la mobilisation de toutes les énergies populaires dans les efforts de production, et la volonté d'assurer une rentabilité sociale à toute entreprise économique guinéenne constituent à la fois le cadre et le contenu qui correspondent le mieux aux aspirations progressistes du Peuple laborieux de Guinée, lequel après avoir subi l'économie féodale et l'économie capitalo-coloniale, entend désormais se libérer totalement de la misère par le travail de tous et de chacun, dans une totale justice sociale.

Compte tenu des conditions objectives de la situation actuelle du Peuple guinéen et de son économie, les objectifs du développement rapide et dynamique de la nation ne peuvent être efficacement et pleinement atteints qu'à condition que la méthodologie de notre action économique soit fondée sur une échelle de priorités correspondant aux différents niveaux de possibilités que nous offrent les différents secteurs économiques du pays. L'industrialisation est le souhait ardent du Peuple guinéen car, par la machine et l'énergie électrique, le Peuple peut produire quantitativement et qualitativement des biens et marchandises que l'énergie humaine seule ne saurait lui procurer, quel que soit le niveau de qualification physique et intellectuelle des masses laborieuses. Les conditions naturelles de la Guinée militent en faveur d'un développement industriel continu. Mais, ne nous y trompons pas ; pour pouvoir courir, il faut savoir marcher et pour pouvoir marcher, il faut pouvoir se tenir debout sur deux jambes autrement dit, il faut utiliser judicieusement ce qui existe pour pouvoir l'accroître en acquérant ce qui manque.

L'industrie, c'est la transformation en biens de consommation ou en d'autres moyens de production, et à divers degrés de finition, de matières brutes d'origine minérale, végétale ou animale. Pour industrialiser, il faut que :

1. les matières premières puissent être produites ou qu'on puisse se les procurer ;

2. les machines puissent être acquises ;

3. l'on dispose des sources d'énergie pouvant faire fonctionner ces machines ;

4. les travailleurs puissent vivre correctement ;

5. les ouvriers, techniciens, ingénieurs, etc., soient compétents.

Ces différents points fixent les préalables qui s'imposent avant l'industrialisation et les conditions à développer au cours de l'industrialisation.

D'une façon plus directe il faut, préalablement, qu'une production agro-pastorale, abondante et à grand rendement, fournisse à la population toute la nourriture dont elle a besoin pour vivre et développer toutes ses énergies, et à la nation le surplus dont l'exportation lui permettrait d'importer les machines-outils et d'assurer le paiement des experts et techniciens étrangers devant former et entraîner les nationaux.

Si l'on ne prend pas la précaution de développer au préalable une agriculture puissante permettant de se procurer les moyens de l'industrialisation, on se trouverait devant l'alternative suivante : soit se mettre à la disposition de quelque puissance impérialiste, soit brader les ressources naturelles de la nation par l'exploitation excessive des richesses minières.

D'autre part, la pratique d'une agriculture moderne, en raison de l'habileté gestuelle et intellectuelle qu'elle développe chez le paysan, prépare ce dernier à devenir un ouvrier avisé ; l'agriculture devient ainsi une assise de l'industrie.

Résumons-nous.

L'Agriculture crée l'industrie, laquelle développe et dirige l'agriculture.

C'est la dialectique de l'Agriculture et de l'Industrie.

Si on développe l'Agriculture sans aller à l'industrialisation, c'est à la stagnation qu'on aboutit ; si on développe l'industrie avant un développement adéquat de l'agriculture c'est à la catastrophe qu'on aboutit.

Dans les pays hautement développés, la science et la technologie moderne ont permis l'exploitation et la mise en valeur d'immenses ressources agro-pastorales et ont favorisé la révolution industrielle. C'est ainsi qu'au préalable, une solide agriculture avait permis l'édification industrielle.

En effet, en se développant sur des bases scientifiques et rationnelles, l'agriculture a fourni à l'industrie, non seulement de la matière première, mais aussi et surtout des capitaux nécessaires à de nouveaux investissements d'expansion. Ce phénomène a permis le développement de l'industrie lourde et de la chimie agricole. D'une manière générale, à quelques exceptions près, seuls les pays où la production agricole est de beaucoup supérieure aux besoins de la population possèdent une économie développée et une industrie forte. Par contre, dans les pays dont l'agriculture stagne dans des formes traditionnelles arriérées, le standard de vie des masses est en général bas et le développement économique lent.

En République de Guinée, comme aux Etats-Unis ou en Union Soviétique, le développement économique général est étroitement lié au développement de l'agriculture. Or, nos ressources et possibilités agro-pastorales sont considérables et les facteurs climatiques, écologiques et sociaux sont favorables à l'implantation et au développement d'une économie rurale diversifiée et prospère. Les potentiels de nos 4 régions naturelles, avec de nombreux cours d'eau, un régime pluviométrique bien réparti sur la saison humide, d'immenses plaines propres à la riziculture, des forêts, des savanes et des montagnes, font de la Guinée la synthèse des meilleures zones agricoles africaines propices à la plupart des cultures tropicales, à l'élevage intensif et à la pêche fructueuse.

L''indépendance politique serait un leurre et notre option anti-impérialiste illusoire, si notre production agricole ne satisfait pas nos besoins en denrées alimentaires, en matières premières pour nos Usines et en produits d'exportation susceptibles de consolider nos échanges extérieurs et de favoriser par là l'équipement moderne de nos secteurs économiques sociaux et culturels. Mais à l'instar de la plupart des pays en voie de développement, la Guinée ne dispose pas de moyens financiers et techniques suffisants pour mener à brève échéance sa révolution agricole. Pour y parvenir, elle est obligée de s'appuyer essentiellement sur la force de son Peuple organisé et constamment mobilisé au sein de son grand Parti, le P.D.G. C'est pourquoi, dès l'indépendance, le Parti et le Gouvernement se sont assigné, pour tâches prioritaires dans notre politique de développement non capitaliste, l'éducation des masses paysannes, la modernisation progressive, l'organisation et l'utilisation rationnelles de leurs moyens de production.

Enfin, si l'industrialisation de la Guinée et l'essor infini qu'elle insufflera à la promotion économique de la nation constituent notre légitime aspiration au progrès général, il ne doit pas être perdu de vue que l'agriculture constitue l'élément fondamental qui doit étayer et permettre le développement des possibilités de cette promotion économique, du moins dans la phase actuelle de notre développement historique. Or le développement agricole étant conditionné directement par un certain nombre de facteurs propres, il convient à tout moment d'étudier les conditions de sa réalisation.

STRATEGIE DU DEVELOPPEMENT

La paysannerie constitue en Guinée la couche sociale la plus nombreuse. Elle représente en effet la majorité du Peuple.

Elle pratique l'agriculture, l'élevage, l'artisanat, la chasse et la pêche. C'est elle qui produit tous les biens vivriers dont la majeure partie rentre dans l'auto-consommation et dans le circuit commercial pour servir soit à la consommation des autres couches sociales, soit à l'exportation.

La paysannerie guinéenne emploie, dans l'agriculture, des moyens et des techniques archaïques, et le rendement reste faible bien que les efforts soient considérables.

Son niveau de vie est en général très bas par rapport à celui atteint par le travailleur industriel, le fonctionnaire et le commerçant.

La promotion paysanne constitue la pierre angulaire de la stratégie du développement planifié et équilibré de la Nation, l'élément primordial dont le progrès général et rapide demeure indubitablement la base fondamentale et le moteur déterminant de l'évolution dynamique et harmonieuse du Peuple guinéen.

En effet, non seulement la proportion que représentent les paysans dans la population guinéenne est à considérer, mais aussi les richesses et les moyens qu'ils libèrent et qui alimentent les autres activités économiques représentent encore, en volume et en valeur, la part la plus considérable du revenu national.

Les transports, le commerce, les banques, l'industrie dépendent directement de l'importance de l'économie rurale: production agricole, pastorale, artisanale et maritime.

Le but essentiel fixé aux activités productives du Peuple guinéen est de permettre la satisfaction de l'ensemble des besoins de la Nation. Le Peuple doit être nourri, logé, instruit, et soigné convenablement ; ses besoins collectifs : infrastructures et structures diverses, sécurité, paix, etc., doivent également être satisfaits à la convenance de tous et de chacun.

Or, ces diverses exigences matérielles, morales et culturelles impliquent nécessairement des moyens que seul le travail créateur du Peuple peut engendrer, préserver et développer progressivement.

Nous sommes conscients de ce que la qualité technique des moyens de production est en rapport direct avec l'importance quantitative et qualitative de la production.

Nous savons également que les capacités réelles du Peuple dans la satisfaction de ses besoins sont liées au niveau d'industrialisation du pays.

Toutefois, comment la République de Guinée pourra-t-elle disposer de toutes les usines et fabriques, de toute l'infrastructure nécessaire à son progrès économique sinon qu'en se servant utilement de ses propres moyens d'accumulation.

Or l'accumulation nationale ne peut être obtenue en dehors des deux conditions suivantes :

a) Produire toujours plus;

b) Epargner davantage, car le développement n'est pas possible sans accumulation de biens, bien que celle-ci, sans les autres facteurs, ne puisse promouvoir celui-là.

Or, si l'on ne peut épargner que ce qui existe après la consommation normale, l'on ne peut aussi produire que ce qui est productible en tenant compte des possibilités qu'offrent à l'homme la nature et les moyens dont il dispose.

Il est ainsi facile de réaliser que le développement économique de la Guinée repose en premier lieu sur l'exploitation des possibilités naturelles et l'amélioration des moyens de production agricole dont le Peuple dispose actuellement.

Autrement dit l'industrialisation de notre pays est fondée, dans cette phase, sur les activités créatrices de nos masses paysannes.

Ainsi, le progrès des paysans guinéens doit-il être désormais compris comme la clef déterminante de notre victoire en matière d'industrialisation du pays.

Le développement rapide de l'économie rurale doit pouvoir satisfaire notamment les objectifs suivants :

a) Accroissement quantitatif et qualitatif de la production vivrière afin de combler tous les besoins alimentaires de la population guinéenne et de mettre définitivement fin à toute importation de denrées alimentaires.

b) Approvisionnement correct et régulier des unités industrielles en matières premières. Ces unités implantées ou à implanter - par exemple l'usine textile, l'usine de tabacs et allumettes, les usines de jus de fruits et de conserves de viande ou de poissons, l'usine de chaussures, la sucrerie - ne peuvent en effet tourner à plein rendement qu'à la seule condition que tous leurs besoins en matières premières soient couverts par l'économie rurale ; et ceci implique que la production de la paysannerie guinéenne soit largement développée pour permettre à ces différentes usines de transformation de fabriquer les biens de consommation rentrant dans l'accomplissement de leur mission industrielle.

c) accroissement du volume des exportations agricoles afin de procurer à la Caisse Nationale des Devises suffisamment de moyens financiers avec lesquels l'Etat pourra honorer ses dettes extérieures et, en même temps, satisfaire ses besoins d'importation nécessaires au développement économique et au bien-être social et culturel de la Nation. Le Peuple guinéen, conscient de ce que le développement économique, social et culturel ne peut s'accomplir sans l'augmentation constante de la production, doit en conséquence consolider régulièrement les bases matérielles et morales de ses activités créatrices. Il doit également assurer l'éducation professionnelle et technique, renforcer la conscience professionnelle et civique, parfaire les rapports de production afin de pouvoir engager valablement toutes les énergies intellectuelles, physiques, morales dans le travail créateur dont l'organisation dynamique et rationnelle constitue le facteur déterminant de la promotion générale de la nation. Au niveau de la paysannerie, des efforts doivent se poursuivre en vue de constituer et de consolider les coopératives de production permettant la mise en commun des ressources et des capacités de travail d'un plus grand nombre de travailleurs attelés à une même entreprise de production. La coopérative demeure non seulement le cadre efficace pour stimuler et élever la production et la productivité, mais aussi pour susciter un esprit qui traduise une prise de conscience d'un Peuple engagé dans la voie de la socialisation du travail et des moyens de production. La structure du Parti permet une mobilisation poussée de tous les paysans, une organisation de leurs activités dans le cadre de normes de travail scientifiquement évaluées et dont le dépassement constant reflétera le rythme de la croissance économique du pays. La formation technique professionnelle de la paysannerie, le développement de son ingéniosité, l'animation et le contrôle de ses activités, une juste politique des prix des produits agricoles appuyée par une action d'éducation politique permanente constituent autant d'obligations que le Parti et son administration doivent efficacement remplir. La Révolution économique signifie en premier lieu la Révolution paysanne qui doit s'exprimer dans tous les domaines de la vie des couches paysannes à travers les principes, les méthodes et les moyens pratiques de promotion matérielle, intellectuelle et morale. Les conditions doivent donc être créées pour faire du paysan l'égal de tout autre travailleur, ayant la même compétence et le même rendement. Aucun complexe ne doit marquer le rapport du paysan avec ses frères agissant et exerçant des activités productives dans d'autres domaines. Les sessions périodiques du Conseil National de la Révolution, les conférences trimestrielles et semestrielles des fédérations et des sections, les assemblées hebdomadaires des divers P.R.L. de village, doivent nécessairement être dominées par les préoccupations du développement de la production agricole et nul doute que les résolutions relatives aux conditions du travail, aux normes du travail ne s'améliorent régulièrement et n'aboutissent finalement aux objectifs établis par le Peuple de Guinée dont le mot d'ordre décisif est désormais «**Se suffire**». En effet, le Peuple de Guinée peut et doit nécessairement se suffire, c'est-à-dire se considérer comme seul artisan du progrès de la nation, et mettre tout en œuvre pour vaincre les difficultés du développement en assurant la mise en valeur méthodique et coordonnée de toutes les possibilités d'enrichissement continu du patrimoine national.

«**Se suffire**» est donc le principe qui traduit mieux la nouvelle mentalité du militant révolutionnaire guinéen qui reste conscient de ce que la Révolution est la satisfaction intégrale des besoins sensibles et concrets de l'homme et de la société. Notre Peuple déjà unifié sur la base nationale s'éduque idéologiquement et techniquement en conséquence ; il développe l'enseignement scientifique, il organise et adapte continuellement les structures économiques et les pratiques économiques susceptibles de stimuler le rythme de la croissance nationale des différents secteurs de la production.

Les prix pratiqués pour la commercialisation de la production agricole et animale ont vivement encouragé les paysans guinéens et leur ont permis de procéder à des investissements considérables en vue d'améliorer leur mode de vie. **Des milliers de maisons d'habitation en dur couvertes de tôles, l'élégance et la variété de la tenue vestimen-**

taire et l'abondance de la nourriture que l'on constate actuellement dans les villages ne sont-ils pas des signes certains de l'élévation du niveau de vie des paysans ?

La volonté de progrès social, chaque jour plus développée grâce à l'éducation populaire qui aiguise la conscience et crée en chaque individu le besoin d'élever sa condition humaine, renforce constamment les justes motivations de l'augmentation progressive du volume de la production de chaque famille paysanne.

Mais il est encore impérieux, face à la volonté créatrice et à l'aspiration légitime des masses de la campagne, que le circuit du commerce intérieur s'adapte mieux aux besoins du Peuple et serve à encourager et à stimuler ses efforts de production.

En effet, le secteur commercial continue de préoccuper sérieusement le P.D.G. et l'Etat. En raison de graves défaillances préjudiciables au bien-être populaire et en dépit des nombreuses réformes de ses structures, le fonctionnement du commerce intérieur laisse encore à désirer. Force nous est de reconnaître que si les mesures d'assainissement économique prises en application de la Loi-Cadre du 8 Novembre 1964 ont positivement contribué à la normalisation du commerce intérieur, certains des cadres dirigeants de ce secteur continuent encore, en complicité avec des anciens commerçants et même avec certains responsables du Parti ou de l'Etat, à se livrer à des malversations.

Une fois de plus, il faut dire que les Gouverneurs de Régions et les Commandants d'Arrondissements doivent considérer que toute défaillance dans le domaine de la répartition des marchandises constitue une aide consciente ou inconsciente à la contre-révolution ; de telles incuries bafouent l'autorité du P.D.G., affaiblissent le prestige du Gouvernement et compromettent l'équilibre économique du Peuple.

Dans le secteur des transports aériens, ferroviaires et routiers, de gros efforts ont été entrepris par l'Etat en vue d'améliorer l'état et la qualité des routes, des aérodromes et du chemin de fer Conakry-Kankan. Mais tout de même, un grand effort reste encore à fournir : nous avons cinq régions administratives riveraines de l'Atlantique dont quelques-unes largement ouvertes sur l'océan par une série de «rias».

Aussi, nous disposons, à l'intérieur, d'importants biefs navigables sur nos principaux cours d'eau ; or le transport fluvial revient environ dix fois moins cher que le transport par terre ; ce fait est si important que les pays techniquement avancés creusent des canaux pour se créer des voies navigables artificielles.

Il est donc anormal que nous continuions à ignorer ces possibilités : nous devons augmenter, dans des conditions incomparablement économiques, nos moyens de transport. L'une des décisions du 8è Congrès du P.D.G. consiste à définir les moyens par lesquels nous utiliserons, au maximum, toutes nos voies d'eau, que ce soit le cabotage le long de nos côtes ou la navigation intérieure.

Toute cette analyse nous amène à circonscrire avec netteté notre **Stratégie du développement :**

La Nation et son Parti ne peuvent pas raisonnablement tolérer plus longtemps que dans ce pays aux ressources naturelles variées le Peuple manque encore quelquefois de produits de consommation de base.

La Nation et son Parti ne peuvent pas attendre de quelque puissance étrangère qu'elle daigne leur créer un foyer de bonheur. Le Peuple de Guinée et son Parti, le PDG ont consciemment choisi la voie rude qui consiste à compter sur leurs propres forces, **ils entendent ne compter que sur ces forces.** Nous ne nous bercerons d'aucune illusion. Dans la voie du développement, aucune mesure ne sera jugée trop énergique. Les exigences du triomphe de la Révolution guinéenne imposent à chaque militant, à chaque unité de production, à chaque centre de conception ou d'exécution les mesures les plus adéquates et les plus strictes afin de permettre au Peuple de Guinée de sortir du sous-développement économique avec une rapidité, une assurance, une fierté à la hauteur des efforts fournis pour briser les chaînes de la domination étrangère et ébranler en Afrique le système de domination coloniale.

La ligne directrice de cette stratégie du développement est jalonnée par les points suivants :

1. Instaurer dans tous les secteurs productifs la rigueur qu'exige l'obtention des normes de rendement estimées les plus avancées, dans les limites de l'outillage utilisé. A une tâche déterminée, l'on ne devra jamais affecter un effectif supérieur à celui normalement requis. Ce serait donner une prime à l'incompétence. Le travailleur malhabile apprendra par un temps plus long de travail et ainsi seulement, à force de bonne volonté, il réussira nécessairement à acquérir la compétence voulue.

2. Employer immédiatement la plus grande partie de l'énergie physique et intellectuelle de la Nation à accroître, dans des proportions très importantes, la production agricole, pastorale et marine en quantité et en qualité, en faisant le maximum pour que le rendement soit comparable, toutes proportions gardées, à celui des pays tropicaux les plus avancés dans l'agriculture. Sur ce point précis, les responsables politiques et administratifs dans nos campagnes devront se convaincre de ce que le vrai militantisme exige, surtout de chaque militant paysan, de réussir à arracher à la terre le maximum qu'elle puisse nous donner. Nous demandons aux cadres responsables de cesser désormais de démobiliser les camarades paysans, en les arrachant à leurs occupations à tout propos pour les faire participer à des manifestations dans les chefs-lieux. C'est dans leurs champs, sur leurs lieux de travail que les cadres responsables doivent aller trouver les camarades paysans pour participer réellement, concrètement à leurs côtés, à leurs efforts de production. C'est celà, la véritable manifestation politique. Sinon, c'est d'une mystification politique qu'il s'agit : on trompe le

paysan en lui faisant croire que le militantisme dans le Parti consiste à venir faire de l'exhibitionnisme en ville; on mystifie de même le responsable politique que l'on reçoit par cette mobilisation intempestive en lui faisant croire que tout marche pour le mieux dans la meilleure des fédérations. **La mobilisation politique doit être l'apothéose du travail bien fait.**

3. Assurer le fonctionnement maximum des usines de transformation déjà installées, en leur procurant, par notre propre production, les matières premières d'origine végétale et animale leur permettant de fonctionner à plein rendement et non plus au cinquième ou au tiers de leurs possibilités. En même temps rendre plus saine et plus rigoureuse la gestion de ces usines en considérant la carence comme un délit, et la malversation comme un crime, et les punir comme tels. S'il est difficile de bien mener la gestion d'une entreprise, il est par contre relativement facile de renoncer à l'honneur que l'on vous fait en vous y nommant.

4. Recenser les produits de base entrant d'une façon immédiate dans la consommation du Peuple (aliments, vêtements, médicaments) et déterminer ceux que nous pouvons fabriquer sur place à court, moyen et long termes. Mener parallèlement la construction des usines avec les travaux de production des matières premières de sorte que plus jamais une usine ne soit achevée sans que son ravitaillement puisse être assuré en matières premières.

5. Installer dans le même temps et avec le même ordre de priorité que les usines, les fabriques auxiliaires de l'Agriculture pour le petit outillage agricole, les engrais, les emballages, etc.

6. Considérer la lutte contre la corruption et la dilapidation des biens de l'Etat et de la Nation comme une action positive de développement, et prendre à l'encontre des contrevenants les mesures de coercition les plus extrêmes. Mais pour mener efficacement une telle lutte, il faut être soi-même pur et sans défaillance.

Aucun responsable politique ne peut plus disposer à sa guise et pour des fins spéculatives, de travailleurs dont il monnaie les activités. Aucun fonctionnaire ne peut plus se créer ou entretenir une source de revenu parallèle qu'il accomplit lui-même.

7. Enfin, dans le domaine de l'alimentation, nous devons absolument envisager l'utilisation intégrale de nos productions agricoles actuelles, pour varier la gamme des produits alimentaires, devenir désormais omnivores et non plus des consommateurs exclusifs de riz. Nous savons que sur ce sujet, l'on a organisé de nombreux séminaires, mais nous savons aussi que ces séminaires terminés, chacun rentrait chez soi pour continuer à manger du riz. La culture du maïs, du manioc, de l'igname, des grosses bananes, du taro, de la patate, de haricots et d'autres légumes doit être intensifiée, et leur commercialisation, à l'intérieur du pays, doit être encouragée.

Oui, nous pouvons créer l'abondance et nous nous engageons à le faire.

En un mot, pour que la Nation honore pleinement le mot d'ordre «**Se suffire**» il est impératif que chacun reste hautement conscient de la nécessité du travail créateur qui permet de produire en quantité chaque année plus grande, et en qualité chaque année plus élevée, tout en assumant avec honnêteté et efficacité sa part complète de responsabilité dans la meilleure utilisation et dans la scrupuleuse conservation des acquis de notre Peuple.

CONTENU DE CLASSE DES CONCEPTS DE «CIVILISE ET NON-CIVILISE»

Jusqu'à la Seconde Guerre mondiale, le terme : «sous-développement», était absolument absent du vocabulaire politique. On parlait alors de civilisés et de non-civilisés. Les puissances colonialistes arrivées à l'apogée de leur gloire voulaient assurer la pérennité de leur domination. Et ces puissances ne pouvaient y réussir et résister aux coups que leur portaient les Peuples coloniaux qu'en alléguant la prétendue «mission civilisatrice des Peuples civilisés» auprès des Peuples barbares. Le monde devait donc être subdivisé en « pays civilisés » et en « pays barbares», les civilisés» ayant le devoir d'inculquer par le feu, le fer, les drogues, leur civilisation de rapine aux «non-civilisés» et comme frais de cette prestation de service, le droit de s'emparer de leurs ressources minérales et agricoles, et d'utiliser leurs forces de travail pour la satisfaction des besoins des «civilisés».

Les concepts économico-politiques de «civilisés et de «non-civilisés» étaient essentiels pour la justification des guerres de conquêtes coloniales.

Au cours de la Deuxième Guerre mondiale, des atrocités indicibles ont été commises au cœur même des Nations dites civilisées, des atrocités semblables à celles que commettent les puissances coloniales dans leurs colonies, à l'ombre des forêts, des plantations de cacaoyers, de caféiers ou d'hévéas, mais également à l'ombre des prisons et de la conspiration du silence de l'opinion internationale. Et ces atrocités n'avaient plus l'excuse de ne s'exercer que sur des Africains, des Asiatiques ou des Sud-Américains nés pour subir «légitimement et légalement» tous les crimes de génocide dans lesquels l'impérialisme colonialiste s'était rendu maître.

Mais il s'agissait plutôt de crimes commis sur la personne d'authentiques fils des métropoles capitalistes, sur d'authentiques « civilisés » et par d'authentiques «civilisés». Aucune ombre n'était assez épaisse pour les couvrir de son manteau. Des tribunaux de criminels de guerre ont été créés pour laver l'Europe capitaliste de la souillure, conséquence néfaste d'une cause qu'on laisse intacte, ou mieux que l'on développe ; or pour supprimer les guerres, il faut extirper de la vie des Peuples leur cause, à savoir l'impérialisme dans sa volonté de continuer à soumettre les Peuples à une exploitation ignoble et inhumaine. Mais nous savons que le seul tribunal valable pour les criminels de l'impérialisme, ce sont les Peuples conscients et organisés, érigés en juges suprêmes. Quoi qu'il en soit, il est désormais évident pour tous qu'il n'est plus possible de nier que c'est au cœur des puissances impérialistes que gît la barbarie. Dès lors il est désormais malaisé de défendre pour la colonisation un droit qui serait né du soi-disant devoir d'aller civiliser des barbares. Il fallait trouver une autre justification qui fut créée de toutes pièces pour les besoins de la mauvaise cause.

Nous avons à analyser comment les concepts «de pays en voie de développement», etc., se sont historiquement dégagés du processus de désintégration des empires et de celui conséquent et concomitant de l'implantation du néo-colonialisme.

Il ne s'agit pas là d'une simple question de concept, de mode de pensée, mais d'une réalité qui conditionne notre devenir et qui rend compte à l'échelle universelle, d'un rapport de production exprimant à la fois l'exploitation de l'homme par l'homme à l'échelle internationale et la lutte de classes également à l'échelle internationale.

Les concepts de «sous-développement», de Tiers-Monde, etc., et qu'on se hâte, comme pour avoir bonne conscience après réparation d'une faute commise, d'accoupler avec d'autres concepts comme celui «d'aide aux pays sous-développés» ou celui «d'aide au développement», sont les conséquences terribles et directes de l'impérialisme, de l'oppression, de l'exploitation et du pillage colonial.

Ce sont des concepts, il faut le reconnaître, volontairement équivoques, mais qui traduisent parfaitement l'idéologie du néo-colonialisme quand ils n'en constituent pas le fondement même.

Le mot «sous-développement» contient en lui-même et véhicule en permanence, un mépris en direction de celui à propos de qui il est prononcé. Il dénote un complexe de supériorité marqué de celui qui le dit par rapport à celui qui en est affublé. Il tend à frapper du complexe d'infériorité celui qui en est qualifié par rapport à celui qui porte le jugement. Mais en fait, qui est inférieur ? Est-ce le voleur ou le volé, est-ce l'exploiteur ou l'exploité ? Tout le problème est là.

Le sous-développement est historiquement un produit du capitalisme international, de l'impérialisme, du colonialisme et du néo-colonialisme. Il s'est formé à travers la désorganisation, la désarticulation et la rupture des forces productives du mode de production au niveau des pays qui ont subi la domination coloniale.

En Afrique, le processus a commencé dès la fin du XVè siècle par la **Traite des Noirs,** il s'est poursuivi à travers la colonisation directe en décadence aujourd'hui en Angola, au Mozambique, au Zimbabwé, en Afrique du Sud. Bien que tout le continent ne fût pas directement agressé au même degré tout le continent en fut également affecté.

Le sous-développement matériel qui affecte aujourd'hui l'Asie, l'Afrique et l'Amérique Latine et le développement matériel dont s'énorgueillissent aujourd'hui les puissances colonisatrices sont conséquences l'un de l'autre, ayant une cause commune.

« Le Tiers-Monde », terme impropre, recouvre une triste réalité qui traduit la situation de domination et d'exploitation que l'impérialisme a fait abattre sur nous. Le «Tiers-Monde» n'est rien d'autre que l'ensemble des Peuples exploités par l'impérialisme.

L'histoire atteste que le capitalisme international s'est développé avec et par le sous-développement des pays victimes de son exploitation économique.

Nous voulons signifier que si les pays africains, par exemple, n'ont pas été agressés avant le XVè siècle, ce n'est pas parce qu'ils étaient économiquement sous-développés, mais qu'ils sont devenus sous-développés parce que victimes de cette agression. Et qu'on ne vienne pas nous dire qu'une inégalité d'armes de destruction exprime toujours une inégalité dans le développement, car alors les gangsters seraient les plus développés du monde. Par exemple l'histoire retient que le Peuple chinois qui a le premier inventé la poudre à canon, l'a utilisée pour exécuter des feux de joie, des feux d'artifice alors que d'autres pays, dès qu'ils ont eu connaissance de cette découverte, l'ont utilisée dans des engins de destruction. Ce fait n'exprime pas le sous-développement de la Chine par rapport à ces pays, mais il a donné désormais à ces pays l'arme qui leur permettrait de créer en Chine le sous-développement.

En fait, le progrès scientifique et technique, comme la maîtrise de la technologie, par tous, est une nécessité, reconnue comme condition essentielle de la maîtrise réelle et effective du devenir humain. Mais le progrès scientifique, technique et technologique, selon les structures économiques et sociales d'une société donnée, selon le niveau ou le degré de domination que l'impérialisme exerce sur cette société, selon les intérêts de classes dominantes, le progrès scientifique, technique et technologique disons-nous, peut être ou non utilisé pour le Peuple. Si elles sont utilisées contre le Peuple, la science, la technique et la technologie, au lieu d'être des instruments des facteurs de développement, deviennent au contraire des instruments d'asservissement, d'étouffement du Peuple et se disqualifient en facteurs de sous-développement.

Pour être précis, **nous ne sommes pas sous-développés, nous sommes devenus matériellement sous-développés.** C'est un fait historiquement daté. Un fait qui résulte d'une comparaison des pays en raison du niveau de leurs moyens techniques et technologiques.

Une analyse reste à faire et qui déterminerait la part qui revient aux pays aujourd'hui matériellement sous-développés dans la constitution du capital des pays du camp capitaliste.

De toutes façons, aujourd'hui et à l'échelle universelle, un certain rapport de production s'exprime à travers une certaine division internationale du travail intégrant la plupart des pays sous-développés du système capitaliste mondial à la fois comme couche nourricière et comme manteau amortisseur. Il s'agit effectivement d'un système d'exploitation de l'homme par l'homme à l'échelle mondiale entraînant, tout naturellement, une lutte de classes à l'échelle internationale sans que les protagonistes soient toujours conscients, et au même degré, qu'ils sont engagés dans une telle lutte.

Le système global qui lie ainsi les pays matériellement sous-développés aux « Métropoles » matériellement développées est du reste qualifié de coopération internationale sans que l'on sache à quoi les uns et les autres travaillent ensemble, puisqu'en réalité la base même du système les divise. Tout les divise puisque tout développement réel des sous-développés remet en cause le système capitaliste sauf si ce développement des pays sous-développés n'est en fait que le développement de quelques pôles de croissance au bénéfice des « Métropoles » capitalistes.

C'est en saisissant parfaitement cette contradiction insoluble, cette opposition irréconciliable entre le capitalisme dans sa fumiste conception de l'aide et le socialisme dans son développement indépendant harmonieux et équilibré que nous avons affirmé, au 8e Congrès de notre Parti, que « **toute aide qui ne nous aide pas à nous passer de l'aide, doit être rejetée** ».

En effet, le semblant d'aide de l'impérialisme capitaliste, tout en procédant d'une certaine culpabilité à effacer, tend toujours à une meilleure maîtrise du pays aidé, et à un plus grand contrôle à exercer sur l'ensemble de ses activités. D'où l'impérieuse nécessité de compter d'abord et avant tout sur nos propres forces, d'utiliser rationnellement nos moyens et nos acquis. Une même réflexion sur la question nous conduit à dire que le processus de transformation matérielle et économique d'un pays sous-développé ne peut se faire aujourd'hui que dans les trois sens suivants :

a) aucun développement significatif ne s'y réalise, le pays végète matériellement et économiquement et l'impérialisme y fait son profit en toute quiétude.

b) une croissance économique s'y accomplit suivant un mode de production capitaliste qui s'appuie sur une bourgeoisie nationale, relais de la grande bourgeoisie internationale, puisque l'ère de formation de bourgeoisies nationales, considérées comme des partenaires égaux de la grande bourgeoisie internationale est définitivement close. Le pays devient un paradis du système capitaliste mondial qui cite en exemple la bourgeoisie locale comme avisée, et réaliste ; réaliste sans doute parce que soumise à la réalité du capitalisme dominant ; c'est du servilisme.

Ces deux cas illustrent l'un, le colonialisme, l'autre, le néo-colonialisme.

c) le développement se réalise et conformément à un processus non capitaliste, jetant les bases d'une économie socialiste, impulsant à tous les niveaux et partout la démocratie économique et entrant en contradiction avec le système capitaliste international.

Il n'y a pas d'autre alternative à ces trois cas et nous pouvons affirmer que **tout vrai développement technique et économique d'un pays sous-développé, ne peut se faire qu'en contradiction avec le système qui a engendré le « sous-développement » : à savoir vaincre, le système capitaliste mondial.** Les doctrinaires de l'économie capitaliste pensent que ce développement n'est pas possible et l'expriment pompeusement en « démontrant » que l'écart entre pays « développés » et pays « sous-développés» ira croissant, c'est-à-dire que le rythme de développement des pays développés comparé à celui des pays non développés, justifie que ces derniers seront de plus en plus non développés. La démonstration est juste, quand on en accepte les prémisses, celles qui affirment que rien ne peut entrer en contradiction avec le capitalisme et subsister mieux que la satellisation des pays africains par exemple sur des orbites des « métropoles » capitalistes est un phénomène naturel et définitif.

On oublie qu'une longue et dévastatrice occupation coloniale ou semi-coloniale de la presque totalité des continents asiatique et africain avait créé dans le monde un inégal développement, un tragique déséquilibre dans les domaines de la science, de la technique et de l'économie entre, d'une part, l'Europe et l'Amérique du Nord et, d'autre part, l'Asie, l'Amérique Latine et l'Afrique au détriment de celles-ci. L'on sait qu'au terme de l'épreuve que l'impérialisme colonialiste a fait subir à la plupart des Nations d'Asie et d'Afrique, le niveau technologique et les forces productives de ces Nations représentent dans leur ensemble, à peine le vingtième de ce qu'ils sont dans les Etats impérialistes. En prenant comme modèle le développement technologique et matériel de ces Etats, nous devons conclure que les Nations d'Asie et d'Afrique sont sous-développées dans le domaine de la technologie et des forces productives. Et si, poursuivant notre raisonnement, nous admettons que le développement se limite exclusivement à celui technologique et matériel, force nous est alors d'affirmer que les pays asiatiques et africains, et nombre de pays d'Amérique Latine, sont simplement « sous-développés ». Telle est la prodigieuse fortune du concept politique de sous-développement.

Les puissances impérialistes ne pouvant plus continuer à dominer les Peuples et à exploiter leurs richesses au nom de la civilisation, enfourchent leur cheval de bataille et battent campagne pour imposer aux « sous-développés », le « développement » qu'elles ont défini à leur guise, et à leur seul profit.

Les pays émergeant de la nuit coloniale ou semi-coloniale, sans analyser objectivement les causes historiques de leur retard technologique et matériel, emboîtent le pas aux puissances impérialistes, historiquement responsables de leur retard technologique et matériel, acceptent d'être considérés comme des sous-développés, et ce qui est plus grave, considèrent la prétendue nouvelle mission des mêmes puissances capitalistes comme une grâce divine.

AIDE ET NEO-COLONIALISME

A la mission civilisatrice s'est naturellement substituée la « **mission d'aide au développement** ». Et l'on se soucie de moins en moins de cette vérité élémentaire : l'Europe colonialiste a occupé 95% des terres africaines pendant une période allant de soixante à trois cents ans, exploitant, brûlant, violant, opprimant, et au terme de cette affreuse et infernale épreuve, l'Afrique s'est retrouvée exsangue et dans un état de délabrement inouï. Il faut se demander à la suite de quelle grâce et de quel droit de Dieu, soudain cette même Europe, sans changer de principe, ni de régime, est à même aujourd'hui de fournir à cette Afrique les recettes, les moyens et les hommes qui doivent l'aider à assurer son développement. Il est évident que tout développement technologique et économique des Peuples d'Asie et d'Afrique ne peut se faire que contre la société impérialiste, contre les puissances qui les exploitent. Admettre dès lors que cette société peut sincèrement nous aider pour un développement harmonieux et indépendant revient à penser que l'impérialisme peut se débarrasser de sa nature réactionnaire, ce qui serait une véritable et impardonnable aberration de notre part.

Cette évidence de l'incapacité fondamentale de l'impérialisme à nous aider sincèrement à sortir du marasme dans lequel il nous a plongés, ne doit pas nous faire perdre de vue cet autre fait objectif qu'aujourd'hui, c'est essentiellement dans les pays impérialistes que se trouvent accumulés, sous forme de savoir scientifique, savoir-faire technologique ou sous forme d'usines, de lingots d'or enfermés dans les caveaux des banques, de bâtiments, ponts et voies de communications, véhicules et marchandises diverses, le fruit du travail de nos Peuples qui ont été soumis à l'exploitation, pendant des décennies, sinon des siècles. Ces richesses accumulées, pour être valorisées, ont besoin de matières premières qui, elles, ne se trouvent que chez nous, comme par hasard.

Avoir accès à nos ressources minérales, végétales et animales est vital pour l'impérialisme.

Obtenir des machines et certains produits manufacturés des pays impérialistes hautement industrialisés est un besoin pour nous.

Et c'est pourquoi, en dépit de ce que nous avons souffert et souffrons de l'impérialisme, il y a entre lui et nous place pour des échanges dans les domaines de l'économie, des sciences, de la technologie.

Donc, après la conquête par les pays d'Asie et d'Afrique de leur indépendance nationale, des courants d'échanges économiques, scientifiques et technologiques s'établirent entre les pays impérialistes et ces pays d'Asie et d'Afrique.

Mais voilà que les rapports colonialistes qui existaient avant la dislocation des empires coloniaux se sont transférés, aggravés dans les nouvelles formes de relations.

Aujourd'hui, les rapports dans les échanges entre puissances impérialistes et ce qu'on appelle improprement le « Tiers monde » sont des rapports de type colonial. La masse de biens manufacturés à laquelle l'Africain ou l'Asiatique peut prétendre en cédant une tonne de bauxite, une tonne de cacao, une tonne de coton, une tonne de café ou de bananes diminue chaque jour davantage.

L'impérialisme mondial continue de fixer unilatéralement les prix de nos matières premières et les prix des articles manufacturés par lui, de sorte que l'exploitation à laquelle il nous soumet va s'aggravant. On parle, par euphémisme, de détérioration des termes de l'échange comme s'il s'agissait d'un phénomène naturel, indépendant de la volonté des hommes ou d'un processus social lié à des lois contre lesquelles on ne pourrait rien.

La dangereuse mystification qui entoure le concept de développement s'est également emparée de celui de coopération. Il n'y a coopération véritable et durable qu'à la condition expresse que les parties intéressées jouissent pleinement de leur liberté d'action et agissent sur la base de l'égalité absolue. La coopération est ainsi l'expression collective de deux ou de plusieurs volontés librement et harmonieusement associées et visant un intérêt commun.

Aussi devient-elle la résultante de conditions et de principes régissant l'unité d'action de deux ou de plusieurs parties autour d'objectifs librement déterminés et réalisés. C'est dire que sans l'égalité dans la liberté d'action, il ne saurait y avoir de coopération au sens vrai du mot. Or, l'impérialisme fait du concept de coopération un autre cheval de bataille pour la reconquête de nouvelles positions au détriment des Peuples abusés.

La conception impérialiste, fondée sur l'inégalité et l'injustice visant exclusivement à l'exploitation capitaliste des Peuples, est en fait la coopération entre le cavalier et sa monture. Cette conception semble gangrener certains rouages des institutions internationales relevant de l'ONU. Chaque année, **il est annoncé à grand bruit des centaines de millions de dollars alloués prétendument comme aide des organismes internationaux aux pays dits sous développés.**

Sans vouloir faire l'analyse de la moralité et des conditions parfois antipopulaires de certaines formes de cette aide multilatérale, nous soulignerons que les experts internationaux dont la plupart sont ressortissants de pays dits développés se livrent davantage à l'espionnage, à la subversion, qu'au développement réel des pays où ils servent. Les sommes fabuleuses qu'ils reçoivent sous forme de traitement n'ont aucune contre-partie en services effectifs ou en biens dont devraient bénéficier les pays supposés assistés. D'ailleurs et presque toujours les nombreuses études que ces experts font sur la situation de nos pays sont destinées non aux pays « assistés » mais aux organismes internationaux directement et à leurs pays d'origine indirectement, sinon à des directions de services secrets des puissances impérialistes.

Il est grand temps de dénoncer l'inconscience grave dont des gouvernements afro-asiatiques font preuve devant les astuces de l'impérialisme qui, au fil des années, les convie à des colloques, conférences, séminaires, qui leur sont exclusivement destinés dans le seul but de recueillir l'inventaire complet des réalités et des objectifs d'avenir de leurs Etats. Naïvement ce sont les délégués asiatiques et africains qui viennent aux dites réunions spéciales pour étaler tout ce qui, en Europe ou en Amérique, est considéré comme secret d'Etat et sans la connaissance duquel il est impossible pour un pays de dominer un autre.

En prétendant nous aider à combler notre retard dans le domaine technique, l'impérialisme fixe un prix encore plus exorbitant ; il transforme tout simplement sa prétendue « assistance technique » en une arme de subversion, de corruption, aux fins de domination néo-coloniale.

« Les experts » qu'il nous envoie, sont considérés comme des fonctionnaires du pays hôte et ont accès, dans l'exercice de leurs fonctions officielles, à des documents importants. Et ces experts, transformant cette prérogative en moyens efficaces au service de l'impérialisme, utilisent aux mêmes fins la faculté qu'ils ont d'entrer en contact avec les fonctionnaires nationaux pour les corrompre et les attirer dans le camp des mercenaires de l'impérialisme. Les fonds que l'impérialisme prétend mettre à notre disposition pour assurer cette «assistance technique», fonds entièrement gérés par lui, sont notamment consacrés à la satisfaction des besoins des agents qu'il nous envoie mais qui sont essentiellement à son service. C'est seulement une infime partie, dans le meilleur des cas, qui est utilisée à l'équipement nécessaire. Le contrat n'est donc jamais respecté en fait.

Le drame est que maints gouvernements d'Asie et d'Afrique, ont abdiqué toute responsabilité, tant ils sont techniquement assistés par l'impérialisme ; même et jusque dans leur raisonnement, dans leur pensée, dans leur vision du monde.

En effet, dans les Etats africains soumis au néo-colonialisme, la réalité du pouvoir réside dans les mains des puissances étrangères qui dirigent les affaires de ces Etats par l'intermédiaire de leurs experts, lesquels assument les fonctions de :

a) directeurs de Cabinets ministériels plus responsables, plus puissants que les ministres nationaux officiellement désignés.

b) directeurs des Entreprises et des Sociétés d'Etat.

c) conseillers techniques, militaires, culturels, diplomatiques.

d) directeurs des banques, des assurances, des compagnies aériennes, maritimes, commerciales d'Etat.

e) recteurs d'Universités, doyens de Facultés, inspecteurs d'Académie et directeurs des Ecoles supérieures.

f) directeurs de la Radio-Télévision et de la presse écrite et des salles de cinéma de l'Etat assisté.

Dans la réalité, le pouvoir reste exercé par des étrangers et au détriment de l'intérêt de la Nation assistée dont le développement s'en trouve dangereusement compromis.

Les instituts de recherche scientifique, la direction technique des usines nationales restent toujours sous la seule autorité des assistants étrangers.

D'un autre côté, les thèses et les mémoires des étudiants sortants, les résultats des travaux de recherche dans la géologie, l'agriculture, la pêche maritime, etc., sont considérés en fait comme la propriété de la puissance qui aide.

C'est l'irresponsabilité, la démission, et l'indignité auxquelles certains gouvernements africains sont honteusement soumis, qui fondent concrètement le pouvoir illégitime et illégal du néo-colonialisme dans les pays frères.

L'homme est un être de culture, ce n'est pas un être de la nature comme la bête. Il est même la culture de son Peuple. Or l'impérialisme, qui dispose de gigantesques moyens de diffusion, fait tout pour pénétrer culturellement dans nos pays afin de s'y établir économiquement. Pour que l'impérialisme subsiste, il faut qu'il soit accepté par ses victimes, et pour que cela soit, il faut que ses valeurs culturelles soient adoptées par ses victimes. C'est ainsi fort malheureusement, que sous la contrainte de la mystification et des complexes, des intellectuels tarés de nos pays prennent comme référence, en matière de culture, les universités des métropoles impérialistes, les diverses productions philosophiques, littéraires et artistiques des métropoles impérialistes.

CONSCIENCE DU DEVELOPPEMENT

Pour pouvoir résoudre convenablement le problème du sous-développement, un Peuple doit nécessairement déterminer, en toute lucidité, les bases de son développement indépendant, global et continu et avoir le courage de l'affronter et de s'y conformer.

Le développement constitue une vision globale des activités d'un Peuple en tant qu'entité homogène, totale et dont les dimensions doivent sans cesse s'accroître sans

porter la moindre atteinte aux intérêts universels, aux intérêts des autres Peuples.

Il s'ensuit qu'un développement, quand il ne touche qu'une couche privilégiée de la société ou quand il ne concerne qu'une partie du territoire, n'est pas le développement au sens dynamique et complet où nous l'entendons. Il s'ensuit également que lorsque le développement ne concerne que certains domaines de la vie du Peuple, quand il ne transforme pas les choses dans le sens du progrès démocratique et dans tous les domaines: politique, économique, socioculturel, n'est point le développement comme l'entendent les Peuples conscients. Nous y insistons car c'est la bonne compréhension du développement qui doit permettre de bien cerner les bases et les conditions décisives d'un développement indépendant.

Il n'y a pas de développement pour un Peuple dépendant et c'est pourquoi, en premier lieu, le développement exige que nos gouvernements et nos Peuples soient responsables c'est-à-dire qu'ils sachent que **l'indépendance, ce n'est pas seulement un drapeau qui flotte, que l'indépendance ce n'est pas seulement quelque chose que l'on vit dans l'esprit mais qu'il faut réaliser chaque jour, un combat qu'il faut gagner à chaque moment, une conquête aux dimensions de l'équilibre et du bonheur de la société et de l'homme.**

A cet esprit de responsabilité du Peuple, il faut ajouter la nécessité pour lui de compter essentiellement sur ses propres forces dans sa lutte pour le développement.

Il n'existe pas aujourd'hui de puissance impérialiste qui n'ait point son agence d'aide au développement dont la fonction est d'orienter unilatéralement et de gérer le développement des pays sous-développés. Or, on ne crée pas, on ne développe pas un Peuple, c'est le Peuple lui-même qui se crée et se développe, grâce à ses propres efforts. **C'est le Peuple qui se pénètre de la mentalité de développement et qui travaille à réaliser ce développement;** toute aide extérieure ne doit être considérée que comme supplémentaire et jamais comme complémentaire; c'est-à-dire **qu'un Peuple ne doit pas considérer l'aide extérieure comme le complément indispensable à la réussite de son action, mais agir de telle sorte que, même sans cette aide, il puisse réussir.** Du reste, nous avons déjà vu que l'aide d'un pays impérialiste est nécessairement circonscrite dans les limites compatibles avec la prospérité de l'impérialisme ; or, il y a incompatibilité absolue entre la prospérité de l'impérialisme et celle de nos Peuples. **L'impérialisme vit de l'exploitation des Peuples alors que les Peuples vivent de l'exploitation de la nature par leurs propres efforts créateurs.**

Le développement est une nécessité historique, et de plus, il doit orienter l'ensemble des activités de chaque société nationale et de toutes les Nations. Dans la mesure où il sera compris que le bonheur auquel tout homme ou tout Peuple, quelles que soient leur race, leur religion, leur couleur ou leur nationalité, postule un équilibre, il sera compris que le bonheur en soi n'existe pas, qu'il est une donnée relative, une constante qui se modifie dans ses dimensions et dans son contenu; il sera également compris que ce qui est la base fondamentale, c'est d'abord l'équilibre interne et externe sans lequel l'homme ne saurait être heureux. Il est ainsi du Peuple en tant qu'entité de dimension plus grande. Et qui dit équilibre, dit harmonisation des éléments d'ordre politique (la vie politique d'un pays, ses structures, ses méthodes, etc.) économique, social ou culturel, à travers les principes, les méthodes de vie et les règles de conduite au sein de la société; le développement veut que tout soit harmonisé.

Chaque pays a ses propres conditions d'existence. Chaque pays recouvre une spécificité dans les conditions historiques qui lui sont propres. Mais quelle que soit la diversité des stades de développement, quelle que soit la diversité des réalités au niveau des hommes dans une nation déterminée ou à l'échelle du monde à travers les différentes

Nations qui le composent, il y a des lois générales, des lignes directrices, à partir desquelles on peut dégager des démarches pouvant aider tout homme ou toute société à évoluer dans les conditions meilleures.

Le développement, pour être harmonieux et équilibré, implique qu'il soit déterminé, réalisé par et pour le Peuple travailleur.

L'équilibre du Peuple, son bonheur croissant sont ses objectifs essentiels.

La santé d'une économie exige l'harmonie interne. En moi, la santé physique, la santé morale, la santé politique, la santé spirituelle constituent la santé de mon être. Je ne pourrai pas me sentir en équilibre tout simplement parce que j'ai mes facultés intellectuelles développées alors que physiquement mon corps est atteint de bien des maladies. Je ne peux pas non plus me sentir heureux parce que ma santé physique est bonne alors que ma santé économique est déficiente, alors que je n'arrive pas à faire face à mes obligations économiques les plus élémentaires, etc., etc. Autrement dit, l'ensemble des besoins que l'on peut sentir et les besoins insensibles, mais qui sont aussi réels parce qu'ils conditionnent le développement de l'individu, l'ensemble de ces besoins doit conduire l'homme à une solution harmonisée, c'est-à-dire à une solution globale pour que tout son être s'épanouisse dans toutes les directions. Mais l'homme en soi ne suffit pas, puisque nous savons tous, et là toutes les philosophies s'accordent pour le reconnaître, que l'homme est un être social, qu'il vit en société et qu'en dehors de la société, il n'y a pas d'homme.

Ainsi, une part du bonheur de l'homme, une part de l'équilibre de l'homme, dépend de lui-même pour sa santé intellectuelle, sa santé morale, sa santé spirituelle; une autre part dépend de la société au sein de laquelle il vit, car le comportement des autres hommes pourrait soit compromettre, soit accroître le bien-être de l'homme social. Mais si le comportement général de la société au sein de laquelle il vit va dans le même sens que son propre comportement tendant à la sauvegarde de la santé collective, de sa santé individuelle ; s'il va dans le sens de la promotion de la société en l'épanouissant et de la promotion de l'homme en épanouissant ses falcutés, ses capacités, cette conjonction, cette convergence du mouvement individuel et du mouvement social aboutit nécessairement au contexte général qui exprime le concept de développement et sa réalité pratique.

Il s'ensuit que le développement est à la fois une réalité individuelle et collective et c'est pourquoi aucun développement ne peut être véritable, durable, efficace sans qu'il ne s'exprime dans une conception générale de l'ensemble des transformations à opérer sur la nature physique occupée par une société que dans la société elle-même, le tout évoluant de manière harmonieuse. Le développement implique une organisation de l'action du Peuple. Or, si la conception de développement est juste, mobilisatrice, humaine, démocratique, il est nécessaire que les hommes qui constituent le Peuple soient organisés sur des bases justes, rationnelles, les libérant de toutes les causes de l'arbitraire et de l'injustice. Des rapports libérateurs et démocratiques favorisent l'unité d'action des hommes vers les mêmes objectifs. En cela, le développement est aussi une conception globale de l'ensemble des transformations à opérer dans un pays, dans sa vie économique, dans sa vie sociale, dans sa vie culturelle, prenant l'homme comme le centre d'intérêt, comme le baromètre devant permettre de déterminer la qualité démocratique et la nature progressiste du développement. Rien ne doit échapper à la dynamique du développement afin que toutes les activités du Peuple convergent vers le même objectif central, c'est-à-dire se compléter et s'intégrer dans un mouvement global de transformation.

Le développement différentiel doit être donc à chaque moment corrigé. Constate-t-on que le développement de l'école accuse un retard sur le développement industriel, ou que le développement agricole est en retard sur le développement industriel, etc. ? Tous les écarts constatés doivent être corrigés à temps. Le développement devient ainsi un processus tout comme l'histoire et quand on veut dominer l'histoire, maîtriser la nature, maîtriser l'évolution sociale, transformer l'homme actuel en un homme nouveau, il faut que toutes les activités qui y concourent, soient harmonisées et que la moindre insuffisance dans un secteur donné puisse être corrigée en concordance avec les autres secteurs.

Le développement exige une conscience, une mentalité de développement. Aucun homme ne peut évoluer à l'insu de soi-même. Si le mur que l'on construit n'est pas d'aplomb, on peut le démolir et avec les matériaux recueillis, s'employer à en ériger un autre d'aplomb. Malheureusement, on ne peut pas appliquer cette technique à l'homme, encore moins au Peuple. On peut, en le conditionnant par ses besoins naturels, son alimentation, son couchage, etc., modifier le comportement et même les dimensions d'un animal. Mais à l'homme, pour autant qu'il reste homme, cette technique n'est pas applicable. On ne peut pas modifier l'homme à son insu. C'est pourquoi le développement s'articule sur deux activités : d'abord le contexte physique, il faut le connaître après une étude approfondie, déceler toutes les possibilités que l'homme peut s'offrir, que le Peuple peut s'offrir à travers l'exploitation de ses potentialités dans le sens de l'accroissement de ses moyens d'évolution ; ensuite il faut étudier la société pour déceler ses propres insuffisances et aussi ses possiblités non encore utilisées, établir un programme planifié comportant des objectifs déterminés dans chaque domaine, dans chaque secteur. A partir de l'adoption de ce plan, il faut une action continue et disciplinée, c'est elle qui doit permettre cette continuité de l'effort créateur jusqu'à ce que l'objectif soit atteint. Sans discipline l'homme peut lui-même effacer ce qu'il a créé la veille, compromettre ce qu'il allait atteindre demain. Il en est de même pour le Peuple.

Ainsi donc, la planification, la méthodologie de l'action, doivent s'accompagner du choix prioritaire des objectifs à réaliser et ces objectifs ne peuvent s'inventer, ni s'imposer arbitrairement ; ils doivent découler d'une analyse objective de la société, de ses besoins, de ses possibilités et de ses exigences. C'est tout ce contexte qui amène l'homme, le Peuple à se donner la mentalité correspondant à l'aspiration qu'il veut réaliser. Le malheur actuel est que la plupart des gouvernements africains n'ont pas un esprit responsable. Ils vivent l'indépendance mais ne la créent pas ni ne la développent ; tout se passe comme si l'indépendance était devenue une sorte de cadeau inespéré et considéré comme une fin en soi. Or, la vraie indépendance, c'est la responsabilité. **Tout Peuple irresponsable devant son destin, ne pourrait être souverain et indépendant.** Et le développement découle de cette prise de conscience que l'homme a des capacités infinies que recèle un Peuple organisé, conscient et travailleur. A un tel Peuple, tout est possible ; à travers le facteur temps-espace, il créera progressivement tout ce qui est nécessaire à son équilibre, c'est-à-dire à son progrès.

Toute activité entreprise à travers le pays, même quand elle doit aboutir à la création de vastes usines ou de vastes zones économiques, risque d'être sans lendemain si l'esprit de responsabilité et de continuité manque à ceux qui dirigent l'Etat.

Un régime révolutionnaire conséquent fait obligatoirement l'économie de sa politique. **A une politique populaire démocratique et progressiste doit nécessairement correspondre une économie socialiste, seule apte à satisfaire les besoins des masses laborieuses.**

L'économie guinéenne est encore arriérée ; les causes du retard économique de notre pays sont connues, elles relèvent en bonne partie de la domination coloniale subie et des entraves créées au développement rapide de notre

Nation depuis son indépendance par ses ennemis intérieurs et extérieurs. C'est une raison suffisante pour que l'idéologie du progrès dynamique, les exigences de la Révolution technique et technologique guident désormais notre œuvre d'édification économique et nous contraignent au travail.

Nous devons développer l'économie nationale grâce à un travail acharné, méthodique et continu, pour nous suffire. Pour nous dépasser, il nous faut toujours produire plus que nous ne consommons. Pour consolider la Révolution, nous devons planifier, harmoniser le développement par le travail productif et amplifier la Révolution pour développer le travail.

Actuellement, bien plus que les Africains eux-mêmes, c'est l'Europe et l'Amérique qui parlent de développement du continent africain. Or le développement c'est tout comme la Révolution. Quand nous parlons de Révolution, nous savons qu'elle ne s'expédie pas par courrier postal, elle ne s'importe pas, elle ne s'exporte pas, elle est le fait d'abord d'une prise de conscience des nécessités de transformation, afin que l'homme soit et ne paraisse pas, et que le Peuple soit avec cette conviction que personne, en dehors de lui, ne peut le rendre heureux ; personne, en dehors de l'homme ne peut le rendre heureux. Mettez à la disposition d'un homme des milliards de francs, si sa conscience et son comportement ne tendent pas à la sauvegarde de cette fortune, en peu de temps les milliards seront gaspillés ; donnez-lui la machine la plus perfectionnée, s'il ne peut pas l'utiliser convenablement, en peu de temps, la machine sera abîmée. Et pour mieux illustrer l'esprit de développement, pour mieux illustrer la qualité de la mentalité, la pratique de la discipline du travail productif que postule le développement nous pouvons comparer par exemple, le rythme de développement des Etats socialistes de la Chine, de la Corée du Nord, de la RDA à celui des Etats de l'Europe capitaliste.

La nature démocratique et émancipatrice de l'éducation socialiste dispensée dans les pays révolutionnaires favorisant la qualification des forces productives, est le facteur décisif de l'accroissement rapide du rythme de la progression économique de ces Etats.

Ainsi peut-on comprendre le rapport qui existe entre le développement intellectuel et technologique d'un Peuple et celui de son économie.

Considérons cent ingénieurs guinéens de toutes spécialités ayant acquis une connaissance exacte de la nature et qui, connaissant les moyens, sachant les démarches propres à les maîtriser, appliquent les lois d'une organisation sociale du travail et les méthodes de production modernes.

En mettant ces cent ingénieurs dans une région déterminée de la Guinée tout en installant mille autres Guinéens sans formation dans une autre partie de cette même région, on constatera cinq ans, dix ans après, que les cent ingénieurs auront tiré de leurs connaissances, de leurs capacités, plus de biens de la nature que les mille autres travailleurs sans qualification professionnelle. C'est pourquoi dans l'action de développement, la qualité de l'homme doit être recherchée en tant que facteur premier pour la mener avec une efficacité croissante. Il est inutile d'envisager de donner des capitaux, des moyens pour faire des usines si les hommes ou les Peuples pour lesquels ces usines seront installées n'ont ni la mentalité, ni la conscience politique, ni la capacité technologique de faire fonctionner correctement ces unités industrielles. Ces unités dont le fonctionnement dépend seulement des étrangers, contribueront certainement mieux à accroître la richesse d'autres pays. C'est ce paradoxe qui marque la vie de certains Etats africains néo-colonisés qui se vantent d'avoir des centaines d'unités industrielles qui sont en fait la propriété exclusive des groupes capitalistes étrangers qui les gèrent en fonction de leurs intérêts privés.

Aucun Peuple ne peut exister, à plus forte raison se développer, se dépasser et accroître son taux d'utilité à l'humanité, sans être dans les véritables conditions d'un développement continu, global et harmonieux.

Le développement doit d'abord naître dans la conscience et dans le comportement du Peuple ; tous les moyens d'action, quels que soient leur importance et leur niveau de perfectionnement, doivent intervenir seulement pour valoriser encore davantage l'homme et le Peuple à travers l'accroissement de leurs capacités créatrices et de leur bien-être matériel et moral.

Les premiers conseils à donner à un Peuple, c'est qu'il se dote d'objectifs justes, qu'il dégage une philosophie de développement à partir de lui-même, qu'il installe les structures organiques dans les domaines économique, social et culturel pour que l'homme puisse continuellement agir en toute liberté et conscience sur la nature en la transformant et surtout en se transformant qualitativement.

Et lorsqu'on nous parle à longueur de journée de l'aide au développement, nous sommes obligés de nous demander : qui a aidé ceux qui veulent nous aider ? C'est leur génie créateur qui les a aidés, leur organisation sociale, leur volonté traduite dans un travail conséquent, leur constance dans ce travail ; c'est tout cela qui leur a procuré les ressources qui leur manquaient et qui les a transformés en les valorisant continuellement. Cela s'entend naturellement des pays socialistes, car nous ne saurons jamais oublier le retard qui nous a été imposé par l'impérialisme et le colonialisme qui ont organisé un pillage systématique de nos richesses, en nous privant de nos hommes les plus valides. Mais l'Afrique, sans l'aide de qui que ce soit et en ne pillant personne. peut aussi, à travers son génie, à condition qu'elle se dote d'une ligne de développement juste, à condition que ses Peuples s'organisent sur des bases rationnelles et dynamiques, à condition que chaque Peuple accepte une discipline liée aux nécessités de la phase de son développement, l'Afrique, disons-nous, peut aussi se développer à la même cadence, sinon à un rythme plus accéléré puisque les moyens sont aujourd'hui plus modernes qu'ils ne l'étaient, il y a un ou deux siècles. Et si, de surcroît, une aide lui est accordée de façon désintéressée et honnête, en fonction de l'unité de l'humanité et de la nécessité d'un équilibre universel, une telle aide serait bienvenue en Afrique parce qu'elle s'insérerait dans un courant propulsé par les Africains eux-mêmes. Elle contribuerait plus efficacement et plus rapidement à la marche consciente de l'Afrique vers ses propres objectifs.

Pour que le développement soit une réalité, il faut qu'il existe une réalité nationale au niveau de chaque pays, unissant l'ensemble des énergies créatrices, organisant sur des bases justes tous les hommes sans discrimination, d'où cette vérité que le développement est impossible sans la démocratie : avec l'arbitraire, il est impossible ; avec l'exploitation des uns par les autres, il est également impossible. Le développement, dans son sens véritable, tend à libérer le Peuple, à libérer l'homme ; il postule des rapports d'égalité, il invite à l'éducation scientifique du Peuple.

L'Europe n'est pas constituée d'hommes supérieurs aux hommes d'Afrique. L'Europe a simplement acquis un niveau supérieur dans les sciences, la technique et la technologie. L'Afrique aussi ne peut se développer sans créer les conditions du développement scientifique, technique et technologique. **La technique a permis de nous coloniser ; c'est sa maîtrise par nous qui nous libérera définitivement.** Ce n'est pas en hissant son drapeau qu'une Nation devient, vraiment, totalement libre et souveraine, car, malgré cela, certaines Nations africaines sont obligées, chaque fois, de tendre la main pour pouvoir réaliser l'équilibre de leur budget de fonctionnement. Des Etats africains, et ils sont les plus nombreux actuellement, n'ont pas de monnaie propre ; ils sont tributaires de monnaies étrangères. Tout leur commerce reste dépendant et les réalités économiques sont souvent modifiées à partir de décisions des puissances étrangères auxquelles ils sont soumis. Les dirigeants actuels de ces pays poussent l'esprit de démission, sur le plan culturel, jusqu'à se refuser à comprendre qu'il n'y a pas de Peuple sans culture, que les Africains, tout comme les autres Peuples ont leur génie culturel et l'ont utilisé : qu'ils ont créé leurs langages eux-mêmes, que personne ne les a aidés à créer leurs langues de culture, leurs arts, leurs diverses techniques de production, de construction, de conservation de leur patrimoine matériel et immatériel. C'est cet esprit de démission que nous devons désormais détruire en la jeunesse africaine.

Le vrai rôle de notre génération est de comprendre que la colonisation n'a été qu'une éclipse et que l'indépendance ne doit signifier que le retour à la source, non pas pour répéter les erreurs du passé, maintenir les insuffisances mais pour valoriser les richesses de l'Etat, les développer, consolider et perfectionner les capacités du Peuple. C'est par là que nous nous forgerons une personnalité ; un homme sans responsabilité ne saurait être libre, encore moins digne.

Ainsi, chaque fois que nous parlons du développement, nous devons le placer dans sa véritable signification historique en tant qu'exigence de valorisation de chaque Peuple, et au niveau de chaque Peuple, en tant qu'impératif de réalisation de chaque homme au sein du Peuple, en tant qu'exigence historique, pour que le Peuple dispose de ses ressources naturelles et les exploite à son profit. Certes dans les rapports d'échange avec les autres Peuples, chaque Peuple contribue à l'équilibre international tout en maintenant sous sa propriété ce qui est créé par lui-même.

Sans monnaie propre, sans banques authentiquement nationales, sans les structures économiques propres à consolider la personnalité d'un pays et à sauvegarder son patrimoine, sans mentalité progressiste, sans une discipline nationale, il n'y a pas, il ne saurait y avoir de développement.

Le développement ne doit pas être confondu avec la simple croissance économique.

L'un est total et global, il est profond et touche à tout le Peuple, c'est le développement ; **l'autre est** partielle et superficielle, elle ne touche que la seule couche exploiteuse, c'est la croissance ; elle n'est qu'apparente.

Lié aux structures sociales et mentales, résultant de la nature du régime politique de chaque Nation, le développement est en effet un tout ; l'on ne peut en choisir une partie et laisser les autres. L'homme couvert de gale et qui veut recouvrer sa santé, ne se borne pas à ne vouloir soigner que ses bras ; s'il agissait ainsi, il ne recouvrerait jamais la bonne santé, il aurait oublié que le bras fait partie du corps et que l'équilibre de son corps exige la parfaite santé de tous les organes qui le composent. Mais comment peut-on créer la mentalité du développement sans une lutte conséquente de chaque Peuple pour assurer la totalité de sa souveraineté? Car la pratique du développement dans le sens de l'harmonisation des conditions de vie des hommes et des femmes d'un pays donné, dans le sens de la création des garanties pour la poursuite de ce développement, implique nécessairement l'exercice du pouvoir par le Peuple, de tout le pouvoir par tout le Peuple.

Un Peuple colonisé ou semi-colonisé ne saurait se développer, car il est objet, il n'est pas sujet de l'histoire. C'est pourquoi, la véritable lutte de nos Peuples au niveau de chaque pays, pour donner un contenu populaire et progressiste au pouvoir, à son exercice et à son contrôle démocratique donnera naissance à une réalité propre au développement.

Cette réalité propre au développement, issue de la lutte du Peuple, sera elle-même constamment remise en question pour un dépassement continu par une réelle lutte des forces montantes, animées et guidées par une idéologie révolutionnaire et une volonté résolue et ardente.

En conclusion de ce chapitre, nous réaffirmons que le développement est possible, il est possible parce que désiré, voulu par tous les Peuples et que seule la volonté des Peuples finira par se réaliser. Il est possible parce que le sous-développement, nous l'avons vu, n'a pas été un état permanent, mais un état survenu historiquement et donc pouvant disparaître historiquement. Si on en dégage les vraies voies, et qu'on les suive méthodiquement et courageusement, alors le processus du développement s'engage nécessairement et se poursuit avec certitude.

Il faut d'abord créer la conscience du développement. Il faut que le besoin de développement soit ressenti par chacun et par tout le Peuple comme un besoin primaire, un besoin vital, c'est-à-dire que chacun éprouve une sensation d'étouffement quand il ne travaille pas au développement de tout le Peuple, que l'élan au développement scientifique, technique, économique soit aussi impérativement ressenti que l'élan au développement physique et intellectuel éprouvé par l'enfant tout au long de sa croissance.

Cette philosophie du développement est au centre de l'idéologie du P.D.G., toute orientée vers le progrès démocratique.

RAPPORT JUSTE ENTRE TRAVAILLEURS ET OBJET DU TRAVAIL

L'Afrique n'a pas encore fini d'émerger des longues et sombres années d'une atroce domination étrangère caractérisée par de profonds bouleversements de ses structures originelles, et par la disqualification générale de ses valeurs authentiques.

La colonisation a déséquilibré systématiquement le mode de production en Afrique, imprimant ainsi au Continent un développement anormal, chaotique.

La colonisation, en imposant le travail forcé, plus inhumain que le travail esclavagiste, a institué des rapports d'hostilité entre le travail et le travailleur, entre l'agent producteur et l'instrument de production.

La colonisation, en frustrant radicalement et totalement les travailleurs du fruit de leur travail, a également institué un climat d'opposition entre le travailleur et l'objet du travail, qui ne visait qu'à la seule satisfaction des besoins du colonisateur.

De tout cela, il ressort nettement que sous la colonisation, le travail, alors essentiellement aliénateur, était avec justesse et en toute légitimité haï par le travailleur. Aussi, aujourd'hui encore, n'est-il pas étonnant même dans les conditions d'émergence de nos pays à l'indépendance nationale, que nous n'arrivions à faire la différence de nature entre le travail dévié de sa finalité humaine, vidé de son véritable contenu, et le travail dans son acception d'activité créatrice de progrès pour accéder à l'indépendance économique et socio-culturelle. De toute évidence, nous sommes encore profondément conscients de notre sous-développement sur les plans économique, technique et scientifique. Or, il ne peut y avoir de développement véritable sans travail, comme il ne peut y avoir d'indépendance durable et respectable sans développement économique, technique et technologique, dans un monde où des Etats se sont sur-développés sur le dos d'autres Peuples comme les nôtres. L'indépendance nationale authentique crée les conditions du développement qui, à son tour, élargit, confirme et consolide l'indépendance totale dans la nécessaire interdépendance entre les nations. Dès lors, il est important de faire la différence d'essence entre, d'une part, le travail créateur, source de développement pour l'homme, au nom de l'homme, et, d'autre part, le travail imposé par la colonisation, source d'aliénation du travailleur.

Mais reconnaître l'inversion de la finalité du Travail et au lieu d'engager des actions concrètes, se limiter à de simples imprécations pour avoir subi la colonisation et pour avoir été démunis, complètement démunis, voilà deux attitudes différentes.

Nous savons qu'il nous faut lutter ; car nous battre contre le sous-développement, c'est d'abord vaincre l'impérialisme en nous attaquant à ses racines objectives.

On a d'abord dit de nous que nous sommes « non-développés ». On s'est ensuite ravisé pour déclarer que nous sommes « sous-développés ». On a dit aussi de nous que nous sommes « en voie de développement ». On s'est de nouveau ravisé pour affirmer que nous sommes « en développement ». Nous ne devons pas nous contenter de mots ! Le problème fondamental, c'est de savoir si nous sommes réellement en développement. Sommes-nous habités et mûs par la volonté de développement comme le sont aujourd'hui nos frères en Guinée-Bissao Iles du Cap Vert, en Angola, au Mozambique, au Zimbabwé, en Namibie, en Afrique du Sud et ailleurs ? habités et mûs par la volonté de totale libération de leurs pays, de leurs Peuples ? Sommes-nous habités et mûs par la haine du sous-développement comme nos frères sont animés par la haine du colonialisme et du racisme ? Combattons-nous le sous-développement avec la même hargne et la même détermination qu'eux combattent les troupes d'occupation ? Nous entrainons-nous chaque jour aux combats du lendemain pour les victoires à venir ? Nous préparons-nous à chaque instant, faute de les avoir prévenues, à briser les attaques que nous subissons sous forme de sécheresse tout comme les combattants préviennent et brisent les embuscades de l'ennemi ? En un mot, sommes-nous chaque jour davantage plus libres, de la plus grande liberté qui ne peut se conquérir que dans et par le travail libéré de toutes les entraves exploiteuses ?

Telles sont, entre autres, quelques-unes des questions que nous devons nous poser et auxquelles nous devons surtout donner des réponses claires, précises et responsables. Mais les réponses à ces questions supposent des postulats.

Pour que nous puissions nous adonner complètement au travail producteur, pour devenir nous-mêmes à travers ce que nous faisons, il faut que soient brisées la haine du travail et la résistance au travail nées de la domination coloniale ; et pour que cette haine, cette résistance disparaissent réellement, il faut que le travail soit organisé pour libérer le travailleur du besoin, et que le travailleur, comme le travail lui-même, se qualifie de plus en plus.

Certes, nous avons l'ambition légitime de produire suffisamment pour pouvoir répartir les fruits de la production suivant les besoins de chaque producteur, mais c'est pour le moment une utopie. Libérer donc le travailleur du besoin, dans les conditions objectives que nous vivons, exige que le travailleur lui-même adhère à l'objet du travail, à la seule condition que la finalité de cet objet soit la satisfaction des besoins prioritaires de l'ensemble des travailleurs et de la Nation, et non de ceux prétendûment privilégiés d'une certaine caste ou classe minoritaire exploiteuse.

Le concept de « travail », est indissociable du concept du « social ». Les fondements de cette association sont historiques.

Dans les sociétés à classes exploiteuses, les travailleurs travaillent d'abord pour les exploiteurs-esclavagistes féodaux ou capitalistes qui disposent souverainement du fruit du travail des autres, s'offrent le luxe de concéder aux travailleurs quelques libéralités dites sociales, alors qu'il s'agit en réalité de quelques miettes de ce qui appartient légitimement aux travailleurs! Cet état de choses persiste à travers la pratique à laquelle se livrent les pays impérialistes vis-à-vis des pays néo-colonisés : le pays colonisateur prend au pays néo-colonisé ce dont il a besoin pour son propre développement et, en retour, **se livre** à quelques dons prélevés sur le produit du pillage colonial. Condamner de telles pratiques ne suffit pas. Il faut lutter concrètement contre elles.

Lier le travail individuel ou collectif au social, en saine démocratie, c'est déterminer l'objet du travail à partir des seuls besoins vitaux des travailleurs et de toute la société, besoins à court, moyen et long termes. Quand nous parlons **de Sécurité Sociale,** de droits à la retraite, de dépenses **sociales,** comme celles exigées par le développement de l'éducation pour tous ou de la santé publique, etc, nous ne devons jamais entendre par là, en saine démocratie, qu'il s'agit de dépenses sociales assimilables à l'aumône, à la charité, mais de contraintes économiques nécessaires au maintien et au développement de tout le **corps producteur.** Cette conception est fondamentalement différente de celle des classes sociales exploiteuses. Elle signifie que le Corps P r o d u c te u r est globalement propriétaire de ses moyens de production et de sa production orientée en fonction des nécessités du développement harmonieux de l'ensemble de la société.

Nous devons également souligner que cette exigence de démocratie dans le travail, ou de démocratie du travail, s'impose dans nos conditions d'émergence à l'indépendance, si réellement nous voulons vaincre le sous-développement et consolider l'indépendance. Ce n'est qu'à cette condition, et à elle seule, que le travail cessera d'être la peine, la source de souffrance qu'il était sous la colonisation.

La désaliénation du travail, afin que le travailleur africain adhère profondément à son travail par son adhésion à l'objet de ce travail est nécessaire. Les travailleurs d'Afrique doivent intervenir puissamment et dans l'élaboration de l'objet du travail, et dans les conditions et le contrôle de son exécution. Les pouvoirs étatiques africains seraient bien plus puissants dans la grande tâche de transformation de nos pays, s'ils concédaient aux travailleurs ce droit dont ceux-ci doivent en faire un devoir, un impératif. Les Ministères africains du Travail doivent normalement être des instruments africains permettant à nos gouvernements de faire un échange fructueux d'expériences dans le domaine du travail, domaine si fondamental dans la vie de l'homme et des nations. Et, si la création de la conférence des Ministres africains du Travail a précédé celle de l'OUA, c'est que très tôt les gouvernements africains avaient compris la nécessité de ces concertations et échanges d'expériences.

Nous disons qu'il faut d'abord que le travail devienne le travail du travailleur et pour l'ensemble des travailleurs, condition strictement nécessaire à un rapide et profond développement matériel, économique et socio-culturel de nos pays ; mais cette condition rigoureusement nécessaire n'est pas suffisante, tant que des critères de discrimination existent.

En effet, nous devons d'une façon systématique pousser la démocratie du travail en introduisant effectivement dans le monde du travail la femme africaine. C'est un combat à entreprendre sans plus tarder, et à gagner, non point en raison de quelque conception idéologique d'ordre hautement philosophique, métaphysique, mais par simple bon sens. N'est-il pas réaliste et élémentaire que, dans un pays sous-développé et devant en conséquence, avant de pouvoir avancer, combler de profondes lacunes, résoudre le problème de la faim, il faut libérer les forces productives, élever le nombre des producteurs ? Aujourd'hui, au regard du travail à technologie moderne, l'Afrique ne fait pratiquement intervenir que moins de la moitié de ses forces vives, condamnant les femmes à l'oisiveté dans les villes et dans nos campagnes, au travail pénible, à technologie primitive. Si nous voulons réellement avancer, il faut que cet état de chose change fondamentalement ; c'est une nécessité comparable à celle qui a contraint l'Europe, au cours de la dernière guerre mondiale, à introduire la femme européenne dans le monde du travail, à des postes jusque là exclusivement occupés par les hommes. L'Afrique résiste encore devant cette nécessité; les Africains redouteraient-ils la libération de la femme bien qu'ils soutiennent officiellement que, c'est par sollicitude pour la femme qu'ils la préservent du travail dit moderne ?

Ce point, à notre sens, doit être pris en considération non seulement par la Centrale Syndicale de chacune de nos Nations, mais par chacun de nos Gouvernements.

L'on ne saurait passer sous silence un problème qui préoccupe l'opinion internationale et particulièrement l'opinion africaine. Il s'agit du sort des travailleurs africains en Europe et aux Etats-Unis d'Amérique. En effet l'Afrique doit-elle continuer à connaître la traite de ses fils, la traite des esclaves ? Certainement non. Or cette traite a pris une forme d'autant plus indigne de nous que maints Peuples de notre continent ont reconquis l'indépendance : il s'agit des travailleurs africains aux Etats-Unis d'Amérique, en Europe occidentale, notamment en France, en Allemagne Fédérale, en Grande-Bretagne, en Italie, etc... Si c'est là une solution au chômage, en admettant que cela soit, avons-nous le droit de les oublier dans nos législations, et permettre aussi aux Etats occidentaux qui les utilisent de violer leurs propres législations dans un domaine où la classe ouvrière de ces Etats a remporté des victoires si décisives ?

Nous pensons que nos diverses législations nationales du travail doivent prendre en considération ces divers points ; nous pensons fermement que cela est dans l'intérêt de nos Peuples pour leur rapide développement socio-culturel harmonieux et complet.

Toutes ces mesures doivent être complétées par l'organisation scientifique du travail, la qualification du travail, l'introduction de techniques modernes adaptées à nos conditions, et la qualification du travailleur armé d'une solide formation de base et soumis à une surformation permanente. **Actuellement, il faut l'avouer, les pays industrialisés se livrent à un véritable trafic de cadres ; une organisation scientifique de détournement de cadres de pays en voie de développement est instituée.**

Le nombre de cadres arrachés ainsi à nos pays augmente à une allure inquiétante.

Dans les pays capitalistes industrialisés, on crée autour de nos jeunes en formation des conditions matérielles artificielles ; en même temps, ils sont soumis au traitement

subjectif requis pour qu'ils ne rejoignent plus leurs pays d'origine. Il s'agit là d'un véritable lavage de cerveau.

Et pourtant, nous sommes encore obligés de nous adresser aux mêmes pays qui nous arrachent nos médecins, nos économistes, nos ingénieurs et autres cadres techniques ; qu'est-ce à dire sinon qu'il s'agit là d'une forme d'organisation poussée de la dépendance.

Plus grave, les pays industrialisés utilisent la technologie comme une véritable marchandise dont l'achat par nos pays les enchaine à ces derniers.

S'agit-il pour nous de recourir à tel ou tel organisme international qu'une armée d'experts des pays industrialisés est constituée aussitôt dans des bureaux d'études ! Les techniques d'études comme la réalisation du programme jurent avec nos réalités, quand elles ne sont pas des prétextes à l'introduction massive d'experts étrangers considérés comme seuls capables de maîtriser une technologie inadaptée à dessein.

Le problème du débauchage de nos cadres et celui d'une rationalisation des projets des organismes internationaux consacrés à nos pays, sont cruciaux.

C'est surtout dans le domaine de l'organisation du travail et du travailleur que, en plus de l'effort que doivent fournir nos gouvernements, apparaît celui que doivent faire nos centrales syndicales nationales et l'Organisation de l'Unité Syndicale Africaine (O.U.S.A.), les Organisations internationales spécialisées, et surtout l'Organisation Internationale du Travail (O.I.T.), de même que les centrales syndicales pourront efficacement nous aider. Et cette aide ne doit pas se limiter à l'envoi d'experts, en projets scientifiquement élaborés puis classés, en rapports savants, mais en dispositifs opérationnels efficaces, permettant aux instituts de productivité (CNP en République de Guinée), et à nos Organisations Syndicales d'exécuter eux-mêmes la tâche d'organisation et de qualification du travail.

Qu'avons-nous fait en République de Guinée ?

Sous le règne colonial, comme l'on sait, la fonction publique et le travail en tant qu'activité privée constituaient deux domaines différents. Le Parti Démocratique de Guinée a tenu à liquider toute différenciation arbitraire entre les fonctionnaires et les travailleurs du secteur privé afin qu'ils soient tous étroitement associés au processus de conception, de décision et d'application de toutes les lois sociales concernant le travail. et qu'ils bénéficient des mêmes avantages matériels et moraux à égalité de rendement.

Le Parti-Etat guinéen demeure à l'avant-garde de la lutte des travailleurs pour avoir supprimé la commission consultative du travail aux fins de confier toutes ses prérogatives aux directions des syndicats. L'inspecteur ou le contrôleur du travail, le président du Tribunal du Travail ne sont pas bureaucratiquement désignés, mais choisis parmi les travailleurs les plus conscients, les plus confirmés dans leurs attitudes face aux multiples problèmes du développement.

Depuis notre accession à l'Independance, nous avons procédé à de nombreuses réformes et innovations dans tous les domaines. Les travailleurs et leurs organisations jouent un rôle primordial.

Au niveau de la Fonction Publique et dans le secteur du travail en général, nous avons adopté des textes portant création :

— d'un statut unique de la Fonction Publique ;

— d'un statut particulier dans divers cadres uniques ;

— d'un statut particulier de l'Armée Populaire et de la Gendarmerie ;

— d'un statut particulier de la Milice Populaire et Révolutionnaire;

— d'un code de Travail ;

— d'un Code et d'une Caisse Nationale de Sécurité Sociale dont les avantages sont identiquement accordés aux fonctionnaires, à tous les travailleurs du Secteur privé et même aux artistes traditionnels.

Opposée à la construction d'une bourgeoisie au sein des travailleurs, la Révolution guinéenne a procédé à un important rétrécissement de l'éventail des salaires au profit des catégories naguère sous-payées. Actuellement, l'éventail des salaires entre le taux du salaire minimum interprofessionnel garanti (SMIG) et le traitement des Ministres du gouvernement guinéen est de I à 17 alors que dans la plupart des pays afriçains, voire des pays européens hautement industrialisés, cet écart est au moins de I à 50.

Ainsi, les hauts fonctionnaires : gouverneurs, inspecteurs, ambassadeurs et ministres relèvent-ils en Guinée du même statut unique que les manœuvres sans spécialité.

La réforme des bases juridiques et fonctionnelles du Domaine du Travail vise à concrétiser les objectifs de bonheur poursuivis par l'action créatrice des masses laborieuses qui en sont à la fois objet et sujet.

Ainsi la catégorie des auxiliaires qui étaient des travailleurs engagés à titre précaire et révocable a été supprimée. Tous les anciens auxiliaires ont été intégrés dans les cadres réguliers de leur spécialité. Tous les travailleurs ont désormais la possibilité d'accéder à toutes les hiérarchies. à tous les emplois ou grades de leurs cadres sans discrimination aucune, le seul critère de promotions étant désormais le rendement et la compétence.

Les traitements ou salaires des travailleurs sont exonérés désormais de toute retenue instituée naguère par les divers régimes de prévoyance et de retraite. Les vieux travailleurs perçoivent, après 30 ans de service, une pension égale aux deux tiers de leur salaire d'activité.

Aucune discrimination n'existe dans l'attribution des allocations familiales, et la prestation servie pour les enfants est la même quelles que soient les fonctions ou la catégorie professionnelle de leur père travailleur.

Désormais, tout travailleur bénéficie du repos d'un mois de congé payé par an. Les congés de maladie sont réglementés de manière que le travailleur bénéficie du maximum de sollicitude. Le militaire est désormais un citoyen à part entière qui bénéficie du statut de la Fonction Publique et des mêmes droits et avantages reconnus aux travailleurs civils.

Les hospitalisations pour accouchement sont gratuites pour toutes les citoyennes de Guinée. Les femmes salariées bénéficient de trois mois de congé de maternité avec salaire complet et pendant les 15 mois qui suivent l'accouchement ont droit à une heure par jour de travail pour allaitement et entretien de l'enfant. Aucune discrimination de salaire entre l'homme et la femme. La formule « à travail égal salaire égal » est une réalité en République de Guinée.

Les travailleurs qui se sont fait distinguer bénéficient de récompense allant du témoignage de satisfaction à l'attribution de la médaille d'honneur du travail en passant par les avancements exceptionnels. Les entreprises qui se font distinguer se voient attribuer le drapeau d'Honneur du Travail.

Tout ceci a été possible parce que le Peuple de Guinée a pris ses destinées en main.

En effet, à la date actuelle toutes les entreprises, les banques et sociétés ont le Statut national et relèvent donc du secteur public et l'organisation du travail est faite par le

Gouvernement de Guinée, sous la direction de son Parti, le Parti des travailleurs qu'est le P.D.G.

Les syndicats détiennent les postes-clés dans les entreprises et sociétés. Tous les textes réglementant le travail sont pris après étude et approbation par le Comité consultatif de la Fonction Publique composé uniquement des représentants des travailleurs.

Il existe un tribunal spécial de travail présidé par un représentant des travailleurs. Ce tribunal est de moins en moins chargé car les conflits sont prévenus et réglés grâce à l'existence de Comités d'Unité de Production représentant à la fois le Parti et le Syndicat. Mais son maintien constitue une garantie importante.

Par ailleurs, l'Assemblée législative et les Assemblées des Députés régionaux ne sont constituées que des travailleurs et des paysans.

Nous répétons qu'en République de Guinée, le pouvoir est entre les mains des travailleurs, acteurs et bénéficiaires du régime populaire et démocratique.

Telles sont les réalités en République de Guinée sur le plan du travail et de la réforme de la Fonction Publique.

Par contre nous devons à la vérité d'affirmer ici que l'OIT, et son bureau permanent, le Bureau International du Travail, loin d'aider nos pays à accomplir cette œuvre d'organisation et de qualification du travail et du travailleur, se sont toujours évertués, en ce qui nous concerne, nous en République de Guinée, à nous désorganiser et à entraver nos efforts dans la voie de la qualification révolutionnaire du travail et du travailleur.

La transformation en officines de subversion des organismes dont la morale est à priori fondée sur le respect de la dignité humaine, ne constitue-t-elle pas un danger pour tous les Etats ? Au fond, l'attitude souvent subversive d'un organisme comme le B.I.T. est inhérente au mode de recrutement de son personnel. En effet certains Etats ne sont jamais consultés avant le recrutement de leurs nationaux.

Il n'est dès lors pas étonnant que parmi le personnel ainsi arbitrairement engagé, se trouvent des éléments traîtres à leur propre Nation et ouvertement hostiles aux gouvernements légaux de leur pays.

Le cas de la République de Guinée doit beaucoup faire réfléchir. Quand le danger est tout près et rampant, il n'est guère raisonnable de le laisser évoluer !

Pour notre part, nous ne donnerons jamais assez d'importance à ce que recouvre le concept de TRAVAIL, nous ne dirons jamais assez combien le travail crée la société humaine, combien il nous a recréé et conditionne ce que nous devenons : des êtres pleins ou mutilés, car il est conditionné par la nature du régime qui régit la société. L'homme libre, c'est au regard de la société qu'il l'est. L'homme esclave, c'est à travers le travail qu'il l'est. Aussi le travail libre ou le travail aliéné, c'est à travers le régime social que l'un ou l'autre type de travail l'est. Le niveau de technicité atteint par la société, le niveau en quantité et en qualité des moyens techniques de transformation et de production déjà atteint par la société, tout cela intervient pour conférer au travail et au travailleur leur caractère spécifique.

Si nous voulons réussir, il nous faut quitter les généralités, les dissertations vagues, pour voir, avec sérieux, le concret.

Voir avec sérieux le concret, c'est, dans une première analyse, distinguer, en nous appuyant et sur les options fondamentales idéologico-politiques qui ont cours dans le monde et sur les niveaux technologiques atteints par les divers pays, la société internationale, dans sa phase actuelle de développement général, en trois grandes zones ou trois grands groupes.

a) Nous avons le groupe des pays socialistes où le travail réhabilité à travers un processus révolutionnaire, obéit à une loi de développement directement liée à l'accroissement des capacités intellectuelles, techniques, technologiques et économiques du Peuple. Dans ce groupe de pays, les travailleurs ne luttent pas contre le Pouvoir ouvrier-paysan ; leur devoir est de s'atteler à qualifier les structures sociales aux fins d'éviter les déviations pouvant porter atteinte à la qualité idéologique et à l'essence progressiste du régime.

Dans les pays socialistes, les règles de gestion des Entreprises économiques, financières, industrielles, agricoles ou commerciales, comme celles de gestion des services sont toutes conçues à partir des exigences de l'existence heureuse du Peuple et sont fondées exclusivement sur la volonté et les intérêts de celui-ci.

Ici, le rapport dans lequel les travailleurs entrent dans la production, l'organisation et la qualification du travail et des travailleurs, les préoccupations essentielles des travailleurs face à la production et à son objet, et face à leurs propres intérêts individuels et collectifs sont, en raison du régime politique, le socialisme, bien spécifiques. Il importe dès lors, si l'on veut agir avec sérieux comme nous l'avons dit, de les étudier d'une façon spécifique pour leur trouver des solutions adéquates.

b) Il y a le groupe des pays capitalistes économiquement et techniquement développés non pour satisfaire les besoins du Peuple, mais pour le profit capitaliste, profit qui constitue la finalité de toutes les activités économiques. En effet, dans les pays capitalistes, toute l'accumulation qui assure le progrès économique et matériel des oligarchies capitalistes, de leurs entreprises et de l'Etat qu'ils gèrent résulte de la plus-value dont les travailleurs sont directement frustrés à travers le mécanisme de l'exploitation capitaliste, et des biens que les Sociétés capitalistes pillent dans les pays dits du « Tiers monde ».

Cette exploitation, les travailleurs des pays capitalistes en ont pris conscience depuis longtemps et se sont constitués en organisation de lutte farouche, de lutte de classes pour abattre le régime capitaliste, et pour libérer le travail, le travailleur et tout le Peuple de toute exploitation actuelle et ultérieure.

A ce niveau, et aussi en raison de circonstances historiques dont la longue domination, l'exploitation à laquelle ces pays ou leurs associés ont soumis la presque totalité du reste du monde, la science et la technique sont développées à un point tel que, d'une part, l'un des spectres qu'on y agite pour intimider les travailleurs est le chômage technologique, celui qui naîtrait du fait que la machine usurperait aux travailleurs leurs places et leur gagne-pain ; et, d'autre part, l'une des armes d'intimidation et aussi de génocide des puissances capitalistes contre les Peuples est justement cette science et cette technique hautement développées, eu égard au niveau général mondial.

Ici la classe laborieuse jouit déjà de solides conquêtes de droits sur les monopoles ; leur objectif est de transformer, par divers moyens, l'Etat bourgeois pour une démocratie économique préparant d'autres changements qualitatifs.

En fait, bien que la classe laborieuse ne soit pas propriétaire ici des moyens de production, elle a une expérience technologique lui permettant de prendre plus tard correctement en gestion toute l'accumulation économique et scientifique accaparée par les monopoles.

La considération de ces quelques points indique clairement que les problèmes et les besoins des travailleurs des pays capitalistes dans leur lutte pour un meilleur devenir, sont tout différents des soucis des travailleurs des pays Socialistes.

c) Enfin le groupe de Pays émergeant de la nuit coloniale ou semi-coloniale, de la subjugation et de l'exploitation directe. Ces pays sont caractérisés par un grand retard dans les domaines matériel, économique, technique, scientifique. Ils sont sous-développés matériellement et viennent à peine de s'engager, l'indépendance nationale conquise, non seulement dans la voie du développement, mais dans le développement. **C'est le groupe des Pays en développement.**

Ici, les travailleurs ont une mission particulière à remplir, celle d'œuvrer à constituer les bases matérielle, technique, technologique et scientifique du développement économique, et les bases idéologiques, politiques et socio-culturelles sans lesquelles ce développement n'aurait jamais lieu, réduit qu'il serait à la seule satisfaction des besoins exclusifs et des fantaisies d'une caste au détriment du bien-être de tout le Peuple, lequel serait du reste émietté en ethnies ou en tribus rivales, au lieu de se constituer en classe consciente de ses intérêts et de sa puissance.

Indéniablement, les travailleurs des pays en développement jouent un rôle essentiel dans la politique et l'économie de leurs Etats où ils constituent la vraie élite dynamique sur le plan de la science, de la technique et de la technologie, car face à eux il n'y a que la paysannerie et les artisans traditionnels constituant un groupe important et nombreux, il est vrai, mais dépourvus, dans la production, de méthode, de technique et de technologie modernes.

De cette situation, découlent pour les travailleurs des Pays en développement trois rôles essentiels :

1 — Ils doivent bâtir une Nation moderne sur les ruines d'un colonialisme déprédateur en détruisant les séquelles de l'ère coloniale, en ayant recours aux exigences scientifiques et techniques nouvelles, et surtout en puisant aux sources vives du patrimoine culturel, gardant et élargissant l'authenticité du Peuple à partir d'une position de classe sans équivoque.

2 — Ils doivent servir de levain au sein du Peuple dans la lutte qu'il mène pour sa promotion rapide, pour l'acquisition de la science, de la technique et de la technologie. En effet cet outillage culturel, immatériel, mais déterminant, si par leurs activités les travailleurs en assurent l'extension à la totalité du Peuple, deviendrait une puissance qui garantirait, dans le délai le plus court et en profondeur, le développement collectif de la Nation et celui de chaque citoyen, et ce, sur tous les plans. Car, si compétents que soient les spécialistes, ils ne peuvent jamais résoudre entièrement les problèmes de tout le Peuple et pour le Peuple. Le génie scientifique, le génie technique, si l'on veut qu'il atteigne sa puissance absolue, doit être maîtrisé par le Peuple lui-même. En effet, seul le Peuple est potentiellement génie absolu. Le développement de nos pays est fonction non de l'habileté de quelques travailleurs, si exceptionnelle que soit cette habileté, mais des capacités réelles et actualisées de l'ensemble du Peuple, à quelque niveau technique et technologique que se trouverait le Peuple. Donc, ici, la classe ouvrière intéressée au développement de la Nation, agira directement devant le Peuple, au sein du Peuple, derrière le Peuple, pour assurer sa totale promotion.

3 — Enfin, les travailleurs des pays en voie de développement doivent défendre systématiquement leurs acquis de classe, les lois sociales et lutter pour le perfectionnement de ces acquis, de ces lois. C'est là une attitude de classe s'exprimant en exigence et en fermeté face à tous les problèmes idéologiques, politiques, économiques et socioculturels.

Dans les conditions de la domination étrangère directe ou indirecte les travailleurs, intimement soudés à l'ensemble du Peuple, ne se limitent guère aux revendications, mais luttent pour la souveraineté nationale pleine et entière, pour se soustraire à tout ce qui avilit la liberté. Evidemment c'est le lieu de le préciser, conformément à la dialectique du général et du particulier, la situation politique des pays ayant émergé à l'indépendance n'est pas uniforme. En effet il existe des Etats dont l'indépendance est seulement juridique en raison des structures néo-coloniales imposées au Peuple. Le rôle de la classe ouvrière n'est pas de collaborer avec un tel appareil d'Etat ; la classe ouvrière, à l'avant-garde de la lutte du Peuple, doit être plus exigeante pour conférer à l'indépendance une essence de souveraineté, de dignité du Peuple.

C'est la réussite de cette dernière mission qui donnera à nos régimes la nature véritable et le caractère actif de régime progressiste, et leur confèrera une base sociale de plus en plus élargie à toutes les couches laborieuses, en dégageant et en affermissant leur unité d'action dans la lutte contre le féodalisme, le tribalisme et le néo-colonialisme, et pour une démocratie politique et économique profonde, totale et concrète.

Est-il besoin d'ajouter que cette analyse démontre que l'Organisation Internationale du Travail (OIT) et son Bureau permanent, le Bureau International du Travail (BIT) ne sont pas du tout, dans leurs structures actuelles, adaptés aux réalités auxquelles ils doivent faire face, si toutefois ils entendent faire face à ces réalités là et non à d'autres ?

En tout cas chacun des trois groupes de pays définis plus haut est régi par ses lois propres. La nécessité objective apparait d'adapter l'OIT et le BIT aux réalités zonales, ainsi définies, du monde du travail.

Ces réalités objectives n'étant pas identiques, les objectifs des travailleurs, disons-nous, ne l'étant pas non plus en raison même des phases différentielles de développement, il faut que l'OIT et le BIT soient réorganisés.

S'agissant du BIT, nous voyons, pour notre part la nécessité d'y créer trois commissions de travail ou sous-Bureaux spécifiques, non de chaque Région géographique ou Continent mais de chacun des groupes de Pays que nous avons définis plus haut :

1° — Une Commission pour le groupe des Pays Socialistes.

2° — Une Commission pour le groupe des Pays Capitalistes.

3° — Enfin une troisième commission pour le groupe des Pays en développement.

Le BIT aurait alors une tâche de centralisation et de coordination.

Ainsi, chaque commission de travail ou sous-Bureau, comme on voudra, peu importe le nom, pourrait mieux cerner les problèmes du groupe dont il est chargé et aurait des sessions annuelles, alors que le BIT, Bureau Central, pourrait avoir des sessions biennales ou triennales. Sinon, le BIT continuera à travailler dans l'incertitude, l'imprécision, l'amalgame, ce qui ne fera qu'aggraver les tares de son fonctionnement déjà bien inopérant.

Le PDG, Parti Guinéen du Travail, l'Etat Révolutionnaire de Guinée, continueront malgré tout d'œuvrer pour que les masses laborieuses guinéennes, des villes comme des campagnes affermissent la direction de l'Etat qu'ils assument déjà à tous les niveaux, c'est-à-dire des Pouvoirs Révolutionnaires Locaux et des Comités d'Unité de Production à la base jusqu'au Gouvernement de la République inclusivement.

La Conférence des Ministres Africains du Travail, doit jouer un rôle actif auprès de l'OUA dont elle doit devenir une section spécialisée dans le domaine du Travail et de la Fonction Publique.

Déjà l'Organisation de l'Union Syndicale Africaine (l'OUSA) fonctionne, et nous applaudissons à son existence. Elle doit constituer, sur le plan du travail, une aile marchante dans le combat que l'Afrique mène non plus seulement **contre** le sous-développement, mais **pour** le développement.

La République de Guinée est un Etat Révolutionnaire fondé par un Peuple conscient, parfaitement organisé et résolument attelé à l'édification du socialisme pour son progrès continu et transcroissant.

Notre Régime populaire en marche irréversible vers un progrès constant est un véritable démenti aux conceptions néo-colonialistes de l'histoire selon lesquelles, pour se développer un pays anciennement colonisé est obligé d'admettre la tutelle des puissances capitalistes en général et de son ancienne Métropole en particulier.

Les Radios et les journaux de l'impérialisme s'évertuent à présenter notre pays comme celui du néant politique, du néant économique, du néant culturel.

Autour de nos frontières, des mercenaires sont groupés, entraînés et toujours nourris de haine contre la Révolution Guinéenne.

Mais l'impérialisme et ses agents fantoches et mercenaires en armes ou en plumes trouveront leur tombeau déjà largement ouvert en Guinée Socialiste où la Victoire de la Révolution Africaine est désormais inéluctable.

Tous ceux qui auraient pu subir l'effet déformateur de la propagande anti-guinéenne, doivent se détromper et se rendre à la vérité que la Guinée, son Peuple, son Parti, sa Révolution constituent effectivement une force du progrès africain, une force de réhabilitation et de qualification de notre Continent.

D'ailleurs quel est le régime capable d'armer le Peuple, tout le Peuple d'une idéologie libératrice, de structures opérationnelles, de moyens d'action militaire et milicienne sinon un régime exprimant avec sincérité les volontés du Peuple ?

Que les puissances impérialistes, les Etats Africains néo-colonisés arment aujourd'hui leurs Peuples, c'est aujourd'hui même que ces Peuples les abattront sans hésitation aucune !

En Guinée, le Pouvoir, tout le Pouvoir appartenant en propre aux masses laborieuses est effectivement exercé par le Peuple et pour son progrès.

Si la calomnie et le mensonge pouvaient être pesés, ce qu'en a enregistré l'Etat Guinéen sur son compte aurait été d'un poids fantastique.

Mais la meilleure vérification étant la réalité objective indépendante, quant à elle, de l'imagination bien prodigieuse des spécialistes de la subversion, on se rendra compte, que le Peuple de Guinée est aujourd'hui ce qu'il s'est voulu d'être : un Peuple attaché à l'édification d'une société débarrassée des insuffisances et des entraves néo-coloniales, un Peuple fermement attaché aux idéaux de dignité de l'Afrique et de tous les Peuples du Monde.

POUR UNE COOPERATION INTERNATIONALE JUSTE

Pour garantir et renforcer les rapports de coopération entre différentes nations, les Etats concluent des accords définissant l'objet, le cadre et l'esprit de leurs relations contractuelles. Dans la plupart des cas, ces relations sont organisées dans divers domaines et notamment dans les domaines des échanges commerciaux, culturels et scientifiques, ainsi que dans ceux de la défense militaire, de la justice et de la diplomatie. La coopération internationale constitue de plus en plus une nécessité historique qui conduit les Etats à bénéficier des apports des uns et des autres dans la recherche continuelle des moyens d'équipement et des divers biens de consommation nécessaires à leurs Peuples.

La coopération internationale demeure ainsi un puissant facteur du resserrement des liens de compréhension, d'amitié et d'entraide mutuelle entre les nations.

Aucune nation, aucun Peuple, si équipé soit-il, ne peut se passer, sans nuire à son propre devenir, de cette coopération, qui, élargissant tout à la fois les perspectives d'évolution économique, le rayonnement intellectuel, moral et politique et les dimensions de l'unité historique de chaque nation, contribue à rendre l'humanité plus solidaire et plus fraternelle.

La coopération implique forcément l'unité d'action librement définie par deux ou plusieurs entités nationales qui, de concert, sont convenues d'échanger des moyens et des services ou de participer ensemble à la réalisation d'objectifs donnés.

Pour que la coopération soit durable et bénéfique à tous ceux qui associent leurs efforts pour des buts admis et acceptés d'un commun accord, il importe qu'elle demeure fondée sur l'égalité des partenaires et sur le respect constant par chacun d'eux de la personnalité, de la dignité et des intérêts de l'autre ou des autres partenaires. Pour assurer la sauvegarde de la souveraineté de ses acquis matériels et moraux, pour contribuer à l'amélioration du rythme de son développement, aucune nation ne peut refuser logiquement l'association libre, égalitaire et solidaire avec d'autres nations animées sincèrement des mêmes aspirations justes et progressistes.

Mais depuis l'indépendance des jeunes Etats d'Asie, d'Afrique, les théoriciens de la coopération sont devenus si nombreux et si déroutants que le plus souvent ces Etats finissent, par manque d'expérience de la vie internationale, par se subordonner à leurs pires ennemis.

Le colonialisme ancien, revêtu d'un nouveau manteau et usant partout de paternalisme et de promesses, s'évertue à se reconvertir en néo-colonialisme en vue de continuer à exploiter et à duper nos Peuples. En effet, l'on ne peut qualifier de coopération libre et égalitaire les rapports de subordination qui existent encore entre certaines anciennes colonies d'Afrique et d'Asie et les anciennes puissances coloniales qui perpétuent leur domination économique, culturelle et spirituelle.

L'exploitation des richesses agricoles, minières et énergétiques continue, comme par le passé, à servir plus les intérêts des groupes capitalistes étrangers que ceux légitimes des pays d'Asie et d'Afrique.

L'association monstrueuse du cavalier et de sa monture est cette escroquerie internationale malhonnêtement baptisée du nom de coopération pour tromper l'opinion mondiale et exploiter les pays sous-développés, à la faveur de la mystification méthodique intensément organisée par l'impérialisme et le néo-colonialisme.

Entre la coopération et l'exploitation, entre l'assistance technique et la technique néo-colonialiste de l'assistance, les Etats et les Peuples doivent choisir. Ce choix doit être clair et conscient. Pour être conforme aux aspirations populaires, il doit nécessairement se baser sur la volonté résolue du Peuple de résoudre, par ses propres efforts, tous les problèmes de son développement, en considérant l'apport extérieur comme élément supplémentaire et non comme seul facteur de ce développement.

C'est seulement en prenant en considération les intérêts légitimes des Peuples et en organisant leur solidarité dans le cadre de la justice et de la commune responsabilité que la coopération économique, culturelle, scientifique ou technique pourra être aussi durable qu'avantageuse à ceux qui y participent.

Mais pour éviter de commettre des erreurs d'optique graves, susceptibles d'être fatales à notre indépendance et à notre Révolution, force nous est d'analyser d'un peu plus près les notions et les pratiques de coopération d'aide et d'entraide internationales.

Nous avons dit plus haut la malhonnêteté et le cynisme qu'il y a à confondre la coopération véritable avec la pratique néo-colonialiste de domination qui sévit actuellement dans plusieurs pays d'Afrique.

La coopération bien comprise ne se réduit pas davantage au simple échange économique, au simple commerce sinon elle se confondrait avec la pratique capitaliste fondée exclusivement sur la réciprocité d'intérêts.

Il y a une coopération capitaliste internationale en dépit des conflits internes qui deviennent des contradictions secondaires face à celles qui opposent les intérêts des Peuples au capitalisme. Deux Peuples organisés au sein de Partis démocratiques et exprimant par eux leur volonté de promouvoir la démocratie et de progresser sans cesse dans tous les domaines, peuvent alors pleinement coopérer. Et parce qu'ils ont conscience de leur identité de vue, leur coopération devient militante. Ils ne font pas la balance pour savoir qui a donné et qui a reçu le plus, matériellement; le but est de voir si ce que l'un fait amène l'autre à progresser rapidement dans la voie choisie. Chacun de ces Peuples s'acquitte de son devoir de militant à l'échelle internationale et historique.

Il en est ainsi de l'aide d'Etat à Etat comme de la coopération entre Etats et Peuples. Toute aide véritable est une coopération et il n'y a pas de base juste pour une aide quand les critères politiques de la coopération n'existent pas , tels que le respect de la souveraineté, la non-ingérence dans les affaires intérieures, etc.

En raison de l'énorme inégalité qui existe entre les Etats dans le domaine du développement économique et technique et du fait de la très rapide évolution de la technique et de la science, les pays qui, pour avoir été dominés longtemps, se trouvant aujourd'hui plus ou moins démunis, ne peuvent surmonter leur handicap historique qu'en recevant une partie des richesses matérielles et intellectuelles accumulées ailleurs. C'est alors que se pose tout le problème de l'aide.

Le militant conscient doit s'armer de l'intelligence, de la vigilance, de la perspicacité et de la force morale nécessaires pour résister à la corruption et à toutes les tentations si enivrantes soient-elles, pour placer l'aide dans le cadre que lui impose le succès de la Révolution.

Toute aide qui ne nous aide pas à nous passer de l'aide doit être repoussée.

Toute aide qui ne nous aide pas à développer nos propres forces doit être repoussée.

Toute aide qui aide à la formation en Guinée d'une classe petite-bourgeoise d'exploiteurs sera repoussée.

Toute aide qui entache notre dignité doit être repoussée. L'aide doit être souverainement orientée par nous et utilisée à notre émancipation totale.

Ce sont ces bases et ces règles qui seules peuvent valoriser les rapports internationaux en leur conférant utilité historique et efficacité pratique.

Malheureusement dans le monde capitaliste, nous assistons à un regroupement des forces, à la constitution de Communautés économiques qui systématisent et donnent leurs effets maximum aux imbrications des entreprises capitalistes que nous connaissons déjà. Ces Communautés économiques ont pour objet non le développement des Peuples mais la croissance de leurs productions pour le raffermissement de l'hégémonie de la classe qui les contrôle sur les Peuples qu'ils soient ceux des «Métropoles» capitalistes ou des pays sous-développés. En fait il semble bien que si l'acte juridique par lequel ces communautés se créent concerne les nations c'est surtout les grandes industries, les grandes entreprises agricoles, les grandes banques qui sont intégrées et qui deviennent des entités qui croissent pour elles-mêmes, prêtes à briser toutes résistances. Il est alors clair que plus qu'au temps du capitalisme libéral, cet ultra-capitalisme intégré et monopoliste s'emploiera à essayer de dominer nos économies et à les articuler comme il convient à son développement. Et c'est avec une grande appréhension que nous voyons certains pays africains, soit isolément, soit en groupe s'agglutiner autour de leur ancienne Métropole. De toute évidence, les rapports qui les lient à celle-ci ne peuvent être que du type colonial revu, corrigé et apprêté au goût du jour, c'est-à-dire du type néo-colonial. Il est impensable qu'une telle association du cheval et du cavalier puisse jamais assurer le développement de l'un quelconque de ces pays sous-développés dont l'état de sous-développement actuel est justement une cause et une conséquence des Métropoles capitalistes actuelles. Ici nous nous dispenserons de tout essai de démonstration de ces vérités, les nombreuses réunions de la CNUCED (Conférence des Nations Unies sur le Commerce et le Développement) les ont magistralement démontrées. Plus aucun doute, plus aucune excuse n'est possible. Il s'agit maintenant de savoir si en ce qui nous concerne, nous Africains qui nous disons décidés à promouvoir le développement technique et matériel de nos Peuples, nous sommes assez lucides et assez courageux pour tirer toutes les conséquences de ces constatations et faire ce que nous devons faire.

Il faut promouvoir en Afrique des zones de coopération économique, technique, organiquement intégrées et exemptes de tout assujettissement à quelque communauté économique extra-africaine que ce soit.

POUR L'EQUIVALENCE DANS LES ECHANGES : CAS DE LA BAUXITE

L'étude des problèmes de l'exploitation et de la transformation de la bauxite, par exemple, nécessite de prendre en considération deux attitudes fondamentalement opposées :

1°) — Celle des Peuples prolétaires, des masses laborieuses des pays producteurs de bauxite qui espèrent à cette occasion voir se concrétiser l'une de leurs légitimes et profondes aspirations, à savoir, l'établissement d'un rapport d'égalité ou d'équivalence dans les échanges entre les matières premières et les marchandises manufacturées.

2°) — Celle aussi du monde capitaliste, qui détient les entreprises industrielles d'exploitation et d'utilisation de la bauxite et de ses produits dérivés, et qui éprouve une certaine inquiétude, l'inquiétude de voir les pays propriétaires des gisements de bauxite qu'il exploite décider en commun de la révision du prix de cession de ce minerai.

L'opposition entre les deux attitudes reflète la contradiction d'intérêts existant entre, d'une part, les pays fournisseurs de matières premières et, d'autre part, les pays industrialisés, fournisseurs de moyens d'équipement et de marchandises manufacturées

Cette contradiction est bien la caractéristique fondamentale de l'état actuel des rapports d'échange entre une partie du monde et l'autre. La concrétisation de notre volonté unanime sera l'organisation d'une unité sans faille de nos pays producteurs de bauxite, unité nécessaire, sinon indispensable à la réalisation de nos revendications visant toutes à la revalorisation des forces productives et des ressources de nos Peuples.

En effet, depuis toujours, nos pays ont souffert de l'arbitraire du capitalisme qui a fructifié et s'est toujours développé au détriment des intérêts historiques de nos Nations en se muant en impérialisme, en colonialisme et en néocolonialisme, systèmes à travers lesquels il a utilisé à son seul profit mercantile et les forces de travail et les ressources naturelles de nos divers Peuples.

C'est ce qui explique qu'aujourd'hui le pôle de la prospérité matérielle, du progrès technique et technologique, le pôle des grandes finances est situé en Europe et en Amérique du Nord ; alors que le pôle du sous-développement, de la médiocrité, du retard technique et technologique, en un mot, le pôle de la pauvreté, sinon de la misère, est situé en Asie, en Amérique Latine et en Afrique.

Le monde est donc divisé non pas seulement en régimes capitalistes et en régimes socialistes, mais aussi en pays industrialisés et en pays non industrialisés, c'est-à-dire qu'un groupe de pays disposant d'un équipement moderne arrive à transformer les richesses naturelles à la satisfaction de ses besoins, alors qu'un autre groupe de pays vit de la seule vente de ses matières premières, agro-pastorales et minières, et à un taux toujours inférieur à leur valeur d'équivalence.

Les contacts brutaux entre l'Europe et nos continents ont débuté du temps de la pénétration des marchands de pacotilles et des militaires européens venus à la conquête de nouvelles terres et de nouveaux esclaves.

C'est cette phase historique qui a dépeuplé l'Afrique, car des centaines de millions de ses fils ont connu l'exportation, sous forme de marchandises humaines, vers d'autres cieux, vers les Amériques où, par leur travail, ils ont contribué à l'accumulation primitive qui a permis l'essor de l'économie du « Nouveau Monde ».

Il y a donc des siècles déjà que les termes de l'échange entre nos pays et l'Europe par exemple, sont inégaux, établis qu'ils ont été sous l'égide de l'ordre colonial. Car la colonisation, ce phénomène de dépersonnalisation et d'indignité sous toutes leurs formes. a été cyniquement imposé à nos Peuples. transformés. grâce à la supériorité de la force matérielle dont disposaient les envahisseurs. en Peuples esclaves, taillables et corvéables à merci, devenus étrangers sur leur propre sol natal et désormais considérés comme sans culture, sans civilisation, sans droit de propriété, ni sur leur personne, ni sur leur propre sol.

La colonisation avec son cortège d'exploitation et d'oppression a donc été subie atrocement par nos Peuples qu'elle a rendus infirmes pendant un temps plus ou moins long que nous considérons, à juste titre, comme une éclipse historique. Ce temps, en effet, a été pour nous celui de l'irresponsabilité, de l'humiliation et de l'indignité.

En réalité, nos Peuples n'ont jamais abdiqué cependant leurs responsabilités historiques, ni renoncé à leur vocation naturelle à vivre libres et dignes sur leur sol. C'est pourquoi, sur les continents où a sévi la colonisation, des luttes populaires ont été organisées et conduites victorieusement. Ici et là, s'est levé le soleil de la liberté avec une foi inébranlable dans notre nouveau destin à construire à partir de nos efforts et grâce à la constante valorisation de nos richesses matérielles et socio-culturelles.

Désormais, l'indépendance reconquise par nos Peuples signifie tout à la fois : responsabilité nationale, responsabilité internationale, présence de nos Peuples sur tous les chantiers de l'édification du bonheur et de l'équilibre de l'humanité.

Et comment, dès lors, pouvoir aboutir à la réalisation de ce noble idéal, celui qui invite les hommes conscients, les Peuples épris de liberté et de démocratie à unir leurs efforts dans le combat contre toutes les causes de l'inégalité, de l'injustice et de l'exploitation et pour le triomphe de la fraternité, de la solidarité et de la paix universelle ?

C'est en se soustrayant, chacun et tous à toute forme de dépendance, à tout système d'iniquité, à toute exploitation, à toute oppression d'où qu'elle vienne et de quelque nature quelle soit.

Nous savons que dans le monde actuel, où la monnaie joue un rôle régulateur entre les économies nationales, la nature et les qualités dynamiques du rapport des échanges entre pays ont une importance capitale, car elles jouent un rôle déterminant dans l'interpénétration harmonieuse des différentes entités sociales et économiques et sur le rythme de l'évolution historique des différentes Nations du monde.

Il n'y a pas crime que des pays aient plus de moyens financiers que d'autres ; il n'y a pas non plus crime que des pays disposent de plus de matières premières que d'autres.

Mais, ce qui constitue certainement un crime, c'est que des Peuples dotés de conscience et de raison n'arrivent pas à harmoniser leurs rapports en fonction des intérêts de chacun d'eux et de leurs aspirations communes à la liberté, à la justice et à la solidarité.

C'est dire que la conscience, une conscience éclairée, commande que les fournisseurs et les clients, tant des matières premières que des moyens d'équipement ou des marchandises manufacturées, abandonnent des rapports d'exploitation au profit des rapports d'harmonisation de leurs propres intérêts.

Toute valeur matérielle ou culturelle doit correspondre à une nécessité historique et sociale d'évolution dynamique des Peuples.

Les Peuples ont donc besoin les uns des autres et cette interdépendance donne à leurs rapports une valeur historique, dans la mesure où son fondement est la justice qui impose le respect des intérêts légitimes de chacun et de tous.

Les dirigeants des pays producteurs de bauxite, doivent se concerter, unir leurs efforts, s'organiser afin de trouver, appliquer et faire appliquer les mesures devant rendre les rapports d'échanges qui lient les divers pays, plus justes, plus raisonnables, plus logiques. Si nous faisons un travail positif, nous aurons apporté à l'humanité une appréciable contribution dans la recherche et l'application des solutions éliminant les causes de tension, créant chaque jour l'harmonie féconde entre les Nations et entre les Etats et assurant ainsi aux Peuples les meilleures bases de progrès et de bonheur.

Nous ne nous organisons donc contre personne, mais contre un système, un ordre d'iniquité, pour le bonheur légitime des Nations et la paix internationale dans la justice économique.

Nous n'avons garde d'oublier que le Monde sort péniblement de l'ordre mondial qui a le plus profondément affecté les Peuples et qui les marque encore, à savoir l'ordre colonial. Et çà et là, à travers le monde, plusieurs Peuples sont encore subjugués par le colonialisme. Une telle situation est d'autant plus douloureuse que nous ne devons pas oublier que ces Peuples sont directement asservis précisément parce qu'ils disposent de ressources que l'impérialisme entend continuer à exploiter indéfiniment dans son intérêt exclusif. C'est dire que si la majeure partie de nos Peuples ont conquis leur souveraineté, il n'en demeure pas moins vrai, que pour les mêmes raisons, les rapports économiques créés par la domination coloniale subsistent encore entre Nations paralysant encore les Peuples par leurs effets de plus en plus dissolvants parce que plus subtils. Nous voulons souligner que les rapports d'exploitation économiques, de colonisateurs à colonisés, n'ont pas disparu et ne disparaissent pas automatiquement avec la fin juridique, formelle du système colonial, mais au contraire se généralisent encore, se consolident et s'aggravent au rythme de développement des puissances économiques.

L'impérialisme colonialiste s'est mué en impérialisme néo-colonialiste, gardant ainsi son essence inhumaine, adaptée, seulement, de façon subtile, à chaque situation locale sans compter que, périodiquement et régulièrement, il tire de son vieil arsenal l'arme trop connue de la politique de la canonnière pour garder malgré eux le maximum de Peuples dans sa sphère d'influence, de domination et d'exploitation.

A l'exploitation coloniale de type impérialiste classique, s'est substituée une exploitation néo-coloniale de type néo-impérialiste parce que la décolonisation n'a pas rompu, brisé ou liquidé les rapports d'exploitation économiques en ce qui concerne les grands domaines, les grands secteurs qui assurent à l'impérialisme son existence, sa prospérité illégale et illégitime. Ainsi, demeure la contradiction fondamentale, existant entre la volonté de développement et de souveraineté de nos Peuples et la volonté d'asservissement qui anime encore l'impérialisme. L'impérialisme résout à sa manière, cette contradiction, en s'ingéniant en astuces. Un adage africain souvent cité convient bien à cette situation : « attacher un bouc à une corde ou attacher la corde au bouc, c'est toujours pour le seul malheur du bouc ! »

L'histoire contemporaine montre que cette relative liquidation de l'ordre économique colonial ne s'étant pas opéré d'une façon consciente et délibérée, cet ordre ne saurait s'effriter naturellement, par une sorte d'évolution normale qui serait dans l'ordre logique des choses ; mais, bien au contraire cet ordre d'iniquité empire son caractère inhumain et sa puissance d'exploitation.

De quoi s'agit-il ?

Eh bien ! si l'exploitation coloniale classique a été caractérisée par la domination directe et l'exploitation à travers le mercantilisme colonial et l'usurpation flagrante, brutale, cynique des biens des Peuples subjugués, système tout juste préoccupé alors de répondre aux besoins économiques et sociaux des puissances colonisatrices et des puissances associées, l'exploitation néo-impérialiste qui lui a succédé a conservé et aggravé le privilège discrétionnaire de disposer des ressources des Peuples, nécessaires au développement de l'économie des Puissances anciennement colonisatrices et des Puissances associées à elles, et ce, à des conditions souverainement fixées par elles.

Concrètement, à la politique coloniale de « terres vacantes et sans maîtres » a succédé la politique néo-impérialiste de « ressources naturelles, de matières premières vacantes et sans maîtres ».

Aujourd'hui, à travers le système d'échanges abusivement inégaux entre, d'une part, matières premières nécessaires aux grandes industries et, d'autre part, produits industriels, les Peuples, les Nations, les Etats producteurs de ces matières premières sont littéralement spoliés. **Et l'intensité et les dimensions de cette spoliation n'ont d'égal que le trésor d'ingéniosité dépensé par l'impérialisme pour que les Peuples ne s'en rendent pas compte, n'en prennent pas conscience.**

Pratiquement, les matières premières communément utilisées aujourd'hui par les pays développés, et dont la presque totalité est produite par les pays en développement, sont considérées d'abord par l'impérialisme comme des matières absolument sans valeur, des matières ne devant donc procurer aucun revenu à leurs propriétaires et, de ce fait, ne devant avoir d'autre valeur marchande que le strict coût de production, donc ne devant rien procurer aux propriétaires. Voilà le prrincipe de base imposé. Dans un second temps, et sous réserve que ce principe de base ne soit jamais affecté dans sa valeur sacro-sainte de principe naturel, on consent à donner quelques « miettes » aux propriétaires pour faire taire la prétendue rapacité de Peuples attardés. L'impérialisme crée aussi l'illusion des « miettes ». Pour ce faire, il a recours au mécanisme volontairement compliqué du système des prix, à tous les stades de la production et de la commercialisation. Ainsi, par la manipulation astucieuse des éléments du prix, il fixe un prix au-dessous de celui qu'il avait lui-même imposé jusque-là, lorsque le pays producteur a le courage d'augmenter le prix de vente de ses matières premières. Ces documents bien faits et bien tournés nous sont présentés à chaque réunion avec tous les égards possibles pour nous les faire entérieur. Par la suite, au cas de la moindre remise en cause, la vérité ayant enfin apparu, le partenaire indélicat nous oppose notre propre signature cependant extorquée par perfidie. Pour mieux s'en convaincre, analysons la structure de quelques prix de produits industriels finis, fabriqués à partir de matières premières dont nous sommes propriétaires, nous verrons que dans le meilleur des cas le rapport « coût de matières premières » à « coût de biens usinés finis » est de 1 à 1 000, quand il s'agit de biens effectivement finis et non de produits intermédiaires, de produits semi-finis servant, à leur tour, de matières premières aux produits finis. Et quand il s'agit de produits finis dit « hautement élaborés », ou « nobles », ce rapport peut aller de 1 à 10 000, 100 000, etc. Il s'agit là de l'illustration d'un principe économique bien connu, à savoir que nos matières premières, transformées dans les pays développés en produits finis, élaborés, enrichis, acquièrent une forte valeur ajoutée qui n'a aucune commune mesure avec le prix de la matière première et, ce, malgré les coûts respectifs retenus aux différents stades. Ainsi, mieux vaut l'alumine que la bauxite, l'aluminium que l'alumine, la casserole ou la tôle que l'aluminium brut, la feuille d'aluminium du paquet de cigarettes que la tôle d'aluminium, ainsi de suite. Au vrai, nous sommes terriblement exploités et l'argument que ces matières premières n'ont pas été « fabriquées » par nous et que nous nous sommes trouvés à côté d'elles par hasard, sans avoir dépensé pour cela aucune force de travail et qu'en conséquence, qui en a besoin peut les exploiter aux conditions qu'il veut, a exactement la même base que le principe de « l'espace vital » développé hier par Hitler et sur lequel le nazisme s'est basé pour mettre l'Europe en coupes réglées.

Le drame est qu'à peine commençons-nous à essayer de liquider un ordre attentoire à la justice internationale et aux intérêts des Peuples que le partenaire concerné commence à se répandre en menaces :

D'abord le coup de poing sur la table: «Eh bien! si vous essayez, vous, pays producteurs de pétrole, de nous priver de cette matière vitale dont notre industrie qui fait la gloire du monde « civilisé » a besoin. nous nous verrons dans l'obligation non moins vitale d'intervenir par la force ! »

Ensuite, séducteur comme l'hyène sait l'être quelquefois avec l'agneau, on nous susurre à l'oreille : « Ah, si nous sommes privés de pétrole et que notre industrie en souffre, nous ne pourrons plus fabriquer assez de tracteurs, nos champs ne seront plus suffisamment labourés, nous produirons moins de riz et il nous sera impossible de venir vous aider ou de venir en aide à vos frères en cas de sécheresse. Il nous sera difficile de continuer à vous ravitailler en machines de toutes sortes. Il nous sera difficile de bailler des fonds aux Peuples que nous avons le fardeau moral de secourir. Comme vous le voyez, votre tentative de normaliser le prix de votre pétrole va à l'encontre de vos intérêts bien compris. Il est de notre devoir de vous en prévenir, nous qui, en raison de nos vastes connaissances, avons la charge de défendre vos intérêts et de vous éclairer!»

Enfin, si ces arguments ne suffisent pas, l'on soutient que la science permettant, de transformer n'importe quoi en n'importe quoi, si nous n'entendons pas raison, on abandonnera les hydrocarbures, la bauxite et d'autres matières que nous produisons pour se rabattre sur n'importe quoi ; ou bien que : nous devons savoir qu'au rythme actuel de l'exploitation de la bauxite ou du pétrole, nos gisements vont s'épuiser à plus ou moins longue échéance, etc..., etc...

Que l'on puisse avoir du fer à partir des épinards, la science en est peut-être capable, et pourquoi pas ? Nous n'en savons rien nous autres ! Mais nous savons que sur le plan économique, il vaut mieux partir du minerai de fer. Par ailleurs, est-il besoin de rappeler que la science et la technique ne sont pas, n'appartiennent pas qu'à l'impérialisme. Si l'évolution de la technique peut rendre économique le parcours qui va de l'argile ou de tout autre silico-aluminate, à l'aluminium, l'évolution de cette même technique peut rendre **incomparablement** plus économique le chemin qui va de la bauxite à l'aluminium. Au regard de l'aluminium, et considérant la science et la technique comme vraiment différentes de l'alchimie d'hier, la bauxite garde incontestablement par rapport à l'argile, par exemple, tout son privilège originel. Quoi qu'il en soit au demeurant, le progrès de la science et de la technique, mis au service de l'humanité, est le souhait suprême que nous puissions formuler — cela est bien entendu différent des «épouvantails» que l'on veut nous présenter actuellement comme à des enfants que l'on voudrait effrayer.

Soyons précis. Nous sommes confrontés à un problème qui est à la base même de toute l'économie moderne et qui doit être réglé à l'entière satisfaction de tous ceux qui entrent dans cette économie, c'est-à-dire à l'entière satisfaction de tous. Jusqu'à présent, les puissances industrialisées se sont appuyées exclusivement et s'appuient encore sur les matières premières que nous produisons pour résoudre leurs problèmes de puissances industrialisées devenant de plus en plus industrialisées et matériellement développées ! En raison de l'ordre injuste qui régit nos rapports, les Nations en développement voient leurs efforts de plus en plus compromis, frustrées qu'elles sont, de l'apport économique qu'elles sont en droit d'attendre de leurs matières premières. L'ordre colonial est devenu simplement un ordre néo-impérialiste aggravant de plus en plus leur situation. L'inégalité du rapport de l'échange entre matières premières et produits industriels engendre, dans la même mesure, l'inégalité de rapports matériels l'inégalité de bien- être, l'inégalité de satisfaction des besoins entre Nations en développement et puissances industrielles. Un déséquilibre mondial est ainsi créé, allant s'empirant, et développant en lui, les germes de toutes les tensions.

Nous avons la mission historique de liquider cet ordre, nous, au détriment desquels il est établi. Si à l'ordre colonial s'est substitué un ordre néo-colonialiste, le concept de détérioration est une absolution de l'exploitation de l'homme par l'homme, car il ne s'agit pas en définitive d'un rapport d'égalité qui se dégrade, mais d'un rapport d'inégalité qui empire. Ce ne sont pas en tous cas, les bénéficiaires qui pourront ni voudront le faire jamais ; il est étrange et même tragiquement comique que des représentants des pays ainsi frustrés dissertent sur cette soi-disant « détérioration des termes de l'échange » comme si, nous l'avons déjà dit, cet échange a jamais été égal, juste, dans le rapport de ses termes. Il est non moins tragiquement comique que ceux qui sont frustrés par cet ordre, au lieu de réagir énergiquement, implorent la générosité de ceux qui en sont bénéficiaires pour obtenir le changement du cours des choses. La justice ne se donne pas, elle se conquiert tout comme l'indépendance et le progrès.

Le monde n'est pas réellement économiquement développé si seulement une de ses parties l'est au détriment des autres. Or, il faut et il importe que le monde soit économiquement développé dans toutes ses parties et dans son ensemble.

Les pays économiquement et matériellement sous-développés, s'ils sont frustrés des bases matérielles du développement, aucune générosité en « dons » de biens de consommation, maigres miettes prélevées sur ce dont ils sont spoliés, ne peut leur assurer le véritable développement. Et quand bien même cette générosité serait vraie, on ne peut pas se développer réellement quand on n'est qu'un terrain d'atterrissage du progrès, renonçant à être un laboratoire, une usine à progrès transcroissant. Avant tout, et à terme, le meilleur sauveur d'un Peuple est ce Peuple lui-même, s'il trouve les voies meilleures lui permettant d'exploiter, de valoriser lui-même ses propres ressources.

Voyons le cas de la Guinée, sans parler des autres nombreuses et immenses matières premières que renferme son sol, elle est détentrice des deux tiers des gisements de bauxite mondialement inventoriés, soit plus de 8 milliards de tonnes sur quelque 12 milliards de tonnes au total ! Comparons l'importance de cette quantité et le caractère impressionnant de cette proportion aux réalités matérielles et économiques guinéennes ! Oui, de par le monde, l'ordre économique, l'inique ordre économique imposé par le colonialisme, survit au colonialisme et se développe de plus en plus dans sa nocivité. La tonne de la bauxite est aujourd'hui vendue à 10 dollars et la tonne d'aluminium est à 770 dollars. Or, il suffit de 5 tonnes de notre bauxite pour avoir 1 tonne d'aluminium. En valeur, le rapport de la bauxite à l'aluminium est donc de 1 à 15. Mais l'aluminium est encore lui-même une matière première ; et le rapport de l'aluminium aux produits industrialisés est parfois de 1 à 50. 100. Dans ces conditions, et si ces conditions doivent persister, le Peuple de Guinée, propriétaire de 8 milliards de tonnes de bauxite, ne réalisera pas de si tôt son développement ! Ces conditions doivent changer, et elles changeront.

L'on a dit du vingtième siècle qu'il est le siècle de l'aluminium, du pétrole et de l'électricité, et c'est vrai. Mais ce qui n'est pas moins vrai, c'est que l'on constate tristement qu'il n'est pas encore le siècle de l'aluminium pour les producteurs de bauxite. le siècle du pétrole pour les producteurs d'hydrocarbures, le siècle de l'électricité pour les pays possesseurs de grandes sources d'énergie hydro-électrique et les pays propriétaires de grands gisements d'uranium !

Nous répétons que nous ne nous liguons contre personne, mais seulement contre un système inique et appauvrissant pour le monde entier, et pour la promotion d'un système juste et enrichissant pour le monde entier. Nous voulons d'une coopération dynamique, égalitaire et loyale.

Nous voulons établir un système permettant aux puissances déjà industrialisées d'avoir accès aux matières premières dont elles ont besoin, et à des conditions justes pour leur économie, et aux Peuples propriétaires de ces matières premières d'en tirer des bénéfices leur permettant de se développer économiquement, et à des conditions justes pour leur économie.

Nous n'en voulons à personne, répétons-nous, mais nous disons et avec force qu'il n'est pas juste de se développer sur nous et contre nous et que le seul développement qui vaille à nos yeux, au regard de la justice, est celui opéré avec nous et avec des avantages rigoureusement réciproques. Et, si nous, producteurs de bauxite, nous nous sommes organisés en une **Association Internationale de la Bauxite** à l'instar des pays producteurs d'autres matières premières, c'est que nous avons enfin conscience qu'il est de notre devoir d'apporter une contribution de qualité à l'Economie mondiale pour la rendre plus juste, plus dynamique, condition essentielle d'une coopération internationale démocratique et féconde.

Nous sommes convaincus que les premiers moments d'incompréhension passés, les pays consommateurs de bauxite, d'alumine et d'aluminium, s'apercevront qu'en nous associant, nous, pays producteurs de bauxite, nous les débarrassons d'un système qui, à la longue, ne peut être qu'un cancer détruisant leur propre économie. **Pour qui veut comprendre la portée historique de certaines décisions, l'Association Internationale de la Bauxite défendra et l'intérêt des pays producteurs et celui des pays consommateurs, car l'on ne consomme que ce qui existe !**

La bataille pour l'égalisation des termes de l'échange entre, d'une part, matières premières d'origine minérale ou végétale et, d'autre part, produits industriels a commencé.

Cette bataille n'est dirigée contre aucun pays ou groupes de pays. Elle est menée contre un ordre économique, contre un système commercial inique de nature à vicier le développement économique harmonieux de l'humanité et à le bloquer.

Cette bataille est menée pour l'institution d'un ordre économique et commercial nouveau et allant dans l'intérêt de tous les Peuples.

Cette bataille, il nous faut la gagner. L'histoire a voulu que notre génération donne les soldats de cette bataille qui sera inéluctablement victorieuse.

Nous savons que la bauxite dont nous parlons est une matière première dont l'exploitation s'effectue depuis longtemps sous la forme d'un monopole détenu par quelques industries qui ont su le réaliser au détriment des pays propriétaires de cette même matière première.

Les pays producteurs de bauxite ne tireront jamais de cette matière les moyens de développement escomptés tant qu'il n'y aura pas réaménagement des rapports entre eux et les possesseurs de capitaux étrangers, dans le sens de l'équité. Les rapports d'équivalence exigent une mise en commun de moyens des deux parties afin que chacune puisse bénéficier des résultats de l'association, les producteurs dans leur aspiration à l'industrialisation, et les consommateurs dans la certitude que leurs capitaux seront amortis et correctement rémunérés.

Or, tout se passe jusqu'ici comme si l'avenir économique des pays producteurs doit continuer à obéir aux fluctuations d'un marché unilatéralement orienté vers la satisfaction des besoins des seuls consommateurs.

Ainsi, la création d'une Association Internationale des Producteurs de Bauxite, l'adoption d'une politique de transformation de nos matières premières au lieu d'une politique, sans avenir, d'extraction pure et simple, enfin, la solidarité concrète entre pays consommateurs dans la valorisation commune de leurs moyens afin de venir en aide aux pays producteurs ne disposant pas de tous les instruments de transformation, voilà autant de décisions qui seront de nature à nous soustraire à l'actuel diktat des consommateurs. Nous soustraire à cette hégémonie ne signifie guère que nous n'acceptons pas la coopération avec eux. Il s'agit de réaliser une coopération équilibrée, effective et honnête assurant à leurs capitaux investis une juste rémunération, et à notre bauxite, l'apport nous permettant de nous développer.

Pour assurer à nos pays un développement harmonieux, équilibré et dynamique propre à satisfaire les besoins toujours croissants de nos Peuples, nous devons exercer un pouvoir réel sur tous les secteurs de nos économies nationales.

Nous devons également assurer l'industrialisation de nos pays afin de transformer sur place nos divers produits agricoles et miniers et donner ainsi à nos Nations en voie de développement des assises garantissant leur indépendance économique. Plutôt que d'exporter de la bauxite, le pays qui la transformerait localement en aluminium, bénéficierait d'une recette quinze fois supérieure à celle résultant de la vente du minerai brut.

VALORISER LES RESSOURCES MINIERES

Le développement rapide et équilibré de l'économie guinéenne, objectif fondamental du Parti-Etat, exige que les possibilités, toutes les possibilités des divers secteurs économiques et financiers du pays, soient judicieusement exploitées au seul profit du Peuple.

L'exploitation et la valorisation des gisements de bauxite impliquent la mise à la disposition de la Société qui s'en charge d'une infrastructure appropriée (route, chemin de fer, port et cités). Jusqu'à ce jour, notre pays a pris à son compte la réalisation de cette infrastructure qui, de ce fait, est sa propriété, propriété qu'elle met à la disposition de la Société, qui l'utilise en priorité, contre paiement de redevances.

Ces redevances ont toujours été fixées à un niveau tel que les recettes qu'elles constituent pour notre pays ne sont pas en rapport avec le montant des emprunts que la Guinée a contractés pour réaliser l'infrastructure. Ainsi, elles ne permettent pas de couvrir, dans un délai raisonnable :

— le remboursement de la dette,

— le paiement des charges financières afférentes à cette dette,

— les charges d'exploitation de l'infrastructure - toujours très élevées pour le chemin de fer par exemple.

A fortiori, elles ne permettent donc pas de réaliser une accumulation.

Le gouvernement, par l'octroi d'un régime fiscal spécialement favorable, accorde aux Sociétés d'économie mixte d'énormes avantages. Cette politique qui, bien sûr, attire les capitaux étrangers, nous prive d'importantes ressources fiscales pour le Trésor et des devises pour la Banque.

Les conventions des Sociétés fonctionnant en Guinée comportent des clauses fiscales ainsi libellées :

«Le gouvernement accorde par la présente convention, à la Société, franchise complète de tous impôts, taxes fiscales ou para-fiscales, droits, prélèvements, centimes additionnels, droits de douane, droits d'entrée ou de sortie, redevances et autres charges de quelque nature que ce soit, à l'exception de...»

Cette exception est précisée par la détermination de ce que ces Sociétés doivent payer à la Guinée sous forme de :

1⁰ — Taxes d'entrée sur les importations de biens «non capital» nécessaires à la Société durant la période d'exploitation.

2⁰ — Impôts sur les traitements et salaires, prélevés exclusivement sur les sommes payées en République de Guinée au personnel de la Société.

3⁰ — Impôts sur les bénéfices qui sont fixés aux taux de 65% des «bénéfices nets taxables». Ces 65% comprennent les éléments suivants :

a) — 30% des «bénéfices nets taxables» tels que les définissent les conventions.

b) — 50 % de ce qui reste, après paiement des 30 % d'impôts au gouvernement comme indiqué ci-dessus.

Il y a lieu de préciser que les 65 % ne constituent pas que des impôts comme cela est indiqué dans toutes les conventions des Sociétés mixtes. En réalité. 35% sont payés au gouvernement au titre de la répartition des bénéfices.

L'impôt sur les bénéfices est ainsi la recette principale reçue de ces Sociétés. Or la réalisation de bénéfice. quand il s'agit d'exploitation minière, est assez aléatoire, du moins pendant de nombreuses années. Ce qui explique entre autre par les méthodes de gestion pratiquées par les Sociétés minières implantées dans les pays en développement.

Certains de nos partenaires, qui sont de grands aluminiers, acceptent d'investir à perte dans des Sociétés minières du genre de la C.B.G., avec l'unique objectif d'avoir une source sûre d'approvisionnement en bauxite pour faire fonctionner leurs usines d'alumine et d'aluminium.

C'est dans cette optique que la bauxite est vendue aux actionnaires pratiquement à son prix de revient. Ces partenaires réalisent bien sûr des profits importants, mais au niveau de leurs industries de transformation et de la vente du produit fini. En fait, les seuls impôts et taxes retenus sont soit aléatoires, soit insignifiants.

Or, nous avons indiqué à maintes reprises que le Peuple de Guinée ne doit pas subir quelque préjudice que ce soit et qu'il fallait, à cet effet, prendre toutes les mesures requises à la sauvegarde des intérêts nationaux dans les dispositions du Code guinéen des Investissements et dans les conventions liant notre pays aux partenaires étrangers. **Les matières premières sont la propriété exclusive du Peuple souverain de Guinée**

Toute Société mixte implantée en Guinée doit tenir tout d'abord compte du fait que le Peuple a la propriété entière et exclusive des matières premières.

En conséquence, le gouvernement seul dispose du droit de déterminer la valeur des différentes matières premières existant dans le pays.

Compte tenu de notre volonté de promouvoir l'industrialisation de la Guinée, nous devons étudier et fixer des redevances minières pour que les droits qui frappent l'aluminium à l'exportation soient moins élevés que ceux qui frappent l'alumine à l'exportation, et ceux qui frappent l'alumine moins élevés que ceux qui frappent la bauxite à l'exportation. La tendance étant à la valorisation complète de toutes les matières premières existantes en Guinée, les différentes phases de transformation seront également indiquées.

Tous les métaux dont l'existence est connue grâce à l'inventaire économique déjà fait en Guinée seront portés sur une liste avec les droits qui reviennent obligatoirement au budget de la République de Guinée au fur et à mesure qu'une quantité donnée de ces matières sera mise à la disposition d'une Société, que celle-ci soit totalement privée ou mixte.

La réalité actuelle est que dans aucune convention d'exploitation minière ou forestière, il n'a été stipulé que les matières premières sont une propriété commune ; bien au contraire, il est bien précisé qu'elles sont la propriété exclusive de la Guinée.

Ainsi, frapper à l'exportation les matières premières d'une taxe à un taux juste et raisonnable, est un droit de souveraineté de la Nation.

L'application de cette taxe spéciale sauvegarde les intérêts économiques du pays, et évite à la Nation de subir des préjudices certains parce que :

1°) — Dans la pratique actuelle, le Peuple est frustré de la propriété des matières premières.

2°) — C'est le partenaire qui devrait financer l'opération soit par ses propres moyens financiers, soit par prêt accordé à lui, et dont notre pays n'aurait pas à supporter la moitié en plus des charges financières. Or, si nous avions ces moyens, nous aurions nous-mêmes réalisé le financement et le fonctionnement des Sociétés minières de bauxite, d'alumine ou d'aluminium et nous aurions vendu à qui en aurait besoin, et au cours international, nos produits bruts ou ayant subi un traitement donné. Si ce partenaire avait emprunté de l'argent pour l'achat de nos produits, il aurait dû être seul à en payer le montant et les intérêts. Et nous aurions comptabilisé la totalité de la valeur des produits vendus par nous. Or, actuellement, les entreprises minières, sur chaque 100 dollars empruntés, nous font admettre en comptabilité de 107 à 110 dollars au titre de remboursement et de rémunération du capital emprunté par elles.

3°) — Nous payons l'amortissement en tenant compte de ces charges, et même quand une société financière a les moyens, la liquidité, la disponibilité nécessaire pour engager une opération économique en Guinée, par exemple pour la constitution avec nous d'une société mixte d'alumine, elle dira qu'elle a été obligée d'emprunter les fonds à telle ou telle banque et que nous devons ensemble les rembourser : capital et intérêts. C'est tout comme si elle nous avait fait un prêt financier avec intérêts ; or tout en faisant à la Guinée un prêt financier avec intérêts, elle se dit co-propriétaire de la Société avec les mêmes droits que la Guinée ! Pis encore, au bout de 25 ans, par exemple, les sommes empruntées pour FRIGUIA seront complètement payées ainsi que les intérêts, les partenaires se considèreront encore comme propriétaires de l'Usine FRIGUIA ! Or, leur principal apport et les intérêts seraient remboursés déjà. Mais cela ne les empêchera pas de vouloir faire racheter par la Guinée les installations ; et pendant ce temps, nos mines seront épuisées ! Nous n'aurons que des trous béants. Voilà les insuffisances de notre Code des Investissements et surtout des clauses de nos conventions. Heureusement, nous avons suffisamment de réserves en bauxite. Mais si nous prenions le cas marginal d'un pays pauvre en bauxite, après 25 ans d'exploitation, peut-être qu'il ne lui resterait plus que le 1/100 de ses réserves ! On lui aurait laissé des trous comme propriété ! L'exploiteur capitaliste pourrait alors démonter l'Usine, la remonter quelque part ailleurs et continuer son travail d'appauvrissement de nos pays. Soyons donc vigilants et prenons dès maintenant toutes les dispositions requises.

La solution juste qui empêche toute saignée de nos matières premières, aurait dû être celle-ci : telle Société a besoin d'alumine et dispose des moyens financiers ; nous possédons, pour notre part, de grandes réserves de bauxite, mais nous n'avons pas de moyens financiers; nous concluons avec cette Société un accord par lequel elle met à notre disposition un prêt en capitaux, et la technologie nécessaire à l'exploitation de la bauxite et à sa transformation en alumine ou en aluminium. Nous édifions l'Entreprise qui est une propriété totalement nationale, nous exploitons la bauxite et assurons sa transformation en alumine ou en aluminium et nous remboursons la Société partenaire en alumine ou en aluminium jusqu'à extinction de la dette.

Le temps est venu de rendre très claires les bases de fonctionnement de toutes les Sociétés d'économie mixte installées en Guinée. Nous devons, par des démarches pratiques, commencer dès maintenant à passer sur le fonctionnement de toutes ces entreprises, en corrigeant toutes les clauses aberrantes, car toute aberration à tout moment, exige rectification.

Il faut dire qu'il y a des millénaires que ces réserves existent; nos grands-parents ne les ont pas dilapidées, nous n'avons pas aussi le droit de les brader, nous devons au contraire les défendre contre la rapacité des impérialistes qui veulent les exploiter à leur seul profit ! Nos partenaires n'ont pas à prendre, à leur guise, toutes sortes d'initiatives dans nos activités communes pour nous faire admettre leur point de vue.

En un mot, les partenaires venus en République de Guinée, pour exploiter nos richesses naturelles, ne doivent pas y résoudre au mieux de leurs seuls intérêts, leurs propres problèmes. Une Société mixte mise sur pied de commun accord, avec un ou plusieurs partenaires étrangers, ne saurait être un kyste, ni un cancer dans l'économie nationale. Pour nous, la Société mixte est ainsi le résultat d'une libre association de deux ou de plusieurs partenaires dans une entreprise commune. De ce fait, elle ne saurait être un Etat dans l'Etat guinéen. Et c'est pourquoi, nous avons décidé d'exercer désormais un contrôle plus sérieux et plus rigoureux sur toutes les activités économiques se déroulant en Guinée.

Les ressources naturelles doivent être considérées comme notre patrimoine, patrimoine qui appartient exclusivement au brave Peuple de Guinée. Ces ressources naturelles constituent, dans le cadre d'une Société d'économie mixte, la part que la Guinée apporte dans le capital total investi pour la réalisation d'une opération économique. **Notre participation au coût total des investissements, c'est notre contribution en nature. Notre bauxite, notre bois, notre fer, notre or, etc., sont et demeurent notre propriété.** Les partenaires étrangers, qui ne sont pas co-propriétaires de ces ressources naturelles, sont obligés de satisfaire à d'autres nécessités fonctionnelles de l'unité mixte qu'ils vont constituer avec nous, à savoir la fourniture des capitaux, du matériel et de la technologie. Car en fait, s'il n'y avait pas de minerai de fer en Guinée il n'y aurait pas eu de société d'exploitation de minerai de fer ! S'il n'y avait pas de bauxite en Guinée, il n'y aurait pas eu non plus de société de bauxite, encore moins de société d'alumine ou d'aluminium.

Il convient que chaque cadre soit bien pénétré de ces vérités pourtant élémentaires et sache que le facteur essentiel, celui par rapport auquel tout le reste est déterminé, demeure les ressources naturelles, qui sont notre propriété exclusive. Et quand nous disons « notre », nous voulons désigner le patrimoine guinéen. L'exclusive propriété que le Peuple de Guinée a sur ses ressources naturelles et le caractère déterminant de leur existence dans les activités de toute Société mixte doivent clairement apparaître dans toute convention.

A titre d'exemple voici l'évaluation des intérêts financiers des actionnaires A et B dans un projet minier : Eléments du problème :

Partant d'un exemple concret, la bauxite de Guinée, nous allons tenter d'évaluer les intérêts réciproques des partenaires dans un projet minier.

D'un côté, nous avons la Guinée, propriétaire de la plus riche bauxite du monde. Pour la mettre en valeur, la Guinée a besoin, avons-nous déjà dit, et des capitaux et du savoir-faire.

De l'autre côté, nous avons les partenaires privés, généralement acheteurs de bauxite. Ils possèdent, quant à eux, le capital et la technologie.

Pour mettre en valeur cette bauxite, il faut non seulement ériger le complexe minier (la mine, l'usine, le matériel roulant, etc...) mais il faut également construire une infrastructure (cité, port, chemin de fer, etc.) capable de recevoir les travailleurs du projet et d'évacuer la bauxite vers les pays acheteurs. Le coût global de l'investissement comprend alors le coût de construction de la partie minière plus le coût de l'infrastructure, abstraction faite, pour le moment, du fond de roulement initial nécessaire au démarrage de l'exploitation.

Le problème, pour un pays non développé, possesseur de minerai, est de trouver le capital nécessaire et le savoir-faire. Admettons par exemple qu'un pays comme la Guinée puisse trouver un prêt auprès de la Banque Mondiale ou auprès d'un pays ami, à des conditions raisonnables (inférieures ou égales à celles du marché international), et que ce prêt soit suffisant pour financer à la fois l'infrastructure et la partie industrielle. Dès lors, il n'y aurait aucun doute que tous les bénéfices résultant de l'exploitation du projet (après paiement des intérêts et remboursement du prêt) reviendraient en totalité à la seule Guinée. Notre bauxite étant la plus riche du monde, nous n'aurions aucune difficulté à la vendre sur le marché international. Dans l'exemple précédent, la Guinée n'a besoin d'aucune association avec un quelconque partenaire privé. Le capital étant obtenu, le savoir-faire s'achètera également sur le marché international.

Evaluation théorique des apports :

Dans le cas où la Guinée n'a pas le capital financier pour réaliser à elle seule le projet, elle pourrait faire appel au capital privé en vue de former une Société d'économie mixte au sein de laquelle la production (bauxite, alumine, aluminium) ainsi que les bénéfices seraient répartis entre les associés proportionnellement à l'apport de chaque partie, c'est-à-dire que les propriétaires des actions « A » et des actions « B » auraient les mêmes obligations et les mêmes avantages.

Le problème posé dans ce cas-ci est de savoir comment évaluer équitablement l'apport de chaque partie.

Pour mieux cerner le problème, nous allons considérer des gisements dont les réserves seraient évaluées à un milliard de tonnes de bauxite. Nous prévoyons la réalisation d'un projet dont la capacité est de dix millions de tonnes par an. A ce rythme d'extraction et d'exploitation, ces réserves ne seront épuisées qu'au bout de 100 ans.

La Guinée fait alors appel à un capitaliste désireux de s'associer avec elle pour, non seulement faire fructifier son capital investi en Guinée, mais aussi pour s'assurer un approvisionnement régulier, à partir d'une source sûre, de la bauxite la plus riche du monde. Il est donc intéressé à plus d'un titre dans cette association.

Si le capitaliste apporte, au titre de sa part de capital, la totalité du coût du projet estimé par exemple, à 400 000 000 de dollars, la Guinée quant à elle, a à son actif la valeur inestimable de son gisement de bauxite. **Le capital de la nouvelle société d'économie mixte sera donc le coût de construction du projet (infrastructure plus partie minière) plus la valeur des gisements.** La difficulté qui naît maintenant est d'évaluer ces gisements par rapport aux fonds investis par le partenaire capitaliste.

Supposons, pour simplifier l'explication, que les deux partenaires décident de partager les bénéfices en deux parties égales, chacun obtenant 50%. Supposons également que cette entreprise fasse des bénéfices raisonnables (avant paiement d'intérêt) de 15% du capital investi soit 60 000 000 de dollars par an.

Si les bénéfices sont partagés moitié-moitié, le capitaliste encaissera 30 000 000 par an et la Guinée 30 000 000 de dollars.

Le capitaliste qui aura investi 400 000 000 de dollars dans ce projet pourra récupérer la totalité de son capital en 13 ans et 4 mois. Etant donné que les amortissements ont été déduits avant d'arriver au bénéfice, les intallations industrielles sont théoriquement renouvelées au fur et à mesure de leur amortissement. Nos gisements de réserves ne s'épuisant qu'au bout de cent ans, le capitaliste continuera à toucher des bénéfices, disons gratuitement pendant près de 87 ans. Même s'il avait emprunté l'argent qu'il a investi, il ne paierait des intérêts que sur une période d'environ 15 à 20 ans, ce qui ne diminuerait pas sensiblement ses avantages démontrés ci-dessus.

Dans ce cas, étant donné que les gisements de bauxite ne sont pas épuisés, le capital du gouvernement demeure, alors que le capital investi est amorti à cent pour cent. Cela signifie que la Guinée continue à subventionner, à titre purement gratuit, les partenaires privés à concurrence de 50 % des bénéfices résultant d'un investissement maintenant assuré à cent pour cent par le seul gouvernement guinéen.

Si les bénéfices étaient répartis comme suit : 65 % pour la Guinée et 35 % pour notre associé, les résultats seraient les suivants, en supposant le même taux de rentabilité pour la société d'économie mixte :

pour la Guinée : 39 000 000 de dollars par an,
pour le partenaire : 21 000 000 de dollars par an.

Dans ces conditions, le partenaire privé récupère son capital en 19 ans et il demeure notre associé bénéficiant gratuitement de tous les avantages pour les 81 années qui suivent.

Une telle association est avantageuse à la fois pour la Guinée et pour le partenaire. Par ce biais, la Guinée peut mettre en valeur ses riches gisements sans apporter un dollar de capital en espèces, capital essentiel, indispensable pour un pays au seuil du décollage économique. Le partenaire privé, quant à lui, a investi des fonds qui vont lui rapporter des bénéfices appréciables pendant plus de cent ans, alors que son capital sera remboursé en moins de 20 ans. En plus de cet avantage financier immédiat et évident, notre partenaire s'assure également une source de matières premières, constituée de la plus riche bauxite du monde, dont la mise en valeur et la vente lui apporteront infiniment plus de bénéfice, d'autant plus que ce bénéfice n'est même plus partagé avec qui que ce soit. C'est une raison supplémentaire pour obtenir de nos partenaires non seulement une part juste de bénéfice de la Société mixte, mais également et surtout une partie juste de la production rémunérant notre apport en nature (bauxite) en capital de la société.

Exemple de Boké

Considérons à présent le cas du projet de Boké ou l'investissement se subdivise en :

1° — **Infrastructure :**

a) — **Cité : 23 000 000** de dollars dont 20 000 000 financés et remboursables entièrement par la seule République de Guinée.

b) — **Port et chemin de fer :** 84 000 000 de dollars financés par la seule République de Guinée.

2° — **Partie industrielle :** 200 000 000 de dollars remboursables en partie par la Guinée : (65 %) de la dette, et en partie par les partenaires privés 35% de la dette.

La participation des partenaires dans le capital financier (à l'exclusion de la valeur des gisements) peut être évaluée comme suit :

En Milliers de dollars

	Investissements	Partenaires	Gouvernement
Projet minier	200 000	70 000	130 000
Infrastructure, Cité	32 000	11 200	20 800
Port et chemin de fer	84 000		84 000
	316 000	81 200	234 800
Pourcentage de capital	100%	25%	75%
Pourcentage de bénéfice		35%	65%
		+ 10 %	— 10 %

En considérant uniquement l'apport de la Guinée dans le capital financier de la société, oubliant ainsi son apport inestimable au titre des réserves, la Guinée a investi 75 % du capital du projet de Boké et ne tire que 65% des bénéfices, soit une moins-value de 10% ; alors que les partenaires qui n'ont investi que 25 % du capital, tirent 35 % des bénéfices, soit une plus-value de 10 %.

Les bénéfices moyens projetés par la C.B.G. sont de 46 700 800 dollars par an. Pour 35% des bénéfices après amortissement et paiement des intérêts, les partenaires obtiennent 16 345 000 dollars par an. Ils amortiront ainsi leurs investissements en cinq ans.

La République de Guinée, elle, obtiendra : 30 355 000 dollars de b é n é f i c e s par an. Mais à la différence des partenaires privés, la Guinée aura encore à payer, sur ses 65 % des bénéfices, les intérêts dûs à la Banque Mondiale et à l'AID au titre des prêts de financement de l'infrastructure. Il convient donc de déduire, sur les 65 % des bénéfices de la Compagnie de Bauxite de Guinée (C.B.G.), revenant à la Guinée, ces divers intérêts financiers s'élevant en moyenne à 4 200 000 dollars par an, avant d'arriver au bénéfice net de la Guinée. L'amortissement de l'investissement guinéen n'interviendra alors qu'au bout de neuf ans.

Cependant, il convient de signaler que l'amortissement de l'investissement guinéen dans le projet de Boké au bout de neuf ans est une notion purement théorique, étant donné qu'il n'est pas tenu compte, dans l'évaluation de l'apport guinéen, des importantes réserves de bauxite mises à la disposition de la société. En fait, l'investissement du Gouvernement est égal à l'apport financier de la Guinée dans le coût du projet minier plus la valeur des gisements. Les 49% des actions dans la CBG représentant les permis miniers et évalués 980 000 dollars sont loin de refléter la valeur des gisements et ce serait même une véritable aberration de les considérer comme tels.

Cette analyse poussée plus loin, montre que la situation est encore plus défavorable à la Guinée.

1° — Le bénéfice escompté est hypothétique puisque sa réalisation dépend du sérieux de la gestion qui ne relève pas principalement de nous. Or, chacun sait que les entreprises minières réalisent le bénéfice de préférence au stade final, en tout cas au stade du produit le plus élaboré, plutôt qu'au stade de la matière première (bauxite).

2°) — Avoir 65 % de bénéfice signifie également supporter 65 % des pertes, des charges de tous ordres que supporte la société. D'où la tendance naturelle pour celui qui peut réaliser le bénéfice au stade supérieur à gonfler ces charges pour réaliser le moins de bénéfice possible au stade primaire, surtout que ces frais (amortissements et intérêts financiers) notamment, reviennent à lui, partenaire étranger.

3°) — Ces 65 % de bénéfice comportent en réalité 30 % de bénéfice et 50 % des 70 % restants, soit 35 % représentant la contre-partie des impôts admis en déduction dans la convention, qui devraient être payés à la Guinée.

4°) — Les exonérations fiscales, selon la législation actuelle, dépassent de loin ces 35 % retenus forfaitairement.

Pour clarifier le problème, la Guinée va créer une Société Minière jouissant de l'autonomie financière et de la personnalité civile, qui sera le partenaire A dans la Société mixte, à côté des étrangers partenaires B. Cette Société nationale apportera les réserves minières et les droits de propriété de l'Etat comme sa part dans le capital social; les autres apportant le financement et la technologie.

En contre-partie, elle recevra les actions A qui auront la même valeur que les actions B, c'est-à-dire que la production et les bénéfices seront répartis au prorata des mises, par exemple 50 %. La bauxite ou l'alumine produite sera à concurrence de 50% la propriété de la société minière nationale, qui la vendra comme elle le voudra sur le marché international.

Elle paiera ses impôts et sera soumise aux mêmes règles que les autres sociétés nationales, industrielles ou commerciales, vis-à-vis de l'Etat guinéen.

La Société mixte également aura sa vie propre.

Ce dédoublement juridique de la puissance publique permettra de mieux percevoir, chiffres à l'appui, l'analyse qui vient d'être faite ; car, somme toute, la question fondamentale qui se pose actuellement est celle-ci : que rapportent à la Guinée les actions A dans les conventions actuelles ? La réponse à cette question permettra à notre pays de revoir les clauses de ces conventions qui se traduisent désormais en chiffres concrets qui feront réfléchir tout partenaire honnête et loyal dans sa volonté de coopération.

Exemple de Friguia

Dans le cas d'une société intégrée bauxite-alumine, le propriétaire de bauxite doit situer le niveau de ses intérêts à chaque étape. A Friguia, il y a deux opérations distinctes :

1°) — L'exploitation de la bauxite brute se présente à l'entrée de l'usine de transformation d'alumine à un coût de production, compte tenu de tous les investissements jusqu'à ce niveau. Cependant, en considérant la teneur et la qualité de cette bauxite, on peut déterminer la valeur marchande au cours international. A partir de ce moment là, il est équitable, pour le pays possesseur de bauxite, que cette bauxite soit vendue dans sa phase alumine, sinon au prix international, tout au moins à un prix rémunérateur. Ceci se justifie par le fait que si l'opération s'arrêtait à ce niveau et la bauxite cédée à des acheteurs internationaux, il en résulterait obligatoirement un bénéfice.

Mais la transformation d'une telle bauxite en alumine ne manque pas d'intérêt pour le pays producteur de bauxite, considérant la valeur ajoutée à partir de cette transformation. Néanmoins, se plaçant dans les conditions internationales, cette transformation sur place bénéficie d'un avantage particulier qui est l'élimination du coût de transport, des assurances, par rapport à un producteur d'alumine utilisant la même bauxite, mais installé hors du territoire. Ce qui devrait améliorer sensiblement, et c'est le cas ici, le prix de cession de la bauxite.

2°) — A partir de ce prix marchand, la bauxite rentre dans sa phase de transformation en alumine, constituant ainsi le deuxième niveau à partir duquel un deuxième bénéfice raisonnable devrait être dégagé. En effet, c'est en tenant compte des situations spécifiques qu'on peut déterminer le prix de revient réel de l'alumine et dégager d'une façon équitable les ratios de distribution des revenus entre le pays hôte et son ou ses associés.

Ceci n'est pas le cas de Friguia, la bauxite étant considérée ici comme une matière dont la valeur n'est constituée que par son coût de production jusqu'au broyeur. Ainsi, le coût de revient de l'alumine de Friguia, en supposant que la bauxite ait été importée, serait nettement plus élevée qu'il n'apparaît actuellement. Aussi, la notion d'action intégrée telle que bauxite-alumine ne devrait se soustraire à cette évaluation successive qu'à la seule condition que le produit final soit vendu au prix du marché international. Alors seulement, le bénéfice dégagé par rapport au coût de production et au prix de vente tient compte de la contradiction entre le prix de la bauxite et celui de sa transformation en alumine. Or, dans le cas de Friguia, cet avantage n'apparaît pas, étant donné que l'alumine est cédée aux partenaires B de la Société, lesquels sont constitués en coopérative de producteurs et de consommateurs. Ainsi la bauxite de Guinée apparaît comme une contribution gratuite à la Société Friguia. Elle est considérée comme valeur zéro dans la détermination du prix de revient du produit (bauxite extraite ou alumine).

La situation idéale, pour un pays possesseur de bauxite, serait de pouvoir trouver tout seul le capital, de développer la mine conformément à ses propres besoins et de céder ensuite sa production au cours international. Ceci permettrait :

a) — le choix d'une technologie idéale.

b) — une flexibilité plus grande dans l'adaptation de la politique économique.

c) — une plus grande envergure dans l'intervention du pays dans l'économie internationale.

d) — enfin une meilleure adaptation des relations économiques à la conjoncture politique et économique internationale.

Cependant, en considérant les réalités économiques internationales, il est difficile, surtout en ce qui concerne la bauxite et le minerai de fer, de trouver des capitaux prêts à s'investir sans qu'aucun lien n'existe entre cet investissement et la matière produite. De ce fait, les partenaires financiers sont presque toujours intéressés à recevoir tout ou partie de la production. Donc, c'est dans ce cadre plus réaliste qu'il s'agit de définir équitablement les revenus découlant de la mise en valeur d'un gisement de minerai. Pour ce faire, un premier effort doit porter sur l'évaluation des apports, de préférence à la notion de capital. Par exemple, dans le cas de Boké, le capital étant fixé à 2 000 000 dollars, les 49 % des actions de la Guinée sont fixés à 980 000 dollars, et celles des partenaires à 1 020 000 dollars, ce qui est loin de refléter l'apport financier du gouvernement (infrastructure plus les 65 % des investissements CBG) et la valeur du milliard de tonnes de bauxite à 65 % de teneur du plateau de Sangarédi.

Si les investissements financiers sont évalués à 400 millions de dollars, le gisement devrait être égal à ce même montant et ceci jusqu'à amortissement complet des emprunts financiers. Ce qui ferait un apport total de 800 millions de dollars. Cette évaluation devrait être revue une fois les emprunts financiers amortis (400 millions de dollars), le gisement et la valeur résiduelle comptable des installations formant alors la valeur réelle de l'exploitation. La quantité de bauxite disponible ne changeant pas, il est évident qu'une disproportion naît automatiquement entre les partenaires B d'une part, et la partie A, de l'autre. Ceci présuppose que ces 400 millions de dollars ont été apportés comme contribution à la société par les partenaires B. **Mais, dans le cas d'em-**

prunt de cette somme, les amortissements devraient porter non pas seulement sur les 400 millions de dollars mais aussi sur la valeur estimée du gisement de bauxite, soit au total 400 x 2 = 800 millions.

Une fois l'amortissement opéré, le réajustement devient nécessaire, étant donné que la productivité du gisement demeure au même rythme qu'au départ, alors que le capital investi est entièrement amorti. Il n'en reste pas moins que le partenaire privé, bien que son capital soit amorti, continue d'avoir droit à une part des bénéfices de la Société. Sa part de bénéfices doit être une compensation juste de son savoir-faire et du risque qu'il a pris à assumer son titre de partenaire fondateur de la Société.

En plus de cette adaptation du cadre juridique de l'association, il est important de repenser le rôle de l'Etat dans la direction et la gestion des Sociétés mixtes. En effet, la Présidence du Conseil d'administration d'une société, quelle qu'elle soit, représente certes un poste important surtout dans le cadre de l'association entre privés et Etat. Cependant cette autorité ne devient effective que dans la mesure où elle recouvre aussi l'autorité de gestion. Or, dans le cas de la CBG ou de FRIGUIA par exemple, le poste du Président du Conseil d'administration est tout à fait différent de celui du Président-directeur général de la Société mixte. C'est dire qu'en dehors des assemblées ordinaires et extraordinaires, la vie de la Société, donc sa gestion effective, relève de la seule autorité du Directeur général. Ce pouvoir exorbitant élimine en fait toute intervention du Président du Conseil d'administration pendant la durée de l'exercice. Cette situation s'aggrave du fait que le rôle primordial du Président du Conseil d'administration, qui est son privilège d'arbitrage en cas d'égalité des voix, est complètement dénié aux Présidents des Conseils d'administration guinéens malgré leur titre de membres du gouvernement. En effet, en cas d'égalité des voix, c'est le Directeur général de la Société, à savoir le représentant des partenaires B, qui détermine la décision, le droit de vote lui étant accordé pour la circonstance. De plus, il serait également nécessaire de revoir les méthodes et les procédures d'intervention de l'Etat, quant au contrôle effectif de la gestion des Sociétés mixtes en vue de s'assurer que de telles gestions se font suivant les règles les plus correctes en la matière.

Il a été suggéré en son temps qu'un organisme, avec des départements spécialisés, soit mis en place en vue de la représentation de l'Etat dans toutes les sociétés de participation. En effet, de telles institutions ont fait leurs preuves à travers le monde. Il suffirait de citer le cas de l'IRI en Italie, de l'ENI en Espagne, du Ministère de la participation au Japon, etc... **Quand on considère que d'une façon nominale la Guinée détient les 65 % des bénéfices, l'on comprend aisément l'intérêt primordial que la République de Guinée devrait attacher à un système de contrôle strict depuis le stade de la construction jusqu'au stade de l'exploitation.** Il est clair en effet que le prix de revient de la matière produite dépend d'abord essentiellement du montant des investissements, du choix du matériel, de l'équipement, de la technologie et du procédé choisi. Ce prix de revient se modifie ensuite suivant la qualité de la gestion (nature et moralité des dépenses, choix des sources d'approvisionnement).

Nécessité d'une taxe spéciale à l'exportation

A) — Au stade de la bauxite :

Avec la création de l'Association Internationale de la Bauxite «IBA», la République de Guinée estime que seule la taxe spéciale, sur la bauxite exportée, pourra résoudre, dans un premier temps, le problème à notre avantage.

Elle pourra être appliquée quels que soient les régimes juridiques et fiscaux de nos différentes exploitations, que celles-ci soient privées, mixtes ou nationales.

Supposons que le prix de revient de la bauxite soit de « x » dollars, que la taxe spéciale soit de « y » dollars, cette bauxite reviendra à l'acheteur à un prix P égal à x + y.

Mais attention, cette taxe ne doit pas être fixée uniformément. Elle doit tenir compte de la teneur en alumine.

Autrement dit, à partir d'une teneur moyenne servant de base de calcul, elle doit augmenter si la teneur réelle en alumine est supérieure à cette moyenne.

Une autre précaution indispensable à prendre est de ne pas geler la taxe spéciale une fois pour toutes. Car avec la flambée que connaissent les prix, le revenu qui serait substantiel aujourd'hui deviendrait dérisoire dans 10 ans, voire dans 5 ans ou même plus tôt. **Pour que l'effet de cette mesure de justice reste maintenu, la taxe spéciale doit varier avec les autres prix, c'est-à-dire qu'elle doit être indexée :**

Comme le lingot d'aluminium, première fusion, reflètera toujours dans son coût les incidences sur l'énergie, la soude, etc... nécessaires à sa fabrication alors, nous indexerons notre taxe spéciale sur ce produit fini qu'est le lingot d'aluminium première fusion.

B) — **Au stade de l'alumine :**

La bauxite a subi une première transformation sur place et accuse une valeur ajoutée.

Le prix de vente de l'alumine est, en général, 10 fois supérieur au prix de vente de la bauxite.

— Si nous devrions nous contenter de la seule taxe spéciale sur la bauxite et ne pas passer au stade de la fabrication sur place de l'alumine, nous serons condamnables par toutes les lois économiques.

— Le stade alumine correspond à un certain niveau de notre développement économique.

— Les revenus que nous devons en tirer doivent nous permettre d'accélérer ce développement au bénéfice de notre Peuple.

C'est pourquoi, la taxe spéciale frappant l'alumine à l'exportation sera moins lourde que celle qui frappe la bauxite à l'exportation.

— L'alumine n'est produite en général que dans les pays industrialisés où les activités industrielles sont passibles d'une série d'impôts et de taxes.

— La main-d'œuvre locale, à compétence égale, étant moins onéreuse chez nous que dans les pays développés, notre alumine sera toujours compétitive sur le marché mondial, malgré l'application de cette nouvelle taxe spéciale.

C) — **Au stade de l'aluminium :**

Le passage de l'alumine à l'aluminium ajoute une très grande valeur à l'alumine, et notre stratégie est d'en arriver là.

C'est en tenant compte de cette grande valeur ajoutée que la taxe frappant l'aluminium à l'exportation sera bien faible.

Comme nous l'avons dit plus haut, ces taxes ne sont pas données en dollars, monnaie qui a déjà subi deux dévaluations et qui risque d'en subir d'autres. Elles sont indexées au prix du lingot d'aluminium de transaction de sorte que les revenus qu'ils procureront seront à l'abri de toute surprise.

Il reste entendu que la création de ces nouvelles taxes ne modifie en rien le régime juridique des exploitations existantes. Les revenus tirés des nouvelles taxes doivent s'ajouter aux avantages déjà perçus par la République de Guinée.

Ces taxes représentent un droit imprescriptible de souveraineté sur nos ressources naturelles, droit qui a toujours été omis dans la capitalisation des sociétés minières opérant en République de Guinée.

Dans le cas d'une société mixte, ce droit est exigible et indépendant de toute notion de bénéfice à répartir.

Dans le cas d'une exploitation nationale, il s'ajoute au prix d'exportation de la bauxite extraite.

Une impulsion dépassant l'industrie d'extraction.

Nous retenons trois éléments d'appréciation :

1°) — Les ressources naturelles existent sur lesquelles nous pouvons fonder solidement toute stratégie et tactique de développement. Dans ce combat économique, la bauxite et le minerai de fer constituent des armes d'autant plus décisives que nous voulons dépasser le stade de la simple extraction. C'est ce que nous avons de plus précieux et qui est par ailleurs convoité ou recherché par des partenaires éventuels de la Guinée.

2°) — Les possibilités se concrétisent autour de la bauxite de façon plus large qu'autour du minerai de fer. En effet, les partenaires pour l'exploitation de la bauxite, pour sa transformation en alumine et aluminium sont infiniment plus nombreux que les partenaires pour le fer.

3°) — Ces possibilités de transformation sur place de cette bauxite, en créant les sources d'énergie, existent : le fleuve Konkouré peut être aménagé. Tout le monde sait que le coût de revient n'est pas hors de nos possibilités, ensuite que son influence sur l'économie nationale sera décisive d'abord en ce qu'elle diminuera l'importation de gas-oil pour toutes nos centrales et fournira le courant à un prix de revient 20 fois moins cher que maintenant; ensuite en ce qu'il permettra en même temps la valorisation de la bauxite. Si nous le voulons, nous pouvons traiter annuellement 20 millions de tonnes de bauxite, le Konkouré, nous le garantit ; s'il ne peut pas traiter tout en aluminium, mais en alumine il peut tout traiter, quitte à nous contenter d'une usine modeste d'aluminium satisfaisant tout au moins nos besoins nationaux, ceux de nos partenaires et ceux des pays voisins. **Sans essayer d'être grand exportateur d'aluminium, nous pouvons valablement imposer le stade alumine et mettre désormais fin à toute exportation de bauxite brute.**

Nous ne devons jamais oublier que les pays capitalistes **ont tout intérêt à ce que** les pays riches en matières premières, **surtout en matières** premières clés, se cantonnent dans la simple exploitation brute.

Pour l'aluminium dont on connaît l'importance dans de multiples domaines, à cause de ses propriétés physiques, qui n'a pas remarqué récemment que l'industrie capitaliste entend en faire un monopole quasi-intouchable? **C'est dire que la simple perspective, pour un pays producteur de matières premières, de transformer celles-ci sur place, constitue une base dynamique de son progrès économique et social.** Si nous arrivons à ce stade, nous aurons alors actualisé davantage la théorie économique du P. D. G.; et la plus-value qui en résulterait est une garantie certaine pour l'amélioration continuelle des conditions de vie de notre Peuple.

D'où les mesures suivantes :

a) Faire cesser le scandale qui consiste à considérer les richesses naturelles du sol et du sous-sol guinéens comme des biens vacants et sans maître à la discrétion de qui a les moyens financiers et technologiques de les extraire et de les emporter,

b) Etablir en conséquence une taxe spéciale sur tout minerai ou minéral ainsi que leurs produits dérivés exportés de la République, ce qui constitue un acte de souveraineté qui donne à l'indépendance nationale toute sa plénitude,

c) Donner à cette taxe toute sa fonction de développement en l'intégrant aux autres moyens devant promouvoir le développement accéléré du Peuple de Guinée dans tous les domaines.

d) Ne pas se cantonner à une simple politique d'extraction et d'exportation de matières brutes et édifier en conséquence, par la construction du Konkouré, la base énergétique devant valoriser indéfiniment nos ressources minières et devant, de surcroît, impulser, par son effet horizontal, les autres activités créatrices du Peuple de Guinée.

Telle est bien l'économie de la stratégie et des mesures que l'Etat guinéen vient d'officialiser en matière de développement économique indépendant et tout au service du Peuple travailleur de Guinée, stratégie qui s'inscrit dans toute la politique du Parti-Etat de Guinée : politique d'indépendance, politique de souveraineté, politique de coopération dans la dignité et dans le strict respect des intérêts réciproques.

CHAPITRE DEUXIEME

Des Lois objectives de la Planification

L'indépendance politique n'est rien sans l'indépendance économique.

L'indépendance économique que nous édifions, répond à notre politique, celle qui considère le Peuple comme le sujet et l'objet du développement. Toutes nos options dérivent de cette conception du développement. Et c'est à juste raison que nous aimons à dire que nous faisons l'économie de notre politique et non la politique de notre économie.

Nous avons opté, avons-nous dit, pour une économie nationale basée sur un développement équilibré, dans le but de satisfaire tout le Peuple. Aussi est-il impératif d'établir une certaine corrélation entre les secteurs de l'économie (agriculture, élevage, artisanat, transport, industrie, etc.) en vue de leur développement. L'instrument efficace pour atteindre un tel objectif est la planification en tant que technique permettant d'élaborer et de contrôler un développement équilibré.

Nous sommes parfaitement en mesure de planifier le développement de notre économie car, non seulement les moyens de production appartiennent au Peuple ou sont sous la réglementation de son Parti et de son Etat comme dans le cas de certaines entreprises au sein desquelles nous sommes liés par la coopération avec d'autres, mais aussi le but de notre système de production n'est pas de réaliser des profits n'importe comment et pour une fraction de la société. Dans le tome XVI, nous précisions que :

a) — « **L'action de l'Etat guinéen a essentiellement pour objet de satisfaire tous les besoins matériels et moraux de la population.**

b) — « **Le développement constitue une vision globale des activités d'un Peuple pris en tant qu'entité homogène, totale et dont les dimensions doivent sans cesse s'accroître sans porter la moindre atteinte aux intérêts universels, aux intérêts des autres Peuples ».**

D'où la nécessité de respecter la détermination harmonieuse des proportions dans le développement intersectoriel, tant au niveau national qu'au niveau de chaque collectivité économique. Par exemple nos coopératives de paysans modernes, nos fermes d'Etat et les coopératives socialistes sont et resteront des entreprises ayant des domaines cultivables étendus et un cheptel potentiel appréciable. Ce seront des milliers de camarades qui travailleront, et produiront des variétés de biens matériels. En somme, un tel complexe d'unités économiques productives ne saurait être viable sans une gestion et un développement basés sur un plan très bien conçu, scientifique. Dans toute unité d'exploitation agricole, il faut fixer les rapports de production entre les branches (culture et élevage) et les facteurs de production (domaine, cheptel, forces productives), pour que tous les moyens de production de base, les ressources de travail et ressources financières soient correctement utilisés pour obtenir une quantité maximale de produits, avec un minimum de dépense en travail et en fonds.

Ainsi la planification, c'est la fixation des proportions ou corrélations et des rythmes de développement dans les divers secteurs de la production ; c'est aussi l'établissement d'un système de mesures pouvant permettre l'accomplissement des tâches fixées.

Au moment de l'élaboration d'un plan, nous nous devons de fixer et le volume de la production et la proportionnalité entre les branches.

Le Plan éclaire l'action. Il doit être nécessairement scientifique, rentable et parfaitement réalisable ; il doit être capable d'assurer le développement rapide de l'économie des unités de production. Avant tout, nous devons être convaincus que cette valeur, la planification scientifique populaire l'a toujours.

Deux choses sont à retenir : des indices au-dessous des moyens dans un plan gaspillent les capacités des travailleurs, de même que des indices inconsidérés créent des appréhensions chez les travailleurs et détruisent la certitude de réussir.

Fixer des indices faibles, c'est, soit dissimuler une incapacité, soit freiner pour des raisons idéologiques le développement de la production, dans lequel cas il s'agit d'une opposition au Plan dans ses fondements de classe.

Gonfler les indices, c'est tromper la vigilance de l'Etat car on finira par obtenir une réalité qui ne correspond pas aux chiffres. Or le Peuple étant suffisamment informé, toute réalité qui ne traduit pas un changement, si infime soit-il, dans ses conditions de vie est de nature à placer le Parti sous un mauvais éclairage.

En aucun cas; nous ne devons décevoir le Peuple. Il s'agit là d'un serment de classe.

Pour être concret, quels sont les principes directeurs dans la fixation du Plan de production d'une unité de production ?

Nous en retiendrons 4 :

Premier principe — le principe politico-idéologique du centralisme démocratique figurant dans les Statuts du Parti. Le Pouvoir Central et les travailleurs sont tous concernés, car tous les moyens de production appartiennent au Peuple. Les procédés démocratiques amènent les travailleurs, vrais propriétaires des moyens de production, à ne pas être étrangers à la gestion de l'économie nationale. Tout procédé, si efficace soit-il, qui n'obéit pas aux règles de la démocratie, perd sa valeur.

C'est là que l'on peut encore saisir le véritable rôle soit des C.U.P., soit d'une Assemblée générale de coopérateurs, soit du Conseil d'Administration d'un C.E.R.

Le centralisme démocratique, en matière d'économie, fouette les énergies, encourage la créativité des organismes de direction de l'économie, agrandit leur responsabilité en matière de mise en œuvre des réserves, d'utilisation correcte et rentable des investissements de capitaux, des fonds de production et des moyens financiers.

Le Plan, œuvre de ses exécutants, dérive d'une application du principe du centralisme démocratique dont maints camarades ne connaissent que l'aspect de principe de travail dans les seuls organismes du Parti. Le centralisme démocratique intervient dans le Plan en tant que principe fondamental de la direction de la société démocratique, comme de toute la Révolution.

Aucune sphère d'activités ne peut et ne doit lui être étrangère. Dans notre système, la corrélation n'obéit plus à la loi de la valeur respectée sous l'angle de l'économie capitaliste, ou à d'autres déterminismes capitalistes. Cette corrélation est établie par la planification centralisée au niveau de l'Etat, à partir des informations économiques reçues de la base, donc sous la direction du Parti. Les besoins de l'économie nationale pour un produit donné ont été fixés par les organes créés à chaque échelon d'organisation du Parti, au niveau de chaque collectivité économique ; c'est sur cette base que les proportions des valeurs consommables à produire sont déterminées.

C'est la raison pour laquelle le Plan d'une entreprise de quelque nature que ce soit, est élaboré d'après la tâche donnée dans la production à livrer à l'Etat.

Tels sont les avantages du principe du centralisme démocratique, dans le domaine de l'Economie.

Deuxième principe — dans la confection du Plan : le principe de l'unité et de la corrélation entre la planification de l'économie nationale, d'une part, et la planification interne de chaque collectivité économique, d'autre part.

Le développement de l'économie nationale doit obéir à un Plan unique, les plans particuliers de chaque collectivité étant les éléments de synthèse du Plan unique ; le plan de toute entreprise coopérative ou de toute entreprise du Pouvoir central entre comme élément du plan national unique. Grâce au plan discuté en débats libres et adopté démocratiquement, le Parti est en mesure de concrétiser ses directives et sa politique économique à l'échelon national.

Troisième principe : le principe de non-rupture. Le plan à long terme est subdivisé en périodes : soit en jours, en semaines, en mois, etc... Il ne faut jamais laisser expirer le délai pour l'exécution d'un Plan hebdomadaire, mensuel, annuel ou à long terme, sans avoir établi un nouveau plan annuel correspondant à la période retenue, tout en respectant la liaison organique entre le plan découpé en période comme nous venons de l'indiquer et le plan à long terme.

Ce sont ces plans qui, dans leur périodicité, permettent de corriger et de préciser le plan à long terme, donc d'en régler la marche. La non-rupture dans la planification permet à l'économie de se dégager une perspective claire de développement dans le temps. Nous avons déjà maintes fois recommandé qu'à la phase A d'une action, la Révolution veut que soient déjà envisagées les exigences de la phase B, pour assurer la continuité de l'action.

Quatrième principe — la fixation de l'élément orientateur durant la période indiquée par le Plan. Dans chaque secteur, il est déterminé un élément orientateur.

Ainsi, par exemple, l'élément céréale est l'élément orientateur dans l'agriculture, parce que, si l'on garantit et la production des quantités pour les besoins de la population et la production de fourrage, l'on peut développer l'élevage intensif et d'autres branches de production intensive.

Quelles sont les questions fondamentales qui se posent à la planification interne d'une collectivité économique comme l'entreprise d'Etat par exemple ?

1. — Il faut établir les indices essentiels de l'activité de l'entreprise, et veiller à leur concrétisation.

2. — Il faut garantir l'usage le plus rationnel des investissements, des fonds de production (domaine, machines, bâtiments, etc...), et des moyens financiers.

3. — Il ne faut pas négliger d'exploiter à fond et sans aucun complexe, la créativité de certains travailleurs singulièrement habiles à leurs postes de travail. Les préjugés sur les capacités du génie du Peuple sont des facteurs subjectifs nuisibles à la production et surtout à la productivité.

C'est pourquoi, nous disons qu'une unité de production est un centre de surformation et de recherches.

En tout état de cause, la confiance dans les ressources intellectuelles des travailleurs est un facteur contribuant à l'accélération de la productivité du travail.

4. — Il faut garantir les quantités maxima de production contre une dépense minimum de travail et de moyens financiers par unité de produit. Nous devons préciser que par dépense minimum de travail, nous entendons économie d'énergie pour une plus grande productivité.

LES DIFFERENTS TYPES DE PLANS

Les Plans sont définis suivant la séquence découpée dans le temps.

Premièrement : Le plan à long terme = par exemple un plan de 7, 10 ou 15 ans — le plan perspectif englobera toutes les perspectives générales de l'évolution socio-économique du pays. Ici les indices auront une valeur purement indicative.

Deuxièmement : Le plan à moyen terme. C'est le type actuellement retenu par notre Peuple pour son développement harmonieux et équilibré. Le plan quinquennal a été adopté par le Xè congrès du P.D.G. pour une période de 5 ans. Il a l'avantage, d'une part, de planifier une période pas trop longue donc facilement contrôlable et, d'autre part, de pouvoir mobiliser suffisamment de ressources pour la réalisation de grands objectifs.

Chaque agent ou sujet économique est dans l'obligation d'avoir son plan quinquennal (entreprises et sociétés d'Etat, coopératives, régions, P.R.L., etc...), un plan donc étalé dans le temps imparti au Plan national adopté en congrès.

Ici la hâte, et l'absence d'esprit scientifique sont particulièrement dangereuses.

Ce n'est pas pour rien que nous avons pris soin d'instaurer la discussion du Plan, depuis la base, à savoir le Comité ou P.R.L. jusqu'au sommet.

Tout Plan à long terme comporte des normes. Les résultats à obtenir, les rythmes et les corrélations ou proportions pour développer harmonieusement les différents secteurs dans les cinq ans retenus pour notre Plan, doivent être déterminés et observés le plus rigoureusement possible. C'est ainsi que seront planifiées, la structure de la production et les activités de la direction du développement économique de l'unité de production.

Le Plan à long terme s'élabore par année, se découpe par année. C'est la clef de son efficacité concrète.

Troisièmement : Le plan à court terme étalé sur une période de 2 à 3 ans.

La tranche annuelle du plan possède :

a) — un sous-plan financier et de production de la collectivité économique donnée.

b) — un sous-plan financier et de production des brigades de production, des unités de production.

c) — une liste aussi exhaustive et réaliste que possible des objectifs annuels de production de chaque brigade de travail ou de chaque unité de production.

d) — le plan opérationnel. Ce plan permet aux travailleurs de l'unité de production de connaître les indices du sous-plan annuel financier et de production.

Ainsi chaque camarade travailleur peut témoigner d'initiatives dans l'exécution de ce qui est imparti.

Le plan opérationnel détermine la répartition de la main-d'œuvre et des instruments de production pour différents postes de travail.

Dans le cas de l'agriculture par exemple, le plan annuel doit avoir ses plans des travaux agricoles et des trajets et son plan de tâches concrètes; nous entendons par plan de trajets celui qui précise la nature, le volume et le point de travail de chaque brigade, et son trajet d'un point à un autre pour éviter les pertes de temps et économiser, par exemple, du carburant dont le prix augmente sans cesse sur le marché international.

Le plan des tâches concrètes comprend : le type, le volume, et le point de travail, le délai d'accomplissement, les moyens matériels et humains.

Le plan des travaux agricoles est conçu et élaboré pour l'unité d'exploitation agricole, et pour chaque brigade de travailleurs. Ce plan est réparti par période de travaux, comme par exemple les semis, l'entretien, la récolte, etc...

Ainsi il est étalé d'après la nature des activités ou le cycle du travail lié au climat.

Dans une unité agricole, il faut absolument adapter les plans des activités aux saisons et établir correctement la dimension des dispositions zootechniques et vétérinaires tels que le nettoyage hygiénique des locaux pour le bétail, la prophylaxie des animaux, etc...

De toutes manières, quel que soit le type de fermes agricoles, la nature et le volume des travaux doivent être déterminés selon le schéma de réalisation, les besoins journaliers en main-d'œuvre, en outils et en machines.

Le plan des tâches concrètes donné par écrit pour un maximum de 10 jours permet une direction efficace. Il doit comporter, nous répétons, la nature, le volume et le lieu des activités, l'échéance d'accomplissement des tâches, les moyens financiers et la main-d'œuvre indiquée à cet effet.

Les plans concernant les brigades de travailleurs sont établis par les chefs de brigade, ainsi que les plans concernant le groupe de travail, avec la collaboration des chefs de groupe.

Prenons l'exemple de la planification à long terme dans les fermes du pouvoir central ou dans les coopératives socialistes :

Premièrement : il faut étudier les données écologiques et économiques du domaine afin de déterminer les types de culture et les espèces requises d'animaux.

Deuxièmement : Il faut établir la spécialisation agricole, de même que la structure et le volume des branches d'activités connexes ou intégrées.

Troisièmement : Il faut concevoir et appliquer une valorisation rationnelle des différents types de terres du domaine, veiller à préciser les modifications à faire en ce qui concerne la structure et l'étendue des diverses superficies (champs, pâturages, etc...).

Quatrièmement : Il faut établir notamment pour chaque branche de culture (culture des champs, culture maraîchère, élevage de bovins, caprins, ovins), les données suivantes :

— Le volume de la production,

— L'étendue des espaces ensemencés pour chaque culture,

— Les rendements moyens,

— Le nombre de bestiaux et leur productivité.

Cinquièmement : Le plan doit donner des indications précises sur les besoins en moyens traditionnels et en machines modernes de production et de transport, etc... Nous soulignons qu'il ne faut pas sous-estimer les moyens traditionnels non mécanisés. Il s'agit avant tout de valoriser ce qui existe.

Sixièmement : Il est très indiqué que le plan détermine la nature et les dimensions des entreprises auxiliaires nécessaires ainsi que des entreprises de transformation de la production agricole pour éviter l'engorgement, l'attente dans la transformation des produits périssables, ou la sous-production des entreprises de transformation.

Septièmement : Le plan doit préciser la nature et le volume des investissements (ouvrages nouveaux, fourniture des machines, édification de bâtiments destinés à l'habitat, aux besoins sociaux, aux loisirs, à l'exploitation, etc..).

La fixation de l'origine des ressources à investir n'est pas à négliger.

Huitièmement : Le plan doit fixer les besoins en main-d'œuvre, établir le bilan du travail et déterminer le degré d'utilisation de la main-d'œuvre.

Neuvièmement : Le plan doit comporter le revenu global de l'unité économique agricole. Et de là, on procède à la répartition de la production globale (en nature) et à celle du revenu général, pour savoir si l'accomplissement du plan de production (livraison au pouvoir central, satisfaction des besoins de l'unité d'exploitation et des coopérateurs) a été effectif.

Dixièmement : Le plan doit comporter des indices économiques-clés, notamment :

a) — le niveau de la production
b) — le rendement du travail
c) — le coût de revient
d) — la rentabilité
e) — le niveau de rémunération des travailleurs.

Il ne faut jamais se lasser de chercher à assimiler tout ce que sait et tout ce que peut le Peuple qui demeure le maître. Nous avons toujours dit que le Parti, école pour la vie, doit nous aider à mieux maîtriser notre évolution, à traduire dans les faits le programme du Parti. Pour ce faire, considérons-nous comme des élèves qui doivent toujours apprendre, apprendre pour approfondir ce qu'ils savent déjà, apprendre ce qu'ils ignorent pour combler l'ignorance et se dépasser dans le processus de la connaissance au service de la pratique. La Révolution nous prescrit des tâches dont l'accomplissement correct nous permet d'apprendre pour mieux servir le Peuple. Pour éviter la stagnation, nous n'avons d'autre remède que l'effort sans ménagement pour concrétiser dans les réalités guinéennes, les objectifs requérant l'utilisation des ressources intellectuelles et morales du Peuple.

Si nous avons tenu d'abord à préciser ces quelques notions scientifiques et techniques sur le plan, c'est qu'avant tout, le Plan doit habiter la mentalité de chacun, que ses bases de conception, de décision, de réalisation, de contrôle, soient comprises et que ses exigences soient absolument et parfaitement appréciées pour que le plan se traduise en comportement conséquent, en actions créatrices méthodiques et constantes.

La planification se définit moins par les propriétés de l'action de son exécution que par ses fondements; **la planification, c'est l'utilisation rationnelle, consciente et volontaire des forces de travail, des moyens de production dans un temps défini et sur un espace déterminé pour conduire une situation globale d'un point « A » à un point « B » dûment ambitionné, dès le point A. Autrement dit, la planification du développement c'est la valorisation du Peuple, sujet et objet de l'action, par la valorisation du temps et de l'espace.** C'est dire également que la planification est une démarche de conscience et de confiance, partant de la nécessité de rationaliser le travail créateur, de lui donner un effet continu, un objectif mobilisateur pour que la société, non seulement arrive à se suffire, mais aussi à se dépasser constamment.

La planification n'est pas une propriété du régime révolutionnaire, ce n'est pas non plus une propriété exclusive du socialisme, c'est une démarche utilisée autant par les régimes réactionnaires que par les régimes révolutionnaires. Ce qui distingue la planification dans l'un ou l'autre régime c'est, d'une part, sa finalité, et, d'autre part, le fait qu'en régime révolutionnaire socialiste les entreprises, tous les services, toutes les unités de production ainsi que les divers centres de décision relèvent, en dernière analyse, d'un même centre de coordination et de décision définitive. Ce n'est donc pas la technique de la planification qui est en cause puisqu'elle n'est autre chose que l'utilisation de la science, la meilleure utilisation de la technologie, la meilleure utilisation des forces productrices humaines et matérielles, la meilleure utilisation en un mot de l'intelligence et des forces physiques des producteurs dans le temps et dans l'espace pour atteindre un objectif déterminé en partant d'un niveau bien défini.

Le régime capitaliste donnera comme finalité à l'action de planification la pérennité de son système d'exploitation et d'oppression de l'homme et ce, en vue d'accroître la plus-value résultant de l'exploitation de la classe ouvrière et des autres couches laborieuses, alors qu'un régime révolutionnaire socialiste prendra comme fin l'épanouissement harmonieux de la société, la sauvegarde des intérêts légitimes des classes laborieuses et le développement conséquent du pouvoir de ces classes progressistes afin qu'elles dirigent effectivement et dynamiquement les destinées de la société, en même temps qu'il sollicitera l'intervention coordonnée de toutes les collectivités composant le Peuple.

La pratique nous enseigne que le canon est aussi bien utilisé par l'impérialisme pour tirer sur le Peuple et se le soumettre, que par les forces de libération populaire pour abattre l'impérialisme et ériger la souveraineté du Peuple. La planification, considérée dans sa technique opérationnelle est pour les types de régime, ce qu'est le canon pour les deux formes contradictoires d'utilisation. La finalité qui est contraire dans l'un et l'autre types de régime ne modifie pas le fait que la loi scientifique de la planification demeure une loi générale et impersonnelle. Elle peut s'appliquer avec des méthodes quelque peu différentes. Et c'est pour ces raisons que dans notre régime révolutionnaire, il est un impératif.

Nous avons indiqué plus haut qu'en régime révolutionnaire, la planification du développement n'embrasse pas seulement quelques grandes entreprises économiques, mais la totalité des activités du Peuple, du Peuple qui est à la fois l'agent actif et l'objet de la planification. Dès lors il importe qu'il joue effectivement, réellement, concrètement son rôle de **sujet de la planification** par la maîtrise des règles de la science et des règles techniques de la planification.

C'est du reste en raison de ce caractère total, global et intégral de la planification en régime révolutionnaire que l'on croit généralement qu'en fait, ce n'est que ce régime qui fait réellement de la planification, alors qu'un régime capitaliste et d'oppression de l'homme par l'homme, fait plutôt des plans juxtaposés, et que, sous le capitalisme monopoliste d'Etat, on élabore un plan certes national, mais répondant aux objectifs des monopoles et de l'oligarchie financière.

Pour nous, il s'agit de traduire notre confiance politique, idéologique en la Révolution, en nos acquis dans le domaine de l'organisation de la production. Dans tous les domaines, dans tous les secteurs le P.D.G. a doté le Peuple guinéen de structures essentiellement démocratiques. Il a défini ses objectifs de libération réelle. Il veut réaliser, non pas seulement en théorie, dans l'esprit, dans l'aspiration, le bonheur du Peuple, mais il veut et doit le réaliser concrètement. Par qui ? Par le Peuple, et pour qui ? Pour le Peuple. C'est pourquoi, nous sommes toujours partis de nos réalités politiques, économiques et culturelles pour élaborer nos plans. L'on ne peut planifier une action qu'à partir d'une première donnée : le choix des secteurs d'activités à planifier, les objectifs assignés à cette action de planification dans le temps et dans l'espace. Il faut connaître le réel, discuter de façon objective des moyens de sa maîtrise en n'ayant à l'esprit que les objectifs dont la concrétisation correspond à nos capacités effectives.

Nos structures sont très bonnes et bien adaptées, mais il nous faut changer de méthodes opératoires pour que dans leur application nos décisions soient effectivement actualisées.

Deux principes doivent orienter les nouvelles méthodes dans le domaine de la production :

a) Le principe des choix prioritaires

b) Le principe de la contrainte révolutionnaire. Autrement dit l'obligation au travail et la fermeté dans la lutte contre la résistance au travail.

Appliqué au domaine de la production agricole, ce principe nous invite, sans négliger les autres produits nécessaires à la consommation et à l'exportation, à nous concentrer, par Région administrative et en nature, sur 2 ou 3 produits pour la campagne agricole.

Les motivations étant connues, la volonté révolutionnaire de développement devient en chaque homme une réelle force mobilisatrice, car il s'agit d'aller de l'avant, d'améliorer les conditions de vie de tous dans l'intérêt de chacun, quelle que soit la nature de cette contribution, chacun se soumet volontairement à la forme d'intervention qui lui convient étant entendu que le résultat est d'intérêt collectif, et que ce résultat améliorera notablement le mode de vie et accroîtra les moyens d'action de la collectivité concernée. Nous devons toujours avoir à l'esprit que nous devons progresser, que nous pouvons progresser si nous savons utiliser à fond les ressources du Peuple.

DEMOCRATIE DANS L'ELABORATION DU PLAN ET EFFICACITE AU POSTE DE TRAVAIL

Il y a encore peu de temps l'acte de planification apparaissait comme de la compétence exclusive des seuls cadres intellectuels rompus à la technique économique alors que les masses populaires sans lesquelles il n'y a ni histoire, ni progrès étaient toujours purement et simplement objet du développement et non le sujet actif.

Aucune société appelée à exécuter une tâche à la conception et à la décision de laquelle elle n'a pas été associée n'accepterait ni ne pourrait utiliser la totalité de ses ressources intellectuelles et de ses capacités pratiques dans l'accomplissement de cette tâche. C'est pourquoi le Parti Démocratique de Guinée, considérant le Peuple comme le réservoir inépuisable des vertus et des capacités humaines comme le savant, l'ingénieur, n'a pas hésité à poser au niveau du Peuple lui-même, l'ensemble des problèmes requis par l'application de sa volonté d'assurer un développement global équilibré et harmonieux.

Ainsi le Peuple se saisit-il de toutes les directives du Parti, de ses importants problèmes dont celui d'établir un programme de développement quinquennal au niveau de chacune des collectivités sociales. C'est bien là la marque évidente de la promotion politique et humaine du Peuple de Guinée, **car sa responsabilité est affirmée dès lors que c'est lui-même qui doit être l'organe de conception, de décision et d'application de tout ce qui intéresse son évolution historique.**

Chaque village a donc organisé des débats démocratiques au cours desquels tous les militants pouvaient et devaient donner leur point de vue dans le cadre du développement de la Société. Chaque village donc, à l'issue de ces débats, a arrêté son programme de développement selon la nature et l'importance de ses besoins, besoins de promotion économique, sociale et culturelle, besoins sentis, besoins perçus, besoins immédiats ; ne serait-ce qu'à partir de l'organisation et de la conduite de ces débats, **l'on peut déjà affirmer qu'une nouvelle conscience est née, celle de la responsabilité de tous et de chacun dans l'édification des bases matérielles et immatérielles de la société nouvelle.**

Les jeunes, les femmes, les hommes, les vieux, tous, compte tenu de leur expérience et de leurs connaissances, ont apporté leur contribution à l'élaboration pratique du Plan quinquennal en cours.

Il n'y a développement qu'à partir du Peuple et par le Peuple. Dès que la responsabilité du Peuple est exclue de la technique du développement, dès que le Peuple devient simple objet du développement et non sujet, il n'y a pas développement, il y a seulement des croissances et le caractère de discontinuité de ces croissances sera lié aux manques d'intérêts du Peuple vis-à-vis des objectifs du développement.

Nous pouvons affirmer sans risque d'être démenti que, pour la première fois en Guinée — et nulle part ailleurs en Afrique — chaque collectivité villageoise a librement, démocratiquement discuté, arrêté un plan de développement pour cinq ans ; ainsi, chaque cellule de la société s'est fixée des objectifs liés à son équilibre, à son bonheur ; chaque Pouvoir Révolutionnaire Local s'est engagé à œuvrer dans un sens bien précis pour la réalisation d'objectifs également précis. En conséquence, un contexte nouveau et dynamique est enfin créé, celui qui pousse tout un Peuple, malgré sa diversité, à avoir des activités convergentes, complémentaires, parfaitement intégrées, car la fin des diverses activités est la même : consolider le pouvoir du Peuple, développer idéologiquement, politiquement, économiquement, socialement le Peuple lui-même ; développer tous les acquis matériels du Peuple, afin qu'il puisse se suffire et toujours davantage ; enfin, faire en sorte que sa contribution à l'évolution générale soit de qualité.

Nous avons donc défini le cadre d'accueil et aussi le contenu qui doit se développer et le remplir, lui donner à travers le temps des dimensions de plus en plus élargies. Cette première responsabilité engagée par le PDG doit être parfaitement comprise, assimilée par les cadres ; **il ne s'agit pas de vouloir le progrès, bien que la volonté de progrès soit nécessairement la première démarche, il faut réaliser le progrès.** Quoi de plus naturel qu'un malade aspire à retrouver la bonne santé ; qu'un ignorant ou un analphabète ambitionne d'acquérir toutes les capacités intellectuelles et des objectifs de développement. Si l'on a déterminé les aspirations devant désormais sous-tendre le comportement de l'homme et du Peuple, il faut aussi et surtout connaître parfaitement le **réel que l'on veut transformer.**

Une mère et un père seraient incapables de transformer leur enfant s'ils ne le connaissent pas réellement et parfaitement. Il faut donc en plus connaître ce que l'on veut transformer quand on l'a choisi en vue de le modifier ; mais il faut également savoir comment le transformer et avec quoi le transformer le mieux; de nombreuses questions sont impliquées par les premières réponses aux questions fondamentales.

Puisque notre Peuple a été invité au niveau de chaque village à dresser un programme de travail, à établir un plan quinquennal de développement, nous ne devons pas perdre de vue que tous les militants et toutes les militantes qui ont ainsi apporté leur contribution dans les débats n'ont pas forcément le même niveau de compréhension des problèmes et des techniques économiques. Le niveau primaire de la connaissance économique, c'est la sensibilité face aux besoins. Cela est évident comme il est évident que celui qui a faim, même analphabète, même ignorant peut au moins affirmer qu'il a faim. Donc ce qui est fait, c'est d'abord la détermination de ce qui nous manque à partir des besoins ressentis et de la constatation de ce que nous avons. **Ce qui est fait a moins d'importance que ce qui reste à faire.** Qu'est-ce qui est également fait ? C'est l'affirmation d'une volonté de transformation, l'actualisation des objectifs que l'on veut réaliser durant les cinq ans à venir. Et c'est justement ce qui est fait qui ouvre le grand chantier de ce qui reste à faire.

Personne ne viendra faire le bonheur du Peuple guinéen à son insu. Aucun miracle ne pourra faire le bonheur du Peuple guinéen en dehors du travail du Peuple guinéen. Et même l'ami, l'ami le plus sûr et le plus bienveillant, pour la dignité de sa propre Nation, n'accepterait de gaspiller l'aide qu'il nous apporte s'il sait que cette aide ne serait pas du tout valorisée par nous. Il aspirerait plutôt à donner cette aide à ceux qui peuvent l'utiliser judicieusement. **Donc, compter sur soi, c'est le premier trait de la conscience du développement.** C'est quand l'ami sait que vous avez réalisé tout ce que vous pouvez faire et qu'il y a encore un reste qui dépasse vos propres capacités, qu'il peut, dans la mesure de ses moyens, vous procurer un supplément pour combler le vide, ce faisant, il sait que l'aide qu'il accorde est absolument utile. **Avant de demander aide, il faut s'aider soi-même.**

Le plan se traduit donc obligatoirement en conscience de développement, en volonté de développement, en démarches techniques, technologiques, en recherche constante du meilleur savoir-faire. C'est ainsi que le développement planifié a deux propriétés fondamentales.

Certains croient qu'il s'agit de développer seulement la culture du riz, de produire plus de denrées alimentaires avec plus de marchandises. Or il s'agit d'abord de nous transformer qualitativement en producteurs capables et efficients, car tant que nous-mêmes, dans notre mentalité. dans nos capacités intellectuelles et physiques, techniques et technologiques, nous ne serons pas transformés qualitativement, nous n'aurons fait que la croissance quantitative des matières premières sans leur donner un fondement viable, ce dernier étant le développement incessant de nos capacités humaines afin que nous puissions toujours maîtriser l'économie malgré sa complexité. La fin ambitionnée est donc sociale et humaine, mais pour que l'homme se réalise pleinement, totalement, il faut que toutes ses facultés humaines s'épanouissent en lui. Le vrai pouvoir de l'homme se résume en sa capacité de créer, de gérer et d'accroître ses acquis. Ainsi, dès que l'homme est transformé qualitativement l'objet de son travail l'est aussi qualitativement. Donc à la fin culturo-humaine, s'ajoute de façon complémentaire et dialectique la fin économique qui est l'acquisition de tous les moyens économiques indispensables à l'équilibre et au progrès constant de l'homme et du Peuple.

Aussi, il n'y a développement qu'à partir de la conscience du développement, la mentalité de développement, et surtout à partir de l'organisation du travail. **Rien ne peut naître sans travail, rien ne saurait se développer sans travail.** Nous devons donc savoir qu'en adoptant le plan quinquennal qui comporte l'ensemble des plans des Communes villageoises, l'ensemble des plans des Arrondissements et des Régions administratives, l'ensemble des plans des différents secteurs du pouvoir central, nous devons savoir que nous avons affirmé notre commune et ardente volonté d'augmenter la quantité et la qualité de nos efforts de production. **Le plan, c'est le travail, le travail créateur, le travail utile, le travail en vue de la promotion du travailleur, le travail qui forme et surforme le travailleur. Ainsi, devons-nous savoir organiser le travail à tous les niveaux. C'est seulement par le travail que le besoin peut être satisfait, besoin d'alimentation en quantité et en qualité, besoin de se loger dans des conditions dignes, besoin de se vêtir toujours mieux, besoin de préserver et de développer la santé de l'homme, santé idéologique, santé politique, santé sociale, santé économique, santé morale, besoin donc de s'instruire pour faire éclore en chaque homme les trésors qu'il a à l'état de potentialité, ces trésors qui doivent devenir en lui un dépôt important des acquis culturels, techniques et technologiques de la société à laquelle il appartient et de toutes les sociétés du monde. Aucun de ces besoins individuels ou collectifs ne saurait être satisfait sans des efforts conséquents.**

Si développer c'est transformer — car il y a, comme nous l'avons toujours dit, des transformations dynamiques qu'il faut savoir organiser — nous disons donc, que dans le domaine de cette organisation, les cadres de l'Etat et du Parti ont une responsabilité particulière, car les Peuples dans tous les pays du monde sont disponibles au progrès, chaque Peuple étant capable de réaliser par ses efforts tous les prodiges pouvant l'amener à un progrès ascensionnel. L'avance ou le retard des Peuples sont imputables aux cadres dirigeants dont la pleine efficacité ou le manque d'efficacité influe en fin de compte sur le rythme du Peuple vers la réalisation de ses légitimes aspirations.

Les cadres doivent ainsi se donner une peau neuve, une mentalité nouvelle à la suite d'une reconversion patiente, profonde et efficace. Bien des cadres de la Révolution pensent encore que dès qu'on est élu à un poste de responsabilité, ou qu'on est directeur d'une entreprise ou chef d'un service, on se trouve définitivement dispensé du travail productif, pour seulement faire travailler les autres.

C'est pourquoi les cadres doivent **faire peau neuve ;** chacun des cadres dirigeants du Parti et de l'Etat doit désormais comprendre la contrainte qui pèse sur lui, afin que tout son comportement se conforme, où qu'il se trouve, aux objectifs ainsi définis, celui en particulier **d'organiser le travail sur des bases justes, sereines, raisonnables et dynamiques.**

Chaque unité de production doit étudier collectivement le processus de la production et se poser les diverses questions qui s'imposent : les différentes sections sont-elles bien agencées entre elles ou existe-il des goulots d'étranglement dans le processus de la production ? Est-ce que chaque section a l'effectif qu'il lui faut, ceci pour que le cas échéant, des insuffisances ne viennent pas compromettre l'effort ou le sur-effort des autres sections ? Est-ce que le chef lui-même a les capacités requises pour diriger l'unité à défaut de quoi les travailleurs pourraient prendre leur responsabilité en disant au chef d'Etat ou au ministre : **« nous n'en voulons pas, il est incapable ».** Même s'il est désigné par décret du Président de la République ne le respectez, ne le considèrez réellement comme votre chef que s'il est capable de diriger l'entreprise; s'il est incapable, alors refusez son autorité. C'est cela l'attitude révolutionnaire. Les usines, les unités de production n'appartiennent ni au chef de l'Etat, ni au gouvernement, elles sont la propriété du Peuple de Guinée. **Les citoyens révolutionnaires de Guinée, militants du PDG, doivent défendre partout les intérêts du Peuple travailleur. Organiser le travail en effet, c'est faire participer tous les travailleurs à la définition des bases les plus justes permettant au processus du travail dans chaque unité de production de s'accomplir normalement et même mieux de façon dynamique.**

Comme nous l'avons dit, nous devons assurer quantitativement et qualitativement l'accroissement de nos acquis ;

mais si le produit de l'usine est frauduleusement détourné par les cadres de l'usine, pour qui travailleraient les ouvriers ? Ce ne serait pas pour le Peuple. C'est pourquoi l'exigence de la Révolution porte sur la parfaite gestion de tous les biens et richesses appartenant au Peuple. Ne respectez aucun individu, quelles que soient ses fonctions, s'il porte atteinte au bien de l'Etat. C'est pourquoi chacun doit être commissaire, chacun doit être milicien, chacun doit être contrôleur, exigeant à son propre endroit, à l'endroit des autres une attitude correcte vis-à-vis des biens du Peuple.

Il faut, au niveau des cadres, non seulement une transformation qualitative de leur propre comportement, mais aussi un effort de formation et de surformation pour qu'ils ne soient pas dépassés par la Révolution.

Il faut que sur le plan professionnel, en raison même des bonds fréquents que fait la Révolution dans le domaine économique, technique et technologique, les cadres se forment. Les cadres ne doivent donc pas gaspiller le temps, ils doivent pleinement utiliser le temps, grâce aux activités utiles tendant à leur qualification et à l'éducation permanente des militants et à leur propre participation active à toutes les activités du Peuple. Le Peuple est disponible ; le Peuple est honnête ; le Peuple ne trahit pas la Nation ; le Peuple ne triche pas avec la Révolution. Toutes les insuffisances se situent toujours au niveau des hommes et principalement au niveau des cadres. Que les cadres tirent les leçons des grandes insuffisances qui ont caractérisé leurs activités et qu'ils aient le courage de se refaire pour assumer leur responsabilité sur la seule base des principes révolutionnaires et en fonction de la nécessaire efficacité de leur rôle dirigeant. Dans le domaine de la gestion, nous devons faire montre de capacités nouvelles, ne plus rien gaspiller, c'est pourquoi la gestion doit faire l'objet de l'attention vigilante de tous et de chacun. La planification exige cette bonne gestion en même temps que l'acquisition de nouveaux moyens en vue d'une accumulation toujours plus élevée de moyens matériels et financiers indispensables au rythme de la marche. Gérer correctement, créer tous les jours quelque chose de nouveau, exige aussi le contrôle, il faut donc tout contrôler; un honnête homme aimerait que tous les jours il soit contrôlé pour que l'ennemi même se rende compte de ce qu'il est honnête et efficace. C'est l'homme malhonnête qui craint le contrôle, car le contrôle ne peut que mettre en évidence la qualité de celui qui est contrôlé, sa fidélité au Peuple, sa conformité aux objectifs du Peuple ou son manque de fidélité si sa gestion a, par exemple, été mal faite; car si tout est bien géré, bien contrôlé et si chaque jour quelque chose de nouveau est créé, la confirmation de cette réalité en transformation perpétuelle est nécessaire au niveau du Peuple.

Le plan exige l'information objective, des statistiques sûres et vraies ; il est inutile de dire dans des motions adressées au Comité Central, « nous avons fait ceci et cela » dans le but d'obtenir des félicitations alors que la réalité est tout autre. Tromper ainsi le Parti, c'est mépriser le Parti. Celui qui a du respect absolu pour la Révolution ne pourra jamais faire des comptes-rendus mensongers en amplifiant ce qui existe. C'est pourquoi, pour qu'il y ait une saine émulation, il faut une information objective et permanente. Toutes les occasions doivent servir à informer le Peuple, à éduquer le Peuple, à former le Peuple. S'il y a des bureaux fédéraux qui s'acquittent parfaitement de leurs tâches dans la liaison permanente avec les masses, il y en a aussi d'autres dont les membres ne vont dans les sections et P.R.L. qu'aux seules occasions de renouvellement de mandats c'est-à-dire seulement en campagne électorale. Il faut comprendre que tous les jours, un organisme dirigeant doit s'acquitter d'une partie de ses devoirs, comme le font certains gouverneurs qui sont régulièrement à l'intérieur de leur région et passent des nuits avec les paysans en s'intéressant à la vie concrète de chaque village de leur secteur. Par contre de nombreux autres cadres de commandement restent ou dans leur fauteuil ou dans leur lit et se refusent à prendre contact avec ceux au service et dans l'intérêt desquels ils ont été désignés.

La Révolution, ne se pratique pas dans le fauteuil, encore moins dans le lit mais plutôt au champ, dans l'atelier, à l'école, au dispensaire ; elle s'accomplit à tout instant à travers toutes les activités créatrices pour le développement et le bonheur du Peuple. D'où la nécessité pour les cadres de renforcer leur contact avec les masses, d'encourager les masses, de leur donner l'exemple des initiatives créatrices nouvelles, de vérifier ce qu'elles font, de les éduquer à partir du réel analysé avec patience et intérêt. C'est cela qui confèrera l'utilité et l'efficacité à l'action dirigeante qu'assument les cadres au nom de la Révolution et au nom de notre Peuple.

Il faut rendre effective l'obligation au travail. Nous avons interdit la contrainte, car aucun homme ne doit être au service d'un autre, aucun homme ne doit exploiter un autre à son profit personnel. La liberté, la dignité en chaque individu doivent être respectées, mais lorsque vous constatez que tel homme valide est assis sous la véranda, couché dans le hamac à longueur de journée et se contente de faire travailler ses épouses, n'hésitez pas **d'intervenir en pareil cas pourvu que vous n'obligiez personne à travailler pour vous, mais obligez tout le monde à travailler pour soi. Cet individu peut vous insulter, il peut tout dire, mais au moment de la récolte du riz, il vous remerciera de l'avoir obligé à travailler pour lui-même. C'est d'abord la conscience qui doit engendrer la volonté au travail ; c'est d'abord la conscience qui doit engendrer la force contraignant chacun de nous au sur-travail lequel doit nous amener à nous dépasser ; c'est encore la conscience qui nous**

ramène sur la voie du travail en cas de défaillance. Mais chaque fois que cette conscience-là fait défaut, la force du Parti Démocratique et de son Etat révolutionnaire doit se substituer à elle pour que partout, et à tout moment, le travail qui doit être fait soit fait et très bien fait comme le veut la Révolution. C'est la seule façon de ne pas trahir le Peuple.

Il faut donc populariser cet impératif du travail obligatoire au niveau de tous les hommes valides, de toutes les femmes valides, car c'est chaque village qui, librement, a arrêté son plan sans aucune contrainte; puisqu'ils nous ont soumis leurs plans en tant qu'expression de leur volonté de progrès, aidons les villages en les organisant dans le travail productif pour qu'avant les cinq ans ou à la fin des cinq ans, leurs programmes soient totalement réalisés.

La responsabilité collective doit être assortie d'une répartition des tâches précises au niveau de chaque cadre dirigeant, d'où la nécessité de la responsabilité individuelle. **Il faut que chacun se spécialise dans un secteur donné et arrive à maîtriser tous les problèmes de ce secteur afin d'être vraiment utile aux masses populaires qu'il dirige.** Il ne faut plus attendre six mois mais s'imposer tous les trois mois de faire au niveau de chaque section, le point de la situation.

Le plan de 5 ans est d'abord subdivisé en 5 plans annuels et les plans annuels sont à leur tour subdivisés en plans trimestriels et en plans de réalisation mensuelle, tous les trois mois, les cadres se réunissent pour faire le point de la situation. On n'attendra plus la fin des cinq ans pour dire : nous n'avons pu faire que 80 % du plan ; dès le premier mois, on doit savoir si on va à l'allure requise ou non et si on respecte les échéances impératives fixées par le Congrès, le Parti, la Révolution, le Peuple. **Donc les méthodes les plus dynamiques doivent être choisies pour que nous puissions savoir à tel moment précis où nous en sommes avec** nos objectifs pour que nous puissions tirer les premières leçons, rectifier les erreurs que le plan a pu comporter.

Il faut procéder systématiquement à une répartition des tâches, pour que chaque cadre du Bureau Fédéral ou de l'Etat, soit effectivement chargé d'une des actions retenues. Et désormais à toutes les réunions des cadres, évidemment, figurera le compte-rendu des tâches, pour qu'à tout moment, l'on puisse savoir si telle décision est appliquée correctement ou non ; si elle souffre de mauvaises conditions en empêchant la réalisation ; ou si les conditions sont jugées plus excellentes qu'on ne le pensait auparavant, l'on procédèra, le cas échéant, à toute une rectification des décisions antérieures afin de mieux traduire la réalité concrète. La rectification des erreurs d'appréciation et des insuffisances dans l'action est l'une des méthodes propres à la planification. Et c'est en suivant cette méthode que chacun pourra acquérir de l'expérience et au bout de chaque période, avoir une somme d'expériences qui nous permettront alors d'aborder la nouvelle période avec plus de facilité. C'est lorsque le niveau de compréhension et la capacité de travail s'élèvent que la tâche de planification se simplifie et s'accomplit plus aisément.

Il faut également, et avec le plus grand sérieux, procéder à l'établissement du budget local pour la période quinquennale avec la conception du développement. Toute action retenue pour l'année qui débute figurera obligatoirement dans la tranche annuelle du budget, dans la mesure où la réalisation de l'action a une incidence financière imputable au budget. C'est une nouvelle technique de gestion financière dans le cadre de la planification qu'il faudra aussi acquérir. **Et comme on l'a dit, le budget est maintenant établi pour les cinq ans, il n'y a que des tranches annuelles; la tranche annuelle correspondant à la part du programme réalisable au cours de l'année, cela permet la continuité dans l'effort créateur étant donné que le budget qui doit**

supporter cet effort est établi pour toute la période quinquennale.

Dans le même ordre d'idées, l'on doit pouvoir aussi apprécier le budget de chaque PRL en fonction des actions retenues pour chaque PRL, savoir à quoi serviront les recettes budgétaires qui sont très modiques par rapport à l'immensité des travaux à effectuer. Nous dégagerons plus loin la dynamique détaillée du Pouvoir Révolutionnaire Local. Il y a lieu de définir sous forme **d'investissement-travail** la grande part des actions à réaliser sans financement. Les Commandants d'Arrondissements doivent pouvoir être formés dans ce sens, pour qu'ils soient d'une véritable utilité pour les PRL, dans la gestion de leurs finances et dans la réalisation de leurs plans. Tous les cadres disponibles au niveau de la Région doivent être recensés et leurs efforts axés sur les différents PRL ; que chacun ait la fierté d'être le coordonnateur de la fédération au niveau d'un PRL. Il y aura là émulation entre l'ensemble des cadres et la vie politique en sera assainie, car les complexes qui existent dans les rapports personnels y trouveront leur solution ; tel professeur a des connaissances utiles, tel ingénieur apprécie sa propre capacité pratique dans tel domaine et tel cadre de l'Etat enfin qui, aussi, sait ce qu'il peut faire; mais tous, parce que non élus au niveau d'un P.R.L., de la section ou de la fédération, sont mis de côté. pleins de rancœur en constatant que certains de ceux qui ont bénéficié du suffrage du Peuple, sont dans l'incapacité pratique de s'acquitter correctement de leurs tâches techniques. Ce genre de contradictions internes trouveraient des solutions justes dans la mesure où existe le courage de confier à chacun ce qu'il peut effectivement faire pour le progrès de la Société. Pour associer tous à l'œuvre collective, il ne faut apprécier que ce que tel ou tel individu — fût-il un adversaire — est capable de faire pour la réalisation du programme de développement. Si cette contradiction est ainsi dépassée en utilisant les capacités de chaque cadre et de chaque militant, il est certain que le plan qui apparaît très ambitieux sera réalisé pleinement, et avant terme.

Donc, organiser le travail, rationaliser le travail, que voilà des tâches pratiques que les cadres du Parti et de l'Etat doivent savoir assumer.

Voyons concrètement au niveau des villages ce qui est à faire et en fonction de la nature commune d'activités connexes ou complémentaires. Chaque année, le budget local doit faire face aux frais de nouvelles constructions de bâtiments. Et à l'heure actuelle, de façon paresseuse, les cadres de nos régions envoient seulement à Conakry des commandes de ciment et chacun attend, sans rien faire tant que le ciment n'est pas importé. Ces mêmes cadres occupent encore certaines villas construites il y a 50 ou 60 ans sans ciment, mais ne se posent pas la question pour régler tous les jours leurs comportements aux exigences du progrès à réaliser.

Allons par exemple en Union Soviétique, aux Etats-Unis, en France, en Belgique, en Chine, dans tous ces pays, nous verrions aisément des constructions sans ciment ; la plupart des constructions en hauteur à Moscou sont faites de briques cuites. Nous avons de l'argile partout, en Guinée, et nous pouvons partout, dans chaque village, avoir une briqueterie à la dimension des besoins du village, pour modifier l'état du village en un minimum de temps, mais au lieu de cela on s'assied, on attend que le ciment soit importé. Dans des centres comme Mali, Labé, Tougué, Siguiri où à chaque pas on doit éviter une pierre, on s'asseoit, attendant que l'on commande le ciment ! Depuis le dernier plan, l'appel a été lancé aux camarades gouverneurs, mais combien de gouverneurs ont suivi cet appel à savoir assurer l'activité permanente du ramassage et de la taille de pierres ? Une construction en pierre, édifiée à Mali ou à Labé reviendrait trois fois moins chère que la même en ciment ; or la construction en pierre durerait 50, 100, 150 ans et même davantage alors que celle en ciment n'aurait pas la même durée d'existence. L'improvisation est l'ennemie de la planification. Il faut prévoir les exigences découlant de l'application correcte des décisions du plan, créer les conditions, les structures, choisir les méthodes et comportements qui permettent de traduire correctement les exigences d'un développement économique rapide. Que chaque région organise donc le ramassage de pierres. Si l'on disait à tous les paysans «nous achèterons la pierre à tel prix», chacun pourrait en amasser des dizaines pour réaliser telle entreprise régionale. Les malfaiteurs, les prisonniers nourris, logés et habillés gratuitement sont des forces productives. Pourquoi ne pas les organiser pour effectuer la taille de pierres au niveau de chaque région ? Comment organiser le travail ? Comment faire travailler tous ceux-là ? Le problème serait résolu en créant une briqueterie au niveau de chaque PRL, de chaque chef-lieu d'arrondissement, et au niveau du chef-lieu de chaque Région pour résoudre les problèmes de construction de bâtiments publics.

En combinant la taille des pierres et le travail de la briqueterie le problème de l'habitat sera en partie résolu à partir même de l'utilisation de ce qui existe. Alors qu'à Conakry, on utilise des éléments en bois de construction, dans toute la Région forestière on attend le ciment de Conakry ! Nous avons le bois partout; il faut donc savoir utiliser tout ce que la nature met à notre portée au niveau de chaque Région, arrondissement, village. Il faut libérer les initiatives, analyser ce qui peut être fait de telle matière première, de tels éléments existant à la portée de l'homme.

La planification qui bannit la paresse intellectuelle et pratique, doit susciter la volonté de progrès, la maîtrise de l'homme sur la nature. Il faut transformer la nature en prenant à celle-ci tout ce qui peut concourir au bien-être de l'homme. Au cours de la dernière guerre mondiale, nous extrayions l'ardoise en Moyenne-Guinée ; or on attend aujourd'hui les éléments d'importation pour le bâtiment. Même dans les cases, l'ardoise peut être utilisée pour carreler le sol. Il faut que toutes ces possibilités soient pleinement utilisées sans quoi, dans la plupart des régions, les plans risquent de ne pas être totalement réalisés. Si l'on doit toujours dépendre de l'extérieur on sera paralysé dans le mouvement ; mais si on sait utiliser tous les éléments locaux, la tâche sera d'autant facilitée, et même avant terme, chaque région aura réalisé pleinement ses diverses actions.

Organiser tous les corps de métiers est aussi une implication d'une politique de développement. Y a-t-il des potières ? Il faut les organiser. Y a-t-il des tisserands ? Il faut les organiser. Supposons que les tisserands de Pita, Mali, Labé, organisés au niveau de leur centre d'artisanat, soient invités à procurer à l'Etat central telle quantité de cotonnade pour l'habillement des polytechniciens et des polytechniciennes, pour les tenues au niveau de telle ou telle collectivité, voilà une source d'activités permanentes pour ces secteurs. Et au lieu qu'ils cherchent çà et là des matières premières, l'usine pourrait mettre à leur disposition la quantité de fil nécessaire ou la matière première pour leur permettre de travailler tout le temps de l'année et avoir une production dix fois supérieure au niveau actuel de production artisanale de ce secteur. Il faut aussi organiser les tailleurs, les teinturières, les menuisiers ; chaque corps de métier doit pouvoir se trouver dans le maillon de l'organisation des forces de travail et concourir dans son secteur particulier, au développement global de la société. Les activités des maçons, des peintres, des électriciens, des électroniciens, des mécaniciens, des pêcheurs, des plombiers, etc., doivent faire l'objet d'études particulières au niveau de chaque région.

Prenons la ville de Conakry avec plus d'un demi-million d'habitants. Nous ne voulons pas laisser au hasard la solution des problèmes clés : la fourniture du charbon, du bois de chauffage. Quand on pense qu'il faut pour un seul mois des centaines de tonnes de charbon, des milliers de tonnes de bois pour la cuisine, l'on comprend la nécessité d'organiser un secteur productif approprié en vue de l'amener à produire suffisamment de combustible de cuisine au profit de la population de Conakry et ne plus laisser au hasard des options individuelles, l'utilisation de la force de travail dans tel ou tel secteur. Comme nous l'avons dit, la production maraîchère au niveau de tous les centres urbains doit être organisée. Donc, il ne faut sous-estimer aucun problème de la vie. Il faut amorcer une démarche pratique pour la solution des besoins recensés au niveau de chaque région, arrondissement et P.R.L. La clarification du développement requiert tous les jours des choix adaptant le travail à son objet qui est de concourir au renforcement du bonheur populaire Nous devons donner une priorité absolue à la production de denrées alimentaires. Il faut que la Révolution, dans le domaine de l'agriculture où près de 70% du Peuple sont utilisés, puisse avoir le bilan le plus spectaculaire, que chacun trouve en abondance des denrées alimentaires. Cela est possible ; cela en tout cas est une exigence de dignité pour la Révolution. Nous ne ferons jamais assez dans ce domaine. Mais ce travail ne doit pas être laissé au hasard, il ne s'agit pas de faire une conférence dans les villages en disant mécaniquement : «augmentez la production, augmentez la production ». Les termes généraux doivent être systématiquement concrétisés dès qu'on entre dans la planification. **La planification c'est la prévision. Il faut savoir mesurer pour planifier, peser pour planifier, compter pour planifier !** Donc on ne doit pas attendre la récolte pour dire qu'elle n'a pas été suffisante, on se sert des statistiques du passé pour connaître l'impasse, pour savoir ce qui manque et on fournit un effort supplémentaire pour augmenter quantitativement la production avec l'assurance alors que l'on se suffirait cette année-là. Faire pousser le riz, le sorgho, le niébé, le mil, l'arachide, le maïs, les légumes, extraire de l'huile, faire de l'élevage, tout cela est possible dans toutes nos régions. Le miel se récolte partout, nous pouvons en produire non seulement pour nous suffire totalement mais même pour en exporter. Les abeilles, les fleurs naturelles sont là! nous devons en tirer profit. Prenons même le quinquéliba qui est consommé par le Peuple, allez voir au marché : tel jour, il y en a trop, tel autre jour vous n'en trouverez même pas, parce que c'est le hasard qui règle la production du quinquéliba ! **Le hasard est l'ennemi de la planification. La planification a un contenu scientifique basé non seulement sur la prévision d'un processus de production, mais aussi sur la volonté de toujours mieux faire et plus qu'avant.**

Ainsi, dans le domaine de l'agriculture. de l'élevage. de la pêche, de l'habitat, dans tous les domaines conditionnant le bien-être de l'homme et du Peuple, nous avons l'impérieux devoir de nous poser à chaque échelon la question : « **qu'est-ce qui est à faire ?** » ; d'étudier collectivement comment faire ce qui est à faire ; de répartir les tâches de manière à ce qu'on sache qui est responsable de ce qui est à faire. Si nous arrivons à appliquer la méthodologie exigée par la planification, alors nous aurons donné au Parti la base la plus dynamique pour son propre développement, le développement du Parti étant toujours fonction du degré de passion des masses populaires à exécuter son programme, à accomplir ses activités et les masses ne redoublent de conscience et d'ardeur dans la vie militante qu'à la condition que les cadres sachent parfaitement organiser leurs activités créatrices, sachent les conduire au progrès qu'ils ambitionnent. Une fois de plus, ce qui est fait. si bien fait soit-il. est insuffisant ; c'est le premier pas. Le fait pour le bébé de se mettre debout aujourd'hui comporte la possibilité pour le bébé de marcher demain ! Nous avons adopté le plan quinquennal et nous avons la possibilité de le réaliser, mais tant qu'il n'est pas réalisé, nous ne devons pas être satisfaits. Cherchons donc à l'être collectivement et individuellement et cela, en fonction de la contribution que chacun apportera à l'action transformatrice du Parti Démocratique de Guinée, à l'action du Peuple militant de Guinée.

Tout plan véritable sort de la théorie pour se concrétiser à travers la pratique et chaque cadre doit actualiser cette théorie dans toutes les formes d'activités pouvant permettre d'accroître en quantité et en qualité le niveau de production nationale et permettre ainsi au Peuple non seulement de se suffire, mais d'apporter une contribution de qualité à la promotion africaine et au progrès de tous les Peuples laborieux du monde.

LE SOCIALISME, OPTION FONDAMENTALE

Avant tout, le plan est lié à nos options fondamentales. Nous avons choisi de transformer qualitativement les conditions de vie de notre Peuple pour en faire une entité sociale toute souveraine, rayonnant de liberté, de responsabilité parce que dotée de toutes les capacités dans la maîtrise de l'histoire, dans la maîtrise de la meilleure forme organisationnelle des rapports entre notre Peuple et la nature, dans la maîtrise du type de rapports intrasociaux ambitionné par le Parti. Tout ceci se résume dans l'option socialiste. **Nous avons affirmé que nous voulons un développement socialiste.** Ce choix doit se transformer en force nouvelle, en qualité de comportement, en exigence de travail. Le socialisme exige que les grands moyens de production, tous les moyens sociaux de production soient de propriété collective, et que la production elle-même soit organisée sur une base démocratique excluant tout rapport d'inégalité, tout rapport d'exploitation de l'homme par l'homme et aboutissant en même temps à une répartition juste du patrimoine national. Le socialisme est dès lors par là-même une réalité politique, économique, sociale et culturelle toute différente des réalités des autres régimes. En optant pour une voie socialiste, nous avons opté en même temps, implicitement, pour une qualification obligatoire de nos réalités présentes; une telle option doit se traduire en attitude nouvelle, en comportements nouveaux, en capacités nouvelles de travail, étant donné que la base essentielle d'un tel régime est le travail organisé rationnellement à l'échelle de tout le Peuple. Une telle option permet l'application du principe « à chacun selon son mérite » et, plus tard, celle du principe plus juste « à chacun selon ses besoins », ces deux principes constituant autant de phases essentielles de traduction des qualités socialistes dans l'existence du Peuple. Ainsi, chaque régime, fut-il esclavagiste, féodal, capitaliste ou socialiste, a un premier devoir à accomplir : définir sa base sociale spécifique. En effet « un régime qui n'a pas une idée exacte de sa base sociale propre, échoue infailliblement, car le pouvoir, nous l'avons dit et nous le répétons, n'est pas une chose abstraite; il est le reflet de la victoire de certaines couches ou classes sur d'autres couches ou classes sociales. Tout pouvoir est engagé. Il n'y a pas de pouvoir neutre. Et tout pouvoir s'exerce en fonction d'intérêts bien précis, ceux de la classe qui l'exerce, et dans le cadre d'une législation fondée sur la sauvegarde et le développement des dits intérêts. C'est pourquoi tout pouvoir se résume en une forme de dictature. Il n'y a pas de pouvoir qui n'applique la dictature de classe et qui n'assure la primauté des intérêts de la classe exerçant le pouvoir. En effet, gouverner c'est orienter le pouvoir, mais l'orienter toujours vers un objectif, vers un but que l'on s'est fixé. Par exemple pour empêcher que le véhicule n'aille à gauche ou à droite, à chaque tournant, il faut imposer au véhicule la voie choisie afin que le chemin le plus droit, le plus rapide permette au conducteur d'atteindre son objectif. Il s'agit d'imposer à ce véhicule la dictature ! la dictature, c'est la contrainte qui n'est pas nécessairement violente, même sous cet aspect, elle comporte une part de violence, puisqu'elle contraint tout ce qu'elle embrasse. Ainsi, c'est après avoir défini sa base sociale que le régime peut avoir une attitude conséquente.

L'éducation idéologique est par essence une violence car elle consiste à briser les résistances subjectives permettant aux ennemis du Peuple d'intoxiquer la collectivité, de démobiliser les masses ; et pourtant, elle ne se fait pas à l'insu de l'homme. Nous optons pour une vie révolutionnaire, pour des rapports socialistes. Nous devons être conséquents avec nos options à moins de vouloir volontairement nous tromper nous-mêmes. **Ceux qui n'ont pas opté pour le socialisme ne peuvent pas en créer les conditions.** Si nous ne voulons pas d'une vie révolutionnaire, d'un régime socialiste, nous devrons librement, honnêtement, courageusement l'affirmer, l'annoncer publiquement pour être conséquents, avec nous-mêmes. **Mais nous avons opté pour le socialisme, pour la Révolution populaire dans des conditions démocratiques absolument libres ;** donc la dignité, l'honnêteté, le respect du Peuple exigent de chacun la conformité de ses actes et comportements aux choix fondamentaux faits par nous tous. Et, pour traduire en comportements conséquents ces choix, il y a des réalités nouvelles que nous devons engendrer. Il nous est dès lors interdit, au nom de la fidélité rigoureuse au Peuple, d'opter théoriquement pour le socialisme ; le militant authentique du PDG n'est guère celui-là qui proclame une profession de foi socialiste, alors qu'il est fondamentalement opposé de façon violente au Socialisme et œuvre en conséquence à ne jamais traduire dans les faits les qualités de ce régime. Le contenu du Plan Quinquennal fixe les nouvelles réalités que le travail de notre Peuple doit engendrer. Nous l'avons dit lors de la clôture du 10e congrès : le travail qui a été fait au 9e congrès était le plus simple ; il reste le vrai travail. Et c'est pourquoi nous devons maintenant avec plus de vigilance et de fermeté, suivre à tous les échelons le comportement objectif de nos cadres, car le Peuple ne veut pas échouer ; il a confiance en son avenir, il a confiance en son Parti, il a confiance en son régime ; tout échec ne peut être imputable qu'à la carence et à l'infidélité de certains cadres dirigeants. Suivre avec vigilance et fermeté le comportement objectif des uns et des autres, c'est rester fidèle à la ligne tracée par le P.D.G., c'est exprimer avec conscience l'application effective des directives issues des 9e et 10e congrès. Le véritable critère d'engagement d'un cadre, réside dans son style de travail, dans son attitude vis-à-vis de l'ensemble des démarches concrètes empruntées par le Peuple pour réaliser ses objectifs.

Tout comportement de nature à désengager un tant soit peu dans l'action révolutionnaire, est l'expression d'une opposition idéologique au Peuple.

La Révolution n appartient à personne, elle est au Peuple de Guinée. En en acceptant les idéaux, les principes et les méthodes, le militant affirme sa disponibilité à œuvrer à la réalisation du programme de développement que le Peuple de Guinée s'est fixé. Le militant par là également, se considère désormais de façon résolue, parce que conscient, comme une partie du tout mis en mouvement.

Nous devons rappeler que l'erreur est inhérente à l'action. Ce sont ceux qui n'agissent pas qui ne commettent aucune erreur. L'erreur s'apprécie en fonction du rôle de la conscience dans l'acte

— Ainsi l'erreur peut être consciente ou inconsciente,
— L'acte peut être conscient ou inconscient.

C'est l'analyse correcte, approfondie, fondée sur l'utilisation des règles scientifiques, qui aboutit à la connaissance du caractère positif ou négatif d'un acte, à la connaissance aussi de l'erreur ou de la justesse, toute voie tracée pour se rectifier à l'avenir.

Il y a une catégorie d'erreurs réparables, il y a aussi une autre catégorie, irréparable. La catégorie d'erreurs que l'homme peut réparer relève de l'erreur pratique. L'erreur pratique est matérialisée, concrétisée dans l'action et dans le résultat de l'action. L'appréciation de l'action, le jugement sur le résultat de l'action peut permettre à l'homme de déceler l'erreur commise dans l'action, en vue de se corriger.

L'erreur qui est cependant fatale est l'erreur idéologique : quand on a opté en conscience pour des données idéologiques erronées et qu'elles se traduisent fidèlement dans l'action, c'est-à-dire en erreurs objectives, l'analyse de cette action, en partant de la même idéologie, ne peut pas vous révéler ces erreurs. C'est en cela qu'elles sont graves, fatales !

Mais si dans l'idéologie il n'y a pas d'erreur, si les données de l'équation sont correctement posées, là où les solutions pour résoudre l'équation sont faciles à dégager. Que par ailleurs une erreur se glisse dans l'action et aboutisse à amoindrir le résultat de celle-ci, c'est l'idéologie qui vous indique que vous avez commis une erreur, c'est elle qui devient l'élément d'alarme, l'élément de rectification : ayant voulu faire telle chose, et n'ayant obtenu qu'un résultat contraire, aussitôt on vérifie les données, les hypothèses de travail, la conformité du cheminement du raisonnement à l'idéologie ; alors on se rend compte qu'à tel échelon, telle erreur s'est glissée, que c'est pourquoi on n'a pas atteint le résultat escompté. **L'idéologie permet de rectifier l'erreur pratique. Mais si l'erreur est dans l'idéologie, la pratique le confirme. Aucune autre valeur de référence n'existe alors pour nous permettre de corriger l'erreur. C'est pourquoi nous devons absolument recourir à la conscience, à l'expérience, à la vérité avant de déterminer quoi que ce soit comme objectif.** Ce qu'il faut en premier lieu pour l'homme comme pour le Peuple, c'est de se choisir des objectifs bien précis. Un homme sans ambition de grandeur morale, de perfectionnement des vertus, un Peuple sans volonté de progrès ne saurait maîtriser l'histoire. Il faut à l'homme l'ambition de se réaliser, de se dépasser. Il faut au Peuple la volonté permanente de se perfectionner, d'acquérir chaque jour davantage de capacités tant intellectuelles que pratiques. Mais à partir des choix que l'on se fait, l'homme ou le Peuple doit, en deuxième ressort, et c'est la dialectique de l'action scientifique qui l'enseigne, inventorier les moyens existants : voulant aller à Kankan, à Pékin, quels sont les moyens pour réaliser l'objet de la volonté ?

L'objectif, dans l'appréciation des moyens existants, est aussi une donnée dont il faut tenir compte. Celui qui n'a que deux pieds n'a pas à dire : « je pourrai aller aussi rapidement que l'aigle, alors qu'il ne peut pas voler ». Il faut donc faire l'inventaire correct des moyens existants, les mettre en rapport avec les objectifs arrêtés et qui doivent être atteints et dans le délai imparti, pour se rendre compte que les moyens peuvent vous permettre d'atteindre les objectifs ou l'objectif avant terme. Et on en conclut que l'objectif a été minoré par rapport à la capacité déjà acquise. On donne à l'objectif les dimensions correspondant à celles des moyens afin de ne plus gaspiller les moyens. Dans le cas contraire, on se rend compte que l'objectif requiert des moyens plus puissants que ceux existants, c'est-à-dire qu'on est obligé de procéder soit à la réduction des dimensions de l'objectif pour qu'il soit en rapport avec les moyens existants soit à l'augmentation des moyens afin qu'il y ait une correspondance d'égalité entre les moyens et l'objectifs. C'est une démarche ayant trait à la mathémaique sociale, elle s'opère nécessairement dans la vie courante lorsque l'homme ne veut pas vivre d'improvisations.

La planification suppose une conception juste du réel. C'est cette conception dirigée par la volonté de progrès qui se traduit tous les jours par un surcroît de créativité dans la réalisation des normes que l'on s'est fixées.

Ainsi, sur le Plan régional, après les répartitions générales, puisque les autorités administratives de la Région, sont tout à la fois, responsables des actions des PRL, des actions régionales et des actions nationales fonctionnant dans le ressort de leur Région, elles doivent s'atteler à la recherche des moyens opérationnels de l'exécution correcte des tâches.

La première tâche est donc la suivante : chaque Région doit avoir une idée de ce qui lui est absolument indispensable pour se suffire dans le domaine de l'alimentation. Chaque gouverneur doit se dire : « je m'interdis formellement d'intervenir à la fin de l'année pour commander auprès d'Alimag quoi que ce soit en céréales, en riz d'importation ; et que dois-je faire alors ? » Les autorités régionales assistées des cadres doivent recenser les travailleurs, les artisans, les éléments actifs mais non agricoles. Admettons qu'il y ait 10 000 personnes à ravitailler; il faut prévoir 150 kilos de céréales par an et par personne, soit 1 500 tonnes par an. Il faut que la Région dispose des 1 500 tonnes de céréales pour que les 10 000 travailleurs et leurs familles, les artisans et leurs familles, enfin tous ceux qui ne sont pas des agriculteurs mais qui sont au service de la Nation, de la Région ou du P.R.L. en tant que forces utilisées pour l'intérêt général, il faut, disons-nous, que ceux-là aient un ravitaillement régulier et suffisant. Mais le raisonnement du Gouverneur qui a conscience que la réalisation du Plan est un problème d'honneur national, ne s'arrête pas là, à mi-chemin. En effet, il doit se rappeler que la Nation lui assigne aussi l'obligation de commercialiser dans sa Région, 30.000 tonnes de céréales pour venir en aide aux régions non productrices de riz.

Labé a 450 000 habitants ; en supposant la consommation moyenne de 150 kg de céréales par personne et par an, il faudrait 67 500 tonnes de céréales auxquelles il faut ajouter les semences et les marges de tous les imprévus, ce qui peut nous porter à quelque 80 000 T de céréales. Si on ajoute 20 000 tonnes de contribution de Labé à la Nation dans le cadre de l'échange inter-régional, nous aurions 100 000 tonnes de céréales se décomposant comme suit : part réservée aux besoins des agriculteurs et familles, part réservée à l'alimentation des travailleurs non agriculteurs de la région (travailleurs salariés, artisans, etc.) et qui est également commercialisée mais hors de la Région. Donc, il ne faut pas **confondre les normes de production avec les normes de commercialisation** ; les normes de production, quant à elles, nous font l'obligation d'intensifier le travail, d'intensifier la production pour que non seulement, chaque

Région puisse se suffire, mais aussi utiliser le maximum de ses potentialités économiques pour résoudre les problèmes nationaux.

En somme les normes de commercialisation doivent prévoir :

1⁰ — L'organisation du ravitaillement correct de toutes les forces vives, mais non utilisées dans l'agriculture.

2⁰ — L'apport de la région à la Nation pour permettre à celle-ci de mettre à la disposition de certaines régions nécessiteuses ou de zones de travailleurs telle que Kamsar, ou Conakry, les quantités de céréales nécessaires à l'alimentation des travailleurs.

Donc, l'organisation de la production au niveau de tous les producteurs est une chose; l'organisation de la commercialisation pour satisfaire d'abord les besoins prioritaires de la région productrice, permettre ensuite à cette région de contribuer à la solution des problèmes posés au niveau de la Nation en est une autre. Il ne faut pas confondre le programme productif avec celui de la commercialisation.

Ainsi, c'est en tenant compte de tous ces éléments que chacun se fixe des objectifs raisonnables et que l'on arrive rapidement à convaincre les citoyens. Convaincus, alors qu'ils étaient déjà disponibles, ceux-ci s'engageront sûrement dans un processus de transformations permettant au PDG d'atteindre, même avant terme, les grands et ambitieux objectifs arrêtés par son 10è congrès et d'aborder un autre plan plus tard, avec des bilans positifs infiniment plus accrus. L'augmentation quantitative et qualitative des éléments du bonheur de notre Peuple, démontrera une fois de plus la justesse de la ligne de la Révolution.

Le Parti se réjouit que les efforts de production ne cessent de s'accroître depuis l'indépendance et que le volume des divers produits mis en consommation chaque année est en constante progression. Ce phénomène a deux explications :

Ce sont les nombreuses contraintes qui ne cessent de peser de plus en plus sur la vie des producteurs, qui les obligent à sortir de l'auto-consommation, de la production de subsistance, pour aborder, à une échelle plus grande, la production de marché en vue de faire face aux nombreux besoins qu'ils ressentent. La volonté de progrès qui s'est emparé du producteur guinéen a correspondu aux efforts fournis dans le domaine de la recherche des moyens de satisfaction des besoins.

Il faut organiser la consommation du Peuple. Et c'est pourquoi le gouvernement a jugé utile d'organiser la liaison entre la production des denrées alimentaires et le pôle de consommation dans le but de pouvoir satisfaire sinon les besoins de tous les citoyens mais au moins ceux des forces nécessaires au développement économique et social de la Nation.

Nous savons qu'à tout régime correspondent des bases sociales données. En régime capitaliste par exemple, la base sociale est la classe bourgeoise comprenant diverses couches exploiteuses (commerçants, courtiers, industriels, etc...).

Pour un régime révolutionnaire, la base sociale est constituée par les forces laborieuses vivant de l'usage de leurs propres forces intellectuelles et physiques dont le produit est constamment mis à la disposition de la Nation en vue d'en assurer le progrès continu.

C'est pour cette raison que, indépendamment de l'appel qui est lancé pour une production quantitative et qualitative des denrées vivrières toujours en progrès, indépendamment de l'action engagée en vue de doter les régions de Brigades de production, c'est pour cette raison qu'il doit être organisé désormais au niveau de chaque Région administrative une Mutuelle de Production appartenant aux travailleurs salariés.

CHAPITRE TROISIEME

La production agro - pastorale

L'AGRICULTURE ET LES REALITES GUINEENNES

Le domaine de l'agriculture, de l'élevage et de la pêche intéresse les 3/4 de la population guinéenne pour la satisfaction des besoins alimentaires du Peuple. De plus, et de par sa nature, l'exploitation agro-pastorale, loin de diminuer le potentiel agricole et pastoral, l'augmente au contraire, et dans une mesure proportionnelle à la qualification des techniques utilisées et à la quantité du travail fourni ; l'exploitation minière, si elle valorise les produits miniers, épuise en même temps les gisements miniers, tandis que l'exploitation agricole, conduite suivant les meilleures techniques, n'épuise pas la source mais en augmente au contraire les possibilités.

L'on voit ainsi que le choix prioritaire en faveur du développement de nos richesses rurales, n'est pas fait au hasard et il n'a aucun caractère fantaisiste. Il résulte d'un examen objectif et approfondi des possibilités dont dispose notre pays et parmi lesquelles celles que procure le domaine de l'agriculture sont nettement supérieures.

Ce choix prioritaire n'est pas, disons-nous, une légèreté dans le domaine de la politique économique d'autant plus que le monde rural constituant la majorité des forces productives de notre pays, notre vision de développement doit être conforme à cette réalité objective. Aussi devons-nous ajouter, qu'ayant opté pour une civilisation de masse en vue du progrès populaire et démocratique, notre conception du développement embrasse donc tout le Peuple.

Elle postule que toutes les énergies disponibles soient effectivement engagées dans un secteur productif utile à la croissance des moyens de satisfaction des besoins des populations. Cette même conception exige également que compte tenu des capacités professionnelles du Peuple, les hommes et les femmes soient utilisés pleinement. Or le Guinéen a acquis de très grandes capacités professionnelles dans le domaine de la technique agricole; c'est pourquoi, si nous voulons réaliser un développement rapide, nous devons demander à chaque homme valide d'apporter une contribution au développement de la Nation. Nous avons dit que le progrès social est commandé en grande partie par les réalités économiques. Or le progrès culturel est aussi dépendant du progrès social; c'est dire que si le développement de la culture n'a pas pour but d'engendrer de nouvelles capacités productives au sein du Peuple, il serait sans effet bénéfique sur l'homme. Ainsi non seulement la culture a pour fondement la réalité économique globale, mais aussi sa raison d'être est inconcevable , injustifiable même sans sa capacité d'armer le Peuple pour dominer la nature et la société. C'est pourquoi nous devons tout faire pour créer les conditions objectives favorables à l'accroissement de nos moyens économiques, car plus nous aurons de moyens plus nous pourrons satisfaire nos besoins; et nous ne devons pas oublier que ces besoins ne cessent et ne cesseront pas de croître.

Nous avons dit au sujet de l'agriculture que nous pourrons accéder au domaine de l'industrialisation dont le rythme de production est incomparablement supérieur à celui de l'agriculture; mais dans ces conditions, l'industrialisation pourrait libérer une partie des forces physiques antérieurement utilisées sur le plan agricole. L'industrialisation ne saurait être et se justifier sans le Peuple, de façon intelligente, sans au préalable avoir développé l'agriculture qui en constitue le point de départ en même temps que le point d'appui essentiel et qui, par son développement, permet de dégager des travailleurs pour l'industrie tout en augmentant le volume des produits agricoles. Dans l'ouvrage intitulé « **l'Afrique en Marche** » et au chapitre 58 titré « Passage d'une économie agraire à une économie industrielle », nous avons déjà étudié, entre autres, la situation du paysannat en écrivant ce qui suit :

« En règle générale, la situation du paysan d'Afrique est bien connue : une production dérisoire, des conditions d'existence et de travail des plus pénibles et des plus précaires, une insécurité permanente. Déjà, la scolarisation, grâce aux possibilités et aux perspectives qu'elle ouvre, prive, dans un premier temps, certes, sous les régimes démocratiques, le milieu rural d'une partie de plus en plus importante de ses forces de travail traditionnelles. Si l'on ajoute à cela le fait que l'industrialisation implique la diminution des forces de travail traditionnelles, l'on comprend la gravité du problème soulevé.

« Il apparaît, certes, que la mécanisation de l'agriculture, l'enrichissement des sols, la diversification des cultures et l'extension parallèle de l'élevage sont des impératifs absolus. Déjà, nous avons pu procéder, à une mécanisation partielle de l'agriculture et à l'emploi de plus en plus répandu des engrais. Mais le stade auquel nous nous trouvons doit être rapidement dépassé, si nous voulons apporter à l'existence de nos masses paysannes les transformations sociales indispensables à l'amélioration de leurs conditions :

« Autant de problèmes qui, si nous ne leur trouvions pas une prompte solution, finiraient par décourager les efforts de nos paysans.

« Ce qui caractérise surtout la condition du paysan, c'est qu'il n'est pas un salarié. Pis encore, dans le système archaïque de l'entreprise agricole individuelle ou familiale, on peut affirmer que jamais le paysan n'obtient une équitable rétribution de ses forces de travail dépensées sur son lopin de terre de 1 à 4 ha.

« Par contre, en partant de la coopérative agricole au stade d'organisation supérieure que nous appelons « **Unité autonome de production agricole** », nous arrivons à une phase élevée de la mécanisation et à la création d'un paysannat responsable de la direction et de la gestion, c'est-à-dire du développement de l'entreprise collective où sont assurés une division rationnelle du travail et le partage des responsabilités.

« L'Unité autonome de production agricole, ce n'est pas seulement une entreprise agricole concentrée et centralisée, c'est la reconstruction d'un village ou d'un groupe de villages sur des bases communautaires et la création des conditions matérielles et psychologiques d'un développement économique et social accéléré du milieu rural. C'est ainsi que les magasins de commerce, les garages, les ateliers, les établissements sociaux : dispensaire ou infirmerie, école, cinéma, sont incorporés à l'Unité autonome de production agricole, gérés, dirigés par les villageois eux-mêmes et constamment adaptés dans leur nature, leur importance, leur fonctionnement à leurs besoins réels.

« Mais pour être viable, il faudra que l'Unité autonome de production lie la culture industrielle à la culture vivrière, l'élevage à la culture industrielle et assure, elle-même, le conditionnement des produits, leur expédition vers les magasins d'Etat, etc...

« Ce n'est que dans ces conditions que les unités villageoises, brigades ou unités de production, brisant le cercle infernal de la paupérisation, s'assureront les possibilités financières et matérielles de leur promotion sociale.

« Ce qui est vrai pour le paysan ne l'est pas moins pour l'artisan ».

Il est clair que seule l'agriculture organisée et dynamisée peut nous permettre de doubler le revenu national en trois ans d'un effort dont heureusement nous sommes absolument capables et dont la nécessité s'impose à nous. Donc, nous devons donner la priorité à **l'agriculture,** car créer les bases matérielles du bonheur pour chaque famille, chaque village, chaque Arrondissement et chaque Région, devient l'impératif de l'heure. Même si le gouvernement décidait de suspendre le fonctionnement de tous les services nationaux dans la proportion des 3/4 en ne gardant au niveau de chaque Ministère que le 1/4 du personnel, s'il décidait d'envoyer les 3/4 ainsi libérés dans les villages, en affectant en moyenne 10 camarades valables par Arrondissement ou un dans chaque village, et si on créait ainsi l'émulation dans la production, le gouvernement ne le regretterait pas, car le résultat d'une seule campagne apparaitrait bien vite à travers l'augmentation quantitative et qualitative de la production. Nous aurions ainsi transformé en réalité convaincante un des mots d'ordre clef de la Révolution guinéenne : « Produire pour nous suffire, produire pour nous dépasser ». C'est pourquoi, nous répétons, ne gaspillons plus l'énergie créatrice. **Qu'il n'y ait plus de meetings, d'assemblées, de réunions, pendant les heures de travail, si le Peuple travailleur doit participer à ces manifestations.**

La disponibilité, nous devons la démontrer, la justifier et la traduire concrètement par l'augmentation de la production économique. Quand nous arrivons dans un village à 10 h, nous serons heureux et fiers de trouver ce village vidé de tous les hommes valides, parce qu'ils se trouveraient dans les champs, et ce, d'autant plus que le soir, nous aurons tout le loisir de nous entretenir avec les camarades villageois de leurs problèmes ! Mais nous le répétons, il ne **faut plus faire perdre le temps à nos camarades paysans, le nouveau mot d'ordre du Parti étant le travail.** Il faut que les camarades paysans augmentent leur production. C'est pourquoi nous devons tout faire pour qu'ils soient dans les meilleures conditions de travail en vue de l'augmentation du rendement de leur effort.

Nous devons étudier attentivement le mode de vie des villageois pour que tout ce qui paralyse le travail soit éliminé rapidement afin que le temps de travail soit toujours mieux utilisé, car si le temps est mieux rempli, il est en même temps économisé, si le temps n'est pas rempli d'utiles œuvres il est incontestablement et définitivement perdu.

Aussi il est plus que temps de qualifier l'organisation de la production agro-pastorale en conséquence.

PLANIFICATION DES TACHES AGRICOLES

Dans le domaine de l'agriculture, en plus des grandes lignes prescrivant la mise en valeur généralisée du patrimoine domanial et forestier, les assises suprêmes du 9ème et du 10ème Congrès ont précisé certaines formes de travail actif, telle que la constitution de Brigades de Production au niveau de chaque P.R.L. Bien que de larges explications soient déjà fournies à ce sujet, nous voulons ici donner encore quelques éclaircissements simples, car au sein d'un Parti organisé sur des bases révolutionnaires, rien ne devant être arbitraire, rien ne devant être gratuit, l'analyse scientifique répétée est de rigueur. Tout est calculé comme élément du processus dans lequel l'on se place volontairement en vue d'une transformation qualitative également prévue. Dans certains pays, la socialisation de l'agriculture postule des démarches contraires à celles retenues par le Peuple de Guinée. L'on à entendu parler s'agissant, par exemple de la Chine, le l'Union Soviétique etc., des décisions touchant la réforme agraire ; la propriété privée de la terre y est interdite, la terre devenant ainsi propriété collective. L'objectif central demeure toujours la collectivisation intégrale de l'agriculture par l'expropriation des usurpateurs individuels et au profit du Peuple qui devient le vrai propriétaire de sa terre. Dans la plupart des pays qui ont entrepris de telles démarches, la terre fertile fait défaut, compte tenu de leur démographie actuelle qui, de surcroît, est en constante croissance. Il y a donc divorce entre l'insuffisance de la terre et l'accroissement constant de la population, d'où l'absolue nécessité de mise à la disposition des collectivités sociales de toute l'étendue requise afin que, dans le cadre de la propriété collective de la terre, le travail agricole soit scientifiquement organisé par une production rentable. En Guinée, nous ne sommes pas dans le même cas: il y a plus de terre que d'hommes ! Nous sommes 5 millions 200 000 Guinéens pour 245 000 km2; donc il ne nous manque pas de terre. Il nous en manquera peut-être dans un ou deux siècles. Donc inutile de dire que personne n'est propriétaire de son champ. On ne fait pas une nationalisation pour le plaisir de nationaliser.

Dans la première phase de l'action agricole, préconisée et appliquée par le PDG, il y a eu une démarche appropriée, celle de la création de coopératives agricoles dans chaque village. A la longue nous avons vu que l'ennemi de classe s'était emparé de l'institution et la coopération n'avait pas répondu aux exigences du Parti. Dans la plupart des cas, les coopératives agricoles constituées ne l'étaient que par quelques propriétaires riches qui s'associaient seulement pour acheter un tracteur, ce tracteur était l'unique propriété collective, mais le tracteur allait travailler d'un champ individuel à l'autre et la production de chaque champ était la propriété privée du propriétaire du champ sans compter que l'apport externe du tracteur à la production du champ individuel était source de profit pour la coopérative déviée de la finalité assignée à elle par le Parti.

Objectivement, il ne s'agissait pas là de la coopérative que nous avons voulu créer comme réalité dynamique de transformation de la vie rurale. Malgré tout des travailleurs utilisant la daba et qui, associés, conserveraient la daba comme moyen de production, pourraient rester 20 ans sans doubler leur production, car ce n'est pas parce qu'ils auraient travaillé ensemble quelques journées que la productivité se serait trouvée deux fois supérieure. **L'Etat qui a des moyens plus puissants a le devoir d'aider à équiper le Peuple pour améliorer les méthodes culturales, augmenter la superficie des cultures. Mais si dans un régime féodal ou bourgeois**

c'est l'individu que l'on aide et non la collectivité, dans un régime socialiste, dans un régime révolutionnaire populaire, c'est l'inverse : c'est la collectivité qui doit être aidée, car les moyens de l'Etat appartiennent à la collectivité et selon les objectifs de l'organisation sociale de la Nation, ces moyens doivent être mis à la disposition de leur propriétaire, c'est-à-dire le Peuple.

Nous ne voulons pas que le vieux paysan guinéen, et à fortiori le jeune paysan de Guinée, soit sacrifié sur l'autel de l'industrialisation. L'on comprend, ici, l'impérieuse nécessité de création de centres d'enseignement rural, actuellement Centre d'Education Révolutionnaire (CER).

Mais l'organisation coopérative du secteur agricole n'est pas une fin en soi ; c'est tout à la fois un moyen et un stade que nous devons rapidement dépasser.

De toutes les façons, aux travaux de production. il faudra efficacement intégrer tous les travaux devant rendre la vie du village plus aisée. Ainsi, il y a les voies de communications à faire et à entretenir, l'adduction d'eau à effectuer, les forêts à entretenir. Et si au début, ces travaux ne relèvent pas tous de notre brigade, au fur et à mesure que l'effectif et les moyens d'action de la brigade évoluent, ils relèveront d'elle ou d'un ensemble de brigades semblables, implantées dans le même Pouvoir Révolutionnaire Local (P.R.L.) puisqu'au rythme fixé au développement, cette brigade, ou elle grossira en absorbant les autres forces productives du village, ou bien suscitera la création de brigades semblables sans, pour autant cesser d'absorber les autres forces productives villageoises. Ce qui est clair, c'est que le village tout entier finira par adopter ce nouveau mode de production du type collectif, rationnel, méthodique du travail de production.

La Révolution démocratique vaut par sa puissance et son efficacité à produire et à satisfaire les besoins du Peuple sur des bases démocratiques.

1⁰ — L'exécution rationnelle du Plan axée sur le P.R.L.

En matière de planification du développement, ce qui est l'élément fondamental, parce que commun à toutes les collectivités, à toutes les zones de travail, c'est la méthode, nécessitant un choix judicieux des moyens opérationnels à mettre en œuvre. Dans la mesure où, après un choix, bien raisonné, la méthode acquiert une valeur scientifique, elle peut nous permettre d'aborder correctement et d'accomplir l'ensemble des tâches. L'efficacité d'une méthode réside dans son caractère scientifique ; il est nécessaire qu'elle soit d'abord définie de telle façon qu'elle puisse être applicable avec succès dans le maximum de situations.

Il s'agit donc, tout d'abord, de déterminer les éléments d'appréciation nous permettant d'adopter une méthode qui soit rationnelle.

Dans cette démarche, nous devons partir de la structure que nous avons déjà adoptée pour le Plan quinquennal. Le Plan a été élaboré en fonction d'une structure adaptée aux activités devant concourir précisément à la réalisation des objectifs qu'il comporte ; schématiquement, cette structure fonctionne au niveau de trois échelons de l'organisation du Parti et de l'Etat. **Ainsi il y a un Plan local pour chaque PRL, un Plan régional et un Plan national.** Nous avons volontairement sauté l'Arrondissement où, finalement, nous avons supprimé le budget d'arrondissement pour éviter tout chevauchement. Il est mieux indiqué que les cadres de l'arrondissement assurent le rôle d'animation et de coordination des diverses activités des PRL que recouvre cet arrondissement. Le PRL ainsi doté d'une personnalité économique disposera de cadres requis, dont les efforts ne seront pas dispersés entre les activités du PRL et celles propres à l'arrondissement.

Entre les 3 échelons, il y a des éléments communs et des éléments spécifiques à chaque échelon.

Premièrement : quels sont les éléments communs ?

— Dans le domaine de la production des denrées, indépendamment de ce que chaque PRL a pu prévoir en aménagements en vue d'augmenter la quantité de sa production, nous avons fixé, pour la fin du Plan, des normes à atteindre pour chacune des denrées essentielles. Cela se trouve dans la résolution adoptée par le 10è Congrès, donc ayant force de loi. Tout au long des cinq ans, nous devons nous référer constamment à cette résolution pour nous situer et agir en conséquence. En aucun cas il ne saurait être question de perdre de vue le caractère contraignant et impératif du Plan quinquennal.

Voilà donc l'objectif qui veut que quelle que soit la diversité ou la répartition des tâches, on aboutisse aux quantités fixées à l'échelle nationale. Chaque produit : riz, manioc, patate, etc... est affecté d'un chiffre indiquant la quantité de la production à atteindre en 1978. C'est-à-dire que les effets des activités que nous engagerons au cours des cinq ans doivent nous permettre de produire dans la dernière année du Plan, et pour chaque produit déterminé (riz, maïs, mil, sorgo, manioc, igname, patate, niébé, etc...) une quantité au moins égale à celle prévue et ce, à l'échelle de la Nation. Le premier élément à retenir est donc la référence au sommet, les objectifs globaux que doit refléter l'effort de la Nation à la fin du Plan.

A partir de ce sommet, la méthode veut qu'on descende dans la réalité locale pour la traduire dans ses implications pour les tranches des années 74, 75, 76, 77 et 78, afin que l'ensemble des PRL formant la Nation, donne le résultat global prévu, c'est-à-dire produire les quantités retenues dans la résolution adoptée par le 10è congrès. En un mot les éléments communs sont donc les normes quantitatives fixées à la Nation. Où qu'il se trouve, le militant est polarisé par ces étapes, par ces points communs pour que les normes soient atteintes, sinon dépassées à la fin du Plan quinquennal.

Deuxièmement, quels sont les éléments particuliers ou spécifiques ?

Au niveau de chaque PRL, il a été arrêté un certain nombre d'actions jugées par les militants du PRL comme nécessaires à leur progrès économique. A tel endroit, on a envisagé la mise en valeur de telle plaine par des aménagements appropriés. A tel autre endroit, ce sont deux ou trois PRL qui se proposent la mise en valeur d'une plaine commune. A tel autre endroit encore on a prévu la construction de classes et ainsi de suite. Rien n'est décidé au hasard, tout est prévu pour des objectifs bien précis.

Supposons que tel PRL, tenant compte des nécessités recensées à son niveau. se propose de se doter d'un CER de 1er cycle complet au cours du Plan quinquennal.

Toute la période quinquennale sera coupée en fractions annuelles, en sous-périodes au cours desquelles sera réalisé un certain nombre de classes et de logements correspondant aux nécessités d'un fonctionnement normal pour l'école du Pouvoir Révolutionnaire Local.

Dans les chefs-lieux d'Arrondissement. la même démarche particulière prévaut. S'il y a suffisamment de classes, il sera seulement prévu une classe par année. mais pour loger tous les enseignants, il faut prévoir 3 logements par an pour qu'au bout de la période quinquennale l'arrondissement dispose d'un nombre suffisant de classes et de logements. C'est la partie particulière parce que ce sont des nécessités qui ont été inventoriées au niveau de chaque PRL avant d'être programmées sous forme de travail à exécuter dans la période quinquennale.

Le même souci de précision nous conduit à détailler encore plus la répartition des tâches dans le but de canaliser toutes les énergies au sein du P.R.L. Aussi nous nous devons de fixer des tâches à chaque famille.

Chaque famille est dans l'obligation civique absolue **d'avoir chaque année deux ruches, de planter et d'entretenir dix arbres.**

Il faut donc discuter au niveau du PRL, pour créer une petite forêt de 2 ha pour chaque année. Chaque PRL doit se planifier d'année en année jusqu'en 1978, afin que son programme local quinquennal soit atteint.

Le Plan régional, tel que nous l'avions décidé devrait comprendre deux parties :

1⁰ — La récapitulation par domaine des Plans des PRL ; les objectifs arrêtés par les PRL de la Région ;

2⁰ — Les actions propres au budget local et répondant à des nécessités de développement de la région, complétant en un mot les efforts des PRL, mais relevant des autorités régionales. Comment, dès lors, établir la tranche annuelle ? Il s'agit d'étudier les actions relevant en totalité du budget local et de déterminer la part de ces actions devant nécessairement être réalisée au cours d'une année, en fixant en même temps les charges financières inhérentes à cette réalisation puisque nous avons dit que la Région n'a pas à utiliser sous forme d'investissement humain les populations qui ont leur Plan propre à exécuter au niveau de leur P.R.L.

Ceci étant terminé, on aborde l'étude de la tranche annuelle de la 2e partie intéressant les PRL de la Région. Il est prévu, mettons, pour 60 PRL, 250 classes. On prévoit donc pour une année obligatoirement au moins 2 classes par PRL. L'on fait un Plan, qui n'a qu'une valeur de référence, d'indication, le Plan réel étant au niveau de chaque PRL et ayant une valeur absolue. L'on arrête donc un plan pour référence, fixant le nombre de ruches, d'arbres à planter.

Il est aussi établi un programme régional qui a un caractère suggestif, indicatif, mais il faut qu'au niveau de chaque PRL l'on détermine les tâches pour l'année. S'il manque une briqueterie, il faut la créer. Si une briqueterie n'est pas suffisante, il faut créer une 2ème. A partir du réel, on indique les plans que le PRL doit rigoureusement suivre pour l'échéance donnée.

Dans le domaine de la production, c'est une toute autre méthode, la méthode estimative qui permet d'atteindre avec le temps les réalités au niveau de chaque PRL et au niveau de chaque Région. Elle aussi est scientifique dès lors que les termes de l'hypothèse de travail sont judicieusement choisis. C'est pourquoi il était très difficile de faire une tranche annuelle par Région et par PRL sans se référer aux objectifs nationaux.

Voici le mécanisme de cette méthode : sur les 5 millions de Guinéens, prenons un million cinq cent mille devant atteindre les 2 500 000 tonnes de céréales et de tubercules. Nous devons indiquer à chaque Région la norme qu'elle doit atteindre.

Le 10ème Congrès a fixé les objectifs. Quand on se propose de faire 2 000 km de route au cours de l'année, il faut fixer ce qui doit être fait par mois et par jour. Aussi, quand nous décidons d'atteindre au bout de cinq ans telle ou telle quantité, il est absolument impensable de ne faire que le 1/5 par an ; nous devons dépasser cette norme. Nous devons le faire à partir du Plan national fixant à un million cinq cent mille tonnes la norme en céréales. La réalisation d'un Plan nécessite le dépassement des normes périodiques; **le meilleur Plan est celui qui est réalisé avant terme.** D'ailleurs, ce terme doit effectivement correspondre aux capacités réelles de celui qui doit l'atteindre, tout dépassement n'étant alors dû qu'à un effort supplémentaire par rapport à la normale.

Compte tenu de la répartition des tâches, nous avons dit : « en tel endroit, on fera du manioc, du niébé » ; cela se traduit en productivité de cet aliment et en superficie à mettre en valeur par famille. Il y a un premier élément référentiel : c'est l'obligation absolue que crée la Nation pour chacun d'apporter une tonne de produits alimentaires : céréales ou tubercules. En indiquant à la Région de Faranah qu'elle doit produire du riz, du manioc ou de la patate, on fixe la superficie par individu et par famille, sinon nous ne pourrons pas atteindre les quantités prévues ; les familles peuvent vouloir faire du maïs plutôt que du riz, plus d'ignames que de fonio, qu'importe cela si les quantités globales correspondent au volume de production fixé par la Nation. Que l'on ne récolte que 25 000 tonnes de riz, mais que la quantité de fonio, maïs, manioc, pommes de terre, etc. dépasse les normes fixées, c'est là, une situation positive.

Nous voulons un dépassement économique et nous nous sommes fixés des quantités à réaliser ; l'impérialisme se prépare aux jugements les plus malsains sur notre régime si nous n'atteignons pas nos objectifs. La presse bourgeoise et néo-colonisée suit de près nos décisions. Il est certain qu'à travers les résultats de la première tranche, nos ennemis veulent savoir si nous avons une conception économique réaliste ou non.

C'est dire qu'en matière d'infrastructure, la réalisation avant terme répond à une discipline du Plan.

Chaque militant du Parti doit être convaincu que la planification nécessite une contrainte de plus en plus accentuée, et qu'il faut faire face à cette situation. Au fur et à mesure que nous nous développons, la planification crée sa propre loi comportant des exigences de plus en plus élevées.

Au début, il faut tenir compte du facteur subjectif chez le paysan. C'est pourquoi il faut d'abord lui expliquer toute décision, avec patience ; s'il est convaincu que la tâche assignée à lui relève de la volonté nationale, donc de sa volonté et dans son intérêt propre, alors il sera ardent au travail. Il comprendra que sa famille composée de 10 personnes doit produire 10 tonnes de denrées alimentaires. Il faut expliquer que pour avoir par exemple 10 tonnes de riz, l'on doit nécessairement cultiver et entretenir 10 ha. Au niveau de la Région plus de 3 denrées seront retenues avec indication des normes pour chacune. Chacun peut faire l'auto-contrôle ; s'il est à l'heure, en avance, ou en retard, il peut le savoir lui-même. Si cela est assimilé, chaque année, on fait faire un pas en avant ; pour le moment on ne peut pas obliger une famille à faire du fonio par exemple, plutôt que du riz, ce serait prématuré. Il faut conditionner le producteur à partir de la première tranche du Plan ; qu'il sente peser sur lui-même une contrainte nationale ; **il faut être impératif à l'égard du producteur pour le mettre progressivement dans l'axe du développement, sans systématisation brusquée, sans heurt violent, mais par la persuasion et l'application simple, efficace, continue et ferme.**

Nous avons fixé le niveau de production à atteindre dans 5 ans. Dans le domaine de l'infrastructure, il faut prendre le 1/4, car à la 4ème année tous les objectifs doivent être atteints. C'est une garantie contre tous les aléas possibles au rendez-vous de 1978.

L'infrastructure matérielle concerne la construction de permanences, de dispensaires, de classes, de logements, de marchés, de routes, etc. La tranche annuelle doit représenter au moins le 1/4 des travaux ; elle comportera obligatoirement la création d'une ou plusieurs briqueteries dont la capacité soit à même de réaliser cette tranche de l'infrastructure. Elle comportera aussi la création d'une pépinière par PRL dès la première année afin que le mot d'ordre « reboisement » soit respecté. Si une pépinière est donc créée, le PRL fixera un ou deux jours de reboisement à partir des plants sortis de cette pépinière.

Il y a un million et demi de producteurs paysans qui doivent produire de quoi nourrir correctement les cinq millions et demi de personnes constituant la Nation. Pour une quantité donnée de riz, de maïs ou de fonio, il y a une quantité de travail, supérieure à celle qu'exige la même quantité de patates, de manioc ou d'igname. Nous retenons donc une tonne de céréales ou 5 tonnes de tubercules par imposable ; ce qui correspond à la moyenne de productivité de l'hectare en céréales et en tubercules.

Il suffit qu'il y ait un million de paysans produisant des céréales et 500 000 paysans produisant des tubercules :

pour que nous puissions alors compter sur 1 000 000 de tonnes de céréales : riz, fonio et sur 2 500 000 tonnes de tubercules : pommes de terre, patates, ignames, manioc, etc...

Quant aux budgets régionaux, ils sont confectionnés compte tenu des recettes légales attribuées déjà aux Régions. La partie recettes du budget est établie conformément aux bases légales de l'action.

La partie dépenses de ces Budgets, basée sur le montant des recettes doit comporter obligatoirement des investissements productifs qui ne doivent pas être inférieurs aux 20 % du montant total de chaque Budget.

Chaque Région doit, de ce fait, engager au moins le cinquième de ses ressources budgétaires dans la réalisation d'actions économiques dans le but d'accroître chaque année ses moyens financiers.

Pour être plus précis, reprenons la structure organique d'un Plan Régional quelconque. Ce plan comporte deux parties :

A — **Une première partie qui concerne les objectifs locaux que les villages se proposent de réaliser à leur propre profit.** Cette première partie. nous l'appellerons **Plans locaux,** pour signifier qu'il s'agit bien des Plans des Pouvoirs Révolutionnaires Locaux.

Chaque Plan local comporte des aménagements liés au développement de la production agricole du P.R.L. concerné, des constructions liées aux nécessités d'une infrastructure administrative, culturelle, sociale, économique, etc.

B — **Une deuxième partie concerne, bien entendu, les actions retenues au niveau de la Région administrative et devant être financées par les recettes du budget local.**

Toute confusion, si minime soit-elle, entre ces deux formes d'actions, bien distinctes pourtant, ouvre la voie à une situation très grave : les efforts pour la promotion des P.R.L. s'étiolent. Nous disons qu'une telle situation est effectivement grave, car nul ne saurait parler d'édification socialiste sans la transformation radicale des conditions de vie du Peuple à la campagne.

L'on doit d'abord consulter les programmes établis pour les cinq ans à venir par les villages, ensuite recenser et récapituler, par nature d'actions, les objectifs globaux des villages. Le P.R.L. de Kawass, à Boké, peut avoir prévu par exemple, dans son Plan Local, et pour les cinq ans, les actions suivantes à réaliser dont la construction de :

— trois fours à briques
— 9 salles de classes
— 12 logements de maîtres
— une permanence
— un marché
— un bloc médical
— 10 km de routes reliant ce P.R.L. aux P.R.L. avoisinants.
— l'édification d'ouvrages hydro-agricoles lui permettant de faire deux récoltes de riz, de maïs par an.

Il peut avoir prévu aussi l'aménagement par ses soins de 200 ha de terres, etc... Ce P.R.L., en raison de son programme d'urgence, choisit pour l'année, dans le cadre de son programme général, la construction :

— d'un four à briques
— de trois salles de classes
— de trois logements de maîtres
— de deux km de route.

L'on procède alors à la récapitulation de toutes ces actions, par nature, pour tous les P.R.L. de la Région. Supposons que cette récapitulation donne les chiffres suivants:

— La construction de 300 salles de classes
— 300 ou 500 logements de maîtres

— 100 fours à briques
— 100 postes médicaux
— 30 permanences pour 30 P.R.L. qui n'en sont pas encore dotés ;
— 200 kilomètres de route inter-P.R.L.
— 200 hectares de reboisement, etc...

Ainsi, par nature d'action, l'on a les quantités de nouvelles créations prévues par l'ensemble des P.R.L. de la Région. Et pour y aboutir, l'on a procédé, P.R.L. par P.R.L., compte tenu pour chacun d'eux de son programme de cinq ans pour fixer la tranche annuelle, car c'est le P.R.L. qui devient l'unité d'action planifiée, l'unité économique, l'unité sociale et l'unité administrative. **C'est le PRL qui est en définitive** l'entité de base du Plan, qui est l'artisan du Plan. objet et sujet du Plan.

Encore une fois, nous répétons que la tranche annuelle de chaque P.R.L. est établie en fonction de son importance démographique, des moyens matériels et humains immédiatement disponibles, des nécessités et des urgences. tous facteurs ayant dicté le choix des priorités retenues. C'est l'ensemble des PRL de la Région qui fait l'objet d'une centralisation permettant aux autorités régionales de dire : la tranche annuelle de nos P.R.L. prévoit tant de fours à briques, tant de logements de maîtres, tant de classes. tant de postes médicaux, tant de permanences, tant de kilomètres de routes, tant d'hectares à reboiser, etc... Evidemment, pour récapituler, il faut d'abord situer les unités : après avoir déjà situé la tranche annuelle de chaque village, on fait ensuite une récapitulation et l'on procède à une étude de ces données statisques pour connaître les implications des actions de chaque tranche.

En effet, la réalisation de chaque action retenue suppose que certaines conditions soient remplies. Par exemple. s'il est prévu tant de classes, cela doit correspondre à une quantité donnée de briques cuites, à une quantité donnée de ciment, de tôles, de bois de charpentes, etc... Autant de problèmes qui ne sauraient trouver leurs solutions correctes au seul niveau des P.R.L.

Il faut que cette analyse des moyens à rassembler pour assurer l'exécution des actions par tranche des Plans locaux, des Plans des PRL soit considérée par les autorités régionales, comme leur propre affaire et, comme telle, requérir leur concours efficace, leur soutien continu, car les P.R.L. ne sauraient en aucune manière y faire face seuls.

Les autorités régionales doivent donc se considérer comme impliquées directement dans la correcte élaboration et, dans la parfaite application de la tranche annuelle de chaque village, car somme toute une Région est un concept vide sans les PRL, tant il est vrai que c'est l'ensemble des PRL qui constitue la Région en question. Le progrès d'une Région est donc inconcevable sans la transformation positive de ses P.R.L.

Ainsi, chaque village étant informé de ce qu'il peut et doit réaliser au cours d'une année, les autorités de la Région recensent toutes les actions des villages et déterminent leur programme d'intervention en faveur des villages du ressort. Il ne s'agit pas de financer pour les villages, mais simplement de mettre à leur disposition ce qui leur est nécessaire pour la réalisation de la tranche. Si le village prévoit par exemple la constitution de brigades villageoises, de brigades de production en dehors de celles retenues, à l'échelle nationale, il faut l'encourager. Il faut soutenir les villages comme ceux de Forécariah qui en ont pris l'initiative. Il faut aider, en un mot, les communes villageoises, en mettant l'équipement nécessaire à la disposition de leurs brigades afin que leur programme puisse se réaliser.

Il faut rappeler ce principe du Parti qui veut que l'on maîtrise le temps, car la Révolution ignore totalement la surprise par le temps. Donc les 12 mois de l'année, face aux 12, aux 20, aux 30 ou aux 40 actions du village, fournissent le cadre d'une action de répartition ; il faut pour chaque P.R.L. son calendrier annuel, son programme, compte tenu des exigences de chacune des actions ; c'est cela la planification scientifique du temps.

Les villages sauront ainsi, grâce à l'aide des autorités régionales, que telle ou telle action doit être réalisée de telle ou de telle manière, à partir de tel mois et de tel à tel mois. **En tout cas, au bout des 12 mois d'une année, le nombre total des actions arrêtées pour l'année en cours devra être totalement et entièrement réalisé. Il reste bien entendu qu'une action dont la réalisation nécessite plus de 12 mois, au delà donc de la tranche, — ne saurait être totalement réalisée. Mais la tranche, c'est-à-dire la partie des travaux dont la réalisation est prévue au cours de la tranche, doit être entièrement achevée, ce qui revient à une réalisation complète par rapport au temps imparti. De toutes façons, le réalisateur, idéologiquement engagé, d'un plan, cherche toujours à dépasser les normes pour atteindre l'objectif périodique ou final, avant terme.**

Ainsi, non seulement une étude des objectifs annuels est nécessaire pour le meilleur choix des actions de la tranche annuelle, mais le temps aussi est étudié pour la meilleure utilisation de l'énergie créatrice des villages et la rationalisation de leurs activités. Il s'agit d'un travail sérieux ; au cours de la première année, aucun ne pourra sans doute le faire avec l'efficacité pleine, mais dès la deuxième année, et à partir des erreurs de la première année, si les leçons de ces erreurs sont assimilées, une expérience serait acquise.

Au cours de la deuxième année les cadres vont se qualifier ; dans la troisième année ils se qualifient davantage et au terme du Plan, ils sont devenus des économistes, des planificateurs, maîtrisant parfaitement les conditions générales de la Région et les conditions spécifiques de chaque P.R.L. ! Cela ne signifie guère qu'il ne faut pas faire d'efforts ou faire preuve d'esprit scientifique dès la première année. Le processus de qualification progressive de tout un Peuple est l'un des traits caractéristiques et spécifiques de notre conception, en matière de planification du développement, et cela en conformité avec notre idéologie, indépendamment même des résultats économiques positifs que nous enregistrerons.

2 — Plan de P.R.L. et Plan régional

Abordons maintenant la tranche annuelle du plan de la Région elle-même : toute l'infrastructure administrative, à notre avis, doit relever de la Région. Nous verrons si éventuellement, et dans certains cas spécifiques, on ne pourrait pas laisser aux P.R.L. une partie — même sommaire — de cette infrastructure. La raison de cette décision est que nous voulons tirer les leçons des fautes antérieures, à savoir les abus qui ont caractérisé l'organisation et la mise en œuvre de l'investissement humain. L'apport chiffré de l'investissement humain, dont nous devons organiser la pratique sur des bases rationnelles, atteignait cinq milliards de francs pour la période de 1959-1960. Mais progressivement l'investissement humain fut abandonné parce qu'il avait été caractérisé par des abus; cependant l'investissement humain reste malgré tout l'une des démarches essentielles impératives et opportunes de notre Peuple vers son progrès. C'est donc la finalité de l'investissement humain et sa méthode d'application qu'il faut redéfinir ou préciser pour éviter à l'avenir la répétition des erreurs passées. Il faut désormais que la pratique de l'investissement humain ne serve qu'à ceux qui s'investissent réellement, c'est-à-dire aux militants eux-mêmes. Rien de ce qui est éloigné de l'intérêt collectif du village, ne doit plus être objet d'investissement humain. Y a-t-il une plaine à mettre en valeur pour le village lui-même ? L'investissement humain est requis ; y a-t-il des briques à faire pour construire le marché du village, la permanence du village, le poste médical du village ? L'investissement humain est encore requis ; pour les classes de l'enseignement primaire implantées dans le village et pour le village, l'investissement humain est également requis. Il en sera ainsi pour la route à créer entre ce village et un deuxième village. En résumé, **tout ce qui est d'un intérêt strictement local et dont la solution se répercute en augmentation du bien-être des villages peut justifier la pratique de l'investissement humain ;** mais pour tout ce qui est éloigné de la sensibilité immédiate de ceux qui vont s'investir, pour tout ce qui ne concerne pas la collectivité villageoise, l'investissement humain doit être banni. **Il ne revient guère aux villageois d'aller au chef-lieu de l'arrondissement pour construire par exemple le C.E.R. des 2e et 3e cycles, la Cité socialiste ou encore le centre d'accueil.** Une telle mobilisation est dans le fond une démobilisation et tout cela doit être banni, nous le répétons. En un mot, obligeons les militants à tirer eux-mêmes profit de leur travail ; notre régime bannit tout projet d'exploitation, toute soustraction des résultats du travail à la jouissance légitime du Peuple.

Donc, les actions que la Région devra réaliser elle-même relèveront du Budget Régional et devront être financées par les recettes du budget et non plus reposer sur la pratique de l'investissement humain : toutes les actions du budget régional sont censées être financées par le budget local ; seules les actions des P.R.L. pourront, pour leur réalisation, recourir à l'investissement humain.

Ainsi, des objectifs retenus dans le Plan régional, une étude sera faite pour déterminer ceux de ces objectifs qui doivent être réalisés au cours de l'année. Le choix ne sera pas non plus fait arbitrairement ; il s'agit d'une étude objective des différentes actions, dans leurs portées générales et réciproques.

Ce choix ainsi fait judicieusement, d'une part, compte tenu des urgences et, d'autre part, des possibilités du budget local, comportera un certain nombre d'actions à réaliser. L'ensemble des actions récapitulées pourrait également indiquer aux autorités régionales les démarches à effectuer au-delà de la Région pour obtenir, soit des matériaux de construction, soit toutes choses nécessaires à l'accomplissement de la tranche prévue.

Ainsi, l'on a pour chaque P.R.L., une idée très claire de ce qui pourra être fait au cours de l'année et pour l'ensemble des P. R. L., avant de déterminer ce qui devra être fait par la Région même en faveur des P.R.L. On aura aussi une idée claire de ce qui devra être commandé à l'extérieur de la Région pour les actions régionales. La récapitulation des besoins des P.R.L. et de ceux de la Région qui ne peuvent être satisfaits que de l'extérieur de la Région, requiert alors les activités des autorités régionales, pour qu'à l'échelon de la Région, comme à l'échelon des P.R.L., aucune action commencée ne soit interrompue.

Mais comme nous l'avons dit, il y a un référentiel, c'est-à-dire une base suprême qui implique sa propre contrainte et qui veut que ces objectifs soient autant que possible respectés : c'est le Plan National qui a été adopté en Congrès. S'il est prévu à l'échelon national tel nombre de classes, de logements, tel volume de produits en riz, en mil, en fonio, en arachides, etc..., etc..., le Comité Central et le Gouvernement en étudiant les possibilités effectives des Régions, font la répartition des objectifs nationaux entre les Régions. Les Régions sachant les normes qu'elles devront atteindre au bout de la période quinquennale, et en fonction de ce qu'elles devront atteindre en 1978, préparent également les tranches 1974, 1975, 1976, 1977, 1978, afin que, progressivement, l'on puisse assurer les transformations quantitatives et qualitatives permettant à la Région d'être ponctuelle au rendez-vous de 1978, avec un bilan positif dans la contribution de qualité qui lui est demandée.

Il y a deux démarches fondamentales : **une démarche verticale et une démarche horizontale.**

La démarche verticale, nous amène à partir des objectifs nationaux pour fixer la part de contribution de chaque

Région et ce, dans chaque domaine, face aux normes à atteindre pour l'échéance 1978.

La démarche horizontale, c'est la répartition de ces normes fixées à la Région entre les P.R.L. qui, en un mot, constituent les éléments actifs chargés de l'exécution du Plan dans sa partie production agro-pastorale. Cette répartition qui est faite par P.R.L., en raison même du programme arrêté par lui, doit être surveillée. Nous devons rappeler ici qu'une des exigences pour conduire correctement un Plan National est le contrôle permanent, systématique, de l'accomplissement du programme jusqu'au moindre détail, afin de déceler à temps et de corriger ou rectifier les erreurs éventuelles. Tel P.R.L. peut atteindre sinon dépasser les normes fixées, et tel autre PRL ne pas les atteindre ; mais c'est l'étude économique qui fait savoir que le PRL qui a atteint les normes fixées a, en fait, moins travaillé que le P.R.L. qui n'a pas pu les atteindre, parce qu'au départ, la répartition a pu être arbitraire, car au départ, c'était la volonté des PRL qui se manifestait dans le choix des objectifs qu'ils entendaient réaliser. Tel PRL s'est fixé moins d'actions que tel autre P.R.L. très ambitieux et dont les projets étaient nettement au-delà de ses possibilités ; mais ce que ce dernier a pu atteindre, bien qu'inférieur à ce qui avait été ambitionné, peut bien être d'un niveau supérieur aux résultats atteints par ce PRL moins dynamique dans ses ambitions d'améliorations et qui a pu de ce fait dépasser aisément les normes dérisoires qu'il s'est fixées alors que son « potentiel-travail » est nettement supérieur à celui de l'autre P.R.L. Ces remarques signifient qu'on ne voit plus, on ne constate plus les résultats pour faire de simples comparaisons quantitatives, mais **qu'on doit relier chaque bilan à sa cause** et l'étudier en fonction de ses propres éléments pour apprécier valablement les résultats acquis. On ne compare pas simplement entre eux les résultats de la production, on les compare aussi aux éléments actifs de la production. Un homme qui dispose d'un tracteur et qui vous présente 20 ha de terre mise en valeur a bien moins travaillé que cet autre qui n'a qu'une charrue et qui vous présente 15 ha de terre mise en valeur.

C'est dire que chaque élément économique mérite d'être étudié. En ce qui concerne l'application de la circulaire du Comité Central qui exige comme normes de production au moins une tonne de céréales par imposable, l'on ne doit pas s'en étonner. L'on est parti de cette évidence que, par exemple une famille de 10 personnes comprenant 5 hommes valides peut bien labourer et entretenir avec un rendement assuré : 5 ha de riz, de fonio, ou de manioc, etc. Or, le riz ou le fonio produit une tonne à l'hectare, le manioc une dizaine pour la même superficie, et cette fixation a été mûrie et décidée à partir d'éléments sérieux d'appréciation. Or ces normes ne sont cependant guère exagérées. Si, à l'echelle nationale, nous faisons une répartition approximative, à partir de données connues, répartition dont le respect nous permet de prévoir que la Guinée doit se suffire dans le domaine de son alimentation correcte, au niveau d'une région, nous ne ferions plus d'arbitraire, parce que nous serions plus près des réalités productives; ce sont ces réalités objectives qui sont étudiées en vue de leur transformation; la contrainte nationale, répercutée en contrainte locale, est donc justifiée et parfaitement compréhensible. Prenons la Région de Gaoual, dont la population globale de 135 466 habitants devant être correctement nourris toute l'année, reste le souci majeur et permanent du Gouverneur de la dite Région. Mais le Gouverneur, utilisant la méthode scientifique, constate qu'il n'y a en réalité que 53 188 personnes valides. C'est alors qu'il doit se poser la question de savoir comment doit-il s'organiser pour pouvoir nourrir ces 135 466 habitants pour l'année. Pour répondre correctement à cette question, il doit faire des calculs tenant compte des aléas, des semences ou de tout ce qui est généralement imprévisible. Ainsi, s'il faut 150 kg d'aliments, il prévoiera 300 kilos par personne, voire 400 kilos, normes volontairement majorées ; puisque c'est une contrainte qu'il s'impose ; il retient donc 400 kilos par personne et se dit qu'il faut au moins 50 000 tonnes de céréales pour nourrir la population de Gaoual. C'est l'ambition qu'il se fixe.

Or, il y a 53 188 personnes valides ; il faut donc par personne, une tonne de production ; ainsi il pourrait disposer avec 50 000 tonnes de riz pour sa Région, d'une nourriture suffisante pour tout le monde, semences assurées, toutes nécessités satisfaites. En plus, il pourrait même donner 300 tonnes comme contribution à la Nation. cette intervention n'étant ni un don, ni une imposition, mais entrant dans le circuit national de consommation en dehors de la Région. En fixant donc les objectifs de production pour sa Région au cours de l'année il va, en profondeur, établir le nombre exact des tracteurs dans la Région. Il tient à ce que chaque tracteur fasse au moins 75 ha, ce qui nous donne 15 000 hectares pour nos 200 tracteurs, soit 15 000 tonnes de riz ; il est sûr que le bon agriculteur. l'homme sérieux. qui dispose d'un tracteur qu'il utilise uniquement pour travailler la terre et non pour se livrer à des transports. peut faire annuellement avec cet engin 75. 80. 100 hectares. Ensuite. le Gouverneur méticuleux, ne voulant pas enregistrer d'échec. cherche à savoir combien de charrues il y a dans sa région ; supposons le chiffre de 4000 charrues. Alors. il fixe un minimum de 5 ha par charrue. sachant que la moyenne par charrue est de 8 ha; mais il retient le chiffre de 5 ha, soit 5 tonnes par charrue ; ce qui donne 20000 tonnes ajoutées aux 15 000 tonnes des tracteurs, ce qui donne le total de 35000 tonnes. Ajoutons à cela les 40000 tonnes que doivent produire à la daba les autres hommes valides ; la Région peut alors compter sur 88 000 tonnes de riz permettant de nourrir largement toute la population, d'avoir toute la quantité de semences requises, de faire des réserves et de disposer de plus de 15 000 tonnes à mettre à la disposition de la Nation pour être vendues aux Régions n'ayant pas les mêmes possibilités de produire du riz.

Voilà comment il faut raisonner. Et ce calcul étant fait, si le bureau fédéral, les cadres de la production, en un mot, tous les cadres du Parti et de l'Etat, rayonnant toute l'année pour encourager les producteurs, animer le travail productif, connaître les difficultés, apporter de justes solutions aux problèmes, il est certain que ce qui a été envisagé, pourrait être dépassé, ou au moins atteint. De plus, l'expérience de la première année encouragera tout le monde, parce que celui-là même qui a cultivé, qui a fait les efforts, voit que ce qu'il gagne cette année est supérieur à ce qu'il a gagné l'année précédente ; il en conclura que l'année suivante, en augmentant un peu plus les normes, il est assuré aussi d'atteindre des résultats supérieurs. Ainsi, progressivement, la Région est conduite au plein emploi de toutes les forces physiques et intellectuelles, et suivant des méthodes qui assurent leur maximum d'effet ; car nous devons être convaincus qu'aujourd'hui nous n'utilisons même pas le cinquième de notre potentiel humain, intellectuel et physique.

Dans chaque Permanence Fédérale, le calendrier général des activités du Plan en ce qui concerne la Région, le calendrier annuel des activités en ce qui concerne la tranche annuelle, la carte économique de chaque Arrondissement, la carte routière de chaque arrondissement comportant les divers projets de construction, etc..., doivent être affichés en bonne place et quotidiennement consultés.

Dans chaque Arrondissement, les mêmes éléments doivent se retrouver à la permanence de la section en ce qui concerne les réalités et les actions de cet arrondissement.

Les cadres régionaux doivent s'appliquer et s'astreindre à dresser pour chaque PRL et sa carte physique et économique, et le calendrier annuel de ses activités, et les plans de certaines constructions, tous documents qui doivent se trouver à tout moment à la Permanence du P.R.L.

A chaque Assemblée Générale hebdomadaire dans le PRL, les deux tiers (2/3) de l'ordre du jour doivent être consacrés aux problèmes relatifs à l'exécution du Plan.

ORGANISATION ET IMPERATIFS DE L'EVOLUTION SOCIALE

Chaque Peuple, pour se réaliser pleinement, est obligé de s'organiser. On sait que les hommes sont différents : par la taille, par l'âge et par la couleur ! Ils ont des goûts divers et des aspirations différentes ! Ils peuvent avoir des langues de culture et pratiquer des religions également différentes. **Mais l'organisation révolutionnaire a la vertu de faire des hommes,** au-delà de toutes ces différences et de toutes autres différenciations socio-économiques ,un seul et même Peuple. L'on retient donc que pour qu'il y ait Peuple, il faut qu'il y ait d'abord organisation des Hommes. L'on doit distinguer le Peuple de l'ensemble d'hommes qui constitue sa base physique et qui n'est Peuple que s'il est muni de la structure spécifique qui en fait une société homogène.

Plus cette structure, cette organisation s'affirment et se dynamisent, plus le Peuple est Peuple.

L'organisation sociale marque chaque individu y appartenant, et chaque individu est mû par l'idéologie adoptée, les principes et méthodes d'action arrêtés. **L'organisation fonde le pourquoi et le comment du comportement.** C'est pourquoi un mouvement révolutionnaire accorde à l'organisation une importance primordiale, permanente et décisive.

En ce qui nous concerne, le PDG a organisé les populations guinéennes et en a fait, malgré leurs diversités, un même Peuple; car, tous les militants agissent en fonction des mêmes objectifs et à partir des mêmes motivations. Sans cette unité idéologique, cette personnalité organique et cette unité d'action, sans cette tension morale commune conférée au Peuple guinéen par le Parti, l'hostilité de ses ennemis aurait eu raison de lui depuis longtemps.

Nous savons déjà que l'homme naît bébé, devient adolescent, puis adulte et enfin vieux. Le Peuple aussi, à travers son organisation, ne cesse d'accroître ses dimensions et ses besoins, d'élever ses aspirations. **La propriété dynamique d'une organisation est sa capacité permanente de s'adapter aux impératifs de l'évolution sociale.** Une organisation révolutionnaire conséquente ne saurait donc être figée une fois pour toute : elle doit, en permanence, se remettre en question, se contester elle-même en prenant la réalité mouvante comme base. C'est pourquoi, à chaque réunion d'une instance du Parti, nous faisons le point de l'organisation politique du Peuple de Guinée. Il faut donc comprendre que les modifications qui interviennent dans la composition des organismes dirigeants, ne sont jamais décidées au hasard. Elles résultent toujours d'une analyse approfondie de la situation économique et sociale et correspondent à des nécessités nouvelles.

Supposons cent personnes qui décident de voyager ensemble par un autocar de cent places ; elles empruntent donc, toutes, ce même véhicule et arrivent à une rivière dépourvue de pont. La pirogue qui assure la traversée ne peut transporter que dix personnes à la fois. C'est donc par groupes de dix que les cent traversent la rivière. Au-delà de la rivière, puisque l'autocar n'a pas pu traverser, il faut utiliser un autre moyen de déplacement. Nos cent voyageurs trouvent un camion ne pouvant embarquer que cinquante personnes. Il faut, une fois de plus, modifier l'organisation pour poursuivre le voyage. En effet, la puissance du nouveau moyen nécessite une nouvelle organisation du groupe devant l'utiliser : les cent personnes poursuivent leur voyage en deux groupes successifs de cinquante personnes, et parviennent à une seconde rivière dépourvue et de pont et de pirogue. Seule une planche permet la traversée et cette planche ne peut supporter, à la fois, que le poids d'une seule personne. Les cent personnes s'arrangeront pour passer une à une la rivière, en utilisant la planche.

C'est dire, nous le répétons, que les diverses formes d'organisation des masses ne sont pas décidées au hasard, elles correspondent toujours à des réalités. Toutes modifications décidées répondent toutes au souci permanent de la Révolution : adapter davantage l'appareil du Parti aux exigences de l'heure, en axant toutes ces exigences sur la réalisation concrète des tâches fixées par le Peuple de Guinée à son Parti et à son Etat.

A. — Attributs et essence du Pouvoir

Nous devons tout d'abord rappeler que tout Etat a un caractère de classe. Et il est nécessairement doté d'une structure opérationnelle hiérarchisée, qui en fait l'instrument suprême de l'exercice du pouvoir par la classe dominante au sein de la Nation.

Il n'y a pas d'Etat neutre en général, ni d'Etat neutre vis-à-vis de toutes les classes sociales de la Nation. Il n'existe pas d'Etat en soi; mais, tout Etat est, pour soi, c'est-à-dire au service d'une classe sociale donnée dont il sert à la réalisation des objectifs. C'est dire **que l'Etat est toujours celui de la classe détenant le pouvoir.** La nature et la structure de chaque Etat sont caractérisées par l'idéologie de la classe au pouvoir et par la politique conséquente qui en découle. C'est donc le régime politique qui confère à l'Etat sa nature, son contenu, sa forme et son comportement quotidien.

La lutte de classes, même quand la classe du Peuple prend le pouvoir, demeure encore. Même au sein du Parti et de l'Etat de la Classe-Peuple, la lutte de classes persiste. Elle assure la dynamisation de l'Histoire. Elle démontre que l'existence de la contre-révolution au cœur de la Révolution n'est pas un fait anormal, mais l'une des expressions même de l'existence permanente de la Révolution, de son devenir permanent, de sa croissance par « destruction-dépassement » de ses acquis, c'est-à-dire de sa transcroissance.

Il ne suffit pas que les cadres choisis par le Peuple s'acquittent concrètement de leurs tâches, pour qu'existe et s'affirme la démocratie, bien que ce soit là une impérieuse nécessité sociale. Mais si la démocratie s'arrêtait à cette seule nécessité, elle serait insuffisante et se limiterait à une simple délégation de pouvoir.

Il faut, en plus de tout cela, et par-dessus tout, **que le Peuple soit organisé en Pouvoirs.** Et le Peuple organisé en pouvoirs n'est autre chose, à la base, que le Pouvoir Révolutionnaire Local (PRL) qui revêt pour nous une importance capitale. La Révolution a créé le PRL; il faut maintenant qu'à son tour, le PRL réalise pleinement la Révolution.

L'exercice effectif du pouvoir commande la maîtrise de la science, de la technique, de la technologie, singulièrement quand ce pouvoir est révolutionnaire. Ceux qui font des réserves sur tel ou tel aspect de la Révolution globale et multiforme déclenchée par notre Peuple, ne sont pas encore révolutionnaires. Ils restent aveuglés par leurs petits intérêts égoïstes, soucieux qu'ils sont de se ménager un avenir en dehors de celui du Peuple qui les a engendrés, et auquel ils doivent tout. L'exercice direct du pouvoir révolutionnaire par le Peuple dans chaque village est une condition essentielle pour la substitution, au « **Gouvernement des personnes** », de « l'Administration des choses ». Ainsi l'Etat, sous sa forme ancienne, aura non seulement dépéri, mais encore disparu, pour être remplacé par l'Etat révolutionnaire, fortement structuré, articulé, allant de la base au sommet, et insérant dans ses mailles tous les domaines de la vie, tous les secteurs d'activités. Pour atteindre au stade de l'administration du Peuple par le Peuple, il faut recourir à la mobilisation des masses, à leur organisation démocratique au sein du Parti et à la conquête de la technique et de la technologie par les masses, sur la base d'une idéologie, celle de la Révolution !

Le Parti Démocratique de Guinée est un Parti révolutionnaire de masse qui, contrairement aux Partis Socialistes de certains pays où une sélection systématique s'opère avant toute adhésion, admet tous les citoyens du pays en son sein. Alors qu'un homme sur dix est membre de ces Partis, l'originalité du PDG est d'avoir su accueillir tout le monde, hommes, femmes, jeunes et vieux en son sein. bien que la direction de ses organismes, aux différents échelons, soit exclusivement assumée par les militants appartenant aux seules classes laborieuses.

De tous temps et en tous lieux, la lutte politique du Peuple a pour objectif essentiel la conquête du pouvoir, sa conservation et son développement constant en vue de son infinie utilité sociale.

Mais nous devons savoir qu'il est plus facile de conquérir le pouvoir démocratique que de le maintenir et plus facile encore de le maintenir que de le développer, car le développer ne signifie pas nécessairement augmenter son efficacité coercitive, mais le rendre toujours plus démocratique. Sous le régime bourgeois, celui du type fasciste par exemple, le développement du pouvoir signifie l'accroissement de l'efficacité coercitive des appareils de l'Etat. Sous le régime démocratique, un tel développement de nature oppressive est banni; l'action coercitive est circonstancielle : elle doit répondre à un souci, celui de juguler des manifestations contre-révolutionnaires, des infiltrations ennemies, d'anéantir la subversion. Dans son développement, le pouvoir démocratique doit plutôt tendre vers sa décentralisation totale jusqu'au niveau du Peuple: la dictature du Peuple devient alors la rigueur intellectuelle et morale grâce à laquelle le Peuple s'impose à tous pour assurer la primauté de ses intérêts collectifs.

En Guinée, le Peuple a conquis le pouvoir dans la violence; il doit dès lors pouvoir le conserver à son niveau pour toujours et il faut qu'il le développe en le maîtrisant chaque jour davantage.

Développer le pouvoir c'est d'abord accroître les capacités de pensée, d'analyse, de décision et d'action du Peuple. Si le Peuple est organisé conséquemment pour l'exercice direct de tous les attributs de la souveraineté nationale, alors, l'avenir du pays est d'avance gagné.

Seul le Peuple est juste tout le temps et en toutes circonstances. Des individus essaient de symboliser le Peuple par l'incarnation de ses qualités et de ses vertus ; mais ils ont leur limite : car ces individus ne peuvent pas être partout à la fois, comme le Peuple; ils ne peuvent pas tout comprendre à la fois, comme le Peuple; leur intelligence et leur capacité sont limitées, comparées à celles du Peuple; de plus, les individus naissent et meurent, alors que le Peuple demeure indéfiniment. Et c'est pourquoi une conquête n'est durable qu'autant qu'elle est celle du Peuple, propriété des masses laborieuses qui lui confèrent une valeur sociale et historique.

Nous avons connu des Pays révolutionnaires, des régimes démocratiques très puissants qui ont eu un très grand rayonnement à l'échelle du monde, et qui ont cependant été, par la suite, démolis au profit de régimes antipopulaires. Quand un régime réactionnaire se substitue à un régime révolutionnaire, c'est la preuve que ce dernier n'a pas su se conformer radicalement aux exigences de la démocratie, c'est aussi la preuve que le Peuple n'a pas pu s'emparer effectivement et efficacement du pouvoir et de tous les pouvoirs. **Tant qu'un régime repose sur un individu ou sur quelques individus, il est toujours sous la menace de la liquidation.** Pour que la Révolution soit et demeure, il faut qu'elle résulte de la réalité populaire, qu'elle appartienne à un Peuple dynamique et conscient. Parfois, quand les individus exercent le pouvoir, même s'ils sont animés des meilleures intentions, puisqu'ils ne peuvent pas tout entendre, tout savoir et tout pouvoir à la fois, il arrive qu'une bonne partie de leurs décisions ait un aspect anti-populaire.

Il arrive qu'eux-mêmes changent de ligne : de révolutionnaires qu'ils étaient, ils deviennent réactionnaires ; au début, ils ne luttaient que pour le Peuple, pour le bonheur des masses populaires; par la suite, ils finissent par aimer l'argent, les honneurs, et alors, ils font tout pour bloquer à leur niveau, à la dimension de leurs intérêts, le développement de la Révolution. A partir de ce moment, en toute objectivité, ils sont devenus réactionnaires. Mais, même si l'on suppose que des révolutionnaires, assumant seuls le pouvoir, restent fidèles au Peuple jusqu'à leur mort, qu'adviendrait-il après leur mort? Ce serait le vide. C'est pourquoi, si l'on veut préserver la pérennité du régime révolutionnaire, il faut que le pouvoir, tout le pouvoir, soit exercé directement et efficacement par les masses populaires.

Certains réactionnaires conscients ou inconscients pourraient se permettre de rétorquer : « mais, comment les masses paysannes analphabètes peuvent-elles exercer correctement le pouvoir ? » Il faut leur répondre : « Chacun de nous n'est-il pas né dans une famille ? Chacun n'a-t-il pas trouvé une cellule familiale organisée avant sa naissance, cette famille vivant dans un village également organisé avant sa naissance ? N'est-ce pas que la plupart de nos villages, nés tous de l'intelligence et du génie créateur de nos ancêtres », ont été créés avant toute colonisation ? C'est la preuve que le pouvoir a toujours été organisé ; tout homme pense à ses nécessités, à ses besoins et en même temps, cherche les moyens de les satisfaire, préconise les démarches nécessaires à cette satisfaction. Toute famille est fondée sur le pouvoir de la famille en tant que collectivité sociale de base organisée, selon une discipline. Il en est ainsi des villages; il en était ainsi des clans, des tribus qui existaient auparavant en Guinée. Mais, au delà de tout cela, nous avons décidé de créer une Nation qui doit fondre toutes les ethnies, toutes les collectivités sociales en une seule et unique force sociale homogène ayant sa personnalité propre, et devant agir conséquemment pour la construction de son devenir propre.

C'est pourquoi les attributs du pouvoir, l'aptitude du Peuple à déterminer son devenir, sa capacité de faire le choix des moyens par lesquels il entend définir et réaliser ce qu'il veut être, doivent être exercés à tous les niveaux de la société nationale.

Ainsi, dans le village, ce ne seraient plus des hommes cohabitant sans intérêt commun, sans distinction commune, ce serait une collectivité sociale unifiée à travers un programme défini et conçu par la société elle-même, et devant aussi être réalisée par elle.

La direction à donner à ces activités, la tâche d'exécution du programme de développement, la détermination de la ligne d'évolution de la société dans divers domaines matériels et immatériels, ainsi que le contrôle de ces tâches, tout cela constitue le pouvoir qui doit être directement exercé par chaque village à son profit.

B. — Le Pouvoir Révolutionnaire Local (P.R.L.), arme efficace du Peuple en lutte

Nous rappellerons que dès 1957, au moment de la Loi-Cadre coloniale, donc avant même l'indépendance de notre pays, notre Gouvernement avait tout de même supprimé la chefferie coutumière au profit de l'administration démocratique de la population guinéenne. Il avait été créé, au niveau de chaque village, un Conseil de village. Ensuite, nous avons dissout le Conseil de village, en transférant ses attributions politiques à la direction du Parti dans le village. Le Bureau de cette direction était renouvelable chaque année ; par la suite, la durée du mandat a été portée à deux ans.

Qu'est-ce qui nous a amenés à créer le P.R.L. ? Voici une anecdote vécue, se rapportant aux motivations de sa création :

« Un jour, nous trouvant à Dalaba, les camarades Béavogui , Saifoulaye et moi-même décidâmes d'aller rendre visite à un Comité de village, le Comité de Boulivel. Sur le chemin nous observâmes les passants : ils avaient les uns un poulet, les autres quelques tubercules (patates, ignames, manioc), les suivants quelques épis de maïs, un ou deux kilos de fonio, de riz ou de légumes. Plus de cinq cents militants quittaient ainsi Boulivel pour se rendre à Dalaba. C'était un dimanche, jour de marché hebdomadaire. Nous nous demandions le nombre de personnes que nous avions rencontrées et le poids total de leurs bagages : approximativement, quelque cinq cents personnes avec seulement deux tonnes de produits. Dans ce même village, si un habitant a, par exemple, besoin de deux piles, il doit se déplacer ! Si tel autre a besoin d'une lampe tempête, il doit se déplacer ! Si un troisième a besoin d'une marmite, même déplacement! Pour n'importe quel petit besoin, il faut consacrer une journée de travail, parcourir vingt km, à l'aller et au retour, afin de pouvoir le satisfaire.

Ainsi, le cultivateur qui aurait pu cultiver deux cents à deux cent cinquante mètres carrés de terre par jour, était obligé de perdre toute la journée à la recherche d'une marchandise qui coûte cent fois moins cher que le produit des deux cent cinquante mètres carrés de culture de maïs, de manioc, etc. ! Et quand de surcroît l'on ne parvient pas à vendre son poulet, son mouton à ce premier marché, on repart avec les mêmes marchandises deux ou trois jours après, dans un autre marché; toujours dans l'espoir de pouvoir les vendre. En faisant le calcul. on voit que cinq cents personnes qui pouvaient faire ainsi, chacune deux cent cinquante mètres carrés et qui perdaient, par semaine, deux journées entières, perdaient tous ensemble vingt cinq hectares de culture par semaine, et, pour les cent jours de labour, trois cent soixante quinze hectares de perdu par ce village et pour des services qu'un petit nombre de villageois auraient pu assumer au bénéfice de tout le village. Au lieu que cinq cents personnes se déplacent de Boulivel avec deux tonnes de produits, il aurait été sans doute préférable de confier le tout à la brigade de commercialisation qui inscrirait dans les registres les quantités de produits déposés par les militants et s'occuperait, seule, du transport de tous les produits au marché, les vendrait et ferait le compte-rendu au comité, chacun recevant le prix des produits remis par lui ».

C'est aussi l'état d'inorganisation du village qui permet à un trafiquant de venir s'y installer pour vendre aux villageois, au double de leur prix ou même plus, les marchandises d'importation. En effet, dans ce même village, tel paysan qui n'a pas fait une bonne récolte cette année, ou tel autre paysan qui a quelques difficultés d'ordre financier, n'ont d'autres ressources que d'aller trouver le trafiquant pour vendre en herbes leur prochaine récolte contre quelques mètres de tissu, quelques litres de pétrole, quelques autres articles. Que dans telle famille survienne un décès, des parents et connaissances viennent de tous les lieux ; ses hôtes dès lors s'adressent au trafiquant pour avoir un peu de sucre, un peu d'huile. Que dans telle autre famille ait lieu une cérémonie d'initiation avec toutes les exigences de dépenses que cela comporte : on s'adresse également au trafiquant. Pour n'importe quoi on s'adresse invariablement au trafiquant.

Le Parti peut-il liquider le trafic tant qu'il n'aura pas correctement organisé la vie dans le village? Voilà la question qui est posée. Aussi, la première session du Comité Central, issue du 8è Congrès. Session qui eut lieu à Kankan en Novembre 1967, eut à décider de l'institution du

Pouvoir Révolutionnaire Local au niveau de chaque village. Et depuis, le Comité du village porte le nom de P.R.L. Mais le P.R.L. étant fondé sur des Services Locaux chargés de tâches pratiques, les villageois devaient enregistrer des améliorations dans leurs conditions d'existence. Le P.R.L. a-t-il rempli ces tâches ? Le propre du révolutionnaire est de ne pas se ménager et d'être toujours insatisfait de ce qu'il réalise pour le Peuple et au nom du Peuple.

C'est pourquoi, nous allons encore décrire la vie quotidienne typique d'un village guinéen; la vie quotidienne à Baro, à Benty ou à Linsan par exemple ! Dans ces villages, l'on constate que l'immense majorité des villageois vit de l'agriculture, de l'élevage, de l'artisanat, de la chasse et de la pêche. La lutte entre l'ancien et le nouveau étant permanente, il est possible qu'il existe encore dans tel ou tel village quelques familles qui se considèrent propriétaires de la terre du village ! Si le paysan guinéen qui veut agrandir son champ pour répondre à l'appel du Parti, mais qui ne dispose pas de terre à cet effet, ne s'en laisse plus imposer, il arrive qu'il rencontre quand même des difficultés, si le P.R.L. n'intervient pas pour rappeler à ces familles, prétendûment propriétaires et ne faisant rien pour mettre la terre en valeur, qu'elles violent la ligne du Parti, la loi domaniale en vigueur.

Mais dans d'autres domaines de la vie, les choses n'ont pas beaucoup changé dans ces villages : chaque matin. des centaines et des centaines de femmes, bassines et canaris sur la tête, vont à quatre kilomètres du village pour chercher de l'eau; au cours de la même journée, chaque famille envoie un ou plusieurs jeunes chercher du bois mort autour du village. Dans ces villages n'existent que des parcs à bétail et des champs individuels, appartenant aux familles composant le village. Tantôt, il y a la sécheresse, tantôt l'inondation. Aucun cultivateur à lui seul ne peut faire un barrage de retenue d'eau, car une telle réalisation dépasse ses propres moyens. Aucun ne peut non plus construire des digues solides pour préserver de manière efficace ses champs des inondations, et, quand bien même il réussirait à faire une diguette le long de son champ, puisqu'à côté de ce champ il y a d'autres champs, donc il ne pourra pas empêcher l'eau qui passe en amont d'inonder son domaine. Il y a donc une nécessité de préserver les efforts annuellement engagés pour la valorisation de la terre, puisqu'aucun cultivateur ne peut, à lui seul accomplir un travail efficace. Dans tel autre village, plusieurs fois par an, chaque famille doit s'occuper de son habitat : tous les travaux de construction et d'entretien des cases, (renouvellement de la paille ou de la charpente), relèvent de chaque famille. Si chacun peut bien entretenir sa concession et la maintenir constamment en état de propreté, il y a cependant des problèmes d'intérêt manifestement commun : les affaires publiques, l'école du village, le dispensaire, les routes entre les concessions, les places publiques, la mosquée, la permanence. Chaque famille éprouve naturellement le besoin d'envoyer des correspondances à l'extérieur; il faut que la lettre soit confiée à un enfant de la famille qui ira la déposer au bureau de poste le plus proche: chaque famille faisant de même pour ses correspondances, c'est donc dans la même semaine et dans le même village, dix à vingt personnes qui se déplacent pour déposer, chacune, deux lettres et prendre en même temps une ou deux lettres à la poste. On sait qu'il est organisé une ou deux fois par semaine un marché central au niveau de l'arrondissement: le jour de marché, c'est encore chaque famille qui se charge de la vente de quelques produits agricoles et de l'achat de quelques marchandises exposées au marché.

Chaque année, la Banque fait des avances allant jusqu'à trois cent millions de Sylis, pour faciliter les opérations de commercialisation des produits d'exportation et des denrées alimentaires; mais comment procède-ton ? Pas toujours de façon régulière.

Ces sommes sont, le plus souvent, mises à la disposition des trafiquants qui parcourent les villages, raflent les produits, en livrent une partie à l'Entreprise Régionale du Commerce (ERC), prennent à celle-ci les marchandises, les revendent en partie aux paysans à un prix deux à trois fois supérieur, passent nos frontières avec le reste des produits et des marchandises qu'ils vendent contre d'autres marchandises qu'ils font entrer frauduleusement pour les revendre aux mêmes paysans, à des prix toujours supérieurs à leur valeur !

D'autre part, comme c'est à la seule condition de la livraison de produits que l'on peut actuellement s'inscrire pour la Mecque, il est possible que les paysans qui ont effectivement produit, ne puissent pas aller faire leur pèlerinage à la Mecque parce que les produits sont dans les mains des trafiquants; ainsi, ce sont ceux-ci qui vont à la Mecque, en échange de la fourniture de produits escroqués, après s'être enrichis sur le dos des paysans.

Nous n'avons pas encore compris une certaine perfidie des trafiquants : quand ils achètent des tracteurs, jamais il ne cultivent eux-mêmes avec ces engins; ils les louent aux paysans ou en font des moyens de transport, au lieu de produire des denrées vivrières pour satisfaire les besoins alimentaires du Peuple. Or, on l'a déjà dit, depuis 1964, chaque année, on dépense en devises étrangères l'équivalent de trois milliards d'anciens francs pour l'importation de 60 000 tonnes de riz. En 1974, le prix du kg de riz est monté brusquement de 50 à 150, puis à 175 anciens francs; et, pour les mêmes trois cent millions de Sylis qui ont été encore utilisés en 1974, au lieu de 60 000 tonnes de riz, nous n'avons pu en recevoir que 20 000 tonnes, soit trois fois moins de riz pour le ravitaillement des populations de Conakry.

Ceci étant, si nous voulons donner, par an, 150 kilos de riz à chaque habitant de Conakry, de Kamsar, de Fria, de Kindia et de Kankan, agglomérations totalisant plus d'un million d'habitants, il nous faudrait 150 000 tonnes de riz. Cela nous demanderait, si ce riz devrait être importé, plus de 25 milliards de francs anciens soit 2 500 000 000 de sylis en devises. Sinon, il faut alors nécessairement des charrues et des tracteurs pour l'augmentation de la production nationale. C'est pourquoi, nous devons prendre les mesures les plus draconiennes contre l'utilisation du tracteur agricole à des fins autres que la production. Quiconque utilisera un tracteur pour le transport, doit voir son tracteur saisi et cédé à un autre cultivateur qui l'utilisera pour la production agricole.

Actuellement, Conakry seule a annuellement besoin de plus de 60 000 tonnes de riz et au taux de 17,5 sylis le kilo, cela représente 10 500 000 000 de francs, soit un milliard cinquante millions de sylis en devises ! Comment résoudre ce problème ? Pour résoudre ce problème, une seule alternative : produire le riz nous-mêmes. Nous pouvons et nous devons résoudre ce problème.

Nous avons dit également aux fédérations de Conakry-I et II qu'elles pouvaient et qu'elles devaient constituer des brigades de production. Sur les 530 000 habitants de Conakry, au moins 500 000 utilisent journellement le bois pour préparer leur nourriture. Même s'il faut, par jour, cent grammes de bois par personne, cela représente cinquante tonnes de bois par jour. Que voilà une raison pour constituer des Brigades de coupeurs de bois ayant la garantie d'une rémunération suffisante; de plus, on pourra livrer le bois à meilleur prix aux familles de Conakry, tout en permettant aux oisifs qui vagabondent d'avoir un emploi plus utile, plus digne. Dans la ville de Conakry, environ 500 000 personnes consomment la tomate fraiche tous les jours. En considérant quarante grammes par personne et par jour, on arrive à vingt tonnes de tomate nécessaires journellement. Donc, des Brigades de production maraîchère pourraient être constituées, installées d'ici à Forécariah, d'ici à Kindia, d'ici à Dubréka, en vue de ravitailler régulièrement et correctement la ville de Conakry non seulement en tomate, mais en divers légumes et condiments. Calculez ce que les populations de Conakry, par mois, payent au marché pour se procurer le bois, les condiments, tomate, oignons, gombo, piment, épinard, etc., et les légumes : salade, chou, radis, concombre, haricot, carotte, etc...; cela représente des centaines de millions de sylis. Or, on peut organiser des brigades de production agricole et forestière pour satisfaire les besoins de la ville.

Il y a cinq ans, à l'issue d'un recensement démographique, on avait chiffré la population de la ville de Conakry a 350 000 habitants. Le dernier recensement de décembre 1973 a abouti, quant à lui, au chiffre de 530 000 habitants, soit 180 000 de plus ! Cette différence constitue-t-elle la catégorie de travailleurs mutés à Conakry au cours de quatre ans, ou résulte-t-elle de l'augmentation du personnel des unités de production industrielle et commerciale créées au cours de la même période ? Nous disons non. L'accroissement de la population de Conakry est, sans contredit, l'effet de l'exode rural. Chaque année, les villages se dépeuplent au profit des villes. Chaque année, des jeunes qui atteignent un certain niveau d'instruction, abandonnent le village au profit des villes; et nombreux sont les fonctionnaires qui, mis à la retraite, ne veulent plus retourner dans leur village d'origine. Cette contradiction entre ville et campagne n'épargne même pas les régimes socialistes. La juste solution de cette situation réside dans l'inversion du mouvement.

Inverser ce mouvement ne consiste guère à créer des artifices de modernisation, mais à créer les conditions du progrès technique, social et culturel au sein de chaque village. Il s'agira d'une véritable reconversion idéologique et économique, d'une nouvelle réalité créant une nouvelle mentalité et de nouvelles habitudes.

Organisés sur des bases rationnelles, tous les villageois doivent participer à l'élaboration d'un programme d'évolution à la dimension de leurs capacités, et alors, conséquemment, à travers le travail productif, ils arriveront, au fil des années, à parfaire leurs conditions d'existence pour atteindre finalement celles des grandes villes.

Les besoins de la Nation s'élargissent. Il y a dix ans, ceux qui n'avaient pas besoin de vélo, de montre, de livres, de souliers, d'un lit métallique, d'un réfrigérateur, d'un poste radio ou d'armoire, etc... ressentent aujourd'hui l'impérieuse nécessité de ces diverses commodités. Ceux qui se contentaient de l'éclairage à l'huile de palme, demandent aujourd'hui le courant électrique dans la maison. C'est pourquoi il faut créer les conditions dynamiques d'un développement économique au niveau de chaque village.

Nous prenons ce P.R.L. de 1 500 habitants. Il y a, mettons, cinq cents personnes valides ; en calculant deux hectares par personne, nous aurons mille hectares. Or, ce PRL pourrait, dès maintenant, collectivement, acquérir deux tracteurs agricoles et cinquante charrues que cent cinquante personnes pourraient utiliser. Avec ces tracteurs et ces charrues attelées, la superficie cultivable pourrait atteindre 1 400 ha, sans compter que, grâce à la mécanisation partielle, des milliers de journées de travail seraient libérées qui seraient utilisées à creuser des canaux, des drains, à barrer des cours d'eau, à amener au village et aux champs l'eau, ce qui permettrait de faire plusieurs récoltes dans l'année et de doubler ou même tripler le rendement à l'hectare. L'année suivante, ce P.R.L. moderniserait encore ses moyens de production. Et voilà que le niveau de la production serait encore augmenté ! En mettant en commun les moyens de production, en rationnalisant le travail, ce village, en un minimum de temps, pourrait tout moderniser. Si les militants d'un tel village possèdent des maisons en dur, ayant l'électricité grâce au groupe électrogène appartenant au PRL, si ce village dispose d'une salle de cinéma et d'autres spectacles, si ses habitants jouissent de tout le confort culturel nécessaire et si, en plus de cela, ils vivent en sécurité au village, pourquoi le quitteraient-ils pour aller à l'aventure ? Dans ce village où il n'existait qu'un petit dispensaire et une école à deux classes, il y aurait par le même processus de modernisation, un dispensaire-maternité, une école à six classes, puis à 7, 8, 9 classes; et s'il s'agit d'un gros village, cette évolution rationnelle et dynamique l'amènerait à créer son lycée doté de salles de laboratoire, d'ateliers, de fermes agro-pastorales, de petites unités industrielles, etc...

Lorsque les P.R.L. seront organisés, tel que le veut le Parti, les bourses d'enseignement à l'université ou dans les Ecoles Nationales Professionnelles ne seront plus octroyées à travers des concours nationaux ; c'est telle Région qui, en fonction de ses besoins en cadres supérieurs et moyens, demandera la formation de tant d'agronomes, de tant de professeurs, instituteurs, vétérinaires, médecins, sages-femmes, infirmiers, ingénieurs et aide-ingénieurs de telle ou telle spécialité, et les bourses d'enseignement seront accordées par la Région aux PRL, afin que les élèves qui en bénéficieront, au terme de leur formation, retournent aux villages pour contribuer à leur développement économique et social.

Nous savons que pour la seule année 1975, les candidats ayant passé l'examen du baccalauréat sont au nombre de dix mille. Ensuite, ce seront 12-14-17-20-25 000 candidats par an.

Nous avons décidé que tous les jeunes, obligatoirement, s'instruisent dans le cadre de leur profil jusqu'au niveau du baccalauréat. Or, il naît 120 à 150 000 enfants par an actuellement, et tous doivent obligatoirement entrer à l'école, poursuivre leur formation intellectuelle et professionnelle jusqu'au niveau du baccalauréat ! Est-ce à dire que dans quelques années, le Peuple de Guinée ne comprendra uniquement que des fonctionnaires ? Pourquoi toujours chercher à être un employé de l'Etat ? Pourquoi ne pas vouloir être son propre employeur ou membre d'une coopérative de production en devenant un élément actif contribuant à la vigueur économique du Peuple ?

Nous avons posé la question à quelques camarades qui ont des charrues et des tracteurs : « combien faites-vous de recettes par an ? L'un d'eux nous a donné son chiffre; nous avons eu à lui faire l'observation suivante : « mais ce que tu gagnes dans l'année, camarade, est supérieur à la somme des indemnités annuelles de tous nos Gouverneurs de Régions ». Ce camarade est l'un des Cadres de la Fédération de Faranah qui a réalisé plus de trois cents hectares de riz en travaillant avec les membres de sa famille. Cet exemple donne raison à notre projet de pousser l'organisation démocratique de la production jusqu'à la famille ! Car, ce que ce militant a pu faire, tout homme peut le faire, s'il s'adonne sérieusement à son travail ; et l'on souhaiterait que, dans tous les PRL, les militants s'organisent pour faire un travail sérieux. C'est cela qui garantira la pérennité de la Révolution car tous les jeunes qui grandissent ont plus de besoins que leurs grand-pères et leurs pères, et ils en sont conscients. C'est pourquoi, les Fédérations du Parti doivent étudier sérieusement le fonctionnement correct des Services Locaux organisés au niveau du village. C'est le progrès économique qui accroîtra le Pouvoir du Peuple et consolidera le P.R.L.

Parler du Pouvoir, c'est d'abord prévoir, analyser, décider, réaliser. Aucune équipe d'hommes ne peut se substituer valablement, efficacement à tout le Peuple. C'est pourquoi, si le Peuple est parfaitement organisé dans chaque village, si le travail est rationnellement organisé, la production des biens s'élevant d'année en année, les capacités de réalisation du Peuple s'accroissant sans cesse, tous les problèmes posés et conditionnant l'évolution de ce Peuple, trouveront leurs justes solutions.

Le P.R.L., c'est donc tout l'avenir de la Révolution, et il est venu en son temps. Ainsi l'Administration, c'est-à-dire en général l'Etat, ne sera plus une chose à part et le Parti une autre chose distincte de celui-là.

Le Pouvoir Révolutionnaire Local contient toutes les capacités que l'on entend conférer à notre Peuple. Il est le cadre de la fusion nécessaire, totale de tous les éléments appartenant à un même village. C'est en même temps le fondement solide de la solidarité sociale au niveau du village et le moyen de travail à la dimension de toute la collectivité. Si. aujourd'hui dans tel village, on a pu réaliser l'adduction d'eau. construire une ou des digues de protection des champs, si on a pu faire des barrages pour régler le cours de l'eau, demain on pourrait installer une petite industrie de transformation et après demain, ce sera une véritable usine de transformation, ce complexe ne cessant jamais de se développer afin que le village n'ait, demain. rien à envier à la ville. Au fur et à mesure que la base économique du village s'élargira et se consolidera, se développeront les moyens de satisfaction de ses divers besoins.

Le P.R.L. est la base fondamentale de la Révolution ; donc, il n'est jamais perdu, le temps consacré à clarifier les raisons et les fondements de cette institution, afin qu'elle fonctionne correctement et réponde aux exigences de la Révolution. Tant que le devenir de la Révolution ou celui de son régime dépend directement de la nature et des qualités conférées au P.R.L., qualifier cette cellule du Parti-Etat reste une tâche primordiale permanente.

En République de Guinée, la classe au pouvoir est celle du Peuple travailleur, et la structure étatique qui en résulte n'est autre que l'expression de ce pouvoir populaire.

C. — Du processus de fusion du Parti et de l'Etat

Le Parti-Etat, organisé en Guinée à partir du 9ème Congrès (Avril 1972). exige que soit radicalisée la Révolution dont il est une phase importante du développement vers cette finalité : **Le PEUPLE-ETAT**

Pour que, de manière effective et efficace, le Peuple exerce souverainement le pouvoir à travers ses divers attributs, il faut que l'Etat, avec tous ses appareils et moyens structurels, matériels et immatériels, devienne l'instrument total par lequel le Peuple se défend et se développe constamment pour satisfaire pleinement toutes ses aspirations progressistes, et se réaliser.

La Révolution guinéenne, comme toute Révolution véritable, est, de par son essence même, globale et multiforme. Elle va à la racine des choses et arme le Peuple de toutes ses conquêtes idéologiques, culturelles et matérielles afin de le rendre invincible dans l'histoire.

L'organisation de l'Etat révolutionnaire guinéen obéit à cette exigence de progrès transcroissant, à cette finalité du Peuple toujours plus libre et plus digne, parce que toujours plus responsable et plus capable.

Les masses populaires étant organisées au sein du P.D.G. aux quatre niveaux suivants : Village ou Quartier, Arrondissement, Région et Nation, le Pouvoir Révolutionnaire est également organisé aux mêmes niveaux en :

— Pouvoir Révolutionnaire Local (P.R.L.),

— Pouvoir Révolutionnaire d'Arrondissement (P.R.A.),

— Pouvoir Révolutionnaire Régional (P.R.R.),

— Pouvoir Révolutionnaire Central (P.R.C.),

Sur la base du Centralisme Démocratique, le PDG lui-même est structuré selon la même ligne verticale :

1°) Le P.R.L. correspond au village et au quartier,

2°) La Section correspond à l'Arrondissement et au P.R.A.,

3°) La Fédération correspond à la Région et au P.R.R.,

4°) Le P.D.G. correspond à la Nation et au P.R.C.

Comme on le sait, toute organisation politique dispose nécessairement de sa ou de ses Instances de décision, de son ou de ses Organismes de direction ou d'exécution.

Le P.D.G., aux quatre niveaux de son organisation, dispose :

I) **Dans le Village ou le Quartier :**

a) — **d'une Instance de décision :** l'Assemblée Générale du P.R.L.

b) — **d'un Organisme de Direction :** Le Bureau du P.R.L. (de 7 membres élus pour 3 ans)

2) **Dans l'Arrondissement :**

a) — **de deux Instances de décision :** le Congrès de la Section et la Conférence de la Section.

b) — **d'un Organisme de Direction :** le Comité Directeur (de 7 membres, dont 6 élus pour 3 ans).

3) **Dans la Région :**

a) — **de deux Instances de décision :** le Congrès Fédéral et la Conférence Fédérale.

b) — **d'un Organisme de direction :** le Bureau Fédéral (de 9 membres dont 8 élus pour 4 ans).

4) **Sur le Plan National :**

a) — **de deux Instances de décision :** le Congrès National et le Conseil National de la Révolution.

b) — **d'un Organisme de direction :** le Comité Central (de 25 membres, élus pour 5 ans).

L'une des lois essentielles de la dialectique est la connexion intime des aspects d'un phénomène ou d'un problème. « **Tout se tient, rien n'est isolé** ». C'est ainsi que tout ce qui se passe en général dans une Fédération se répercute sur la vie de chaque organisme de cette Fédération. Il suffit qu'un Bureau Fédéral n'assure pas correctement ses tâches pour que ses Sections et ses P.R.L. en ressentent immédiatement les effets négatifs. Inversement, le Bureau Fédéral peut être apte à assumer sa fonction, mais, si les Comités Directeurs de ses Sections ne le sont pas, finalement, cette situation rejaillit négativement sur le Bureau Fédéral qui perd ainsi de l'efficacité, et la vie des P.R.L. s'en trouve paralysée. Egalement, le Bureau Fédéral et les Comités Directeurs peuvent être aptes et capables ; mais cependant, il suffit que les P.R.L. soient mal organisés ou ne fonctionnent pas selon les principes du Parti, pour que cette situation finisse par affaiblir les Comités Directeurs et le Bureau Fédéral. Enfin, les organismes politiques peuvent être bien organisés, aptes à assumer leurs fonctions respectives ; mais, que l'administration soit défaillante, que par exemple, la répartition des marchandises soit mal faite et qu'au lieu de profiter aux producteurs, le commerce ne profite qu'aux éléments improductifs, aux oisifs, aux trafiquants, alors ces facteurs défavorables finissent par influencer les militants dans le sens négatif, entraînant le découragement, la démobilisation générale au sein du Parti.

Le P.R.L., en tant que cellule de base de l'Etat, est, comme toute base, le reflet des qualités et des défauts du sommet. Et comme toute base, le P.R.L. confère également aux organismes supérieurs son dynamisme, ses qualités. Nous voulons dire que les qualités reconnues aux masses populaires qui constituent le substratum de notre action, et qui sont organisées dans le P.R.L. doivent être nécessairement celles des responsables au niveau des organismes supérieurs. Quand deux courants se rencontrent. le plus fort l'emporte. Le courant fort est le courant des vertus et qualités du Peuple, référentiel absolu et détenteur légitime du pouvoir. Ce courant est celui lancé à partir du PRL qui est à la dimension des masses. car si le PRL est solidement organisé, il finit par fortifier et qualifier le Parti.

C'est ce qui nous fait accorder la plus grande importance aux multiples questions qui ont trait à l'organisation, à la structuration et au fonctionnement du P.R.L.

La question est toujours la même : comment améliorer le fonctionnement du P.R.L. ?

Pour répondre à cette question, à notre avis, il ne faut pas la séparer de celle de l'organisation des hommes que le P.R.L. contient, qu'il regroupe, car en fait, ce sont les hommes qui feront la valeur de l'organisation. Quels sont les éléments qui déterminent actuellement, de façon négative, le comportement des populations ? Comment arriver à faire face, avec succès, aux préoccupations essentielles du Peuple ? Comment arriver à rendre chaque P.R.L. maître de la situation, du moins dans tous les domaines de son ressort ?

Ce sont là des problèmes de fond.

1°) **Les vues idéologiques, philosophiques** du problème sont déjà bien comprises par tous ; elles sont contenues dans nos options fondamentales visant à faire de notre Peuple un Peuple responsable, concevant, décidant, réalisant librement tout l'objet de son bonheur, c'est-à-dire libérer de l'exploitation de l'homme par l'homme, de l'arbitraire et de l'insécurité chaque individu au sein de la société, assurer le perfectionnement constant des rapports intra-sociaux pour renforcer l'Unité Nationale. développer la solidarité au sein de la société. Une marche équilibrée, harmonieuse et victorieuse sera ainsi assurée à la Révolution et à son régime socialiste.

Nous voulons créer la société nouvelle en détruisant ce que la société actuelle comporte d'aspects négatifs. Nous avons proclamé le Parti-Etat, dont la conception veut que l'Etat démocratique n'administre pas le Peuple, mais qu'il gère les biens publics. L'Etat démocratique est l'instrument technique du Peuple pour la réalisation de ses choix, de ses décisions ; mais **c'est le Peuple qui doit diriger et**

contrôler son Etat. C'est pourquoi, nous avons harmonisé la structure organisationnelle de la société guinéenne avec celle de l'Etat guinéen, de manière qu'à tous les échelons (village, arrondissement, région, nation) existent et fonctionnent des instances de décision et des organes d'exécution qui collent directement au Peuple pour exprimer et exécuter sa volonté.

Nous avons déclaré notre volonté de nous acheminer progressivement de la phase du Parti-Etat, ouverte par le 9è Congrès, vers celle du Peuple-Etat, le Peuple ayant alors maîtrisé toute la technique de la direction de la société, ayant absorbé et intégré tous les organes de l'Etat dans la réalité de son existence.

Dès lors, **tous les problèmes devant être analysés et résolus au niveau du Peuple, à chaque échelon de son organisation, l'Etat perd sa fonction de coercition anti-populaire pour devenir l'instrument fidèle de l'Etat social,** régulateur de la réalité sociale, au service de la volonté progressiste du Peuple laborieux.

2⁰) **Les vues politiques** aussi existent, parce que nous sommes à un stade donné de la compréhension par notre Peuple des problèmes divers, et nous apprécions ce stade ou ce niveau pour déterminer les efforts à demander au Peuple pour son propre bonheur. C'est pourquoi, à chaque session de nos instances, nous faisons une adaptation des moyens existants, de nos principes, de nos méthodes, etc., aux objectifs fondamentaux visés, et le cas échéant, celle de nos structures politiques ou institutionnelles, au niveau des capacités de compréhension et de réalisation du Peuple. A tout moment, nous tenons compte, tant des éléments négatifs de la situation pour dynamiser l'action en vue de leur destruction, que des éléments positifs qui méritent d'être renforcés et accrus.

A partir de la ligne définie, des principes et des méthodes qui la caractérisent, quelles sont les tâches à assumer ? Une ligne générale mène à des lignes opérationnelles orientant les diverses activités du Peuple et ce, en tenant compte des spécificités et particularités des contextes locaux.

Toutes les activités se réclamant du Parti doivent traduire la ligne, honorer les principes et les méthodes recommandés par le Parti. Mais les activités se mènent dans des conditions données qui diffèrent d'une région à une autre, d'un arrondissement à un autre, et **nous tenons compte de la spécificité de chaque lieu, de chaque groupe de la société concernée. Voilà les données politiques.** Puisque partout il y a le P.R.L., sans la connaissance des difficultés spécifiques, sans la maîtrise de la situation réelle dans les différentes fédérations, il est difficile d'ordonner des directives générales justes.

Ici, le général part du particulier. Les vues politiques ont trait au général qu'il faut d'abord définir avant de les traduire dans chaque situation **spécifique** ; quant à l'action, elle part de l'analyse des situations particulières pour orienter correctement les activités du Parti à l'échelle de chaque Fédération ; on doit connaître les difficultés rencontrées et étudier avec réalisme les moyens à utiliser dans chaque Région pour les résoudre correctement.

Il ne s'agit plus, de façon générale, de voir le P.R.L. en soi, abstraitement, mais plutôt concrètement. Il s'agit maintenant de construire concrètement le P.R.L. dans tel lieu déterminé et de le faire fonctionner effectivement dans les conditions réelles de ce lieu, en vue de transformer ces conditions dans le sens du progrès démocratique, économique, scientifique et technique.

Ce qui fait la spécificité et l'importance décisive du P.R.L. et du village qui lui correspond, c'est qu'à ce niveau, c'est le Peuple tout entier qui, physiquement et culturellement, se réunit en pouvoir pour exercer directement tous les pouvoirs. Ce que la démographie permet ainsi, quantitativement, se traduit qualitativement en démocratie concrète. **La base devient bien ainsi le sommet de la démocratie.**

C'est grâce à cette harmonisation systématique des structures politiques et administratives implantées en Guinée, c'est aussi et surtout grâce à l'identique finalité assignée à leur fonctionnement que le régime populaire et démocratique qu'elles fondent et caractérisent est en droit et en mesure aujourd'hui de faire un bond qualitatif, en passant à la phase du Parti-Etat qui assure l'intégration ou plutôt la fusion des structures parallèles ; ce qui réunit dans les mains du Peuple tous les pouvoirs, le pouvoir entier et total.

La lutte politique a essentiellement pour but la conquête du pouvoir à travers la lutte des classes. Le pouvoir qui permet de diriger la Société étant d'ordre politique. économique. social, culturel et administratif, **tout Parti a pour fonction, pour raison d'être, la conquête du pouvoir et au-delà, la conservation et le développement du pouvoir.**

C'est ainsi qu'au départ, le Parti et l'Etat sont deux entités distinctes. Mais pour un Parti révolutionnaire, populaire et démocratique, qui entend rester l'expression authentique, fidèle du Peuple, dès que le pouvoir est conquis, alors qu'il était d'essence féodale, bourgeoise, c'est-à-dire réactionnaire, il faut modifier la nature des bases et des structures de l'Etat afin que son fondement et son fonctionnement soient d'essence populaire, démocratique et progressiste. L'Etat doit s'adapter à la nature de la politique que décide de mener le Peuple qui dispose désormais du Pouvoir de souverainté.

Après la conquête du pouvoir. à quoi avons-nous procédé en Guinée ? A la subordination de l'Etat au Parti qui l'a recréé à son image, de sorte que tous les services de l'Etat ont été réorganisés en fonction de l'intervention directe et efficace des masses populaires organisées au sein du P.D.G.

L'Etat en tant qu'ensemble de structures organisationnelles permettant la gestion des biens publics, le développement planifié du patrimoine national, est ainsi devenu l'instrument technique du Parti, de la Révolution.

Au début de l'indépendance, il y avait l'action étatique distinctement définie, par rapport à l'action du Parti. Progressivement, nous avons procédé à son intégration ; ce qui constitue la qualification du Parti et la qualification de l'Etat. l'un et l'autre étant progressivement. à chaque échelon, harmonisés jusqu'à l'édification **du Parti-Etat, c'est-à-dire la fusion des organismes dirigeants pour permettre au Peuple, dès qu'il conçoit d'avoir tous les moyens d'exécution à sa portée pour réaliser ce qu'il a conçu et décidé.**

L'exécutif du village qui se résumait dans le seul Chef du village, est supprimé et remplacé par un bureau exécutif élu par le village. désormais érigé en entité étatique et qui. au lieu de s'appeler « commune populaire », est désignée par le concept « Pouvoir Révolutionnaire Local ». Cette forme d'organisation est en avance sur la simple commune populaire.

Le Pouvoir Révolutionnaire Local, tel qu'il est créé en Guinée, n'est pas comparable à la Commune Populaire ; le pouvoir au niveau du PRL. est exercé directement par le Peuple ; l'auto-administration et l'auto-gestion sont ainsi matérialisées. Nous avons choisi le concept le plus dynamique pour indiquer que tous les pouvoirs se trouvent désormais réunis à la base. L'ancien conseil de village n'avait pas les prérogatives qui sont désormais dévolues au P.R.L. : la gestion de la terre n'était pas dans les attributions du Conseil de village. Le village n'avait pas de budget propre. Le Conseil de village n'avait comme mission. que l'exécution des seules tâches de l'administration centrale. Quant au P.R.L.. son pouvoir exécutif ne peut être exercé que par ceux qui sont élus, c'est-à-dire qu'il ne peut être exercé que par le bureau du P.R.L. dont le premier responsable porte le titre de Maire.

Le P.R.L. demeure l'unité de base du Parti. La réduction du nombre des P.R.L. ne freine pas l'action, bien au contraire, elle la rend plus vigoureuse.

Nous devons bien assimiler le concept de Parti-Etat. Dans la plupart des autres pays démocratiques, sinon dans tous, le Parti et l'Etat sont deux réalités séparées : le Parti a son organisation. et l'Etat ses organes et ses hommes à part. Dans le même village. il y a le dirigeant du Parti. et. à côté. le dirigeant de la Commune. Il y a dans la même Région. tous les services administratifs d'un côté. et la direction du Parti de l'autre.

Nous disons Parti-Etat, parce que chez nous, ce sont ceux qui sont élus par le Peuple qui doivent, aussitôt, occuper les fonctions dirigeantes de l'Etat et faire fonctionner tous les appareils de l'Etat. C'est la fusion ; il n'y a plus de séparation entre le Parti et l'Etat et l'Etat dépend alors entièrement du Parti. Pourquoi ? Parce que ce sont les hommes élus en Congrès. dans le village. dans l'arrondissement. dans la région et en Congrès national du Parti qui doivent s'emparer de tous les appareils de l'Etat et les faire fonctionner. **Le Parti conçoit, décide et l'Etat exécute sous le contrôle direct du Parti.** La fonction de Gouverneur doit devenir une fonction élective. nous l'avons dit il y a déjà longtemps. et. si une telle transformation n'est pas encore effective. c'est seulement parce que le niveau actuel d'évolution générale de notre Peuple ne le permet pas encore. Quelle est la réalité objective qui permettra l'actualisation d'une telle qualification. prélude à la phase du Peuple Etat ?

En 1976, il y aura plus de dix mille c a n d i d a t s au baccalauréat ; dans cinq ans, les soixante-sept mille jeunes des classes allant de la 8ème à la 12ème sortiront tous de l'école. Peut-être l'Université en prendra-t-elle quelque huit mille et les Ecole Nationales Professionnelles quelque quatorze mille. Les quarante-cinq mille du niveau du baccalauréat qui restent, se retrouveront dans les Cités socialistes, membres des coopératives socialistes dont les effectifs, dix ans plus tard en 1984, atteindront, voire dépasseront, le nombre de cent cinquante mille. Avec un tel effectif de producteurs bacheliers répartis dans les différents Arrondissements de Guinée, on pourrait alors se permettre d'élire le Commandant d'Arrondissement et le Gouverneur, sans rien sacrifier en efficacité technique.

En effet, ces éléments continuant toujours à recevoir la surformation, grâce au Télé-enseignement, aux bibliothèques populaires, aux conférences et séminaires, auront un niveau intellectuel, technique et technologique constamment élevé. Ainsi, de la base au sommet, tous les cadres, hommes et femmes, seront directement désignés par le Peuple ; mais pour le moment, nous ne pouvons pas le faire. Ce serait de la démagogie, et la démagogie est l'arme des régimes réactionnaires. En dehors donc de ces seules restrictions concernant les Gouverneurs, les autres cadres seront élus. Le Parti et l'Etat se qualifient en Parti-Etat avec cette caractéristique essentielle que le Peuple a la prérogative de désigner les cadres de l'Etat parmi les militants éprouvés du Parti, afin que, dans l'Etat, il n'y ait pas un seul élément étranger au Parti, mais que tous les cadres soient censés ne représenter que le Parti à travers l'unicité des programmes ; l'Etat n'ayant plus alors d'autre programme que celui du Parti, il n'a plus d'autres directives à recevoir que celles émanant du Peuple aux différents échelons de son organisation.

Or, dans chaque village, tous les dirigeants seront élus en Congrès du P.R.L. Ils auront tout le pouvoir administratif, tout le pouvoir judiciaire, tout le pouvoir militaire, économique, socio-culturel à leur portée. Ainsi, on saura résoudre toutes les contradictions auxquelles on assiste actuellement impuissant, car c'est le Peuple qui, en même temps exercera tout le pouvoir à travers les services locaux. lesquels restent sous son contrôle vigilant. L'essentiel, c'est la base que constitue le P.R.L. Dès que ce progrès est réalisé à la base, nous passons à l'élection systématique de tous les cadres de l'Etat et du Parti au niveau de l'arrondissement. de la région et de la Nation. Nous sommes dans la phase du Parti-Etat. Le Parti qui prend en main tout l'appareil étatique et assure l'exercice du Pouvoir au mieux des intérêts du Peuple.

D) Du rôle des Responsables

Le pouvoir ce n'est pas le titre : Président de la République. Membre du Comité Central, Ministre, Gouverneur, Commandant d'Arrondissement, Secrétaire Féderal ou Secrétaire Général, tout cela n'est rien ; **seules l'utilité sociale et l'efficacité pratique font la présence et la valeur réelle du dirigeant du P.D.G.**

Jusqu'à présent, le P.R.L., au niveau de la conscience de plusieurs militants du PDG, était saisi sous l'angle des propriétés que le Parti lui reconnaissait en tant que cellule de base. racine de la Révolution, expression du pouvoir du Peuple par le Peuple ; mais son mode de fonctionnement pratique laissait à désirer. C'est ainsi qu'aucune initiative dynamique n'avait été sérieusement prise dans ce sens. si bien que le P.R.L., de 1968 à 1974, sur un plan concret, fonctionnait exactement comme l'ancien comité de base ou l'ancien conseil du village.

Demain, même à la phase supérieure du « Peuple-Etat », le PDG demeurera. Dès que, dans un pays, l'organisation politique cesse, son évolution idéologique et pratique, quel que soit le degré de qualification d'un Peuple, de même que tous ses acquis, notamment ceux ayant trait aux rapports sociaux se disloquent car, chaque jour comporte des exigences nouvelles de la lutte. Même quand on aura éliminé en Guinée la pratique capitaliste d'exploitation de l'homme par l'homme, les séquelles du capitalisme demeureront encore très longtemps. Dès que la lutte de classes s'arrête, ce sont ces séquelles, éléments dominés, qui risquent de redevenir éléments dominants ; ce serait alors la marche à rebours vers le vieil ordre rejeté. La Révolution doit donc être permanente. Un concept aussi se qualifie, lorsque les propriétés qu'on lui reconnait se modifient dans le sens du progrès. La valeur d'un concept, surtout politique, réside dans l'idéologie qui l'adopte. L'identification de l'idéologie à la philosophie demeure relativement théorique même dans les pays où l'on a adopté comme philosiphie officielle, le matérialisme dialectique.

Jusqu'à présent, dans la conception universelle de l'organisation des sociétés sous la forme de la gestion collective du patrimoine collectif, c'est-à-dire sous la forme étatique, il y a séparation entre le fait politique et le fait étatique. Jusqu'à présent, dans la conception des Partis politiques, **le Parti est une chose et l'Etat une autre.** Quand bien même l'Etat, grâce à la conquête du pouvoir politique par le Peuple révolutionnaire, est accaparé par les élus du Parti, l'Etat a ses structures propres, ses bases et ses règles de fonctionnement particulières ; et le Parti, de son côté, a ses bases et ses règles de fonctionnement particulières. Voilà la conception généralement admise.

Nous abordons, quant à nous, une phase que nous qualifions de Parti-Etat, concept tout nouveau. Et si nous arrivons à donner à notre entreprise historique l'efficacité que doit comporter cette phase, nul doute qu'elle polarisera l'attention de tous les autres Partis du progrès au pouvoir et s'imposera à eux, comme une forme dynamique d'organisation de la Société.

Sur le plan de l'idéologie révolutionnaire, quelle est la source du pouvoir ? C'est le Peuple, et l'idéologie révolutionnaire affirme : **« sans Peuple, pas de pouvoir »** ; elle précise que le degré d'émancipation d'un Peuple est en rapport direct avec le degré de sa capacité d'exercer ses pouvoirs de souveraineté. Plus un Peuple connaît de restrictions dans l'exercice du pouvoir, moins il est émancipé.

Le concept de Pouvoir Révolutionnaire Local correspond philosophiquement à celui de pouvoir du Peuple, et c'est pourquoi le PDG affirme : **« Seul le Peuple demeure la source de la légitimité et de la légalité, autrement dit, l'unique source du pouvoir ».** Quand il n'y aura plus d'intermédiaire, plus de substitution, nous aurons accédé à la phase du Peuple-Etat. **Celui-là qui ne comprend pas la philosophie politique du PDG entend par Pouvoir Révolutionnaire Central, l'échelon des décisions suprêmes, or le Gouvernement qui est cet échelon est lui-même élu par le Peuple.** En effet, le Chef de l'Etat est élu directement par le Peuple au suffrage universel ; le Peuple lui reconnaît par la Constitution dont il s'est doté, le pouvoir de constituer le Gouvernement, et le Parti lui enjoint de constituer le Gouvernement parmi les membres de son Comité Central, quant à eux élus par le congrès du Peuple. Le Peuple élit l'Assemblée Législative qui a charge de contrôler les actes du Gouvernement. Aussi, il est à préciser que seuls les cadres dirigeants des Organismes Nationaux et Régionaux du Parti, des Mouvements des Jeunesses, des Femmes et des Travailleurs sont élus comme Députés, membres de l'Assemblée Législative.

Si le Congrès National, la plus haute instance pour la suprême expression du Peuple organisé de Guinée, déjuge un Gouvernement, ce Gouvernement peut-il être valable ? Non ! Donc le pouvoir suprême est exercé par qui ? par le Congrès et, entre les Congrès, c'est le Conseil National de la Révolution (CNR) qui, au nom du Congrès, a le droit de décider de la suppression de tout acte du gouvernement qu'il considère comme contraire à la ligne du Parti. Donc, en réalité, le Pouvoir Révolutionnaire Central est exercé par le Congrès National, par le Conseil National de la Révolution, par l'Assemblée Législative en tant qu'instance de législation, et par le gouvernement chargé d'exécuter les décisions du Peuple, et choisi dans le Comité Central élu.

L'on ne doit pas séparer les trois attributs du pouvoir, à savoir le droit de conception, le droit de décision, le droit d'exécution. **Le pouvoir ne commence pas par l'exécution, le pouvoir commence dans le droit reconnu au Peuple de concevoir tout ce qui constitue son bonheur, tout ce qui est nécessaire à son équilibre et à son progrès ; le pouvoir s'exerce également dans le choix, enfin dans la réalisation de ce qui est décidé. Le Parti-Etat cumule les trois attributs du pouvoir qu'exercent ses instances et ses organismes.**

Considérons les prérogatives données au Chef de l'Etat. En Guinée, il les exerce au nom de qui ? C'est évidemment au nom du Peuple ! Le jour où il dira qu'il ne les exerce plus au nom du Peuple, pourrait-on lui obéir ? NON ! **C'est la façon d'exercer le pouvoir au nom du Peuple qui confère l'autorité à celui qui est l'incarnation de ce pouvoir ; mais il ne faut pas confondre cet homme-là avec le Peuple qui, en dernier ressort, est le seul siège du pouvoir. Seul le Peuple est habilité à confondre l'homme singulier avec lui-même, dans la mesure où jamais le Peuple n'a constaté chez ce dernier un acte de trahison de ses intérêts.**

Evidemment, on ne peut pas, pour le moment, dire à notre Peuple d'élire au suffrage universel le Ministre des Travaux Publics, ou le Ministre de tel ou tel autre Département. Ce n'est pas le moment parce que toutes les conditions ne sont pas encore créées. Nous avons beaucoup évolué, mais nous ne sommes pas encore à ce stade. C'est pourquoi le Peuple dit : « Je fais confiance au Premier Responsable du Parti-Etat, pour organiser et diriger le gouvernement, mais je limite tout de même l'exercice de ce pouvoir en lui demandant de ne désigner que ceux qui sont résolument engagés dans la Révolution, la font et la développent ». Car, si le Chef de l'Etat constituait un gouvernement composé d'éléments traîtres, ou de gros capitalistes, notre Peuple éduqué, habitué à se prononcer démocratiquement, ne l'accepterait jamais. Donc le Peuple a désigné un homme, mais il a défini les bases et les conditions de l'exercice du pouvoir qu'il lui reconnaît et que cet homme n'a pas le droit de violer. Dès qu'il viole la ligne, il a cessé d'incarner légitimement le pouvoir du Peuple.

Nous voulons dire que ce qui est aujourd'hui possible à la base ne l'est pas encore aux autres échelons. Si l'on pouvait élire aujourd'hui le Commandant d'Arrondissement, on l'aurait fait. Peut-être que dans quelques Arrondissements à Conakry par exemple, où il y a de nombreux cadres valables, on pourrait élire des éléments techniquement capables ; mais dans beaucoup d'Arrondissement ruraux, il est encore difficile de trouver par voie d'élection **« l'homme qu'il faut à cette place-là ».** C'est pourquoi le Peuple donne encore au Chef de l'Etat la prérogative de désigner, et là encore, parmi les cadres politiques et administratifs, les commandants d'Arrondissements. Mais, aussitôt désignés par le Chef de l'Etat, le Commandant d'Arrondissement et le Gouverneur font partie respectivement du Comité Directeur de la Section de l'Arrondissement et du Bureau de la Fédération. Tous les problèmes doivent être discutés et résolus par ces organismes. Les décisions seront prises à la majorité et ce sont ces décisions qui devront être exécutées sur le plan administratif par l'un ou par l'autre.

Donc, la désignation par le Chef de l'Etat d'un Cadre Technique devenant membre de droit d'un Comité Directeur ou d'un Bureau Fédéral, est motivée par la situation actuelle, autrement dit par le niveau actuel de formation technique du Peuple.

Nous devons avec vigueur réaffirmer la responsabilité suprême du Peuple, c'est-à-dire du PRL, non seulement de concevoir, de discuter mais aussi de réaliser et de contrôler. C'est en cela que le P.R.L. est la matérialisation du pouvoir de l'Etat, exercé directement par le Peuple. Le Peuple a ses élus qui doivent incarner avec fidélité et compétence son pouvoir en exerçant ce pouvoir, non pour s'en servir pour des fins égoïstes, mais exclusivement pour servir et défendre la cause sacrée des masses populaires, pour accroître constamment les biens matériels et immatériels de la Nation.

L'actualisation de la ligne du Parti nous invite à considérer qu'il y a des PRL ayant deux cent cinquante habitants et d'autres deux mille cinq cents habitants. Il est un seuil au-dessous duquel la population du PRL ne doit pas descendre. En effet, certains P.R.L. de quelque deux cent cinquante habitants ne sont en fait constitués que par les membres de trois à quatre familles. Dès lors, il arrive souvent que ce ne sont ni la ligne révolutionnaire, ni les prescriptions du Parti qui priment, mais les réalités et les options de ces familles, ce qui rend très difficile la démocratisation telle que nous la voulons. Quel est l'enfant qui dira, dans sa famille, à ses parents : « non je ne ferai pas ce que vous voulez, je vais faire autre chose » ? Qui peut se permettre cela actuellement en Afrique ? Donc, il faut trouver un cadre organisationnel qui soit un point d'appui pour tous, afin de justifier l'attitude dynamique qui doit être adoptée par la collectivité au nom du Parti de la Révolution. Il faut donc dépasser la structure familiale. Un gros village peuplé au moins de mille cinq cents habitants peut-être considéré comme un P.R.L.

Comme l'on sait, l'exercice du pouvoir de l'Etat est assorti d'un minimum de contraintes, c'est la dictature que l'Etat démocratique impose au nom du Peuple et pour le bien du Peuple. C'est par là que l'on peut modeler le comportement de l'individu et l'amener à s'améliorer constamment. Déjà, dans les gros villages, on a dépassé la structure familiale, car dans tous les gros villages, il y a plusieurs familles, ce qui permet une mobilisation plus massive de bras pour l'aménagement du territoire du P.R.L. Avec l'impôt d'un grand nombre de contribuables, on obtient un budget plus consistant avec lequel un travail plus important peut être entrepris et mené à bonne fin.

Le regroupement d'anciens petits comités en unités plus peuplées et donc plus aptes à entreprendre et à faire aboutir de grandes tâches, de grandes actions socio-économiques. est une nécessité économique. Un tel réaménagement permettra, avec la formation massive d'infirmiers, de sages-femmes. de contrôleurs d'agriculture, d'assistants d'élevage, d'agents des Eaux et Forêts, etc., de doter les services locaux des P.R.L. d'agents actifs, techniquement valables, pour diriger les activités des populations rurales. On demandera demain de recruter tant d'assistants et de contrôleurs d'agriculture qui seront utilisés au niveau des 225 Arrondissements du pays. Dans une prochaine étape d'évolution. ce seront des centaines d'ingénieurs agronomes, de vétérinaires qui les remplaceront dans les Arrondissements. alors que les assistants et contrôleurs se touveront placés au service des 2 500 P.R.L. ruraux.

Ainsi, les racines des Départements Ministériels constituant le Pouvoir Révolutionnaire Central, s'implanteront de plus en plus solidement dans les Régions, Arrondissements et Villages.

La technique et la technologie modernes s'empareront de toute la vie sociale organisée du sommet à la base. ce qui provoquera une transformation heureuse du mode de production et surtout des rapports de production en milieu rural.

Nous savons par exemple. qu'à Kankan-ville, les PRL peuvent fonctionner dans des conditions toutes différentes de celles des PRL ruraux qui. d'une façon générale. évoluent tous dans des conditions particulières. Les P.R.L. qui sont le long de nos frontières connaissent des contradictions et des contraintes que ne connaissent pas ceux situés plus à l'intérieur du territoire. Il y a également des villages assez populeux, comptant deux mille cinq cents personnes réparties entre 150 à 250 familles appartenant à des éthnies différentes. Dans de tels PRL, le problème d'intégration politique se pose d'une façon spécifique : la discipline démocratique conforme à la ligne du PDG ne se heurte à aucune discipline coutumière profondément ancrée, puisque, dans un tel milieu, elle est la seule discipline universelle, impersonnelle.

Un P.R.L. devra désormais avoir une population au moins égale à mille cinq cents personnes. Ainsi, pour les centres ruraux, l'on pourra compter quelque deux mille à deux mille cinq cents par P.R.L.

L'effectif des dirigeants, à chaque échelon, était très élevé et parfois, il n'y avait pas de pratique effective de responsabilité. Nous avions constaté la persistance des séquelles, des tares de l'éducation coloniale et capitaliste. **Dans les régimes bourgeois et sous la colonisation, on ne s'instruit que pour se soustraire au travail, et faire travailler les autres. On ne brigue des postes de dirigeants que pour s'en servir à accroître ses moyens personnels.**

Pour la Révolution, c'est tout le contraire, le dirigeant doit payer d'exemple. On est dirigeant réel dans la mesure où la somme des efforts fournis aboutit à un travail quantitatif et qualitatif supérieur à celui des autres, car c'est la capacité de travail qui fait l'autorité du dirigeant.

Les conditions générales d'éligibilité des Responsables aux différents organismes dirigeants du P.D.G. sont ainsi définies :

1° — Etre un travailleur exemplaire vivant de son travail (paysan, artisan, travailleur salarié) et n'être associé directement ou indirectement à aucune entreprise de type capitaliste ou féodal,

— Mener une vie sociale conforme à la morale révolutionnaire,

2º — N'avoir encouru aucune peine afflictive et infâmante,

— N'avoir jamais été condamné pour crime, vol, détournement de deniers publics, escroquerie, abus de confiance, concussion,

3º — Savoir lire et écrire dans les langues nationales.

Le Parti tenant à ce qu'aucune responsabilité ne soit plus seulement théorique, fictive, a bien fait de décider la réduction de l'effectif des responsables. Il n'y aura plus désormais, sauf exception, deux personnes ayant les mêmes fonctions. Chaque élu sera seul responsable d'une fonction déterminée et l'on constatera facilement à l'heure du bilan, si tel ou tel élu est efficace ou non au poste qui lui est confié.

La loi, le décret ou les statuts du Parti ne donnent pas l'autorité à l'homme. L'autorité s'acquiert par la fidélité de l'homme aux principes de la Révolution, laquelle fidélité traduit les valeurs admises au sein de la société.

L'autorité se conquiert surtout par l'honnêteté, l'efficacité sociale par le travail créateur et la pratique de la justice. Un responsable aura perdu une partie de son autorité devant tout homme **qui a le sentiment qu'il a commis une injustice, que c'est un mauvais travailleur, qu'il a pris telle ou telle décision sur la base des considérations irrationnelles de clan, de race, de religion, etc., et non à partir des principes démocratiques.**

Donc, c'est la façon d'agir du responsable qui détermine le comportement du Peuple vis-à-vis du cadre. Dans la Révolution, personne n'a le droit de personnaliser un problème. Chacun doit analyser chaque problème avec l'objectivité exigée par la ligne du Parti.

Dans le passé, plus un homme avait d'argent, de boubous, de voitures, de villas, plus il était « grand » dans la société. Dans la phase actuelle, c'est le contraire. Ce n'est plus ce que l'homme peut faire pour lui-même qui compte, mais c'est ce que l'homme fait lui-même pour le Peuple.

C'est pourquoi, l'on ne doit ménager aucun effort à fournir en faveur du Peuple. **Comment améliorer le mode de vie du Peuple ? Voilà la question fondamentale.** A cette question, on répondra par des démarches dynamiques, celles par lesquelles on créera tous les jours de nouveaux éléments du bonheur social. Pour ce faire, il faut d'abord faire triompher l'esprit de justice au niveau du responsable et du militant. Pourquoi sommes-nous, sur des millions de fils et de filles de ce pays, les premiers responsables, nous ? Chaque cadre élu doit se poser cette question. C'est parce que les autres ont bien voulu faire de nous ce responsable ; et pourquoi ont-ils voulu faire de nous ce responsable? C'est encore pour être à leur service qu'ils nous ont désigné. C'est dire que chaque jour, une conscience contraignante doit sanctionner le comportement de chacun vis-à-vis du Peuple. Et chacun devra se demander : «qu'ai-je fait aujourd'hui pour m'acquitter de mes tâches de responsable élu par le Peuple ?

C'est cet esprit de justice qui se transpose en comportement honnête. Prenons un P.R.L. de Conakry où il y a 5, ou 6 000 habitants ; chaque personne, en dehors de celles qui vivent de l'exploitation d'autrui, pouvait être maire de ce P.R.L. ; chacun des militants pouvait être chef de tel ou tel service local de ce P.R.L. Ainsi les cadres des P.R.L. ne doivent pas oublier qu'ils sont au service de la Société. Nous parlons souvent de l'assainissement de quartiers et chaque cadre doit y songer : quel est le quartier qui sera le plus propre de Conakry ? Chaque maire doit se dire : « c'est le mien qui le sera». Chaque P.R.L. est doté de son service économique local, quel est le Service économique local, qui fonctionnera le mieux à Conakry ? Chaque chef de Service économique local doit se dire : « il faut que le mien soit le meilleur de la Région de Conakry ».

En un mot, sur chaque chantier de travail, il faut que chaque organisme tende à être le meilleur parmi les autres organismes , il ne s'agit pas de formuler un vœu, il **faut** traduire ce vœu, cette volonté, par le travail, une activité créatrice ; le succès de la Révolution en dépend, **car la racine profonde de la Révolution est désormais le P.R.L. ; et le sens de la Révolution, pour voir et percevoir, s'identifie à l'ensemble des capacités réunies au niveau des dirigeants dans un P.R.L.** d'où la nécessité pour les cadres d'un P.R.L. de rester attentifs à l'égard de tous les problèmes de la vie. Il faut mettre fin à toute pratique de l'exploitation de l'homme par l'homme, que tout ce qui peut rendre l'homme plus heureux, plus libre et plus digne, soit recherché.

Le 9ème Congrès a exigé qu'à tous les échelons, l'on choisisse « **l'homme qu'il faut à la place qu'il faut** » et ce, en raison de sa fidélité à la Révolution, de ses capacités et de son comportement habituel. Ce n'est donc pas la durée du mandat qui importe, mais seulement les capacités de l'élu à servir le Peuple. Par exemple, on prend la décision de faire payer le taux du minimum fiscal en produits : tel Bureau Fédéral ou tel Gouverneur courageux prend ses responsabilités, diffuse et justifie les directives du Parti, organise le recouvrement de la taxe régionale et la commercialisation sur cette base. Dans la région voisine, rien n'est fait dans le sens du respect des décisions prises. Les militants de cette région, constatant une contradiction dans les attitudes des deux Bureaux Fédéraux ou des deux Gouverneurs, disent à leurs camarades de l'autre région : « camarades, mais votre Bureau Fédéral ou votre Gouverneur est méchant, il vous impose une telle obligation ! » Ainsi le négatif d'à côté a brisé l'autorité positive des cadres Fédéraux qui sont restés fidèles aux principes de la Révolution. Et ce qui se passe entre les Fédérations, existe aussi entre les Sections. Dans telle Section, on s'est fait un devoir d'agir selon les prescriptions et directives du Parti ; dans telle autre, prévalent l'électoralisme, l'immobilisme, la démagogie et l'indifférence. De même, dans une même

Section, certains PRL respectent et actualisent les directives du Parti alors que d'autres PRL violent ces directives pour des raisons électorales. Aussi, rien n'étant isolé, l'on ne doit rien minimiser, rien surestimer. Tout ce qui se passe à un échelon donné intéresse, se répercute sur les autres.

Si les militants comparent souvent leurs dirigeants les uns aux autres au niveau du PRL, de la Section ou de la Fédération, ils comparent également leur Bureau Fédéral ou leur Gouverneur aux Bureaux Fédéraux ou aux Gouverneurs des régions voisines. Aucun Bureau Fédéral n'a encore porté plainte auprès du Comité Central du Parti à propos du comportement négatif, démobilisateur de tel autre Bureau Fédéral ou de tel Gouverneur d'à côté. Or, quand un cadre veut œuvrer au renforcement de l'autorité du Parti, autorité dont dépend essentiellement la sienne, il respecte la discipline du Parti en se conformant strictement à la morale révolutionnaire, et en observant fidèlement la ligne de masse qu'elle prescrit au militant. Par exemple, un Comité Directeur, pour défendre son autorité propre, doit d'abord consolider l'autorité du Parti. Il ne peut avoir une autorité à lui à part. S'il crée un fossé entre les masses et le Parti, si le Parti s'affaiblit, son autorité qui en dépend directement, s'affaiblit en même temps. Là, le particulier dépend du général.

Quand on dit que la Révolution est d'un caractère contraignant pour les cadres, cela signifie que le cadre conscient de ses devoirs envers le Peuple, doit se débarrasser parfois même de ses goûts particuliers pour ne pas être en contradiction avec le goût populaire. Il ne doit pas exhiber ce qu'il a de trop ou de particulier. Il faut qu'il évite constamment de heurter la conscience populaire, de violer les principes de la Révolution.

Donc, si l'on s'impose l'effort nécessaire pour refléter, préserver et renforcer l'unité révolutionnaire à l'échelon national, on aide également l'échelon régional à maintenir cet acquis et à le transformer en facteur d'évolution positive au profit du Peuple.

LE POUVOIR REVOLUTIONNAIRE LOCAL (P.R.L.)

Le Pouvoir Révolutionnaire Local est l'unité de base de l'Etat guinéen, il est confondu avec le village ou le quartier auquel il correspond.

Les pouvoirs du P.R.L. sont exercés par le Peuple réuni en assemblée générale. Ces pouvoirs sont politique, administratif, économique, socio-culturel, militaire.

Le Pouvoir Révolutionnaire Local a pour mission :

— D'accélerer le développement du Peuple de Guinée dans tous les domaines et ce, sur la base de la démocratie la plus large et la plus profonde.

— De promouvoir le développement des forces productives, le travail collectif, la production collective des biens. la vulgarisation de la science, de la technique et de la technologie pour une productivité et un rendement sans cesse accrus et pour une répartition équitable des biens sur la base de rapports socialistes de production.

— D'accélérer l'édification d'une économie nationale, socialiste et prospère.

Le Pouvoir Révolutionnaire Local est dirigé par un bureau élu par l'ensemble des militants du quartier ou du village.

Le premier responsable du bureau du P.R.L. est le Maire, secondé par un adjoint.

L'organisme dirigeant du P.R.L. est structuré en quatre (4) services locaux recouvrant la totalité des activités du P.R.L. et dirigés, chacun, par un membre du bureau du P.R.L. qui porte le titre de chef de service.

Ces services locaux sont :

1 — Le service local Economique

2 — Le service local Administratif

3 — Le service local des Travaux Publics et Communications

4 – Le service local Social

Le chef de chaque service est assisté d'une commission technique de travail dont les membres sont choisis sur proposition du chef de service.

Les membres des commissions techniques de travail sont choisis en raison de leur compétence technique, de leur utilité sociale et de leur disponibilité.

A) — **Du Service local économique**

Le service local économique s'occupe essentiellement du développement rapide de la production rurale, de la commercialisation des produits et de la distribution des marchandises. Il est chargé de l'impulsion des brigades de production de son ressort, du contrôle de leur fonctionnement, des normes de travail, de production et de commercialisation.

Il veille à l'application rigoureuse des prescriptions relatives au stockage des semences par les producteurs du P.R.L., à l'amélioration des méthodes culturales.

Ses autres domaines d'activités sont :

— L'irrigation et le draînage des champs ;

— La constitution d'engrais de ferme et d'engrais verts ;

L'élevage et l'hydraulique pastorale ;

— La pêche et la pisciculture

— L'agriculture ;

— Le reboisement intensif :

— La lutte contre les feux de brousse ;

— La réalisation de parcs collectifs de bétail ;

— La constitution des réserves fourragères ;

— Le dressage des bœufs de labour, etc...

Il doit veiller à la création d'un magasin de stockage des produits et d'une boutique de vente au niveau du Pouvoir Révolutionnaire Local (P.R.L.)

B) — Du Service local administratif

Ce service tient les procès-verbaux de toutes les réunions des instances et des organismes du Parti et s'occupe de la conservation des archives et de la tenue de la Bibliothèque. Il est responsable de l'Etat-civil :

— Registres d'Etat-civil : mariage, naissance, décès, recensement, etc...

C) — Du Service local social

Ce service comprend :

a) — Education et Culture :

— Gestion des C.E.R. du Pouvoir Révolutionnaire Local (P.R.L.)

— Organisation et conduite de la campagne d'alphabétisation par l'utilisation de tous les lettrés du P.R.L.;

— Expérimentation scientifique et application pratique.

— Formation idéologique et civique permanente.

— Etablissement des données historiques du P.R.L. (monographie historique, recueil des légendes, des contes et des chansons).

— Activités artistiques et sportives.

— Police sociale contre l'alcoolisme et les mauvaises mœurs.

b) — Santé :

1° — Hygiène et prophylaxie, assainissement du milieu

2° — Secourisme (premiers soins)

3° — Médecine populaire (plantes médicinales et autres médicaments).

c) — Services funèbres et cimetières
d) — Solidarité sociale au profit des infirmes.

D) — Du Service local des Travaux Publics (TP) et Communications

Le service local des T.P. et Communications s'occupe essentiellement de l'aménagement du territoire du P.R.L.

Tous les travaux de Génie rural et de Génie civil relèvent de ce service local.

a) — Détermination des plans de petits et moyens travaux ruraux d'utilité sociale : bâtiments, routes, ponts, ponceaux, travaux hydro-agricoles de petites et moyennes envergures, infrastructure : urbanisme, adduction d'eau, éclairage.

b) — Installation du réseau téléphonique.

c) — Organisation et dégagement des moyens d'exécution de l'ensemble de ces travaux dans la stricte observance du principe de compter sur ses propres forces.

— Désignation d'agents postaux.

— Transport (popularisation de la traction animale à côté de la traction mécanique).

Comme il est facile de le constater, le P.R.L. c'est le Parti et l'Etat fondus et confondus au niveau du Peuple, à la base. C'est pourquoi d'ailleurs, très souvent, à la place du nom « Pouvoir Révolutionnaire Local », nous disons « Commune Villageoise » pour une meilleure compréhension. Le PRL, c'est la collectivité politique, sociale, culturelle, économique, c'est l'unité administrative du village. Si l'on est actuellement au stade du Parti-Etat, ce bond qualitatif est dû à l'institution du PRL. Les attributs fondamentaux de l'Etat sont reconnus et exercés désormais par le Peuple au niveau du village.

C'est pourquoi l'Etat commence désormais en Guinée par le village. Ce pouvoir d'Etat est composé des diverses fonctions : politique, économique, sociale, culturelle, administrative, militaire, etc... Donc, puisque nous avons transformé chaque village en entité étatique, totalement responsable et dotée d'une structure administrative, des organes d'exécution permanents que nous appelons **Services Locaux**, les quatre Services Locaux constituent les Départements locaux du Parti-Etat dans le village. Ils sont adaptés à nos moyens qui sont encore insuffisants, mais durant les cinq ou dix ans à venir, ils ne feront que croître et les PRL seront dotés d'une infrastructure administrative, économique, sociale et culturelle plus solide. Les Services Locaux des PRL qui n'occupent actuellement qu'un petit nombre d'agents permanents, au fur et à mesure de leur développement, ou mieux, du développement de leurs actions et de leurs moyens, accroîtront progressivement l'effectif et les compétences de leur personnel permanent. Comme dans toute organisation il faut d'abord préciser le contenu, définir la nature du comportement pour adapter la forme aux moyens, en vue de mener avec succès l'action à chaque phase du développement. Par exemple, nous parlons aujourd'hui du Conseil Economique National et des Comités d'Etat ; mais dans cinq ans, nous arriverons à de nouvelles formules au fur et à mesure que les problèmes deviendront plus nombreux, plus importants et plus complexes.

Le P.R.L. c'est l'administration populaire assumée par le Parti dans chaque village, c'est le Parti-Etat, c'est la matérialisation du Pouvoir étatique du Peuple.

Tout le territoire du village doit être géré par le PRL. Nous l'avons dit, la terre appartient à la Nation et le PRL exerce les attributs de la souveraineté nationale sur l'espace de son territoire. **L'aménagement du territoire** relève donc du PRL. S'agit-il d'aménager la plaine pour disposer d'une étendue plus grande, propice à la culture rationnelle ? S'agit-il de maîtriser l'eau pour parer à la sécheresse ou à l'inondation, afin de préserver les cultures contre les aléas de la nature ? S'agit-il de faire une adduction d'eau, de creuser des puits, de construire des marchés, de délimiter les cimetières, etc... ? Eh bien, **pour tous ces problèmes à résoudre, nous demandons au P.R.L. de faire établir avec l'aide des techniciens de l'Agriculture, des Eaux et Forêts, des TP, le projet ou les plans d'aménagement progressif du territoire** une fois que la décision d'entreprendre de tels travaux d'utilité publique aura été prise en Assemblée Générale.

Quant au Service Local des Travaux Publics et des Communications, ses tâches relatives au secteur des communications ne requièrent pas toujours l'intervention de tout le village. Le camarade qui en est chargé peut, en ce qui concerne les communications postales, faire le travail ou le faire faire par une équipe réduite de militants.

En effet, il devra installer une boîte à lettres à la Permanence du Parti et assurer lui-même la levée du courrier chaque semaine pour l'acheminer au bureau des Postes et Télécommunications le plus proche. Enfin tout ce qu'il y a comme opération de communication relève de lui. Supposons que lui-même ne puisse pas efficacement faire ce travail, il peut alors le confier à un autre, mais dans ce cas, c'est toujours lui, en tant que membre élu, chargé du Service Local des TP et Communications **au sein du Bureau du P.R.L., qui demeure le responsable du fonctionnement de ce secteur, et, en cas de défaillance, c'est lui qui doit être sanctionné.**

S'agissant maintenant des travaux de construction d'une route devant relier à l'artère principale carrossable un village situé par exemple à dix km, il est évident que ce n'est pas le chef du Service Local des Travaux Publics et Communications qui, à lui seul, construira les dix km de route, et, en cas de besoin, le pont. Mais, ce camarade reste, comme dans le premier cas, le responsable des travaux en tant que Chef du Service Local des TP. C'est donc à lui d'évaluer la dimension du travail à effectuer, d'apprécier également les exigences du travail avant d'en soumettre le programme de réalisation à l'Assemblée Générale du Pouvoir Révolutionnaire Local.

Au cours de la réunion, en s'adressant au village, il pourra dire : « Camarades, l'Assemblée, à telle date, a décidé de construire la route qui doit relier notre village à tel endroit. Pour pouvoir exécuter convenablement ce travail, il faut une équipe de tant de personnes devant travailler tant d'heures par jour et pendant tant de jours ; » ou alors, « il nous faut, par famille ou par quartier, mobiliser tant de militants ».

Ayant réfléchi à la réalisation concrète de la décision, il fait des propositions à l'Assemblée Générale qui en débat jusqu'à approbation du projet soumis. C'est à partir de là, c'est-à-dire quand la décision est prise par l'Assemblée Générale, que la moralité, la régularité et l'opportunité de l'action proposée sont admises.

Tous les biens meubles et immeubles, qui appartiennent à la société, doivent être réalisés et gérés par le PRL. Prenons l'exemple d'un village qui ne disposerait d'aucune infrastructure matérielle sérieuse : ni marché, ni permanence, ni dispensaire, ni école, ni mosquée. Ce sont des sentiers qui relient ce village à la route carrossable ! Pour établir un programme, il faut que le village qui doit le réaliser sache qu'il ne le fait pas pour le profit d'une famille ou d'un individu, mais pour la collectivité entière.

C'est au nom de cette collectivité et pour son bien-être que les Services Locaux du P.R.L. sont chargés de la gestion du Patrimoine villageois et de son accroissement constant. Certes, dans l'organisation des grandes villes, le progrès n'était habituellement escompté qu'à partir des impôts et des autres recettes budgétaires. Or, s'agissant d'un pays matériellement pauvre, les impôts sont toujours réduits, le budget, toujours faible. Mais considérons le village, et supposons qu'il soit doté d'une organisation municipale semblable à celle des grandes villes.

La différence qui saute aux yeux, est que le P.R.L. quant à lui, dispose de moyens autrement plus puissants : **la force de travail disponible de ses membres** ; l'intervention financière est ainsi réduite. Quand il s'agira de faire des routes, on aura besoin, certes, de moyens financiers ; mais on pourra réaliser la plus grande partie des travaux sans intervention financière. Si celle-ci est indispensable, elle représentera une **infime** fraction, comparée à la valeur globale du travail à effectuer. Pour se doter par exemple d'une mosquée, d'un dispensaire, d'une école, pour aménager une plaine, etc...., on aura recours à cette même source : **l'investissement humain, qui est la force principale, suppléant très largement à l'insuffisance des moyens financiers. Et c'est par cette voie, judicieusement utilisée, que nous pourrons dynamiser le travail, à condition que le travail soit conduit avec méthode, honnêteté, dévouement, efficacité, afin que chaque action entreprise par le Peuple profite au Peuple lui-même.**

Le rôle des Autorités régionales ou d'Arrondissement est un rôle d'assistance technique, de conseiller, de guide ; mais le travail est conçu, décidé, réalisé par le PRL, quand bien même certains moyens utilisés n'appartiendraient pas en propre au P.R.L.

Nous avons pris la décision de développer l'agriculture, d'organiser mieux l'habitat, d'améliorer l'état des routes, de créer des édifices publics : mairies, écoles, mosquées, marchés, dispensaires, cimetières, etc... de faire l'assainissement des villages, de reboiser les environs de chaque village, d'assurer l'entretien collectif du bétail appartenant aux villageois. De quels moyens, de quelles forces disposons-nous pour mener à bien toutes ces entreprises ?

Tout ce qui est décidé par le Parti ne peut être valablement réalisé que par l'ensemble du village, cellule de base efficace de notre action globale, d'où la nécessité d'une organisation administrative du village qui permette

la gestion démocratique et l'accroissement constant des biens.

Après l'indépendance nous avons installé des unités industrielles, sans créer parallèlement de grandes fermes agricoles chargées du ravitaillement correct et suffisant de ces unités. A Kassa et à Dabola, ce sont des huileries disposant d'une capacité de production permettant de nous suffire. Cependant nous manquons encore d'huile, ce qui nous oblige d'en importer.

Nous avons installé l'usine de cigarettes et d'allumettes; mais, si encore aujourd'hui, nous avons toujours à notre portée des paquets de cigarettes Milo bout-filtré et ordinaire, nous devons reconnaître que c'est en partie grâce au tabac importé de Chine.

Les mêmes amis chinois viennent de nous faire un Complexe Sucrier à Koba, capable de produire 7 à 8 000 tonnes de sucre. Or, le ravitaillement correct de cette usine en canne n'est pas encore totalement assuré. En conséquence, le Parti a recommandé que chaque PRL crée des brigades de production. Il ne peut pas dire à des paysans d'abandonner leur travail habituel pour ravitailler l'Usine de tabac-allumettes (ENTA), les Usines de jus de Kankan et Mamou, les huileries de Dabola et Kassa, l'usine de sucre de Koba, l'Usine de thé de Macenta, etc... Le Parti a donc conçu un programme rationnel suivant lequel, chaque Pouvoir Révolutionnaire Local devra constituer une Brigade Mécanisée de Production (B.M.P.) ou une Brigade Attelée de Production (B.A.P.).

Le service Local Economique aura donc ses fonctions propres (production et commercialisation). Tout le programme de développement économique du village sera arrêté en assemblée générale. Mais, l'organisation du travail pratique relèvera des attributions du Service Local Economique. Tous les secteurs de la production relèveront de lui, le secteur du commerce également. **Il sera créé dans le village la boutique** de vente des marchandises et des magasins de stockage des produits commercialisés, des semences, etc. Pour l'année 1974, l'importation des tracteurs agricoles et de gas-oil, nous a coûté environ 200 millions de sylis ; si donc, les tracteurs sont tant soit peu utilisés à d'autres fins qu'au labour, nos prévisions quant au volume de la production de denrées vivrières seront compromises, car nous serons encore obligés d'importer du riz pour nourrir le Peuple. Or, nous ne voulons plus importer de riz. La Révolution nous commande de ne même pas envisager une telle éventualité. **Aussi, il est demandé à chaque Service Local Economique le recensement exact des surfaces mises en valeur par chaque village, et à chaque PRL de s'occuper, lui-même, de la commercialisation de ses produits. A cet effet, les fonds de commercialisation lui sont destinés directement. La marge bénéficiaire qui profitait au commerçant privé appartient au PRL, ce qui lui permet de s'équiper en charrues, en tracteurs, en camions, etc...** Et ainsi, toutes les dotations (ciment, tôles, et diverses marchandises destinées au PRL) étant envoyées directement au PRL, elles sont distribuées aux producteurs, et ainsi toute la production marchande du village est désormais livrée directement à l'Entreprise Régionale du Commerce (ERC). **Quand une Région reçoit sa dotation, les marchandises doivent être réparties entre les PRL. C'est donc directement que chaque PRL doit recevoir sa part de marchandises sans aucune amputation.**

Les magasins populaires qui sont créés dans les arrondissements ne sont plus des boutiques de vente au détail, mais des dépôts permettant à chaque PRL de venir prendre sa dotation et y livrer ses produits destinés à la consommation nationale ou à l'exportation.

Nous avons eu notre crise de croissance économique, mais elle doit prendre fin. Depuis la Loi-Cadre de 1964, la Révolution nous a indiqué le chemin du Socialisme et les méthodes qui conduisent au succès de la Révolution Economique. Certes, toutes les Révolutions ont connu des situations pareilles, mais les Révolutions qui ont connu la pérennité sont celles qui ont fait montre de volonté et de fermeté pour redresser à temps toutes les erreurs, toutes les fautes et résoudre convenablement toutes les crises. Prenons le cas de l'Union Soviétique, premier Etat socialiste, dans l'ordre chronologique; les Soviétiques ont connu une inflation plus grave que celle que nous connaissons. Le montant de leur émission monétaire a été multiplié par sept, c'est-à-dire porté à 700%. Quand nous disons ici qu'après avoir émis en 1963, pour 30 milliards de F, nous avons trouvé quarante milliards de Francs guinéens lors du change monétaire de 1972, en URSS, c'est comme si contre l'équivalent de trente milliards de F, émis la circulation fiduciaire avait atteint 210 milliards de F. Tous les pays capitalistes introduisaient de la fausse monnaie en Union Soviétique pour que soit tuée dans l'œuf la Révolution Socialiste. Ces opérations criminelles étaient accomplies avec la complicité des classes exploiteuses intérieures de l'URSS. Dans les procès-verbaux de réunions des instances du PCUS, on peut constater que le pessimisme avait commencé à ravager, de l'intérieur, le Parti bolchevique.

En effet, entre 1920-21, une famine exceptionnelle a sévi, résultant notamment d'une sécheresse extrêmement grave ; en ce temps-là, les transports se trouvaient désorganisés ; la cherté excessive des produits industriels très rares à trouver, entrainait une forte dépréciation du Rouble ; le chômage devenait inquiétant par le manque d'outillage et de matières premières ; la production agricole n'atteignait même pas la moitié de son niveau de 1914, et la production industrielle, à peine 15% de son niveau avant la conquête du pouvoir par le Parti bolchevique ; le pays était donc ruiné par la désorganisation accentuée de son économie, en même temps qu'il subissait, en plus des calomnies, les machinations les plus criminelles des régimes féodaux, capitalistes et impérialistes du monde, à tel point que ceux-ci estimaient que tout relèvement de la Russie soviétique par ses propres moyens, était impossible.

Quand ils ont fait leur premier plan de développement économique en 1921, beaucoup de Soviétiques se posaient la question de savoir comment réaliser ce plan, tant la situation économique était mauvaise et la pénurie totale. Tous les pays capitalistes avaient isolé l'U.R.S.S., tout en sabotant sur tous les plans ses efforts d'édification du socialisme. Lénine, prenant en considération la situation concrète de l'URSS, les rapports de force, le niveau des forces productives humaines et matérielles, les rapports de production qu'il faut transformer, appliqua, dans le domaine de l'Economie, des démarches appropriées. Il institua la NEP. L'abréviation : « NEP » signifie « Nouvelle Economie Politique ».

Lénine expliquait ainsi les déviations commises au sein du Parti : **« l'on ne peut pas lutter efficacement contre les pays ennemis, si à l'intérieur le Parti n'est pas aux mains des forces saines ».**

Lénine savait que le mal le plus grave ne se trouvait pas à l'extérieur du pays ; même si tous les pays capitalistes voulaient tuer la Révolution, ils ne pouvaient le faire tant que les cadres demeuraient honnêtes et fidèles au Peuple et à ses options socialistes. Les trafiquants firent leur apparition dans le régime ; des individus dangereux vivant de spéculations disaient alors que les mots d'ordre du Parti Bolchevique ne concernaient que les seuls travailleurs salariés. Or les paysans constituaient encore l'immense majorité des classes laborieuses qui avaient lutté pour que la Révolution l'emportât. La rectification donnée à la ligne du Parti Bolchevique lors de son 9è Congrès en 1920 fut l'œuvre de Lénine.

Tout près de nous, l'histoire de la République chinoise nous offre aussi de riches enseignements idéologiques et pratique, à savoir que **la base sociale de la Révolution**

est à la fois la classe ouvrière et la paysannerie. Organisons la paysannerie, libérons-la en même temps que la classe ouvrière ; socialisons les réalités politiques, économiques et culturelles, et la Révolution triomphera de tous les ennemis intérieurs et extérieurs. Nous voulons, là, attirer l'attention sur la nécessité de contrôler strictement le circuit économique.

Pour nous, aujourd'hui, **tout doit être polarisé sur la production et sur une répartition équitable des biens de consommation.** Les problèmes économiques retiennent l'attention du Peuple. Nous devons partout les connaître pour détruire le négatif et parfaire les conditions du progrès. Nous ne dirons pas « Nouvelle Economie Politique » (NEP). mais plutôt, **la « Nouvelle Offensive » ; le nouvel élan pour la production et l'équité dans la répartition.** C'est la grande offensive du Plan Quinquennal qui veut que les responsables du Parti se soumettent rigoureusement à toutes les exigences de la Révolution à travers leur comportement, afin de dynamiser l'effort des masses populaires dans le travail créateur. Cette offensive se traduira dans le fonctionnement correct des P.R.L.

Le Service Local Economique a, dans ses attributions. la commercialisation des produits. Le chef de ce Service Local ne doit plus tolérer que les produits marchands du PRL soient commercialisés au compte d'un autre PRL et encore moins par un trafiquant exploiteur.

Pour pouvoir contrôler effectivement et assurer totalement la commercialisation de ses produits, chaque P.R.L. recevra une avance bancaire destinée à la seule commercialisation des produits d'exportation.

Ainsi, toute la production du P.R.L. sera obligatoirement commercialisée par le Service Local Economique qui détiendra les fonds destinés à l'achat des produits livrés par les producteurs du village. Puisque entre le prix d'achat du produit à payer au producteur et son prix de cession au Magasin Populaire d'Arrondissement (M.P.A.), il y a une marge allant parfois jusqu'à deux sylis par kilo, cette marge est la propriété du Pouvoir Révolutionnaire Local qui en dispose pour faire face à certaines dépenses d'intérêt public. Le chef du service local économique est responsable de la commercialisation effective de tous les produits du P.R.L. et assure leur livraison au M.P.A.

Au cours des assemblées générales du P.R.L., des informations sont régulièrement données aux militants. Aucun militant ne doit plus ignorer les quantités de marchandises qui lui sont destinées ni le mécanisme de leur échange contre les produits, afin que chaque citoyen devienne conscient du fait que la satisfaction de ses besoins est en rapport direct avec l'importance de sa production économique. Chaque assemblée générale du P.R.L. sera animée par d'utiles points inscrits à l'ordre du jour, des points concernant son développement.

Ainsi, plus personne ne manquera volontairement une réunion, parce qu'à chaque Assemblée, chacun des Services Locaux devra faire le compte-rendu de ses activités, lequel compte-rendu intéressera forcément chaque habitant du village. Alors, de plus en plus, l'unité du village sera forte, la conception que l'on a de l'économie du village se précisera, la quantité de marchandises reçues sera fonction du volume de la production commercialisée. Le trafic sera ainsi vite jugulé et la mystique du travail davantage renforcée.

Le Service Local Economique doit connaître les superficies mises en valeur par chaque producteur du village, pour mieux surveiller la commercialisation des produits.

L'action des trafiquants, consistant à acheter le riz en herbes prendra fin puisque c'est le P.R.L. qui dispose désormais de la dotation des marchandises destinées au village ; le paysan qui a fait une mauvaise récolte pourra s'adresser à son Service Local Economique pour recevoir, à titre d'avance, des marchandises constituant sa part normale avec la promesse d'en régler ultérieurement la valeur en produits.

Tout cela doit être expliqué pour justifier le fonctionnement régulier du Service Local Economique qui soustrait le paysan à l'exploitation que lui fait subir le trafiquant.

Si la répartition des marchandises de consommation de masse est faite conformément à la ligne du Parti, c'est-à-dire de manière équitable, il faut ensuite sérieusement veiller sur le comportement des Directeurs des Entreprises commerciales. On envoie, par exemple à un P.R.L., du ciment, des tôles, des sacs vides pour faciliter les opérations de commercialisation. Ces articles peuvent ne pas parvenir aux producteurs auxquels ils sont destinés.

Nous devons adopter des règles précises devant régir la distribution des marchandises, en la liant à la commercialisation des produits. S'agissant des matériaux de construction et des véhicules, on doit définir le rapport entre la valeur des produits et celle des marchandises :

1⁰ — Les dotations en marchandises destinées à un P.R.L. devront être désormais échangées contre produits. Pour 50 millions de sylis de produits livrés au Magasin Populaire d'Arrondissement (MPA) par tel village, celui-ci recevra en contre valeur une partie en espèce et le reste en marchandises. Si chaque village sait qu'il ne peut plus rien acquérir sans produits, en retour, chacun de ses habitants sera obligé de travailler et de livrer sa production à l'Etat. **C'est la loi de la Révolution, c'est la condition du progrès.**

2⁰ — Au niveau de la Région, une part des produits vivriers et des marchandises importées est destinée aux travailleurs salariés : fonctionnaires, ouvriers, employés, militaires, étudiants, malades hospitalisés, etc...

Les critères de répartition des marchandises méritent d'être popularisés, afin d'armer tous les militants dans la tâche du contrôle des activités des Entreprises Régionales du Commerce (ERC), pour barrer la route à la fraude et aux malversations.

Si l'on applique rigoureusement cette politique de répartition équitable des biens de consommation. tout le monde sera contraint au travail productif qui constitue le meilleur moyen de renforcement constant de la monnaie nationale et du respect de sa parité.

Le Service Local Economique doit également étudier les conditions de rationalisation des activités pastorales ; l'élevage constitue dans la plupart de nos Régions Admi-tratives l'une des ressources essentielles de la paysannerie.

L'on sait le caractère généralement méfiant de l'éleveur et surtout sa mobilité qui fait de lui, plutôt le suivant de son troupeau que le guide de celui-ci. Or, le développement de l'élevage exige la création d'une base fourragère à délimiter sur le territoire de chaque P. R. L., en même temps que des traitements vétérinaires réguliers pour la sauvegarde de la santé des animaux.

DE LA NECESSITE DE CREER DES PARCS A BETAIL

Chaque famille paysanne se préoccupe de la garde de quelques unités de bovins, de caprins, de porcins et délègue à cet effet un ou deux de ses membres.

Au niveau d'un P.R.L., pour la garde de quelque 500 bœufs appartenant à 100 familles, il faut compter 200 à 300 personnes chargées d'une activité que pourraient efficacement remplir une équipe de 10 à 15 personnes ; toute la population animale doit être rassemblée dans un seul et unique parc et doit aussi paître dans une seule et unique zone réservée à cet effet.

La Guinée compte près d'un million de bovins et la plupart de ces bœufs ne sont pas utilisés dans l'agriculture, au contraire, ils constituent une gêne considérable pour les cultivateurs qui peinent avec la daba, parce qu'ils viennent ravager les cultures. **Nous avons donc invité les PRL à confier à des cultivateurs, deux, quatre bœufs ou plus, afin que ces cultivateurs en fassent des bœufs de labour dont la force de travail permettra de multiplier par 3 ou 4 leur rendement.** Ils peuvent sur l'accord des propriétaires acheter les bœufs ou, sous le contrôle du P.R.L., leur payer des indemnités en céréales en compensation de l'exploitation qu'ils feront de leurs bœufs. Il faut que l'on accède, partout où cela est possible, à la culture attelée.

Un autre point de la Charte vise à la création de parcs à bétail au niveau de chaque P.R.L.; **il est commandé déjà une quantité suffisante de grillage et de fil de fer barbelé pour faciliter la création de ces parcs collectifs à bétail.**

Le regroupement de nos animaux domestiques favorise l'acquisition des engrais, autres éléments indispensables dans l'amélioration de nos cultures. En effet **15 bœufs suffisent pour fournir suffisamment d'engrais à un ha de terre. Or, nous comptons près d'un million de bovins et autant en caprins. Les déchets animaux constituent les meilleurs engrais pour l'agriculture** et comme nous parlons de l'augmentation nécessaire de la production, nous devons maintenant recourir à l'utilisation d'engrais organiques naturels. Les engrais chimiques coûtent cher et leur utilisation n'est pas encore commode au niveau de beaucoup de nos paysans.

Ainsi, chaque P.R.L. créera des compostières, des fumières pour pouvoir utiliser les engrais organiques. Nous ne pouvons pas faire face à de grandes commandes d'engrais chimiques, sinon que pour les cultures industrielles : bananes et ananas. Au cours de l'année 1974 et pour les seuls planteurs d'ananas, d'agrumes, de banane, la Nation a utilisé près de 70 millions de sylis pour l'importation d'engrais.

Nous devons donc utiliser les moyens locaux qui existent. C'est une exigence de progrès.

Prenons Conakry où nous avons des égouts : **toutes les ordures ménagères peuvent être facilement recueillies à la bouche des égoûts par un service régional spécial**, pour être utilisées à la fertilisation du sol tout autour de Conakry. En parcourant la corniche, nous pouvons voir sur le long du littoral, des dépôts d'engrais excellents que nous pouvons utiliser ; ce sont des centaines de tonnes d'engrais que nous pourrons utiliser dans les jardins potagers autour de la capitale. D'aucuns n'achètent-ils pas aux balayeurs ces ordures ménagères pour leurs champs et plantations ?

Nos frères chinois nous ont montré l'expérience réussie de l'utilisation des engrais organiques. A Labé même, là où l'on dit que le sol n'est pas fertile pour le riz, le maïs, ou les légumes, ils ont eu une productivité 5 fois supérieure au niveau normal, rien que par l'utilisation des engrais organiques locaux. **C'est dire qu'avec les parcs à bétail, nous pourrons recueillir maintenant tous les engrais, tous les déchets animaux.**

Aussi, nous pourrons mieux surveiller les bœufs pour protéger les cultures ; ce regroupement permettra également l'utilisation des engins mécaniques pour traire les vaches chaque matin et organiser en conséquence une véritable industrie laitière. Les P.R.L. doivent donc s'organiser sur la base des instructions de la Révolution dans ce domaine pour créer des parcs collectifs. Ainsi, nous arriverons à réduire les conséquences nocives de la divagation des bœufs dans les cultures et résoudre le conflit devenu traditionnel entre éleveurs et agriculteurs.

L'organisation des activités pastorales ne se limite pas à la seule réduction de l'effectif des bergers, elle permet aussi, grâce à l'unicité du parc à bétail, la diminution des efforts que, chaque année, chaque famille fournit habituellement pour la construction ou l'entretien de son étable ou de sa bergerie.

Elle permet également l'utilisation des engrais organiques; les déchets animaux se trouvant soit dans l'enceinte du parc collectif, soit sur l'aire de la zone fourragère, des compostières peuvent être créées en vue d'augmenter la productivité du sol et le volume de la production agricole du village.

Sur le plan général, et concernant l'augmentation de la production agricole, si nous parlons d'engrais chimiques, c'est juste en tant que perspectives, mais il faut tenir compte des réalités locales. On dit qu'il est nécessaire d'épandre vingt-cinq tonnes, trente ou trente-cinq tonnes d'engrais par hectare, engrais que nous devons mettre à la disposition des paysans. Mais avec plus de deux millions de paysans, sommes-nous à même d'importer tant d'engrais ? Nous répondons, NON ! Mais au lieu d'importer des milliers de tonnes d'engrais chimiques, nous pouvons avoir des engrais organiques qui sont à notre portée. Que des grandes fermes exigent l'importation d'engrais chimiques, nous sommes d'accord, parce que d'abord elles disposent de moyens financiers suffisants ; mais aux paysans, il faut conseiller les solutions qui sont à leur portée, en rapport avec leurs moyens. Aujourd'hui, le paysan peut bien assurer à son champ plus de fertilité : nous le savons d'ailleurs, puisque dans la plupart de nos villages, il y a la pratique des tapades. Toute la culture maraîchère s'effectue dans les tapades et le paysan guinéen sait que les cultures faites dans les tapades ont un rendement nettement supérieur ; pourquoi ? C'est parce que dans les tapades on utilise les engrais organiques. Il y a les ordures ménagères, les déchets d'animaux, la bouse de vache notamment dans les Régions d'élevage ; et c'est pourquoi les cultures réussissent mieux dans les tapades qu'ailleurs. Il faut que le comportement du paysan l'amène à ne rien plus perdre, mais à utiliser effectivement tous les moyens se trouvant à la portée de sa main, et les engrais organiques sont à portée de sa main !

Aussi, on ne va pas attendre que le labour commence pour penser aux engrais organiques, on les prépare toute l'année et chaque année. Ainsi, il est facile, avec la simple bouse de vache, d'obtenir par animal une tonne par an de fumier, et en créant partout des compostières, il est possible d'obtenir quinze à vingt tonnes de compostes à partir d'une tonne de bouse de vache. Les engrais organiques ainsi trouvés, avec un seul bœuf, répandus sur un hectare, permettent d'augmenter de 50 à 100%, voire davantage, le niveau de production de ce sol. Cela est possible et cela ne demande rien qu'une simple méthode d'utilisation des moyens existants. Les matières organiques étant à notre portée : les déchets des animaux, les herbages, la paille, les terreaux, quel est le paysan guinéen qui ne va pas adopter cette technique, s'il est convaincu que le rendement de son champ serait doublé sans dépenses financières de sa part ? Mais il y a plus, et nous devons tout utiliser, considérons une brigade de production de quinze à vingt brigadiers, pourquoi n'utiliseraient-ils pas, ces producteurs, comme engrais organiques, ce qui provient d'eux-mêmes. Quinze personnes suffisent pour un hectare. Pour un village de mille cinq cents personnes, nous avons déjà là une centaine d'hectares pouvant être d'une productivité triple de la productivité actuelle. Donc, les vieilles habitudes, il faut les briser ! Et par l'éducation scientifique, indiquons au paysan le comportement le plus requis pour la rentabilité de son travail. On peut et on doit ramasser toutes les matières organiques autour du village, autour de la ferme de la brigade, ce qui permet, par l'enrichissement du sol, l'augmentation de la production et de la productivité.

Enfin l'organisation des activités agro-pastorales permet d'apporter une meilleure solution aux nombreux conflits qui opposent fréquemment éleveurs et agriculteurs tout en mettant fin aux dégâts que causent les animaux dans les champs de céréales ou de tubercules.

Les nombreux travailleurs désormais libérés de la garde du bétail viendront augmenter l'effectif des forces laborieuses utilisées dans la production des biens matériels.

Le Peuple de Guinée a fait le grand honneur aux Cadres du P.D.G. de diriger son entreprise historique.

Dans son histoire tissée de durs combats qui ont exigé de lui une attitude courageuse et de grands sacrifices, il a enduré des souffrances sans nom. Il poursuit encore son combat, parce qu'il aime son régime et nous fait confiance. Les cadres qu'il a privilégiés par son choix, doivent lui accorder confiance et amour, et lui témoigner leur reconnaissance par des actes utiles, honnêtes, dévoués qui galvaniseront son courage et sa foi dans son œuvre d'édification nationale. **Le Peuple a toujours raison,** il ne trahit jamais; mais, quand il sent qu'on a trahi en son nom, il continue son chemin vers la dignité et le bonheur en se détournant des infidèles et traîtres à sa cause.

Les organismes dirigeants du Parti-Etat guinéen doivent nécessairement améliorer leurs méthodes de travail,. s'astreindre à une politique d'austérité en vue de respecter la justice populaire. Si nous le faisons, les producteurs présenteront chaque année des résultats positifs doubles, voire triples de ce qu'ils ont l'habitude d'atteindre. N'oublions jamais que notre Peuple a adhéré au P.D.G. quand il n'avait rien dans le domaine des moyens matériels. Il n'avait presque que sa foi en son avenir, sa volonté consciente, résolument tendue vers cet avenir qu'il voulait et qu'il veut toujours plus de bonheur, dans la liberté, la responsabilité et la dignité. C'est donc quand notre Peuple, le Peuple de Guinée, risquait l'emprisonnement, les brimades et subissait toutes sortes de dures épreuves, de la part de la féodalité locale et du colonialisme, qu'il a adhéré à la ligne révolutionnaire. Aujourd'hui, le Peuple est au pouvoir sur le plan national, dans chaque région, dans chaque arrondissement, dans chaque village. S'il constate un fait contraire à la ligne qu'il a choisie, il a raison de chercher à connaître ceux qui sont les auteurs des déviations, des infractions ainsi commises vis-à-vis de lui, et d'exiger d'eux réparation. Si nous nous fixons le calendrier d'une action énergique de redressement et si cette action donne des résultats palpables, nul doute qu'en un minimum de temps, nous créérons une des meilleures situations politiques en Afrique. Le Comité Central a beau penser, repenser les problèmes, indiquer la voie juste, préconiser les méthodes appropriées, si l'action requise dans le village, dans l'arrondissement, dans la Fédération tout entière n'est pas conséquemment menée, ce ne serait qu'une vue purement théorique et rien ne changera fondamentalement pour autant. La vie étant pratique, il lui faut donc des solutions pratiques, des solutions adaptées aux problèmes posés.

L'autorité, nous le répétons toujours, s'acquiert et se consolide à travers le travail utile et efficace, à travers l'honnêteté, la pratique constante de la justice, l'amour du Peuple et la fidélité au Peuple, l'attention que l'on porte à tous les problèmes, la manière de se comporter ; c'est tout cela qui tisse quotidiennement, établit et renforce l'autorité. Le Parti, c'est la chose à nous tous, une richesse collective et impersonnelle. En son nom, chacun ne doit traduire que la volonté de tous, les aspirations légitimes et l'intérêt de toute la collectivité.

Le Maire, l'Adjoint au Maire et les Chefs des quatre Services Locaux sont obligés d'appliquer les décisions prises en Assemblée générale.

Dès qu'une décision est arrêtée, le Service Local concerné doit s'organiser en conséquence et s'atteler à la phase d'exécution.

L'ensemble du bureau du P.R.L. est collectivement responsable de la réalisation des objectifs arrêtés par l'Assemblée générale du P.R.L. Mais, en plus de cela, et à côté de cela, chaque Chef de Service Local assume, au nom du village, des responsabilités individuelles ; ceci permet d'éviter des défaillances éventuelles ou, quand elles existent, d'en situer avec précision les origines et de les corriger.

Ainsi, l'Etat ne sera plus situé à part. L'Etat se trouvera absorbé par le Parti. Le Bureau du P.R.L. est, en un mot, **le Gouvernement du village par le village.** Le PRL devient ainsi une collectivité organisée sur la base de la technique de la Révolution. Tous les moyens dont dispose le Parti-Etat guinéen seront donnés au P.R.L. pour accélérer l'évolution du village. Si, chaque année, chaque PRL pouvait recevoir dix à vingt charrues et pour certains gros PRL un tracteur chacun, d'ici à dix ans, chaque village, par ses propres efforts, pourra moderniser ses moyens de production et transformer qualitativement ses conditions d'existence.

Donc, les PRL **constituent aujourd'hui la base essentielle de l'action révolutionnaire de transformation sociale.** C'est en un mot le Pouvoir de la Révolution exercée directement par le Peuple. L'organigramme représentant la structure du Pouvoir en Guinée indique que le sommet du pouvoir est en vérité le P.R.L. Nous avons une pyramide dont le sommet est le PRL, les autres échelons, par dégradation, étant des relais de transmission de la volonté populaire.

Le P.D.G. a bien fait avant son 10e Congrès national tenu en Septembre 1973, de faire établir par chaque village son Plan Quinquennal de développement local, car sans cette organisation pratique, démocratique de la tâche, le plan, avec nos seuls moyens financiers, ne pourra jamais être réalisé correctement, d'où la nécessité de réorganisation du PRL pour que son fonctionnement soit axé sur la concrétisation du Plan de chaque village.

Le Parti doit donc utiliser toute son intelligence, toute son énergie, pour que les P.R.L. consolident leur pouvoir unique et indivisible, le pouvoir du Parti. Consolider le Pouvoir du P.R.L., c'est mieux organiser la production. Plus on produit, plus les besoins du Peuple peuvent être satisfaits. Consolider le Pouvoir du Parti, c'est éliminer toutes les survivances des pratiques d'injustice, c'est faire triompher totalement la justice sociale. Le PRL, dans sa nouvelle formule, permettra inconstestablement à la Révolution guinéenne d'enregistrer de nouvelles victoires dans le domaine de l'augmentation quantitative et qualitative de la production nationale.

Dans le cadre dynamique du fonctionnement du PRL, telles sont les mesures qui sont prises. Si elles sont respectées et parfaitement appliquées, elles permettront à la Guinée d'atteindre et de réaliser les objectifs de son mot d'ordre : **« se suffire et se dépasser »**, en vue de porter un secours fraternel à d'autres Nations, à l'heure de l'accesion de nombreux Peuples colonisés à l'indépendance pleine et inconditionnelle.

Pour terminer, nous préférons nous répéter en affirmant à nouveau qu'en tout lieu géographique où réside une société, existe le bonheur, le bonheur à l'état potentiel. C'est pourquoi la Révolution nous invite à créer les conditions objectives et subjectives d'épanouissement de l'homme et du progrès démocratique de la société.

Le Pouvoir Révolutionaire Local aura pour rôle essentiel de convaincre l'homme que le bonheur réside en lui-même, dans ses capacités, sa volonté, sa conscience, sa créativité et que partout où il s'organise pour valoriser le temps et l'espace, solidairement avec ses semblables, le bonheur peut être engendré. Le Pouvoir Révolutionnaire Local a pour mission, dans chaque village, de préserver les acquis du Peuple laborieux, d'organiser le travail et de réaliser les programmes du développement harmonieux et équilibré de la société.

On ne dira jamais assez que **c'est le travail qui a créé l'homme**, et que le travail est une activité créatrice d'une nécessité naturelle, et une obligation sociale et politique ;

qu'il n'y a pas de progrès en dehors du travail et de son organisation rationnelle et méthodique.

La Révolution guinéenne veut traduire concrètement sa nature populaire et progressiste en une réalité sociale consacrant les bases et les moyens dynamiques du bonheur démocratique et social.

Cette option justifie l'actuelle phase du développement historique du Peuple Guinéen dont le régime est concrètement celui du Parti-Etat, mettant au niveau de l'organisation politique des masses le Pouvoir, tout le pouvoir. La phase qualitative supérieure à atteindre sera, par le constant perfectionnement du régime, le Peuple-Etat. Cette phase correspond au dépérissement de l'Etat tel qu'annoncé par les premiers théoriciens du marxisme.

En effet, l'Etat aura perdu son aspect répressif et coercitif pour devenir une fonction d'auto-administration, d'auto-gestion et d'auto-contrôle qui sera assumée démocratiquement à chaque échelon de l'organisation sociale.

La dictature qui caractérise toute conduite du devenir historique d'une société s'exprimera non plus de haut en bas, mais de bas en haut grâce à la réalisation du Peuple conscient, responsable et compétent.

Dans un régime véritablement révolutionnaire, le Peuple s'administre lui-même, gère et développe son patrimoine dans des conditions de totale démocratie.

L'exercice direct du pouvoir total par le Peuple élève son esprit de responsabilité et qualifie ses pratiques économique, sociale et culturelle de manière constante.

S'il est des classes capitalistes,

S'il est des classes impérialistes,

Il n'est nulle part de Peuple capitaliste ;

Le Peuple, pour être Peuple, a exigé des hommes groupés :

Travail, constance, discipline et espoirs communs.

Fruit de labeur incessant, toujours tendu vers le progrès et la justice, le Peuple, par la nature de ses aspirations, ne peut être ni capitaliste, ni impérialiste, ni colonialiste.

Les contradictions qui divisent chaque Peuple, à partir de son mode de production, expriment la différenciation des couches professionnelles, des classes sociales dont les unes incarnent les aspirations justes de la Société, alors que les autres piétinent en compromettant plus ou moins fondamentalement leur réalisation.

Le pouvoir est toujours dans les mains d'une classe qui peut être la classe laborieuse, progressiste dans son essence, ou bien, la classe bourgeoise ou féodale, réactionnaire et anti-populaire dans son essence.

Entre les forces sociales qui exploitent et oppressent et les forces sociales qui travaillent et aspirent au progrès social et démocratique, il y a une opposition permanente d'intérêts qui se manifeste dans tous les domaines de la vie.

La lutte de classes qui caractérise l'existence de chaque Peuple, exprime toujours l'intensité des contradictions d'intérêts et elle est toujours en relation avec la nature du mode et des rapports de production en vigueur dans chaque pays.

Au sein du Peuple guinéen, les couches laborieuses, les forces de progrès révolutionnaires qui constituent la base sociale fondamentale du régime populaire guinéen sont la classe ouvrière et paysanne tandis que les éléments bourgeois, féodaux et trafiquants exploiteurs, les agents intellectuels et techniciens que l'impérialisme recrute parmi les cadres de l'Administration et de l'Armée, constituent objectivement la base sociale de la contre-révolution, le point d'appui des forces réactionnaires intérieures et extérieures.

Si malgré des siècles de durs efforts productifs, la paysannerie africaine connaît encore une vie de médiocrité, c'est incontestablement parce qu'elle est exploitée par des classes oisives de la Société.

La campagne subit et supporte la ville.

Le PRL est donc en un mot, pour les masses populaires, notamment pour les classes ouvrière et paysanne, l'arme décisive qui leur permettra de mener victorieusement la lutte de classes.

La conception révolutionnaire postule que le Peuple domine la nature et maîtrise l'histoire.

Ainsi, nous ne devons pas attendre que les bourgeois, les exploiteurs se multiplient à travers les générations.

Les enfants de maintenant ne doivent pas avoir le choix entre le travail productif et l'oisiveté, entre une vie digne, utile à la société et une existence indigne et nuisible.

La lutte de classes doit s'amplifier pour purifier la société en socialisant tous les grands moyens de production, en conférant ainsi une nature progressiste au mode de production, en perfectionnant constamment les rapports de production, enfin, en soustrayant définitivement tout le Peuple et chaque homme à l'exploitation, à l'arbitraire, à l'injustice et à l'insécurité.

Les changements qualitatifs ne s'opèrent jamais dans l'harmonie, ils sanctionnent des conquêtes des classes progressistes, et des défaites des classes réactionnaires. Ces changements, ces conquêtes, requièrent, pour leur sauvegarde et leur accroissement, la permanence de la lutte. Cela situe et justifie le caractère global et permanent de la Révolution pour qu'elle demeure toujours la force dominante qui oriente, construit et accroît les acquis du combat historique du Peuple.

Le progrès transcroissant de la Révolution est à ce prix !

Le P.R.L. est une institution qui se situe dans la technique populaire de la lutte de classes, car elle libère le

Peuple de toute forme d'exploitation et lui confère toute la capacité dans la conduite souveraine et efficace de son destin.

FONDEMENT DES BRIGADES DE PRODUCTION

Il ne suffit pas, nous le répétons encore, de décider d'une chose, il faut la réaliser. Nous devons tout faire pour que ce qui est prévu soit, sinon dépassé, du moins atteint, dans le délai imparti afin que d'année en année, des transformations heureuses s'opèrent et s'amplifient au niveau de nos P.R.L. Et il suffit que la dynamique du progrès soit axée sur le travail de production et que ce travail soit réellement considéré par le travailleur comme son développement, pour que la Révolution soit en mesure de mettre sur le rail du progrès dynamique, l'ensemble de ses militants.

Comment ? D'abord avec les hommes. Il faut que les hommes soient mobilisés.

Ensuite avec les moyens ; mais les moyens fournis par le Pouvoir central ne suffisent pas, il faut des moyens complémentaires.

Et enfin avec l'état d'esprit nécessaire à engendrer au niveau de chaque P.R.L. Il est évident en tout état de cause que ce travail ne peut être fait que par les camarades responsables des PRL, des sections, des fédérations, par les autorités administratives, à tous les échelons.

Pour nous, qu'est-ce qui existe ? Ce ne sont ni des usines, ni des bateaux, ni des avions, ni des fabriques, ni des chemins de fer, etc. Ce qui est à la portée de tout le Peuple et de chaque Guinéen, quelle que soit sa force de travail, c'est la terre qui constitue notre premier bien. **Nous devons consommer la terre, tout comme nous consommons l'air pour vivre. Et consommer la terre, c'est la transformer, la mettre en valeur afin de valoriser notre existence sur cette même terre.** Nous disons que cet effort est possible au niveau de chaque individu valide ; et c'est en l'organisant de façon rationnelle et dynamique, en utilisant pleinement le temps, que chaque homme pourra non seulement contribuer au développement de son pays mais aussi à son propre développement. Et ce qui est vrai au niveau de chaque individu, peut l'être au niveau de tout le Peuple. C'est ainsi que nous parviendrons à l'augmentation constante des moyens de développement de l'économie guinéenne selon les perspectives prescrites à notre Parti par les 9è et 10è congrès. **Ainsi l'agriculture, l'élevage, l'artisanat et la pêche combinés pourraient permettre à chacun d'être utile à soi-même et à la Nation et nous devons tout mettre en œuvre pour que toutes les forces valides soient effectivement engagées dans un effort productif, car nous avons déjà défini notre philosophie du développement, nous avons choisi un développement harmonieux, équilibré.**

Et pour que cette philosophie se traduise dans les faits, et s'exprime en résultats concrets rendant le développement plus harmonieux, il faut une action globale planifiée s'opérant dans tous les domaines des activités de la Nation. Pour que ce développement soit équilibré, il faut que l'on sache parfaitement que tous les secteurs économiques doivent avoir le même dynamisme, il faut que le Parti encourage l'effort pour dépasser les normes, preuve d'une volonté de qualification de l'efficience déjà irréfutable du Parti ; aucun ne doit être pénalisé arbitrairement au profit d'un autre, tout comme un homme sensé ne saurait accepter ou décider que ce qu'il consommerait ne servirait qu'à grossir sa tête au détriment des autres parties du corps. Autant un tel homme serait monstrueusement difforme, autant la simple croissance économique déséquilibre les secteurs de la vie sociale et aboutit à une société monstrueusement difforme.

Des exemples multiples foisonnent sous nos yeux : les pays capitalistes développés sur la base de la simple croissance sont en proie à des déséquilibres incontrôlables. Le développement de l'agriculture nous permettra tout d'abord de nous nourrir mieux, et suffisamment, c'est-à-dire de ne plus dépendre de qui que ce soit pour tout ce qui est nécessaire à l'alimentation correcte du Peuple guinéen. Et nous ajoutons ici que notre Peuple a ce devoir à accomplir, car il est l'un des rares Peuples à disposer des conditions les meilleures pour le développement impétueux de l'agriculture. En effet les conditions climatiques, écologiques et les diverses possibilités qui existent dans le domaine agricole en Guinée condamnent notre Peuple à ne plus dépendre de personne dans le domaine alimentaire. Nous devons nous suffire et une priorité absolue doit être accordée à cet objectif fondamental sans lequel, eh bien ! nous n'aurions fait jusqu'à ce jour que nous tromper nous-mêmes. Nous pouvons encore avoir des centaines d'usines, mais si l'homme pour lequel ces usines existent n'est pas effectivement utilisé à une activité créatrice quotidienne pour se valoriser lui-même, il deviendra tôt ou tard l'objet d'une simple croissance et il ne sera plus le sujet, le maître souverain de ses biens car on ne fait jamais le bonheur de l'homme à son insu. C'est pourquoi sur le plan psychologique comme sur le plan concret, il faut que chacun se convainque de la nécessité de fournir en quantité et en qualité l'effort qui lui permettra d'être fier du patrimoine national et d'avoir la ferme conscience de sa sauvegarde et de son développement. **Il faut que chacun soit d'abord un travailleur, apprécie le travail et soit convaincu de ses exigences.**

L'on ne peut pas ouvrir des emplois bureaucratiques à tous les Guinéens et à toutes les Guinéennes ; mais chaque Guinéen qu'il soit agrégé, docteur, licencié, bachelier, comptable, maçon ou mécanicien, peut cultiver, alors que tout cultivateur ne peut être un professeur, un médecin, un mécanicien, un comptable, etc... Chacun peut et doit être élément actif dans un secteur productif et tous peuvent être utilisés utilement au développement de la Nation.

Au delà de l'effort que nous devons faire dans le domaine agro-pastoral pour nous suffire, nous devons, compte

tenu des conditions très favorables auxquelles nous avons fait allusion plus haut, faire l'effort nous permettant d'obtenir le surplus agricole, les besoins alimentaires nationaux étant satisfaits. L'exportation de ce surplus correspond au besoin d'autres Peuples. C'est une contribution de la Guinée à l'équilibre de ces Peuples en mettant à leur disposition ce qu'ils ne peuvent pas produire, parce que les conditions naturelles de leur pays ne leur permettent pas de le faire. D'autre part, la contre-valeur financière du volume de la production exportée nous permettra de nous équiper dans la mesure où cet équipement ne peut être encore produit par nous-mêmes. Le caractère de complémentarité entre les différents secteurs économiques se situe là.

Ainsi, plus nous produisons dans le domaine agricole, mieux nous nous nourrissons et aussi plus nous exportons.

Il ne faut pas oublier une autre loi de l'économie celle de la correspondance entre les capacités pratiques et la connaissance théorique des engins à utiliser. Il faut assimiler la technologie de la séquence que l'on parcourt et se préparer à la technologie de la phase suivante. Cette démarche permet à l'homme d'aller régulièrement d'une phase à l'autre et de façon ascendante dans l'acquisition des qualités de production par la propre transformation qualitative du producteur. Nous disons donc que l'équipement doit être recherché en fonction des exigences liées à la meilleure utilisation des capacités intellectuelles, physiques et professionnelles des hommes.

A — De l'organisation collective du travail à la campagne

Les démarches tendant à utiliser avec esprit d'économie les moyens existants dans le but de les accroître pour atteindre le niveau requis par les objectifs fixés, sont indispensables. C'est pourquoi nous ne devons plus nous fixer abstraitement des objectifs, si louables soient-ils. Nous devons voir comment les réaliser ; et en examinant les conditions de réalisation des objectifs, nous devons voir si ces conditions permettent une action rentable, celle que postule le développement, car sans action économique rentable, il ne peut y avoir développement économique.

L'amélioration des conditions de la production doit se répercuter en augmentation de la quantité et de la qualité de la production. Imaginez un homme qui utilise la daba, une daba de 5 cm de largeur, cet autre qui utilise une daba de 10 cm de largeur et ce 3e qui manie une daba de 15 cm de largeur. Ces trois hommes, en faisant les mêmes nombres de coups de daba, n'obtiennent pas les mêmes résultats. La différence, provenant de l'état de grandeur des trois dabas se répercute dans celles des résultats. Quand un de ces hommes accède à la charrue attelée, il doit, tout au moins, produire plus qu'avec la daba; même s'il ne peut pas doubler, tripler ou quadrupler la production obtenue avec la daba, en utilisant maintenant la charrue il doit au moins dépasser le volume de la production, avec la daba, autrement il n'y aurait pas de progrès. Or, nous, **nous nous sommes prononcés pour le progrès, nous devons donc nous organiser en conséquence par l'organisation du travail dans chaque secteur, par la meilleure utilisation du temps, car le temps est un autre facteur de production.**

Aucun de nous n'ignore que si, au lieu d'abandonner les familles paysannes à elles-mêmes en nous contentant de leur donner des conseils, nous engagions en profondeur et en ampleur, d'une façon méthodique et responsable, l'action concrète, pratique, de création des nouvelles Brigades de Production, et si nous sommes constants dans nos efforts, en veillant à ce que le fonctionnement de ces brigades soit conforme aux règles que nous avons évoquées plus haut, aucun de nous ne doute que dans de telles conditions, et avant la fin du plan quinquennal, nous aurons organisé la moitié de la population paysanne en brigades et qu'en plus de l'extension des superficies cultivées, telle que nous l'avons indiqué, nous aurons doublé le rendement par hectare pour la plupart des cultures. Il ne s'agit pas ici d'une vue de l'esprit. Si nous avons confiance en la puissance d'organisation et dans la qualité de fonctionnement de notre Parti, nous devons reconnaître que nous pouvons réussir dans l'organisation de notre économie rurale autant que les autres pays socialistes. Et si nous réussissons dans cette mesure, c'est quelque 5 000 000 000 de sylis (cinq milliards de sylis) de valeur supplémentaire que nous dégagerons chaque année, et dans des conditions nous mettant à l'abri de tout chantage économique, donc dans des conditions renforçant incomparablement notre indépendance économique et socio-culturelle. Cela est absolument possible.

C'est pourquoi nous affirmons que quiconque néglige, à l'état actuel du développement de la Nation, le progrès agricole, aura opté pour le néo-colonialisme.

Telle est la vérité. Celle-ci reste impersonnelle. Examinons seulement ce qu'il faut faire, lorsque dans une proposition, une partie est fondée alors qu'une autre ne l'est pas, ou n'est pas en rapport avec l'exigence du progrès que nous ambitionnons ; adoptons la partie juste et rectifions les données qui n'ont pas une base objective ; fixons-nous des normes raisonnables et réalisons notre action avec sérieux. Nous n'avons plus le droit d'échouer. Notre propre dignité nous impose une attitude objectivement valable. Nous sommes trop riches d'expériences pour nous permettre maintenant de trébucher. C'est pourquoi nous devons, les uns et les autres, contribuer à la détermination des bases les plus raisonnables, les plus justes, et lorsque les objectifs, les formes d'organisation, seront fixés, nous devons avec la même vigilance et la même fermeté, savoir conduire les tâches dans leur réalisation concrète jusqu'à bon terme et ainsi nous serons nous-mêmes davantage convaincus de la justesse de la théorie traduite en programmes, en même temps que nous serons forts pour convaincre, à leur tour, ceux qui hésitaient à s'engager dans la phase révolutionnaire du développement économique et social du pays.

C'est pour être conformes à nos options, et pour être conséquents avec nous-mêmes que nous avons dit : « **créons partout des brigades de production au niveau de chaque collectivité villageoise. Commençons par créer une brigade. Epaulons, aidons cette brigade en mettant un équipement adéquat à sa disposition, en l'encadrant, en la conseillant, en la guidant, mais à condition que tout le fruit de son travail lui appartienne, l'Etat n'assumant que la fonction d'assistant technique, de conseiller scientifique pour un progrès technologique plus rapide au niveau du travail organisé collectivement par la brigade.** Le résultat, c'est-à-dire le bilan d'une année sera convaincant et servira de point d'appui à l'élargissement de la brigade. Au fil des années au lieu d'une brigade, on en aurait 2-3-5 ou 6 dans le même village. Chaque brigade sera attelée à une opération culturale dans le cadre de laquelle elle acquerra une spécialisation dont elle va mieux approfondir la technologie et la maîtrise. Ces brigades, après 2, 3 ou 4 ans, constitueraient une brigade coopérative polyvalente du village et l'action coopérative va se développer ainsi d'une façon méthodique et féconde. Ce qui constitue un terme dans le présent que nous vivons, doit constituer un tremplin pour que, demain, un autre terme soit atteint. Chaque terme doit donc être un ensemble de moyens nouveaux en vue d'une nouvelle étape correspondant à un niveau supérieur du développement. Les coopératives aboutiront ainsi à la transformation de chaque village en une unité de production».

L'unité de production est un stade qualitativement supérieur car c'est tout le village qui devient une machine sociale, économique et culturelle organisée, en ce qui concerne la production collective pour résoudre tous les problèmes de l'évolution rapide de la collectivité villageoise. **Il y a là un stade supérieur qui permet une répartition harmonieuse des activités compte tenu des capacités des uns et des autres et où le principe « à chacun selon son mérite » sera la base de rémunération de l'homme, quel que**

soit le secteur productif qu'il occupera ; les activités étant très variées, tel groupe s'occupe de l'agriculture, tel autre de l'élevage, un troisième de la pêche, des forêts, de l'artisanat, des petites industries de transformation créées par le village, tel autre groupe de l'habitat, et ainsi de suite. Tout comme les différentes branches du Pouvoir Central exécutant différentes tâches au nom de l'Etat Central, les différentes branches du Pouvoir Local exécutent dans l'harmonie et la complémentarité les différentes tâches au nom de ce Pouvoir Local en conservant à celui-ci son caractère parfaitement unitaire. collectiviste. Cette image de l'unité dans la diversité serait conférée à chaque village, et le village aurait alors atteint un stade de développement historique l'amenant à une plus grande maîtrise de soi et de la nature.

Nous devons préciser les raisons de constitution d'une Brigade; le pourquoi et le comment? Deux questions se rapportant à l'existence d'une Brigade :

Le pourquoi ? C'est parce que, nous pensons que la forme collective du travail, a infiniment plus d'efficacité que la forme individuelle du travail. La forme collective permet une association des moyens et des forces de travail dont la rationalisation permet d'atteindre un résultat supérieur à celui du travail individuel. La forme collective du travail est la base du régime révolutionnaire, du régime socialiste.

Nous ne pouvons pas faire une Société socialiste en maintenant et en encourageant la propriété privée ; les activités privées et tout, nous commandent à donner dès maintenant une structure collectiviste à l'organisation de la paysannerie, le développement et le perfectionnement de ses structures devant aboutir à la transformation qualitative de la vie à la campagne.

Si donc chacun accepte notre option socialiste, notre option révolutionnaire, chacun doit comprendre la nécessité, l'impérative nécessité de la création des Brigades de production. Voilà le pourquoi.

Le comment ? Il s'agit d'organiser les paysans. Si on dit qu'on fait une brigade avec les militaires, c'est comme si on nous disait, qu'on a fait une brigade avec les médecins, ou avec les magistrats, ou avec les financiers, ou avec les professeurs, qui ont leurs fonctions propres et ne sont donc pas des paysans. C'est pourquoi, les Brigades dont il s'agit sont implantées dans chaque village, constituées par les villageois qui doivent, par leur propre travail, créer les conditions du progrès économique et social dans le village ; le village ne pouvant pas se moderniser sans l'activité créatrice des villageois. Nous n'avons ici qu'à les aider à s'organiser, à s'équiper, nous n'avons qu'à les conseiller d'utiliser les méthodes de la science, les méthodes culturales modernes ; nous n'avons qu'à leur demander de se spécialiser. Nous devons leur expliquer que toutes ces démarches ne peuvent qu'accroître leur rendement.

Comment se constitue une brigade de production ? 15 paysans volontaires se regroupent et l'Etat met à la disposition de cette brigade un équipement de la valeur de quelque 60 000 sylis environ, soit 600 000 anciens francs, des charrues, des herses, des bœufs de labour, des outils individuels de travail, des semences, des engrais. Bref tout ce qui est nécessaire à la réussite de la campagne agricole se trouve ainsi réuni et mis à la disposition de l'équipe qui démarre. Et son avenir est garanti si elle fournit les efforts requis pour assurer la rentabilité de son entreprise agricole.

Ainsi, la première année, il a été réalisé un investissement de cent vingt millions de sylis au titre des brigades de production. L'année suivante, puisque les premières remboursent la moitié du prêt consenti, conformément à leur statut et à leurs obligations, on ajoute cette somme à cent vingt millions de sylis pour faire 180 millions destinés à la création de nouvelles brigades. Chaque année, le montant des investissements est égal à 120 millions de sylis auxquels s'ajoute le montant des remboursements effectués sur les prêts antérieurs. Et l'on prend des dispositions pour que les brigadiers utilisent tout leur temps à l'effort productif, et ne soient pas gênés par certains soucis de ravitaillement. L'on mettra à leur disposition, notamment du pétrole, du savon, des cigarettes, des tenues de travail, du riz, du sel, du sucre, etc... Le brigadier ne travaille pas pour quelqu'un d'autre, mais pour lui-même et son revenu lui appartient en propre et totalement. On dit seulement à telle brigade : « cultive l'arachide », à telle autre : «fais de la tomate ou du tabac », afin que toutes nos usines soient correctement approvisionnées en matières premières agricoles.

Quel est l'homme sensé, utilisant d'ordinaire la daba pour ne cultiver qu'un ha ou deux, et à qui il est fourni une charrue attelée, de l'engrais, qui reçoit son ravitaillement en sucre, en sel et en tissu, etc... pour qu'il puisse consacrer tout son temps à la production, quel est l'homme sensé qui refuserait de pareilles conditions de travail ? Personne. Mais il faut reconnaître que dans certaines régions, le travail de clarification au niveau des masses populaires n'a pas été fait. On a utilisé la méthode forte. On n'a pas expliqué, on n'a pas convaincu, on a imposé ! **Quand on attache les bras d'un homme sur le dos et qu'on le cravache en prétendant l'amener au paradis, il refusera sans doute ce paradis-là. Le chemin du paradis, c'est aussi la liberté, le chemin du bonheur, c'est encore la liberté.** Une décision ne vaut pas par elle-même, par l'intention qui l'a motivée ; elle vaut et réussit par la manière dont elle est appliquée.

La Fédération doit donc utiliser ses militants paysans, elle ne peut pas prendre des fonctionnaires pour constituer une Brigade ; que les fonctionnaires eux, se réunissent, qu'ils achètent les moyens de production, qu'ils fassent même 100 ha, cela ne peut pas être la Brigade.

Les Brigades sont les embryons des Coopératives au niveau des P. R. L ; elles sont faites pour les paysans, afin de leur faciliter le passage, de l'agriculture artisanale à l'agriculture moderne.

Ainsi, quand nous disons que le village deviendra une unité sociale, une unité politique, une unité économique, une entité culturelle, c'est là un terme, une étape qualitativement supérieure de l'évolution ; lorsqu'on aura atteint de telles caractéristiques, nous pourrons dire que désormais la société guinéenne aura été totalement émancipée et sera prête à engager de nouvelles démarches encore plus libératrices car chaque jour nouveau vient avec ses problèmes et appelle donc la nécessité d'améliorer les qualités déjà acquises car il n'y a pas de limite au progrès.

Ainsi, ayant une idée juste du processus de transformation de notre société, ayant une idée juste des phases successives qui doivent marquer ce processus, ayant également une idée juste des exigences de chaque phase et notamment de celle de la phase présente, il est recommandé aux cadres dirigeants du Parti et de l'Etat de se débarrasser de l'improvisation pour donner à leurs activités un caractère continu en leur conférant en même temps l'efficacité et l'utilité désirables. Alors, rapidement, l'objectif de développement, intégral, global, harmonieux et équilibré de la société, tel que l'exige la ligne choisie par le PDG, la ligne de masse, la civilisation de masse, pourra devenir une réalité vivante.

Nous sommes condamnés à exécuter toutes les tâches de cette action qui, seule, nous permettra, non seulement de nous suffire, dans le domaine économique, pour nos besoins locaux, mais aussi de nous équiper progressivement, de créer dans notre pays toutes les formes d'activités liées à l'ulisation conséquente de tous les moyens perfectionnés et grâce auxquels notre capacité productive sera fondée sur la maîtrise de la science, c'est-à-dire de la technique, de la technologie, maîtrise chaque jour plus affermie. Ce sont là les conditions impératives de l'édification de la Société Socialiste à laquelle nous avons librement souscrit.

Il faut que tous les cadres soient profondément instruits de l'importance et de la justesse de la décision du Parti, relative à l'institution et à la généralisation du travail collectif, sous la forme de brigades de travail, implantées dans chaque village, afin de résoudre les problèmes posés à la Nation.

Lorsque chaque cadre aura bien compris les exigences qui ont amené le Parti à prendre cette décision. décision prise sur la base d'une analyse objective des conditions de vie du Peuple à la campagne, alors. toute résistance ou tout comportement de nature à hypothéquer l'avenir des brigades de production, relèvera tout simplement de l'opposition idéologique la plus ouverte au Parti et à ses directives.

Aussi, dès la mise en fonctionnement autonome des coopératives socialistes, l'Etat n'interviendra en faveur de celles-ci, que sous forme d'assistance technique. Une coopérative socialiste peut faire une étude appropriée visant au développement de son action ; cependant, si ce développement est conditionné par l'acquisition de moyens qui ne sont pas à sa portée, elle peut saisir la Banque Nationale du Développement Agricole (B. N. D. A.) d'un devis estimatif accompagné d'une demande de prêt agricole qui peut lui être accordé, mais qui sera remboursé. Ainsi, les brigades peuvent, à partir de leur constitution et après le remboursement des investissements effectués par l'Etat en leur faveur, prendre toute décision libre, tendant à l'élargissement de leur effectif. La Brigade de 15 personnes peut augmenter son effectif et le porter à 30 - 40 ou 50 éléments valides. La brigade peut et doit accroître ses moyens de travail. Les premiers moyens donnés n'avaient pour but que de lui permettre dès les deux premières années, d'aboutir à une certaine rentabilité, mais la brigade doit avoir une ambition plus grande, et cette ambition doit exiger d'elle une production toujours plus accrue, ce qui se traduit par la nécessité de modernisation des moyens de production, en même temps que par la nécessité d'élargissement de son effectif.

Ce processus de développement que connaîtra la brigade de production aboutira à un stade de qualification transformant la brigade en coopérative socialiste tout comme la coopérative qui sera issue de nos classes de 13è année. Nous précisons que cette qualification n'exclut pas, mais suppose une contrainte nationale continuant à s'exercer sur la brigade. Qu'elle reste brigade primaire ou qu'elle devienne coopérative socialiste, elle passera obligatoirement des contrats de livraison pour des quantités données à l'Etat afin de continuer à ravitailler les unités industrielles. Comme chaque année le développement de la Nation exigera l'augmentation de ses Unités industrielles, et que chaque année la consommation industrielle deviendra plus grande, les quantités de matières premières que l'agriculture doit fournir à l'industrie croîtront au même rythme.

Cette politique de transformation de la paysannerie définie ainsi sous la forme d'une organisation rationnelle des travailleurs agricoles et des forces productives de la campagne, d'une évolution du mode de production par l'utilisation d'équipements modernes, cette politique, disons-nous, a retenu l'attention du Parti ; son exécution a commencé en 1973. **Il faut savoir qu'elle est, au-delà de la base du développement de l'agriculture guinéenne, la voie révolutionnaire pour une économie nationale de développement équilibré et dynamique.**

L'Afrique dont les 85 à 90% de la population travaillent dans le secteur agricole, a une vie caractérisée par l'insuffisance de produits alimentaires. Qu'est-ce à dire ? Sinon que l'insuffisance dans la formation économique, professionnelle, technique et technologique des Africains réside dans le fait colonial et néo-colonial. Mais s'il est bon de stigmatiser la responsabilité de la domination étrangère, une toute autre tâche est de liquider les effets de cette domination, car la Révolution interdit le simple stade de la détermination objective des causes d'insuffisance ; elle ne situe les causes des insuffisances que pour mieux les combattre.

Si nous voulons, et nous le voulons, résoudre le problème de l'agriculture, nous sommes obligés de définir la base dynamique correspondant même au processus de transformation qualitative ambitionnée par notre Peuple. Or, jusqu'ici nous n'avons tablé que sur l'aspect quantitatif, à savoir qu'un village de mille habitants doit produire plus qu'un village de 100 habitants. Or, un village de 100 habitants peut disposer de terres plus fertiles, à productivité plus élevée ; indépendamment de ses réalités objectives, chaque village doit accéder à la maîtrise de la technique et de la technologie pour pouvoir non seulement se suffire mais aider à l'alimentation de la Région. C'est pourquoi nous sommes obligés de nous atteler à la modernisation de l'agriculture, à la qualification des futurs agriculteurs. Telles sont les exigences qui nous amènent à retenir la formule de Brigade, celle de coopérative et aussi celle de Coopérative Socialiste. **Si les brigades peuvent devenir des coopératives, les coopératives acquerront forme et contenu socialistes,** c'est une certitude que demain, brigades, coopératives et coopératives socialistes exerçant leurs activités dans un même PRL, pourront aboutir à l'unité économique villageoise, la commune populaire organiquement intégrée sur le plan économique comme sur les autres plans, ce qui est une forme d'organisation supérieure, comportant, bien entendu, la diversification des activités, donc exigeant la création de sections spécialisées, chacune ayant des tâches précises à faire. Toute la collectivité villageoise présentera alors les caractéristiques d'une usine organisée en sections agissant dans le domaine économique pour aboutir au résultat collectif devant satisfaire les besoins des masses, cela compte tenu du rendement de chacun, et demain, compte tenu des besoins de chacun des exigences de la vie.

Tel est donc le cadre du développement ambitionné. Nous devons nous organiser pour assurer à ce développement un démarrage correct, un départ positif, une fois de plus, ce départ sera celui des brigades. Quand nous disons que nous jugerons désormais les Fédérations par la réussite de la campagne agricole, par l'exécution effective des décisions du Parti, il doit être clair que le critère fondamental sera l'efficacité dans la promotion de la production agricole ; aujourd'hui, c'est ce critère qui doit prouver l'engagement de chacun aux côtés du Peuple, sa disponibilité à l'égard de la Révolution, son adhésion sincère, profonde, concrète au P.D.G. Car c'est la production agro-pastorale qui est en retard, et sans développement de l'agriculture, le Peuple restera pénalisé, alors qu'il réunit les conditions naturelles excellentes, qu'il suffit de valoriser pour satisfaire correctement ses exigences.

Le développement de l'agriculture étant considéré comme la base essentielle du développement, **les fédérations seront appréciées à partir de l'efficacité de leur apport rigoureusement quantifié dans ce domaine, et comme ce domaine est lié aujourd'hui à l'organisation et au fonctionnement correct des brigades, autant dire qu'il est désormais impossible de masquer la réalité.** La Révolution peut décider dans des circonstances données de faire un pas en arrière pour mieux sauter : mais ce n'est pas le cas pour les brigades. Il n'en saurait donc être question, car la création de ces brigades est réellement un bond qualitatif qui déroute complètement l'ennemi de classe. Mais précisons **qu'on ne doit pas se contenter d'aller dans un village, choisir 20 camarades, et dire ensuite qu'on a constitué une brigade et s'en tenir là, croyant ainsi avoir satisfait aux exigences de la Révolution. Cette exigence se traduit réellement à travers le volume de la production.**

Mais, il est bon de préciser que les hectares n'ont eux-mêmes de valeur réelle que dans la mesure où les dispositions prises pour leur mise en valeur permettent d'obtenir une récolte qui satisfait les normes de production fixées. La réalité concrète c'est le produit palpable, utilisable pour satisfaire les besoins. Nous devons donc prendre plus au sérieux ce travail ; il conditionne la réussite du Plan. Lorsqu'une Région telle que Télimélé déclare : « on peut aller vérifier ce que j'ai fait, voilà, ce que j'ai fait » pour confirmer qu'elle se suffit, c'est là le seul langage du responsable traduisant son niveau d'engagement dans la Révolution. **Les difficultés doivent être résolues, c'est la fonction de la Révolution, son essence suprême : résoudre les difficultés.** Sans difficulté, il n'y a pas de mouvement révolutionnaire. Une des méthodes de la contre-révolution consiste à recenser, au besoin à imaginer ou à créer un nombre considérable de difficultés dans le but de prouver le manque de justesse des décisions arrêtées. Que cela relève d'une incompréhension de la dialectique de la vie sociale, nous comprenons. Mais que cela relève du pessimisme calculé, alors, **le Parti exercera la seule dictature légitime, la dictature populaire : le recours à la violence révolutionnaire contre les ennemis inconditionnels de classe.**

Sur les cinq millions et demi de citoyens guinéens, il y a 1 200 000 imposables soumis au minimum fiscal. En retenant 100 sylis par imposable, nous pouvons compter sur 120 millions de sylis, soit 1 200 000 000 de francs chaque année à investir au profit des brigades de production. Une brigade, au départ, exige un investissement allant de 50 000 à 60 000 sylis ; charrues, herses, équipement individuel, bœufs de labour, semences, engrais et ravitaillement ; qu'il s'agisse de n'importe quelle production, il y a un minimum d'équipement collectif, d'équipement individuel. Si nous retenons le chiffre le plus élevé, 60 000 sylis par brigade, et si nous nous disons que chaque année nous pouvons installer, avec les 120 millions de sylis recueillis, deux mille brigades de production, nous nous rendons compte donc, qu'en installant chaque année deux mille brigades, en deux ans, chaque village aura au moins une brigade, en quatre ans, chaque village aura deux brigades. Mais les brigades étant des noyaux qui doivent se développer en qualité et en quantité, il est loisible d'entrevoir le développement prodigieux auquel notre Peuple est en droit de s'attendre sur la base des chiffres arrêtés.

Dans 5 ou 10 ans, chaque village doit se retrouver organisé en ferme coopérative de travail. S'agissant de la brigade de production, et nous y avons assez insisté, il s'agit en effet d'une démarche concrète vers la société socialiste dont les lois économiques sont claires : le travail productif s'effectue sur une base collective et avec une division et une coordination démocratiques qui en assurent le rendement optimum. La science, la technique et la technologie de la production doivent être alors assimilées par chaque membre de la collectivité de manière à permettre, par la convergence de leurs effets, un résultat au bénéfice de toute la collectivité, d'abord proportionnellement à l'apport de chacun, et, plus tard, proportionnellement aux exigences de vie de chacun. L'institution de la brigade de production vise à actualiser ces lois en partant des activités des premières brigades. en nombre réduit, que l'Etat peut équiper, contrôler et conseiller. Ne pas vouloir des brigades, c'est renoncer aux lois du socialisme. Or, nous ne pouvons pas parler de socialisme et renoncer à ces lois. L'individualisme dans le travail ne saurait refléter, traduire l'option socialiste, et encore moins, la consolider concrètement. Nous ne voulons forcer personne, mais nous créons les conditions telles, que les bases du socialisme, même primaires puissent attirer l'attention du Peuple sur elles : dès lors comme sous l'effet d'une puissante force d'attraction, le Peuple est amené à adopter les formes collectives. **C'est pourquoi, il faut aider, appuyer, voire favoriser les brigades, en leur donnant tout ce qu'il faut pour que cette institution réussisse.**

Chaque année, ce sont des milliers d'éléments valides que nous retirons du monde rural pour d'autres activités.

La population rurale diminue ainsi, alors que ses capacités augmentent. Chaque année, des fonctionnaires, des élèves, des ouvriers, des employés, en un mot des travailleurs sont retirés de la population paysanne. Si nous nous référons aux statistiques de cette ponction sociale, nous constatons sa progression depuis l'indépendance. L'effectif de la classe ouvrière s'est trouvé vite doublé, triplé, quadruplé. Chaque année, avec de nouvelles usines, il faut de nouveaux travailleurs à recruter au détriment du secteur agro-pastoral ; si, au même moment, l'agriculture ne bénéficie pas d'une organisation rationnelle, de moyens modernes de production et n'applique pas la science, la technique et la technologie, alors la production agricole régressera: **le nombre de travailleurs agricoles diminuant et la population continuant à utiliser les mêmes méthodes culturales archaïques, il y aura chaque année, une accentuation de l'insuffisance alimentaire, concomitant au déséquilibre entre le développement agricole, aggravant ainsi l'une des contradictions les plus sérieuses qui se posent à tout régime socialiste : la contradiction entre la ville et la campagne.** C'est pour prévenir tout cela, qu'il faut organiser, selon nos options, la production rurale, éduquer les travailleurs de ce secteur, les équiper de moyens modernes de travail afin que, même si ce secteur subit une soustraction de forces productives, nous puissions augmenter la production rurale, nourrir correctement le Peuple et augmenter le volume de nos exportations.

Tout cela est lié à la réussite totale des brigades installées et dont le nombre doit augmenter. Il faut qu'elles réussissent. Si elles réussissent, non seulement les quelque 30 à 40 000 jeunes qui s'y trouvent aujourd'hui regroupés maintiendront leur enthousiasme dans leurs activités, mais chaque année une plus grande facilité sera donnée au Parti pour engager sous la même forme de brigades de travail, des dizaines et des dizaines de milliers de paysans ; mais, si elles échouent dans la première ou la deuxième année, ceux qui sont les premiers recrutés abandonneront leurs activités et il n'y aura plus de nouveaux brigadiers allant vers la forme collective de travail ; **ce serait la meilleure manière d'enterrer le socialisme ! Or, le Socialisme est l'unique voie de solution dans la liquidation des contradictions au sein du Peuple, au profit du Peuple et dans l'action de liquidation du système mondial de l'impérialisme !** Et quand nous disons que la vie n'est pas une course de vitesse, les fantoches feront bien de comprendre que nous sommes en fait les plus rapides, car leur rapidité à eux est une fuite en avant, une course démentielle vers une catastrophe au terme de laquelle et peut-être avant, le redoutable Peuple exigera de suivre la voie que nous empruntons actuellement, sans tambour ni trompette, mieux avec les sacrifices les plus élevés en abnégation.

C'est, parce que les difficultés existent, que le Parti doit se mobiliser pour les résoudre radicalement et c'est pourquoi les responsables du Parti et de l'Etat ne doivent plus dormir physiquement ni intellectuellement. Ils doivent rester mobilisés, et être dans une tension permanente d'esprit. animés par le souci de mieux faire et de réussir. Chaque fois qu'une décision est prise par un Congrès National, par une Session du C.N.R. ou par une Conférence fédérale, les cadres doivent tout faire pour que ces décisions soient matérialisées, car ce sont eux qui les ont prises. Ce n'est pas parce qu'on a tenu une conférence brillante dans un village, nous disons bien brillante parce que les populations ont applaudi comprenant la justesse des décisions. que les décisions de cette conférence deviendront une réalité ; il faut créer et entretenir les conditions pour la matérialisation des décisions. suivre le processus jusqu'au terme. analyser les erreurs. les défaillances constatées afin que l'action ultérieure, celle de l'année à venir, soit encore meilleure.

Nous sommes dans un processus, il faut le suivre. Il est inimaginable de diriger efficacement une Région en Guinée, même avec la meilleure volonté, si l'on ignore les données de la politique économique du Parti. C'est pourquoi,

le cadre honnête est celui qui se dit toujours qu'il est ignorant, et qui, en conséquence, s'instruit constamment, afin de mieux servir le Peuple. Par contre, le cadre qui se complait dans ce qu'il sait, se contente de sa formation de base, se trouvera très vite dépassé car la vie, elle, continue, la science, la technique, la technologie exigent chaque jour des capacités supplémentaires et les problèmes sont de plus en plus complexes. Seul l'ennemi de classe pénalise l'évolution d'une Région et d'une Fédération.

C'est pourquoi, il nous faut dès maintenant envisager une progression réaliste de nos brigades de production et coopératives socialistes pour notre plan quinquennal.

Nos coopérateurs en résumé sont d'un type nouveau, car formés à l'école de la Révolution, ils ont les qualités professionnelles requises, le niveau scientifique, technique et technologique leur permettant de rendre effectivement viables leurs coopératives. Nous devons ajouter que l'action de ces jeunes coopérateurs d'un type nouveau se répercutera nécessairement en effets positifs sur l'ensemble de la paysannerie : **émulation, qualification, organisation moderne de la production, progrès technologiques, augmentation de la production.** C'est dire même que la portée de ces coopératives socialistes ne se traduira pas simplement en bases matérielles primaires du socialisme : mais en un stade plus avancé de l'édification du socialisme en Guinée. La difficulté sérieuse qui se pose dans la construction du socialisme : celle ayant trait à la ponction des forces productives à la campagne pour les besoins de l'industrie, aggrave la contradiction entre la ville et la campagne. Mais comme le processus de transformation à opérer par nos jeunes coopérateurs socialistes, nos brigadiers et nos paysans modernes, se déroule essentiellement à la campagne, les voies de liquidation du déséquilibre entre la ville et la campagne, entre l'industrie et l'agriculture sont effectivement tracées : **il sera mis fin à l'importation**

de denrées vivrières, de matières premières agricoles pour nos unités industrielles, au navetanat, à l'assaut des centres urbains par les jeunes en quête d'un emploi improductif de fonctionnaire. C'est à partir de ces réalités que le Peuple se pénétrera de la supériorité du socialisme.

En resumé, tout le problème se ramène au développement agricole et toutes les démarches appliquées par ce développement doivent être concrètes, c'est-à-dire se traduire en résultats quantifiés positifs.

Les activités productives supposent trois facteurs fondamentaux et complémentaires : l'homme, la nature à maîtriser, le travail rentable.

1 — L'homme

En effet les hommes sont les premiers éléments économiques car ce sont eux qui sont producteurs et consommateurs; ce sont eux qui ont des problèmes concrets à résoudre; ce sont eux, en un mot, qui sont tout à la fois objets et sujets de toute activité économique, sociale et culturelle. Par conséquent, avant tout, il faut régler le comportement des hommes en fonction des exigences de la production. Régler le comportement des hommes, c'est d'abord rendre convergentes leurs pensées et leurs activités, ce qui veut dire qu'il faut que les hommes soient orientés dans leurs pensées et organisés dans leurs actions créatrices. Sans cette première notion, il n'y a pas développement et encore moins planification de ce développement, car, et nous y insistons, l'homme est à la fois l'architecte et le bâtisseur de l'édifice socio-économique. Or l'homme n'agit comme homme, c'est-à-dire qu'il ne cesse d'être « être de nature » pour devenir « être de culture » qu'en société, laquelle n'est pas un simple ensemble d'êtres, mais une organisation dont la qualité est fonction de l'intensité de son orientation et de la structure qui le régit.

Si nous considérons la micro-société qu'est la brigade de production, sa qualité est fonction de la force de polarisation de la pensée de chacun de ses membres vers l'objectif de la brigade et de la valeur de son organisation interne. Son efficacité dépend, en plus, d'autres facteurs que nous verrons plus loin.

2 — La nature à maîtriser

Les hommes constituant les forces humaines de production doivent agir sur la nature, en la transformant en fonction de leurs besoins à satisfaire. Cette assertion est valable à tous les stades de l'évolution des Peuples. Les dissertations sur la beauté de la nature ou sur son hostilité n'ont jamais permis à l'homme de maîtriser les éléments. Ainsi, c'est sur la nature que l'homme agit, c'est l'espace que l'homme organise, mais pour que ses efforts donnent les résultats escomptés, il faut qu'il dispose de moyens de production appropriés.

S'il est indiqué que les hommes soient organisés en fonction des différentes démarches qu'ils doivent opérer en vue de la maîtrise par eux de la nature, il faut aussi, pour l'action de planification, que partout les moyens de production soient mis à la disposition des producteurs. Ici, le moyen de production de base c'est la terre en grandes étendues. Si avec 15 ou 20 militants, on peut constituer une brigade, il faut savoir que cette brigade opère sur l'espace, d'où la nécessité absolue de mettre à sa disposition les superficies nécessaires à son action. D'une façon plus précise, l'étendue de la terre à mettre à la disposition de chaque brigade est à déterminer en fonction :

a) De la capacité ordinaire de l'homme avec les moyens rudimentaires.

b) De la valorisation supplémentaire, lorsque cet homme utilise des moyens modernes. Ce calcul doit être fait pour chaque brigade et au niveau de chaque Région.

Toute orientation des activités des hommes modifie une réalité antérieure.

3 — Le travail rentable

Ce paysan, naguère, pratiquait la riziculture, la pêche, l'artisanat. Devenu brigadier, c'est-à-dire inséré dans un groupe de production, il est désormais appelé à agir sur l'espace, à utiliser la nature, mais pour des buts autres que ceux qu'il poursuivait. Il cesse de pratiquer le travail parcellaire auquel il se livrait et qui l'exposait aux aléas qui guettent tout producteur isolé ; mieux il doit travailler désormais sur une base collectiviste. Il n'est pas devenu un ouvrier agricole. Il est entré volontairement, librement, dans une organisation ayant un objectif déterminé, et comme producteur associé.

L'objectif collectif de l'organisation est devenu son objectif propre. Il est co-équipier, co-producteur, co-propriétaire; et comme le rôle qu'assume la brigade de production est également celui d'élément de base de la nouvelle société qu'édifie le Peuple de Guinée organisé au sein du P.D.G.. notre paysan est devenu, en même temps, un militant d'une stratégie politico-économique historique. Il a changé d'orientation.

La nouvelle orientation est, en un mot, une substitution d'un objectif à l'autre; mais si le but demeure identique, à savoir produire, il faut que les résultats visés dans le nouvel objectif soient supérieurs à ceux que donnait le mode antérieur de production. Sans cela, il n'y a pas de progrès. Si le nouvel objectif est différent du premier, il faut que les effets des démarches pour l'atteindre soient supérieurs du point de vue de la rentabilité à ceux des démarches qu'exigeait l'objectif précédent. Il y a donc lieu de maîtriser aussi la notion de rentabilité des efforts des hommes organisés sur l'espace également organisé.

Ces trois notions se complètent et devront partout être prises en considération par nos organismes dirigeants afin que l'action déclenchée par le Parti ait le maximum d'effets positifs.

En effet, il s'agit d'organiser l'avenir, le futur du Peuple de Guinée, grâce à l'utilisation rationnelle des forces humaines et matérielles dont dispose la Nation, grâce à l'orientation des activités de ces forces en fonction de la satisfaction des besoins du Peuple de Guinée.

A tout homme ou à tout groupe d'hommes dont le comportement n'est pas réglé en fonction des exigences croissantes de la production, c'est-à-dire à tout homme qui agit au hasard, sans but, sans contrainte, résultat de son manque de maîtrise de l'espace et du temps, il est réservé un avenir négatif. Par contre, à tout homme organisé dans l'utilisation consciente et dynamique des forces productives, est réservé un avenir positif dû à sa maîtrise consciente et souveraine sur la nature et à son taux élevé d'utilité et de rendement. Certes, le cycle de l'action engagée peut comporter pour une première année ou une deuxième année un résultat inférieur aux prévisions, mais l'avenir reste quand même positif car le résultat négatif n'est que provisoire. Les leçons tirées de l'analyse objective des causes étant assimilées par l'homme, les difficultés seront dépassées, maîtrisées par lui. Le propre donc de la planification du développement est d'assumer un avenir positif à l'évolution de la société grâce, nous le répétons, à l'organisation rationnelle des forces humaines et des forces matérielles dont dispose la Nation.

Sans action de planification, sans décision du P.D.G. pour assurer un développement dynamique équilibré de l'économie nationale, nous risquons non seulement d'arrêter notre développement général, mais encore de régresser. Ce que nous ne devons pas oublier est que nous sommes confrontés à un monde dont une importante partie est matériellement très développée et avec laquelle nous entretenons des échanges économiques permanents. Nous ne saurons admettre plus longtemps que l'agriculteur guinéen soit équivalent au dixième de l'agriculteur des pays dont les Etats ont opprimé et continuent d'opprimer nos Peuples. Nous avons une seconde exigence qui est en fait l'exigence fondamentale : l'édification d'une société socialiste en Guinée, et d'abord une organisation démocratique et scientifique de la production ; ce ne sont pas des slogans, nous ne devons jamais l'oublier. C'est pourquoi nous ne devons pas laisser le temps agir à sa guise mais devons le maîtriser. Nous devons planifier la production, organiser les producteurs, utiliser à bon escient les forces productives matérielles, adopter les méthodes les plus appropriées, contrôler, rectifier, imaginer, créer.

L'observation nous indique que le paysan cultivait au moins deux à trois hectares de céréales et tubercules avec la daba ; ce qui veut dire que les 15 brigadiers organisés, hommes adultes car leurs âges vont au moins de 17 à 35 ans sinon plus, produisaient selon l'ancien mode de production quelque 30 à 45 ha de céréales et tubercules.

La première réaction d'un cadre averti des problèmes économiques, celle d'un cadre qui fait de l'atteinte des objectifs assignés à la Nation une question d'honneur patriotique, est de se poser inlassablement des questions : pourquoi, alors que 15, ordinairement, produiraient sur 30 à 45 ha à la daba, serait-il prescrit moins, à savoir 10 ha pour les actions de tabac, tomate, maïs, 24 ha pour l'action arachide, autant de normes déjà inférieures à celles réalisées par le paysan travaillant dans les conditions ordinaires ? Si la daba permet la mise en valeur de deux à trois hectares et par paysan, la charrue à traction animale permet la mise en valeur de 8 à 12 ha. Or il est accordé aux brigades deux ou trois charrues, selon la nature de la production, pourquoi cette acquisition de moyens nouveaux de production ne se traduit-elle pas en augmentation de la rentabilité ? Mieux, l'acquisition de moyens nouveaux ne pouvant signifier en aucun cas l'abandon des moyens rudimentaires, un groupe de paysans disposant de trois charrues doit tout à la fois utiliser la daba et les trois charrues de manière à atteindre plus de 30 ha car auparavant, les 15 pouvaient faire 30 à 45 ha avec la seule daba.

Maintenant qu'ils ont trois charrues plus les 15 dabas, pourquoi ne devraient-ils pas dépasser les 30 — 45 ha ? Pourquoi malgré les nouvelles possibilités que permet l'utilisation des moyens nouveaux de production, utilisation combinée de surcroît avec celle des moyens anciens, ne prévoyons-nous que 24 ha pour l'arachide et 2.10 ha pour les autres actions : tabac, maïs, tomate ? Pourquoi ? C'est parce que le Comité Central a pensé que si les brigades doivent pouvoir résoudre les problèmes cruciaux posés à la Nation, à savoir le ravitaillement correct en matières premières des unités de production installées, l'alimentation correcte de la population, pour se libérer de la dépendance de l'extérieur dans les deux cas, et consacrer les fonds ainsi économisés à d'autres objectifs, les brigades doivent aussi pouvoir résoudre les problèmes propres à elles.

Ainsi, l'action prescrite par le Parti devient une des actions de chaque brigade ; l'action fixée par le Parti est l'action principale qui doit être satisfaite dans les quantités prescrites. A celle-là s'ajoutent d'autres activités complémentaires constituant des actions secondaires. Mais que l'on ne se méprenne pas, « secondaire » ne signifie nullement « facultatif ». Les actions secondaires sont rigoureusement obligatoires car leur apport reste aussi nécessaire à la rentabilité pleine et entière des forces engagées dans les brigades.

Prenons un cas : telle brigade, dans la production de l'arachide, du tabac ou de la tomate réalise bien ses 24 ou 10 ha, selon le cas, au titre de l'action principale, mais parallèlement, elle doit entreprendre d'autres actions agricoles pour produire du riz, du maïs, des tubercules, toutes choses nécessaires à la correcte alimentation de ses membres, sans compter que si la productivité est élevée en action secondaire obligatoire, cette brigade pourra commercialiser une partie de la production pour se procurer des moyens financiers.

Les productions secondaires sont absolument nécessaires et quand on tient compte du caractère constant de l'action prescrite aux brigades, on est obligé de faire comprendre la nécessité à chaque brigade, d'arriver non seulement à se suffire, mais à se dépasser d'année en année.

Nous avons dit aux cadres de ne pas hésiter. On doit hésiter si l'action préconisée n'est pas juste ; on hésiterait si cette action peut aboutir au mécontentement de ceux qui sont appelés à l'effectuer. Et même si l'on hésite, la méthode démocratique de conception des solutions permet à chacun d'exposer librement les motifs d'hésitation; elle l'y oblige.

Les étrangers qui visitent notre pays ne manquent jamais d'affirmer qu'en matière de décision sur des questions cruciales. le débat démocratique est poussé à un point extraordinaire en République de Guinée. S'il est donc permis à chacun d'exprimer son désaccord sur une solution. et si aucun désaccord n'a été exprimé, il n'y a donc plus aucune raison de tergiverser; à moins que les tergiversations ne soient une forme de résistance de classe. auquel cas le Parti ne peut enregistrer qu'une divergence idéologique profonde sur la ligne et en tirer les conclusions qui s'imposent à savoir la manifestation d'une opposition antagonique : la contre-révolution.

En effet, comment peut-on hésiter quand la nécessaire comparaison des deux situations ci-après nous démontre la grande supériorité de la seconde :

1ère situation : le paysan non encore bénéficiaire des nouvelles mesures agit selon ses moyens rudimentaires. A-t-il besoin d'un hectare de terre ? Il faut que lui-même résolve ce problème. A-t-il besoin de semences? Tout est à son niveau et si certains paysans arrivent à résoudre leurs problèmes, il y en a d'autres qu'ils n'arrivent pas à résoudre et c'est le cas de l'immense majorité des paysans.

Deuxième situation : l'organisation du Parti, la force de l'Etat révolutionnaire, se substituent au paysan isolé dans la solution des problèmes de production qui se posent à lui et au-delà des objectifs ambitionnés par lui, s'appliquent à lui ouvrir des perspectives qui englobent et dépassent ces objectifs. Le Parti dit à 15 de ces paysans isolés : « Vous allez constituer une brigade. Au lieu du travail individuel, vous allez créer l'émulation entre vous dans le cadre d'un travail collectif. L'Etat mettra à votre disposition trois charrues, trois paires de bœufs, des herses, des pelles, des coupe-coupe, des dabas, des arrosoirs, mieux encore, des semences, des engrais certaines denrées, certains articles de première nécessité, encore mieux des encadreurs que vous n'aurez pas à payer et qui sont à votre service pour vous aider à réussir. Tous ces moyens qui sont mis à votre disposition seront utilisés pleinement par vous et vous appartiennent; ils sont avancés sous forme de prêt et vous aurez à vous acquitter du montant de ces investissements en deux tranches ».

Quel est le paysan du monde qui pourrait refuser une telle offre? Depuis quand et où un paysan comprenant des décisions de transformation positive de sa condition, s'opposerait-il à l'application de ces décisions ? Il n'en existe nulle part et nul ne peut douter des immenses avantages des conditions qui sont faites à ces paysans, si toutefois il jouit de ses facultés mentales, surtout qu'il s'agit de son intérêt propre. Si le paysan résiste, c'est qu'on ne le lui aura pas expliqué. Si la brigade échoue malgré les moyens mis à sa disposition, c'est que les cadres auront saboté l'action.

Ainsi, nous nous devons de savoir que la forme d'organisation et les objectifs de l'organisation constituent déjà la garantie du succès à partir de l'adhésion enthousiaste de ceux qui se considèrent comme éléments bénéficiaires de la solidarité nationale et non comme éléments pénalisés.

Pour le cadre qui réalise le degré de disponibilité des masses qui n'ont rien à perdre, l'enthousiasme dans l'adhésion indique objectivement qu'il est impossible d'échouer. Où situer donc les niveaux de responsabilités? Au niveau des cadres car. et nous y insistons, le Peuple conscient. convaincu. ne peut hypothéquer son propre avenir.

La Révolution n'est pas derrière l'histoire, elle est au contraire la forme la plus élevée de maîtrise scientifique des lois de l'évolution sociale. Aussi nous ne nous laissons pas guider par le hasard, nous voulons maîtriser l'histoire, prévoir les événements et résoudre au mieux et à l'avance les problèmes dont ils sont chargés. C'est dire une fois de plus, que la ligne doit être parfaitement assimilée par les cadres du Parti.

Nos services spécialisés doivent étudier les implications pour résoudre pour ces cités socialistes, ces coopératives socialistes, les problèmes concernant l'équipement et l'infrastructure.

Voilà des problèmes posés. Mais comme nous l'avons déjà dit, les hommes ne peuvent pas se poser des problèmes qu'ils ne sauraient résoudre. Chaque fois qu'un problème est posé, c'est qu'il y a déjà une infinité de solutions parmi lesquelles la solution la plus efficace. Ainsi certains de ces problèmes pourraient trouver leurs solutions sans encombre lorsque nous nous référons à une partie de notre Plan national qui prévoit la finition de trois cimenteries au cours du quinquennat. lesquelles cimenteries pourront atteindre la capacité de 700 000 tonnes de ciment. Ceci nous permettra tout à la fois de dégager une véritable politique de l'habitat donnant satisfaction aux populations dont les besoins en logements deviennent de plus en plus pressants et de soutenir l'action des cités socialistes grâce à une infrastructure matérielle correcte.

Nous répétons que les chiffres sont éloquents. S'il y a une partie des implications que nous pourrons satisfaire en raison même de ce qui existe. de ce qui sera créé grâce à d'autres actions du Plan. il y en a bien d'autres qui accuseront une certaine dépendance de la Nation vis-à-vis de l'extérieur et dont la satisfaction sera fonction du volume d'exportation de la Nation en produits. Voilà que si nos exportations n'augmentent pas dynamiquement pour nous procurer chaque année davantage de devises étrangères, notre Plan pourra être compromis. C'est pourquoi, comme nous l'avons indiqué au début, dans l'action de planification, il y a une partie absolue et une partie relative. La partie absolue, c'est le devenir ambitionné et décrit dans le Plan, ce sont les normes auxquelles nous voulons atteindre et que nous voulons dépasser à l'échelle de la Nation.

La partie relative est fixée à partir des études appropriées quant aux capacités exactes de chaque région et aussi quant à ses potentialités pouvant être traduites en capacités réelles au cours de la période quinquennale.

Tout se tient désormais : le comportement d'un P.R.L. réagit sur le plan des données de l'arrondissement. Le comportement de l'arrondissement réagit à son tour sur le volume de la production et de la commercialisation de la Région. Le comportement d'une Région peut favoriser ou défavoriser la Nation dans son œuvre d'édification de l'avenir déjà chiffré à travers les normes qu'elle s'est proposé d'atteindre au terme de la période quinquennale en cours. L'une des forces du Parti est dans la structure de son organisation, plus précisément dans le mode d'enchainement des échelons de l'organisation.

Mais cette force peut devenir, avec le mauvais cadre, une faiblesse. En effet le caractère intime de cet enchainement interdit tout frein à un échelon car il affectera tous les autres échelons compromettant ainsi l'œuvre commune. C'est dire que le mauvais cadre n'échoue pas seul, il fait échouer les autres cadres : sa responsabilité est grande. Et c'est pourquoi le Parti ne peut plus tolérer aucune défaillance au niveau des cadres.

Aussi, qu'il s'agisse aujourd'hui d'une brigade de production, demain d'une coopérative socialiste, il faut que les cadres aient un réflexe économique normal. Nous ne le dirons jamais assez, car tout le succès de leur rôle dirigeant est lié à la maîtrise par eux des données économiques et sociales de leur Région, de leur section ou de leur P.R.L. Tout problème posé à travers une phase doit désormais être interprêté en réalités économiques et sociales par un cadre averti; et le cadre qui se veut sérieux met en équation ces réalités avec celles que nous voulons créer pour savoir s'il y a égalité ou inégalité.

C'est pourquoi, dans chaque région invitée d'ailleurs à dresser les tableaux de progression des brigades et des coopératives socialistes pour les périodes 1974-1978 et 1979-1983, il y a nécessité de réétudier les objectifs et les formes d'action de chaque brigade constituée. D'abord. l'action principale doit être menée à bon terme avec le respect scrupuleux des normes fixées. Nous savons que le quinquéliba, les racines ou toutes les feuilles médicinales habituelles sont consommés par le Peuple. Aussi ces éléments doivent être objets d'études scientifiques serrées. Ainsi chaque action sera adaptée aux capacités réelles au cours de la période quinquennale. Toute période agricole s'étale sur à peine 5 à 7 mois selon la nature de l'activité agricole et selon les régions. Il faut donc calculer le temps de travail nécessaire par jour pour que la brigade se rende parfaitement compte qu'en deçà de ce temps et aussi de la norme quotidienne, hebdomadaire, mensuelle, elle ne pourra pas être au rendez-vous la tête haute.

Il faut aider les brigades à se fixer d'autres objectifs. C'est ce que nous appelions plus haut activités complémentaires. actions secondaires et qui sont toutes nécessaires. car les brigadiers sont des hommes qui doivent remplir effectivement le temps et le valoriser constamment.

C'est le temps valorisé qui permet la valorisation de l'espace. car si le temps n'est pas rempli d'utiles œuvres et que l'espace reste tel qu'il était, à savoir, non maîtrisé. alors l'homme ne saurait en tirer ce qu'il ambitionne de posséder. Sous forme d'actions secondaires ou d'activités complémentaires, en dehors des cultures secondaires obligatoires. l'on pourrait suggérer pour chaque brigade la construction d'un four à briques qui fonctionnera durant une période de l'année afin de réaliser les objectifs d'amélioration des conditions de vie des brigades elles-mêmes.

En effet les brigades peuvent assurer le ramassage et la taille de pierres comme matériaux de construction. Les brigades doivent parallèlement à l'action arachide, tomate, tabac, pratiquer des cultures vivrières à titre d'actions secondaires obligatoires ou d'activités complémentaires, car il ne faudrait pas que la brigade ait à payer les denrées dont elle a besoin. Elle doit produire pour se suffire, produire ce qui lui permettra d'avoir un revenu plus grand, d'améliorer son équipement, d'élargir constamment ses capacités de travail. La culture vivrière comportera bien sûr la culture du riz, du maïs, du niébé, de légumes, et des tubercules nécessaires à l'alimentation des brigadiers eux-mêmes.

Selon la période de l'année, les brigadiers peuvent fournir du bois de cuisine au chef-lieu de l'arrondissement ou de la Région se procurant ainsi de nouveaux moyens financiers ; organiser la coupe de paille commercialisable pour la couverture des cases du P.R.L., récolter du quinquéliba, des racines ou toutes feuilles, pratiquer la chasse. Ce sont-là de nouvelles sources financières pour la caisse de la brigade. Ils peuvent assurer la cueillette du néré qui est là à leur portée ; ils peuvent pratiquer l'artisanat. confectionner des sacs, des paniers.

Est-il rationnel que les brigadiers de la région forestière qui vivent au milieu des palmiers attendent que viennent de l'extérieur les sacs ? Disposant de la matière première à foison, ils peuvent et doivent fabriquer tous les sacs nécessaires à leur groupe et même en faire pour la vente.

Ils peuvent également faire un plan d'aménagement de leur ferme en vue de la maîtrise de l'eau ; ils doivent le faire, cet aménagement ne saurait être minimisé. Sans maîtrise de l'eau, l'agriculture est toujours sous la menace de l'échec parce que, soumise aux aléas de la nature ; ainsi cet aménagement assure la quantité d'eau optimum pour un rendement maximum ; si cela n'est pas fait, nous insistons, les brigadiers seront toujours victimes de la submersion des cultures ou de l'absence d'eau. Il sera alors facile pour l'ennemi de classe d'imputer les échecs aux principes collectivistes de travail ; nous lui en aurions donné l'occasion. Or le militant digne de ce nom ne saurait accepter un seul instant que l'ennemi de classe jette la boue de la contre-révolution sur son organisation, à lui.

Même si les causes de l'échec sont réellement indépendantes de sa volonté, il doit être éminemment sensible aux réflexions ennemies. Les brigadiers doivent avoir un programme de création de plantations d'agrumes dont l'effet, trois ans, cinq ans, sept ans plus tard, viendrait mettre à leur disposition des sommes importantes en recettes. Puisque les brigadiers n'auront pas une action sporadique pour une seule tranche du Plan, mais une action constante, il faut que les brigadiers aient une idée polyvalente quant à l'utilisation de leur énergie intellectuelle et physique.

Ainsi, les brigades se trouveront dans les conditions de réalisation d'un programme varié d'activités toutes rentables, ou en tout cas dont la combinaison viendrait assurer un seuil élevé de rentabilité à l'unité qu'elle représente.

C'est pourquoi dès maintenant nos organismes doivent se poser des questions. Avec la daba combien ces 15, 20 brigadiers, auraient-ils pu produire ? Trouver la réponse juste. Avec les moyens modernes mis à leur disposition, combien doivent-ils produire ? Trouver la réponse juste, ce qu'ils peuvent effectivement produire moins ce que l'action principale leur recommande ; ils ont là une marge d'activités complémentaires qui, si elles sont menées à bonne fin, viendraient améliorer considérablement les conditions financières de la brigade. Il ne s'agit donc pas de désigner, nous le répétons, 15 ou 20 camarades, de les baptiser brigade de production pour que l'on puisse dire dans un rapport que le PRL dispose de deux ou 5 brigades. Ce serait tricher avec la Révolution, ce qui est un acte contre-révolutionnaire.

Il faut organiser le travail c'est-à-dire fixer correctement les effectifs pour chaque tâche, déterminer les superficies, orienter la production suivant le principe de l'action principale et de l'action complémentaire obligatoire, répartir chaque période (journée, semaine, mois, année) en tranches.

Nous réclamons toujours des moyens modernes pour le travail de dessouchage. Nous oublions qu'avant l'invention des moteurs, les paysans européens avaient déjà fini d'opérer le dessouchage de la plupart des terres qu'ils culvent aujourd'hui. Dans tous les cas. il faut que dès Avril toutes les terres des brigades, soient prêtes à un labour correct et que le calendrier de tous les travaux à venir soit déjà dressé ; il s'agit de gagner l'avenir par une organisation rationnelle des hommes en vue de leur faire dominer la nature. Voilà le problème de fond.

Ce n'est pas un problème passager. c'est un problème permanent, éternel. Il s'agit de valoriser l'homme par le travail. C'est pourquoi, nos camarades responsables des Fédérations et des Régions doivent se mettre à la disposition des brigades. les orienter efficacement. les aider à résoudre les problèmes posés à elles. les encourager à produire et toujours produire davantage. Nous l'avons dit. l'exemple est seul payant Si le maximum est fait pour installer sur des bases solides un groupe de travailleurs. le reste sera perçu. compris. réalisé par le même groupe. car il aura confiance en ces bases.

Il faut donc tout faire pour que non seulement les brigadiers, mais tout le Peuple entier comprenne la justesse pratique des décisions arrêtées par le 10ème Congrès et par le Conseil National de la Révolution qui l'a suivi.

Nous avons obtenu une victoire dont maints camarades ne saisissent pas la portée. En effet, le Parti ne recrute pas les paysans comme simples adhérents ; les paysans sont venus d'eux-mêmes au Parti, ayant réalisé la valeur de sa ligne à des moments dramatiques de la vie de notre Peuple. Le PDG est donc déjà leur Parti. Pour quelle raison donc, ne seraient-ils pas convaincus de la justesse des décisions du Parti, d'autant plus que ces décisions, correctement appliquées, auront satisfait leur besoin de progrès matériel, économique, démocratique, culturel ?

Nous ne demanderons jamais assez à nos cadres de prendre avec le maximum de sérieux ce programme dont la réalisation leur est confiée.

L'EXPLOITATION DES EAUX ET FORETS

Toute discussion qui se veut scientifique et portant sur les problèmes du développement rural ne saurait perdre de vue les rapports entre deux éléments fondamentaux, le sujet et l'objet.

Qu'est-ce qui est le sujet du développement rural et quel en est l'objet essentiel ?

Seules la connaissance des réponses exactes à cette question et une vision claire des relations entre les deux éléments permettront de définir, de façon correcte, une cohérente politique à l'échelle de la Nation, à l'échelle de la Région, à l'échelle de l'Arrondissement et à l'échelle du P.R.L., **pour aboutir, à partir de la commune villageoise, à une action dynamique du développement du pays.**

Le Parti Démocratique de Guinée a réussi une mutation qualitative de l'Etat guinéen grâce à une parfaite assimilation par le Peuple des principes et méthodes qui lui permettent d'accélérer le développement économique de la Nation.

Dans les pays où l'Etat est une entité séparée du Peuple, ce dernier est, en un mot, administré et « géré » comme des biens par les représentants des classes monopolisant à leur seul niveau le pouvoir de concevoir, de décider à leur guise et de conduire librement les affaires de la Nation ; l'Etat dans une telle situation et dans un tel contexte, est obligé de se substituer au Peuple. Il arrête alors et fait réaliser un programme de développement, à la dimension des intérêts qu'il veut sauvegarder, ceux des classes au pouvoir, et en fonction de ses propres objectifs qui n'ont jamais la dimension des objectifs d'évolution générale du Peuple lui-même. La mutation dont nous faisons état réside dans l'institution en Guinée d'un Etat populaire, démocratique, révolutionnaire, organisé de la base au sommet et permettant à chaque échelon de son organisation de se saisir des problèmes concernant l'évolution harmonieuse de la société, de les discuter et de les résoudre convenablement. Pour nous, Peuple de Guinée, **parler de l'économie rurale, de l'agriculture, des eaux et forêts, de l'élevage, de la pêche c'est parler d'abord du Peuple lui-même qui est le principal artisan de toute transformation véritable de ses conditions naturelles et sociales de vie, de toute qualification de son comportement social et de tout perfectionnement de ses démarches techniques et technologiques.**

A — Les échelons de l'aménagement rural.

Au niveau national.

Le ministère des Eaux et Forêts et des Grands aménagements, articulé du sommet à la base, a des tâches diverses qui méritent d'être judicieusement réparties.

Tout d'abord au niveau national, le ministère, les principaux cadres des différents secteurs du Département sont chargés de la conception des actions à long et moyen termes concernant les eaux, la forêt, et de tous les aménagements nécessaires au progrès économique. Le ministère, les directions de ses services ont un rôle d'étude scientifique, d'analyse, d'animation, de choix des priorités et de coordination permettant l'orientation convenable des activités des forces productives de la campagne. Ce rôle tirera son efficacité aussi de l'animation rurale que le ministère et ses directions techniques sauront créer et entretenir grâce à un contact permanent avec les autres échelons qui seront chargés de l'éxécution pratique des tâches en conformité avec la politique nationale en matière forestière.

Au niveau régional

La Région est un échelon à double activité. Elle joue le rôle d'étude préliminaire dont les résultats devront être de nouveau étudiés à l'échelon national. Tout comme à l'échelon de la Nation, la Région a la tâche de planification, de coordination et d'analyse pour des directives à donner aux populations rurales. Les potentialités que possède la Région, les insuffisances dont elle souffre et les remèdes à y apporter, tout cela constitue l'aspect « étude » qu'un service régional des Eaux et Forêts doit inscrire dans son programme d'action rurale. **Les résultats des études régionales orienteront les activités de la Région et permettront à l'échelon national,** par la connaissance des réalités de chaque Région, de faire un travail utile de synthèse en vue de directives plus générales.

Le deuxième rôle que doit jouer le service régional des Eaux et Forêts est plus actif et plus dynamique. Après les études et l'élaboration du programme général de développement, ce service est chargé de l'expérimentation et de l'application des décisions pour la Région.

Au niveau de l'Arrondissement

Au 3è niveau, celui de l'Arrondissement le rôle est essentiellement actif et consiste à exécuter les décisions déjà prises. Certes, l'Arrondissement, devra, en plus, fournir des renseignements d'ordre général ou donner des indications soit au niveau régional soit à tout autre échelon de conception du programme de développement économique.

Au niveau du village

Le quatrième échelon, c'est le PRL réorganisé sur des bases plus rationnelles, plus démocratiques et plus populaires. **Des tâches pratiques seront définies et prescrites à chaque PRL** et ces tâches relèvent du rôle actif d'application des instructions.

Nous résumons le schéma en partant cette fois-ci de la base.

Au niveau du village, il est prescrit l'exécution des tâches pratiques découlant des instructions nationales et régionales, et liées aux nécessités du développement rural car, certaines des motivations d'aménagement résulteraient même de la prise de conscience et des décisions des P.R.L. qui voudraient réaliser un saut qualitatif dans tel et tel secteurs productifs.

A l'Arrondissement, le rôle sera purement actif, tout comme au niveau du P.R.L. **A la Région,** le rôle sera d'étudier et d'élaborer des programmes et à les réaliser.

A l'échelon national, le rôle sera d'étude, d'orientation, de coordination et de contrôle.

B) L'action de l'homme dans le reboisement

Un autre problème important qu'il faut résoudre parallèlement à la tâche d'augmentation des superficies à mettre en valeur chaque année, c'est le reboisement. Le Plan quinquennal l'a prévu et la résolution du Xe Congrès fait obligation à chaque PRL de créer une pépinière en vue de reboiser son territoire sur deux hectares, chaque année. Mais peut-être que dans certaines régions, il y a lieu de fixer la tâche par individu, ce qui n'exclut pas que le travail collectif puisse permettre, en même temps, la création d'une forêt. Pour cette action, le centre de Foulaya peut préparer des semences de graines d'anacardiers, de mélinas, de tecks, comme des boutures de ylan-ylan qui est une plante industrielle pouvant servir à la parfumerie de Labé, et que l'on plante par bouture.

Pour vous édifier, qu'est-ce que nous consommons tous sans penser à son origine ? C'est le quinquéliba. Peu de gens consomment le café en Guinée, bien que nous soyons producteurs de café. Qui a vu un champ cultivé de quinquéliba depuis qu'il né ? Pour en avoir, cetains sont obligés d'aller à vingt, trente kilomètres, voire davantage, alors que l'on pourrait le planter par bouture. Pourquoi ne pas faire autour du village un champ collectif de quinquéliba ? Non seulement cela sert au Peuple, mais cela résout du même coup le problème du reboisement. Il faut généraliser une telle pratique.

Nous devons aussi, notamment pour les centres urbains, conseiller la plantation de fleurs ornementales. C'est utile ! Les crotons, les scaliphas, les rosiers peuvent être livrés à tous les PRL, aux Sections et Fédérations par l'Institut de Foulaya, en vue du reboisement de nos centres urbains. Pour certaines villes comme Kankan, qui sont périodiquement ravagées par des incendies, c'est aussi un paravent contre ces fléaux, sans compter que ces fleurs pourraient bien embellir nos villes !

Nous disons donc que le reboisement est une exigence surtout que l'Afrique souffre des conséquences de la sécheresse. Mais la sécheresse n'est pas une calamité que le diable a décidée contre nous ! Il y a une part de notre comportement à la base de la sécheresse. L'homme domine la nature ou elle le domine.

Qu'est-ce qui se passe ? Chaque année, les Peuples africains cultivent la terre pour en tirer la plupart des produits alimentaires. Pour ce faire, ils déboisent continuellement. Chaque année, les terres mises en valeur s'étendent au détriment de la forêt. Quand on sait qu'un hectare de produits alimentaires correspond à la nourriture, en Guinée par exemple, de six à dix personnes par an, pour une population de cinq millions d'habitants, cela représente un minimum de cinq cent mille hectares de terre ! Mais ce n'est pas tout. Nous sommes obligés également, pour les cultures industrielles (le coton, le tabac, l'ananas), et pour l'installation de nos cités, de nos routes, de nos places publiques, de détruire des arbres chaque année davantage. Et en même temps, on procède à l'exploitation forestière, et de façon intensive, car on exporte du bois et on ne plante rien à la place de l'arbre coupé. Pour la préparation des aliments, nous consommons le bois. Et ce n'est pas tout ! Il nous faut pour nos constructions, du bois, et même quand on meurt pour l'enterrement, il faut du bois encore ! Nous consommons des quantités et des quantités de bois et loin de penser à planter un arbre, à longueur d'année l'on met le feu à la forêt, l'on brûle la terre sous prétexte de la bonifier pour la culture. L'on tue les micro-organismes de la terre qui sont les éléments fertilisants, et ainsi, l'on achève de ravager la forêt tout en amenuisant ses possibilités naturelles de se reconstituer, de se régénérer. L'incendie de forêt est un véritable crime contre le Peuple et contre l'humanité. Ce comportement, d'année en année et durant des siècles, ne pouvait pas ne pas avoir des conséquences tragiques. Par exemple, Conakry qui, d'habitude, recevait cinq à six mètres d'eau par an, a reçu moins de quatre mètres d'eau l'année dernière. Des régions de l'intérieur qui, d'habitude, recevaient deux à trois mètres d'eau de pluie, en ont reçu à peine un mètre ou un mètre et demi. Nous ne pouvons pas rester, comme certains Peuples, à la merci de la nature ; nous sommes obligés de maîtriser la nature puisque grâce à l'organisation collective et à l'idéologie que le Parti nous a données, nous sommes rendus conscients du sens de notre bonheur. Nous sommes donc condamnés à nous comporter en dominateurs de la nature conformément aux exigences de ce bonheur. C'est pourquoi **nous devons lutter contre la sécheresse.** Nous ne ferons pas comme ces dirigeants africains qui en sont réduits à lancer des appels désespérés aux autres Nations qui ont, elles aussi, leurs problèmes, afin que celles-ci viennent les aider à reboiser.

Et c'est dès maintenant qu'il faut intensifier cette action car, nous le répétons, la sécheresse n'est pas un phénomène naturel totalement indépendant de la volonté humaine. Il obéit à un déterminisme auquel participe le comportement de l'homme. **Nous l'avons dit et nous le répétons, dans les feux de brousse carbonisant les arbres, tuant les jeunes semis et brûlant les extrémités des branches, la dégénérescence sylvestre qui s'ensuit entraîne : la stérilisation du sol par érosion, la transformation des cours d'eau en torrents, la diminution de la condensation atmosphérique, donc la modification du régime des pluies, la destruction des propriétés de l'humus, etc...**

Le Plan a ordonné que chaque village fasse deux hectares de reboisement. Cela correspond à l'obligation pour chaque Guinéen d'avoir à planter, chaque mois, au moins deux arbres, soit vingt-quatre arbres au cours de l'année. Il faut *systématiser* ce comportement, le rendre obligatoire. Nous devons utiliser toutes les motivations pouvant amener le Peuple à un conditionnement l'amenant à exécuter cet ordre de la Révolution. Nous commencerons par les élèves. Nous en avons trois cent cinquante mille. L'armée populaire doit s'acquitter aussi de cette tâche, ainsi que toutes les unités professionnelles, toutes les organisations syndicales, sans compter les divers P.R.L. Si la mobilisation est totale, nous aurons très tôt la victoire sur la sécheresse.

La création de forêts nouvelles ne s'effectue pas obligatoirement avec les seules essences végétales existant dans une Région. Nous pouvons parfaitement percevoir que telle Région : Tougué, Koundara, ou Macenta offre les meilleures conditions de développement de telle essence qui ne s'y trouve pas. Le technicien sait alors qu'on peut rapidement créer une grande forêt de telle étendue avec telles et telles variétés forestières utiles mais inconnues dans cette Région. Il faut à ce moment que le service des Eaux et Forêts crée cette réalité forestière qui manque.

Le reboisement le long des cours d'eau est une tâche régionale. L'on doit faire l'inventaire de toutes les tâches à réaliser au cours de la période quinquennale et hiérarchiser les points d'action, avec un plan d'exécution précis et suivi. Cette tâche relève de la direction régionale. **Au niveau de chaque Région, il sera créé une pépinière régionale pour certaines essences. Et au niveau de chaque Arrondissement, une pépinière pour l'ensemble des P.R.L. de l'Arrondissement, ce qui ne va nullement à l'encontre du mot d'ordre qui recommande que chaque P.R.L. ait aussi sa petite pépinière, l'un n'excluant pas l'autre. L'action des organismes centraux portera davantage et essentiellement sur les pépinières nationales, régionales et d'arrondissement, tout en insistant sur la création des pépinières au niveau des P.R.L., car, bien que les pépinières régionales et d'arrondissement soient destinées aux P.R.L., il ne faudrait pas, pour autant, que le P.R.L reste inactif. Mais, à partir de la répartition des tâches il faut préciser le contenu du travail : l'essentiel de ce qui doit dominer la conception dans ce domaine, c'est que tous ces services administratifs jouent un rôle d'assistance, étant donné que le Peuple est et demeure l'unique sujet.** On ne se substitue plus au sujet, face à l'objet ; **l'assistance colle** au sujet pour l'orienter vers l'objectif.

Ici comme ailleurs, le sujet du développement, c'est donc le Peuple assisté et conseillé par le technicien pour lui faire assimiler les éléments d'une méthode rationnelle qui lui permettent de maîtriser rapidement l'objet de son travail. Les techniciens ont, par conséquent, un rôle d'assistance technique, leur tâche essentielle étant d'éduquer le Peuple.

Il faut que le contrôleur forestier qui se trouverait par exemple au niveau de l'Arrondissement, n'oublie jamais son rôle et qu'il s'impose le devoir d'assister aux assemblées générales du P.R.L. Au cours de ces assemblées, il aura à développer les sujets concernant le reboisement, la si-

tuation des pépinières ; en un mot, il traitera de tous les problèmes pratiques découlant du programme arrêté pour le secteur.

Il doit donc éduquer le Peuple, et ne jamais envisager de fonctionnariser les paysans. Tout le Peuple ne peut l'être. Il n'a besoin que de l'encadrement technique et tout ce qui est tâche de surveillance de la forêt à côté du village doit relever du P.R.L. Ce travail ne doit pas être confié à un agent de l'Etat, **c'est le P.R.L. qui en est responsable.**

Quand le contrôleur constate, malgré tous ses conseils, qu'un feu de brousse a été allumé, c'est tout le village qui doit être mobilisé pour reboiser le double de la superficie détruite. Ainsi le village prendra conscience du fait que cette discipline est imposée à tout le monde, dans son intérêt, pour que son agriculture ne périclite pas, pour que l'élevage se pratique convenablement, etc... Si cette notion est assimilée, c'est l'auto-contrôle, l'auto-gestion et l'auto-création qui s'instaurent, et tout ce qui se fait alors dans le village, est considéré comme la propriété du village. Enfin l'assistant ne serait plus considéré comme étranger; il aurait revêtu son manteau d'ami, de conseiller et c'est le P.R.L. qui, librement, ferait alors souvent appel à lui. Donc insister sur le rôle éducatif, c'est permettre que les mutations intervenues sur le plan législatif se traduisent en comportement objectif, notamment de la part des camarades paysans à l'égard de tous les problèmes conditionnant un développement rapide des ressources rurales qui assurent la vie du paysan.

Concernant les pépinières, il est probable que les PRL n'en aient pas encore les moyens ; or, tant que le problème des pépinières n'est pas résolu, il sera difficile pour chaque village de faire même 2 ha de reboisement ; les plants manquent. Il serait donc nécessaire d'envisager, sur le plan national, une base de départ ; les P.R.L. reçoivent les techniciens pour la création des pépinières, les plants leur étant livrés gratuitement. La garde en est confiée aux P.R.L. qui en assument le rôle d'entretien, de maintenance et d'extension. C'est au Pouvoir Central de financer les premières pépinières.

Nous avons des forêts classées à l'échelon des Régions qu'il faut d'abord protéger, conserver et accroître. Nous devons donc protéger ce qui existe et créer ce qui n'existe pas.

La vie n'est pas statique. L'ordre ou les rapports de grandeur changent, ce qui rend le comportement de l'homme dynamique. Ainsi, chaque jour, on détruit en partie la forêt. Une conférence dans un village peut apporter les indications suivantes : ce village, de 600 habitants par exemple, a besoin, pour faire la cuisine, environ de 120 kg de bois à couper et à consommer dans la journée ; ce qui, dans l'année, représente quelque 44 tonnes, soit tant d'ha de forêt détruite. En continuant dans la voie de cette démonstration on peut faire prendre conscience de l'action désastreuse du déboisement dans les décennies à venir, et affirmer que si la contrée a souffert cette année de la sécheresse, la menace ne peut être que plus sévère d'année en année et qu'à l'avenir, l'on risque de ne plus pouvoir cultiver dans la Région si l'on se refusait à reboiser. **Il faut donner les motivations du reboisement, en le portant au niveau de la compréhension du paysan ;** le niveau de sa compréhension, c'est le niveau de son intérêt ; son intérêt dans l'agriculture, dans l'élevage, dans la pêche ; c'est cela qui doit permettre de justifier le reboisement en termes simples, en ajoutant que pour l'aider, le gouvernement a créé des pépinières et distribuera chaque année tant de plants d'arbres pour le reboisement.

Il y a d'autres causes de destruction des forêts : les briqueteries et les scieries. Partout où il y a coupe systématique du bois, il faut mesurer les dégâts que cette action cause à la nature, et restaurer celle-ci en plantant le double du nombre d'arbres coupés, et en établissant nécessairement un plan de reboisement spécifique pour tout secteur qui consomme une grande quantité de bois.

A Kankan, fonctionne une briqueterie capable de produire plus de dix millions de briques par an. Elle consomme pour la même période 12 000 m3 d'argile, 500 tonnes de gaz-oil, 150 tonnes d'essence et 5 000 tonnes de bois vert. **Il faut préciser que cette briqueterie consomme moins de bois que les populations de la ville de Kankan.**

Nous devons souligner l'utilité de la briqueterie qui met des briques, des tuiles et des carreaux à la disposition des populations. Si toute la production de briques devait être utilisée par la ville de Kankan, en 10 ans, les habitations de la ville seraient entièrement refaites. Voilà l'utilité de la briqueterie.

Il faut établir un plan des zones à exploiter, au fur et à mesure que l'exploitation se fait. Dans les zones encore vierges, nous pouvons sélectionner les essences dont la scierie aura le plus besoin pour que les nouvelles forêts ne comportent que ces essences-là. Ainsi, alors que dans la forêt naturelle, sur 10 arbres, 2 seulement peuvent être de bonnes pièces utilisables pour la scierie, dans la nouvelle forêt créée il y aura des essences précieuses et de premier choix.

Nous avons connu les dures conséquences de la sécheresse que les Etats africains de la zone sahélienne ont endurées tout le long de l'année 1973. Elles ont laissé les populations fortement sensibilisées par tout ce qui peut justifier le retour d'une telle calamité. Surtout qu'il est déjà établi à la suite des recherches de nombreux savants que cette sécheresse est plus liée au défrichement constant qu'à la faible augmentation du rayonnement solaire observé pendant la même période.

En effet, la croissance démographique rapide observée en Afrique a poussé les populations à l'augmentation constante des surfaces arables, l'agriculture demeurant encore la source principale des moyens d'existence de nos Peuples.

Chaque année, la forêt est détruite sur une superficie importante ; périodiquement, d'anciens champs sont mis en jachères par suite de leur appauvrissement, la pratique des engrais étant encore inconnue dans les campagnes africaines de nouveaux champs sont ainsi créés au détriment des zones forestières. Les bassins des cours d'eau ne sont pas protégés et les dangers résultant de la déforestation et de la destruction des arbres le long des cours d'eau, s'accroissent d'année en année.

Ainsi, ces dégradations des zones forestières entrainent un abaissement de la nappe aquifère du Sahel. La forêt ne se reconstituant pas d'elle même, la lutte pour la préservation des conditions déterminantes du progrès de l'agriculture doit commencer par une action populaire de reboisement visant la création de nouvelles zones forestières, la protection et l'extension des zones existantes, la protection et le reboisement constants des bassins des cours d'eau, l'interdiction des feux de brousse et l'obligation pour toutes les entreprises de coupe de bois, du remplacement systématique grâce au reboisement du nombre d'arbres abattus par un nombre plus grand, la pratique de la culture intensive avec augmentation du rendement des terres, l'adoption de méthodes de pompage et d'irrigation des terres non arrosées pour leur permettre de devenir des terres cultivables.

Donc, pour nous, il s'agit de lancer un projet d'ensemble à partir de nos besoins réels sur les plans de la Nation, de la Région administrative, de l'Arrondissement et du PRL. Il suffit de fixer un cadre, et de préciser dans ce cadre, ce qui est à la portée de nos moyens pour la période quinquennale. Il est entendu qu'au fur et à mesure que les moyens s'accroissent, nous remplirons encore le cadre de nouvelles exigences ; **et pour la deuxième période quinquennale, nous attaquerons avec plus d'envergure le problème d'aménagement, mais il faut l'envisager davantage sous l'angle de la mobilisation de la force du travail,**

que sous l'angle de moyens financiers qui sont pour le moment très réduits. La disponibilité du Peuple étant totale, il n'y a guère de raison, dès lors que le programme est inséré dans la solution de ses soucis, que le Peuple ne se mobilise, sachant qu'il le fait pour lui-même.

Ce qui est exigé de nous, en premier lieu, c'est de préparer un programme d'organisation du travail, de répartition des tâches et de dégagement des méthodes d'animation et de contrôle.

C — Connexion, hydrologie et hydraulique

Dans une pareille analyse, la méthode veut que l'on schématise le processus des diverses transformations allant d'un stade à un autre ; le stade B ne pouvant être atteint que grâce au stade A franchi. Ce qui est à retenir, c'est qu'il s'agit de la nature à exploiter à des fins données et de savoir que les hommes qui transforment la nature ont aussi divers besoins à satisfaire, et diverses fonctions à assumer dans le cadre même de l'exploitation des possibilités ou des richesses naturelles.

Il y a deux fonctions fondamentales comportant en leur sein des sous-fonctions plus ou moins dynamiques. Les deux fonctions fondamentales sont :

— **la protection de la nature,** dans ce qu'elle peut offrir de moyens au Peuple, moyens que le Peuple devra exploiter,

— **la maîtrise de la nature,** fonction plus dynamique, en lui faisant subir les transformations préalablement décidées par le Peuple qui est agent actif, qui veut, de plus en plus, se soustraire aux contraintes de la nature, pour lui faire subir toutes les transformations désirables, afin d'en tirer le maximum de profit et cela dans une garantie plus renforcée. Il y a donc deux fonctions, celles de protection et de création ou de production.

La fonction de protection doit être exercée d'abord sur la forêt qui commande à l'agriculture (l'agriculture ne commande pas la forêt) ensuite sur le secteur, d'ailleurs connexe, des eaux. Tous ces secteurs ont pour agents de protection et de création, l'homme et le Peuple. Nous disons donc que sans bois, pas d'eau ; sans eau, pas de reproduction forestière. C'est pourquoi les deux sont à «égale distance» de l'agent actif qu'est l'homme !

Cependant, dans un pays donné, et à une période donnée, les deux éléments ne sont pas à égale distance, l'un ayant été affaibli exigera plus d'efforts de l'homme pour sa protection que l'autre, ce qui nécessite pour l'acte de protection, l'absolue nécessité de connaître la nature telle qu'elle est, de faire donc l'inventaire des richesses naturelles en peuplements forestiers et en eau.

L'hydrologie et l'hydraulique, se rencontrent aussi, car toutes deux concernent l'eau. Elles se définissent donc l'une par rapport à l'autre. **Connaître la nature telle qu'elle est, dans ses réactions, dans ses possibilités présentes, c'est l'objet de l'hydrologie.** Tous les jours, l'on est obligé de mesurer les réactions de la nature dans le domaine des eaux pour mieux connaître les variations qui y interviennent. **L'hydraulique indique, quant à elle, à l'agent dynamique qu'est l'homme, à partir des connaissances hydrologiques, les méthodes appropriées d'exploitation des possibilités naturelles :** barrages pour retenir l'eau, irrigations pour évacuer l'eau quand elle est de trop, forages pour capter l'eau des nappes souterraines, etc. Les études afférentes à ces formes d'action relèvent de l'hydraulique qui exploite, en un mot, les données hydrologiques telles qu'elles existent. Ces données peuvent être visibles comme invisibles puisqu'il y a des nappes souterraines qu'il faudrait également déceler par des études appropriées en vue de les rendre consommables et par les animaux et par les végétaux ; dans la mesure où cette réserve d'eau peut arroser toute une région, l'agriculture et l'homme pour leurs propres besoins n'en seront que favorisés.

L'hydrologie, c'est donc l'étude de l'eau telle qu'elle existe dans la nature. Elle permet d'établir le recensement constant et la connaissance exacte des différentes données et de leurs variations dans le domaine des eaux. C'est cette fonction essentielle de l'hydrologie qui nous oriente d'une façon précise dans notre action de protection, car on ne peut protéger qu'à partir de la connaissance approfondie, d'une part, des caractéristiques spécifiques de ce qui est à protéger, et, d'autre part, de l'effet direct ou indirect sur ces caractéristiques des différentes données de l'environnement. Les variations qui interviennent dans la mesure où la normale aura baissé, indiquent une infraction, une agression ou une action négative sur la nature. Dès qu'un niveau donné est atteint, l'hydrologie alerte tout de suite notre attention et signale qu'il peut survenir une calamité. C'est là l'acte de protection.

L'hydraulique qui est l'élément dynamique de transformation, de modification des données naturelles pour les **orienter** vers les objectifs que le Peuple veut réaliser, est la partie « aménagement ».

— Rapport entre les services des Eaux, des Forêts et des Aménagements.

La direction des forêts a charge de faire l'inventaire de toutes les données forestières, d'établir la carte forestière de la République de Guinée, d'indiquer la mission de l'Etat et la réglementation dans le comportement du Peuple vis-à-vis de la forêt. L'interdiction des feux de brousse par exemple ainsi que toutes autres réglementations, relèvent de la direction des Forêts. Tout ce qui est protection de la faune, de la flore, des essences que nous voulons conserver ou multiplier, **tout ce qui indique aux populations le comportement qu'elles doivent observer pour ne pas porter atteinte au patrimoine forestier, relève de la direction des Forêts ce qui exige la parfaite connaissance des réalités forestières et l'établissement d'une carte forestière assortie de toutes les réglementations à l'échelle nationale et à l'échelle de certaines Régions où les problèmes se posent en d'autres termes.** La direction des Forêts ayant pour vocation l'étude et la recherche, doit fournir toutes les données nécessaires à la conservation et au développement du patrimoine forestier national. Pour ce faire, des études précises et des cartes complètes d'exploitation et de reboisement sont à poursuivre, assorties d'un programme et d'un planning concrets d'action en vue d'orienter les différents organismes du Parti et de l'Etat pour l'application rigoureuse de la politique de notre Parti-Etat dans le domaine forestier.

La direction des Eaux, a pour mission de faire une carte nationale, des cartes par Ministère du Développement Rural, par Région, voire par arrondissement, et indiquer par une réglementation le comportement des populations à l'égard des cours d'eau. L'hydraulique, qu'elle soit industrielle, pastorale ou qu'elle ne vise que les seuls besoins d'alimentation en eau d'un village, est toujours en rapport direct avec l'hydrologie, tout en précisant que l'hydraulique se placera dans la direction de l'aménagement.

Ainsi, le rôle de la direction des Eaux et celui de la direction des Forêts, se résument comme suit : recensement, établissement des cartes, réglementation des comportements, tâches résumées dans le mot **protection** des richesses naturelles.

La troisième direction qui a un aspect dynamique, est la direction des Aménagements. Les aménagements n'ont pas une nature unique ; on peut aménager aussi bien une forêt qu'une plaine en vue de la céder au secteur de l'agriculture ; **l'aménagement, c'est donc, en un mot, la transformation d'une infrastructure naturelle destinée à un développement économique basé sur l'exploitation des ressources naturelles.** L'aménagement, dans le cadre de cette fonction est multi-dimensionnelle. Il existe des aménagements nationaux décidés par le gouvernement ; il y a aussi, sur le plan national, des objectifs centraux, dynamiques, en raison de leur dimension et de leur importance qui relèveront du budget national. Il y a également des aménagements propres aux Régions, par exemple, un aménagement forestier à Faranah, à Tougué, ou même dans les zones actuellement déboisées de la Moyenne-Guinée (Mali, Labé). Les Régions peuvent avoir des plans d'aménagement forestier ; elles peuvent avoir également des objectifs d'aménagement des plaines de culture. Tougué par exemple a la possibilité d'aménager la plaine de Koloum de 6 000 hectares. C'est dire que les Régions ont des objectifs dans le domaine de l'aménagement, qu'elles vont déterminer, mais c'est le service national des Aménagements qui apportera l'assistance technique pour la conduite des travaux, quand bien même les frais et le travail qui peut être en partie fourni par investissement humain seraient du ressort exclusif de la Région. Egalement quand il s'agira d'un village, c'est ce service qui a la responsabilité technique de la conduite des aménagements. **L'aménagement à l'échelle nationale, l'aménagement à l'échelle régionale, l'aménagement à l'échelle des PRL relèvent donc de ce service.**

Ces aménagements peuvent porter, soit sur la partie forestière, soit sur la partie agricole, ou sur la partie eau des réalités de la Région ou du PRL. Les barrages, les irrigations, tout ce qui est aménagement en un mot, relève du service des Aménagements qui comportera plusieurs branches techniques ; c'est la fonction qui est unique, mais les techniques scientifiques à utiliser sont nombreuses. Toute la partie scientifique de la recherche jusqu'à la détermination des données exactes à partir desquelles l'aménagement peut être valablement entrepris, relève du service national des Aménagements, tant à l'échelon des PRL, des Régions, qu'en ce qui concerne les actions nationales.

D — Organisation rationnelle de la production piscicole

Si les conditions naturelles en Guinée ne permettaient pas la pêche, nous n'aurions pas créé un secteur de pêche !

Si nous parlons de bauxite, de fer, c'est parce que la nature physique du sol et du sous-sol révèle la présence de gisements importants de fer et de bauxite. Si le fer ou la bauxite n'existait pas, nous n'aurions pas parlé d'exploitation de ces minerais !

Quelles sont les conditions naturelles dont l'exploitation justifie l'existence du secteur de la pêche ? Quel est l'éventail des potentialités qui existent ? Nous avons la mer, les fleuves et cours d'eau, les lacs, les étangs, et dans l'avenir les réserves artificielles à aménager par l'homme. Nous devons à l'échelle de tout le territoire national, faire l'inventaire des richesses existantes dans nos eaux. **En fait, il ne s'agit pas seulement de l'existence du poisson, mais de toutes les richesses aquatiques vivantes dont l'homme peut avoir besoin pour sa subsistance.** On sait par exemple que dans certaines étendues lacustres de l'Afrique, il existe une variété d'algues ou champignons très riches en protéïnes qu'on utilise depuis longtemps sous forme de galette dans l'alimentation de la population. Aussi, dans l'inventaire à faire, l'on doit indiquer les possibilités qu'offrent les côtes, les fleuves, les rivières, les lacs tels qu'ils existent, et envisager la possibilité de multiplier les potentialités.

Supposons qu'en Haute-Guinée, le long du Niger ou du Niandan, il se trouve telle ou telle espèce de poisson très recherchée pour la consommation, qu'on ne trouve pas dans les rivières de la Moyenne-Guinée ; nous pouvons en assurer le peuplement de chaque cours d'eau par l'ensemencement à partir de cultures d'alevins. Nos eaux contiennent du poisson dans tel ou tel secteur, et s'il y en a qui contiennent insuffisamment du poisson, nous devons créer les conditions naturelles pour multiplier les poissons suivant les variétés qui nous intéressent. Pour ce faire, nous devons protéger les espèces utiles et interdire, pour un temps donné, la pêche le long de ces cours d'eau en vue de favoriser la reconstitution de la réserve fluviale. Nous avons ainsi fixé des périodicités pour la pêche dans tel fleuve, telle rivière ou dans tel cours d'eau, dans le but de préserver les espèces.

Donc, l'étude doit porter sur la parfaite connaissance du réel, et en même temps, sur une définition de l'action nécessaire pour combler les lacunes que comporte le réel. Grâce à une connaissance exacte de la situation des immenses possibilités qu'offrent les eaux guinéennes, nous devons nous imposer l'effort supplémentaire d'accroître par des actions diverses les possibilités de tel ou tel endroit.

Pour exploiter, il faut que l'objet de l'exploitation existe ! C'est à partir de ce qui existe que nous passons à l'exploitation.

Une exploitation suppose une infrastructure. Le long des côtes, nous devons, par exemple évaluer l'infrastructure nécessaire, son état présent et ce qu'il doit devenir, pour permettre le développement de la pêche, afin de répondre aux exigences du Plan. Faut-il prévoir tel ou tel complément nécessaire à l'infrastructure le long des côtes ? L'on en fait aussitôt le projet pour la pêche maritime.

La pêche fluviale elle aussi a certainement besoin d'un minimum d'infrastructure matérielle. Alors nous dégageons les possibilités qu'offre la réalité des cours d'eau, en axant nos efforts sur la création d'un minimum d'infrastructure pour assurer une bonne pêche le long des cours d'eaux poissonneux. Nous inscrivons tous les moyens matériels dans le même chapitre : (mer, fleuves, lacs, barrages, etc...) A l'infrastructure matérielle fondamentale, il faut ajouter aussi d'autres moyens matériels. L'infrastructure est d'une durée plus longue que les autres moyens matériels d'équipement qui s'usent plus rapidement. Nous pouvons donner à une pirogue telle ou telle dimension en vue d'obtenir tel ou tel tonnage ; nous pouvons même utiliser des barques à moteur, ou adapter tel type de moteur à une pirogue. Nous devons donc envisager toutes les innovations permettant à la Nation de moderniser ses moyens existants en vue d'en accroître l'efficacité dans l'action de pêche. Une étude dynamique sur la pêche doit comporter l'identification de tous les moyens : pirogues, barques, bateaux de grand tonnage, moteurs « hors-bord », filets et autre quincaillerie marine, enfin tout ce qui est nécessaire à la pêche industrielle, à la pêche individuelle, à la pêche en haute mer, à la pêche côtière ou fluviale.

Des fleuves traversent les P.R.L., il faut donc bien organiser les militants dans leur action de pêche, le poisson étant nécessaire à leur alimentation. Il ne s'agit pas de concentrer les activités du Ministère de la Pêche sur OPEMÀ, qui est le secteur spécialisé dans la pêche industrielle, mais d'étendre ces activités sur l'ensemble des PRL recélant des potentialités halieutiques. C'est dire qu'il faudrait convier ce Ministère à tout mettre en œuvre pour un développement global et diversifié de la production piscicole au niveau de toute la Nation.

Cela suppose des mesures adéquates ayant une influence sur le comportement du pêcheur lui-même : interdiction de déboiser les berges et les versants des fleuves ; interdiction d'utiliser des explosifs dans la pêche ; identification et surveillance des zones de reproduction, etc... Toute la réglementation tendant à la protection de nos espèces doit être respectée de façon absolue. Il faut **indiquer au Peuple le comportement qu'il doit observer s'il veut tirer le maximum de profit des potentialités que lui offrent ses eaux.** Dans un sens positif, nous devons rechercher les éléments nécessaires à la reproduction rapide des poissons, éléments qui sont à notre portée. Il faut que tel paysan qui fait la pisciculture à une échelle si petite soit-elle, sache comment ensemencer son petit lac créé artificiellement dans sa concession ou dans sa ferme, comment il peut permettre aux poissons de se nourrir pour se développer rapidement.

La pêche évidemment ne réussit pas sans les moyens humains ! Aujourd'hui, nous faisons la pêche de façon artisanale et même archaïque. Si nous voulons réussir, il nous faut **moderniser la technique de la pêche, ce qui entraîne nécessairement la formation de cadres. Nous devons donc inventorier nos cadres,** fixer le quantum nécessaire pour la formation planifiée de nouveaux cadres avec un programme adapté au niveau des CER maritimes. Des informations scientifiques sur les grandes possibilités que pourrait nous offrir l'organisation de la pêche dans les cours d'eau sur toute l'étendue du territoire, pourraient nous amener à demander demain aux jeunes des cités socialistes, par exemple, à ceux dans la Cité de Tiro, le long du Njandan, ou du Milo, de suivre des cours de formation ou de surformation pendant la période creuse à Conakry. Ils retourneraient ensuite dans leurs cités socialistes pour s'occuper de ce secteur productif. La formation des cadres n'est pas envisagée seulement pour l'Office de pêche maritime (OPEMA), ou la flotte nationale de la pêche maritime, mais pour la satisfaction de l'ensemble des besoins du Peuple, en raison des possibilités qu'offre la nature.

Notre objectif est que demain, au niveau de la cité socialiste de Siguiri, par exemple, ou d'ailleurs, il y ait des pêcheurs modernes. Tout cela est à prévoir en tant que perspectives de formation des cadres. Nous ne formons pas des fonctionnaires dans les cités socialistes, mais des producteurs. **Donc, les moyens humains devraient faire l'objet d'une étude poussée, avec indication exacte de la nature de l'intervention du gouvernement pour pouvoir créer les conditions nécessaires à la qualification des hommes et à l'accroissement de la production.**

A l'échelle nationale, il y a des servitudes ou des services qui ne peuvent pas être différés.

Supposons que nous disposions de 200, 300 ou 500 moteurs « hors-bord » ; il faut bien qu'il existe un atelier de maintenance et de réparation, sinon à l'échelon des régions de pêche, mais au moins à l'échelle nationale. S'il n'y a que 12 agents s'occupant des réparations en cas de panne, il y a un impératif d'établir un ordre de priorité d'intervention.

L'existence des potentialités naturelles pour développer la pisciculture impose la création de centres de semence ou d'alevinage pour ensemencer les étendues d'eau et accroître ainsi la production piscicole partout où cela est possible.

Le développement des activités de pêche exige la mise sur pied d'un service spécialisé devant faire face de façon correcte aux nécessités du fonctionnement des entreprises de pêche dans toutes les Régions de Guinée. C'est la mission, qu'en partie, assume actuellement l'Entreprise de Vente du Matériel de Pêche (EMAPE), chargée spécifiquement de l'importation des moteurs hors-bord, des fils et filets, ainsi que toute la quincaillerie marine.

Il faut satisfaire à toutes les exigences du Peuple jusque dans le domaine des goûts. Par exemple en Haute-Guinée, le militant préfère telle variété de poisson à telle autre. En zones forestière et maritime, les variétés estimées par la population doivent être également connues. L'industrie de la pêche en déterminant les variétés recherchées, répondra ainsi aux goûts de la population, certes non pas dans l'immédiat, mais en créant les conditions pour que en 3 ou 4 ans, en tout cas avant la fin du Plan quinquennal, l'on puisse les satisfaire.

Le poisson fumé appelle une observation particulière. Nous disons qu'il est difficile, n'ayant pas de chambre frigorifique de grandes dimensions, de tirer le maximum de profit de la capacité actuelle de nos engins de pêche. Les déchets sont nombreux, parce que nous ne pouvons pas conserver assez longtemps le poisson. Le département de la pêche doit donc trouver des palliatifs en attendant que ces problèmes soient fondamentalement résolus par la construction d'installations techniques appropriées. Nous pouvons pour le moment entreprendre le fumage du poisson ou le séchage dans telle et telle zones.

Le séchage au feu permet une durée plus longue de conservation du poisson, et nous fait éviter la perte d'une bonne partie du fruit de la pêche. Il faut trouver d'autres moyens de réduire les pertes. Nous savons par ailleurs qu'un étudiant de l'Institut Polytechnique de Kankan a construit un appareil de récupération de la chaleur du soleil, et il a été précisé de façon particulière que cette chaleur pouvait servir à sécher le poisson.

Donc, tous ces problèmes, de façon pratique, doivent être étudiés et dans cet ordre, l'on peut songer à l'appareil de notre étudiant.

L'Etat doit dégager les moyens de réalisation de notre politique de développement de la pêche nationale, ce qui nous permettra, dans la période quinquennale, de créer les moyens de hisser au niveau le plus élevé, tel que l'exige le respect des normes fixées dans le Plan, le niveau de la production en produits de pêche.

L'ARMEE POPULAIRE GUINEENNE AU SEIN DU PEUPLE A LA CAMPAGNE

En quoi réside l'importance que la Révolution doit accorder à la qualification de l'armée populaire ?

La raison d'être de l'armée dans un régime populaire créant les bases matérielles du socialisme, dépasse la simple défense des acquis du Peuple. L'armée, au sein de ce régime, doit non seulement protéger les conquêtes progressistes de la Nation, mais contribuer aussi à l'accroissement des moyens de satisfaction des besoins du Peuple en vue de renforcer toujours davantage les bases de l'indépendance, de la souveraineté. **Ainsi, l'armée peut être populaire sans être**

révolutionnaire bien qu'elle ne saurait être révolutionnaire sans être populaire.

Pour accéder donc à cette qualification de révolutionnaire, l'armée doit se fixer des buts plus dynamiques lui permettant de jouer un rôle d'avant-garde, rôle qu'elle ne pourrait jouer que si, soudée au Peuple, elle ne se contentait plus d'assumer la tâche permanente de conservation des acquis du Peuple ; certes, la mission de protection du territoire de la Nation, de la défense du Peuple et de ses biens est celle traditionnellement assignée à toute armée classique. Mais étant populaire et révolutionnaire, notre armée doit traduire dans son comportement de tous les instants l'impératif de l'idéologie du Parti, à savoir mener constamment le combat du développement révolutionnaire du Peuple. Ce qui signifie qu'elle doit apporter une contribution de qualité à la création de tout ce qui est nécessaire à la liquidation des insuffisances de toute nature caractérisant actuellement la vie du Peuple.

Pour que l'armée soit donc révolutionnaire il faut qu'elle se qualifie en pratiquant dans la lutte avec le Peuple et pour le Peuple, la liaison entre, d'une part, la sauvegarde du patrimoine du Peuple et, d'autre part, le développement de ce patrimoine. Il y a là deux démarches combinées qui, correctement effectuées, permettent à l'armée populaire révolutionnaire d'assurer la pratique scientifique de la lutte de classes, en son sein, au sein de toutes les unités ou garnisons militaires, au sein du Peuple, sur le double front des rapports du Peuple avec l'extérieur, et des rapports du Peuple avec la nature à maîtriser pour doter le Peuple d'outils toujours renouvelés de transformations radicales des réalités nationales dans le sens du progrès matériel et immatériel. Il y a là un engagement fondamental, irréversible, faisant de l'armée un moyen dynamique de valorisation constante des réalités matérielles et immatérielles de la Nation. **N'est pas révolutionnaire qui le veut; n'est pas révolutionnaire qui le dit; n'est révolutionnaire que celui**

qui, par la pratique quotidienne de la lutte de classes est arrivé à comprendre, à accepter sans réserve et à assumer totalement les exigences de la Révolution afin que celle-ci puisse sous-tendre tout le comportement de l'homme devenant ainsi militant authentique.

Ailleurs, il est imposé aux soldats la répugnante mission de protéger le pouvoir des marchands de canons et des créatures domestiquées par ces marchands. Par contre en Guinée il est imposé à l'armée populaire révolutionnaire de devenir un exemple sur le continent africain en favorisant les transformations heureuses, les mutations qualitatives que requiert le progrès africain dans le sens démocratique et sur le plan du développement économique et socio-culturel.

Nous devons, dans chaque secteur, tendre à accroître notre taux d'utilité à la marche de notre Peuple vers un plus grand bonheur, et l'armée quant à elle, doit avoir la légitime ambition d'occuper une place de choix dans ce combat pour un devenir heureux du Peuple. Pour que le devenir du Peuple soit heureux, il faut que s'accroissent nécessairement les moyens d'existence du Peuple. En fait l'on sert le Peuple en restant à son service non pas de façon statique mais de façon dynamique. Ce caractère dynamique de l'attitude de l'homme se forge, se trempe dans l'activité créatrice de tous les jours en vue de combler telle ou telle insuffisance caractérisant encore les conditions d'existence du Peuple.

Dans le cadre du mot d'ordre général lancé par la Révolution, à savoir qu'il faut que notre Peuple puisse se suffire, notre armée doit pouvoir aussi se suffire grâce à l'utilisation pleine et entière des énergies physiques, intellectuelles et morales des militants en uniforme dans le combat de notre Peuple contre le sous-développement. Et au-delà de cette auto-suffisance, l'armée populaire révolutionnaire doit assumer avec la puissance que nous lui connaissons, la tâche de ravitaillement en matières premières de nos usines et en denrées de nos villes. L'armée populaire étant au service de la Révolution, doit donc accroître son effort productif en vue de la satisfaction des besoins du Peuple en consommation et en exportations. Telle est l'ambition que doit nourrir et assumer notre armée.

Par exemple, il est possible de produire 15 tonnes de tomate à l'ha, et avec des méthodes culturales modernes, cette quantité peut même être doublée. L'on peut ainsi porter les 15 tonnes à 20 sinon à 30 tonnes à l'ha. Mais nous ne retiendrons que la moyenne de 15 tonnes de tomate à l'ha. Nous nous rendons compte que la production de la tomate peut être 7 fois plus rentable que celle du riz, compte tenu du prix officiel des deux produits. En effet, le rendement moyen en riz à l'ha, pour la Haute-Guinée et pour la Moyenne-Guinée est estimé à 1 t., au prix de 12 sylis le kg. Par contre, le rendement à l'ha pour la tomate est de 15 t. à 8 sylis le kg. Ces chiffres nous indiquent clairement que l'on doit opter pour l'action tomate partout où elle peut être bien menée. Nous disons donc que dans ce domaine, l'armée peut amplifier son action et doit l'amplifier. Nous n'avons pas à fixer nos besoins par rapport aux besoins d'une usine, en l'occurence celle de Mamou, exigeant annuellement 2 000 t. de tomate par an. Nous devons fixer nos besoins pour la consommation interne, et dès que ce sera possible, pour l'exportation. Prenons la seule ville de Conakry, 530 000 habitants ; excluons les bébés pour ne retenir que 500 000 personnes pour une consommation moyenne de 100 g de tomate par jour et par personne. La consommation journalière totale serait de 50 tonnes de tomate et pour les 365 jours nous aurons besoin de 18 250 tonnes de tomate. En ajoutant à cela les 2 000 t, par an exigées par la conserverie de Mamou, le total des besoins annuels pour Conakry et l'usine de Mamou se chiffre au minimum à 20 000 tonnes de tomate. Cela signifie que pour ces seuls besoins et en estimant à 20 tonnes à l'hectare le rendement en tomate, ce sont 1 000 ha qu'il faut cultiver pour les satisfaire. C'est pourquoi l'armée, s'appuyant sur l'expérience qu'elle a acquise à Soumbalako et en améliorant les résultats acquis dans le rendement, doit prendre en considération les besoins les plus urgents dans ce seul domaine de la tomate et faire en conséquence son programme de travail productif. Le calcul que nous venons de faire, ne concerne que les seuls besoins en tomate de la ville de Conakry et de la conserverie de Mamou.

Le niveau de notre volonté se traduira dans l'application rigoureuse des décisions de 10ème Congrès. Pour les diverses actions à mener les conditions climatiques permettent de passer à la phase d'exécution ; il est nécessaire que notre armée étudie son programme d'action objectivement, nous disons bien objectivement, c'est-à-dire sans exagération parce que l'armée a beaucoup d'autres activités, beaucoup d'autres tâches à mener, surtout en ce temps où l'impérialisme, à tout moment, s'apprête à provoquer la Guinée. L'armée peut prendre toutes les dispositions défensives face aux provocations éventuelles de l'ennemi, et engager toutes démarches dynamiques, car celles-ci sont nettement offensives, ce qui ne l'empêchera pas de combiner de façon judicieuse et réaliste l'acte et les démarches devant aboutir à l'alimentation correcte du Peuple de Guinée. C'est là l'exigence de sa satisfaction en tant qu'armée populaire et révolutionnaire.

Ce programme élaboré sans délai, les lieux d'implantation fixés, et les moyens d'équipement déterminés. le gouvernement mettra l'ensemble des moyens requis à la disposition de l'armée populaire révolutionnaire de Guinée.

Avec une telle organisation conséquente l'armée atteindra sa vitesse de croisière à la fin du Plan quinquennal et sera fière d'elle-même ; le Peuple sera encore plus fier de son armée en raison de sa contribution à l'exécution du plan quinquennal. Que partout où c'est possible des actions agricoles soient engagées. De même que s'agissant de tout le Peuple, le Parti a prescrit le mot d'ordre de : « **à côté du tracteur, le fusil ; à côté de la charrue ou de la daba, à côté du marteau ou de l'enclume, le fusil** » le Parti prescrit, s'agissant de l'armée populaire révolutionnaire, le mot d'ordre de : « **à côté du fusil, le tracteur ; à**

côté du bazooka, la charrue ou la daba ; à côté du tank, le marteau ou l'enclume ». A cet effet, il importe d'attirer à nouveau son attention sur la tactique de l'ennemi.

L'impérialisme se rend compte que la Guinée à parfaitement réussi à assurer son décollage économique et ce, malgré ses machinations diaboliques. En effet, les conditions économiques de la Guinée sont nettement meilleures que celles de nombreux pays néo-colonisés par lui. L'impérialisme le sait et toutes les assises de nos conférences économiques nationales sont suivies par toutes les puissances impérialistes. Tout ce qui est diffusé à la Radio concernant ces conférences est enregistré, decrypté, analysé ! Et les fantoches se rendent parfaitement compte qu'ils ont échoué, totalement échoué. **Chaque victoire de la Guinée est un coup qui assomme ces êtres abjects. Chaque disposition prise par la Guinée pour renforcer la marche de la Révolution est pour eux motif de désespoir, de désarroi, de panique et d'appel servile à l'impérialisme pour les aider à tenter de stopper l'avance de la Guinée.**

L'une des tactiques de l'impérialisme et de tous nos ennemis c'est la diversion. Tous les jours nos ennemis élaborent une diversion nouvelle pour nous amener à suivre les bobards qu'ils lancent, à prendre au sérieux les faux objectifs qu'ils fixent, oubliant ainsi nos tâches créatrices. L'impérialisme, ses fantoches extérieurs et ses agents intérieurs seraient heureux de voir le Guinéen ne savoir manier que le fusil, toujours debout, regardant dans toutes les directions, mais ne cultivant plus, n'utilisant plus le marteau, n'utilisant plus la scie, n'utilisant aucune machine pour le progrès économique. Par là, l'impérialisme est sûr de pouvoir un jour nous abattre, quand nous serons affamés, quand nous serons malades.

Tant que nous n'aurons pas totalement vaincu l'ignorance, l'impérialisme sera sûr de pouvoir un jour nous abattre. Et c'est pourquoi la tactique de l'impérialisme est de nous polariser sur l'unique tâche de la défense statique de la Révolution en abandonnant nos écoles et nos champs, nos unités industrielles. Aussi longtemps que nous serons contraints d'importer du riz pour nous nourrir, l'impérialisme sera sûr de pouvoir un jour nous abattre. Et c'est pourquoi sa tactique est de nous distraire des tâches de production agro-pastorale.

Aussi longtemps que nous ne produirons pas assez pour ravitailler à 100 pour 100 nos usines, pour assurer les exportations qui nous donneront les moyens d'importer des machines, des outils, des véhicules, les laboratoires dont nos centres scientifiques ont besoin, les livres scientifiques dont nos écoles ont besoin, l'impérialisme sera sûr de pouvoir un jour nous asservir. Et c'est pourquoi sa tactique est de nous distraire de tout cela. Si nous tombons dans son piège, nous serons victimes de notre propre inconséquence vis-à-vis de notre devoir de développement économique du pays.

Voilà la position dynamique, **le fusil doit être un complément, l'élément essentiel étant l'outil de travail ; c'est l'outil qui crée les moyens pour la prospérité du Peuple ; c'est lui qui élimine la famine, la maladie et l'ignorance et qui assure la promotion économique de la Nation.** Les résultats de nos entreprises économiques constituent la base de justification de la fierté de chaque Guinéen authentique pour sa Révolution. C'est pourquoi notre armée a l'impérieux devoir de prouver sa qualité révolutionnaire en devenant un corps de producteurs efficaces.

L'ECOLE INTEGREE A LA PRODUCTION

Il ne s'agit pas de remplir la tête de connaissances inutiles, mais plutôt de conférer à l'homme des capacités : capacité de conception, capacité de compréhension, capacité de décision, capacité de réalisation. Ces diverses capacités ne sauraient être conférées à l'homme sans le double aspect de la connaissance : connaissance théorique et connaissance pratique. L'on ne peut pas, en s'arrêtant seulement à la connaissance théorique, acquérir quelque capacité utile que ce soit.

Il ne s'agit pas de connaître de façon abstraite mais surtout de pouvoir agir sur la nature, sur la société et sur soi-même, en valorisant la nature, en accomplissant d'utiles actes dans le temps et l'espace, en vue de la satisfaction des besoins humains. Or, c'est là un problème de fond ayant trait à l'application rigoureuse et correcte des prescriptions de la Révolution Culturelle Socialiste qui, elle-même, conditionne tout à la fois le développement économique et socio-culturel de notre pays et la formation conséquente de nos jeunes. La pratique hier vécue, longtemps imposée par le système colonial, dont l'unique objectif dans le cadre de l'enseignement était de former des agents auxiliaires, simples courroies de transmission entre le pouvoir colonial et les masses exploitées, et qui consistait à faire détester par les élèves le travail créateur et le même travail transformateur de la nature, est bannie par la Révolution Culturelle Socialiste.

Comme nous l'avons déjà et toujours dit, chaque C.E.R. est une réelle unité de production : production socio-culturelle et production économique. Chaque élève doit être formé théoriquement pour une pratique effective et par la pratique elle-même. Chaque élève doit être pétri dans la pratique pour acquérir une théorie plus approfondie de son corps de métier.

Par la pratique il prouve son utilité sociale et acquiert au fur et à mesure davantage d'expérience. Cette base définie par la Révolution Culturelle Socialiste rend davantage explicable que des Ecoles spécialisées, des Facultés techniques de nos instituts mettent la main à la pâte.

L'école intégrée doit jouer son plein rôle dans le processus de transformation radicale de nos villes et de nos campagnes par l'insertion intime des élèves dans le processus complexe et multiforme de la production. C'est un problème de fond, un problème d'une dimension historique.

Les secteurs de l'Elevage et de l'Agriculture doivent continuer à prendre toutes les dispositions en rapport avec le Domaine de l'Education pour une utilisation pratique et rationnelle des élèves de nos C.E.R.

Voyez par exemple l'Ecole zootechnique de Mamou. Les élèves y sont pour trois ans.

Leur utilisation rationnelle s'entend par leur efficacité dans la pratique productive et leur utilisation graduelle dans toutes les sections aboutissant à une réelle et totale maîtrise de leur profession. Ainsi, avant de devenir ingénieur agronome ou médecin vétérinaire, l'étudiant aura gravi tous les échelons lui conférant une réelle autorité fondée sur une parfaite connaissance théorique et pratique.

Ainsi le mot d'ordre de Révolution culturelle prend toute sa signification, car il ne s'agit plus de former d'inutiles agents, mais au contraire de former des producteurs conscients et compétents. C'est pourquoi, en raison même de la nature de la production, de la spécificité des conditions, en raison de la pratique qui s'y effectue, toute école qui y est intégrée se trouverait dans les meilleures conditions pour actualiser le mot d'ordre de la Révolution Culturelle Socialiste, à savoir la liaison de la théorie à la pratique.

Dans les pays étrangers, ce sont ceux qui pratiquent l'élevage qui créent les écoles de zootechnie. C'est quand un pays éprouve la nécessité d'avoir des vétérinaires qu'il crée des écoles vétérinaires !

C'est pour préciser que l'école est toujours justifiée par un besoin. Les colonisateurs avaient besoin dans leurs colonies, de littéraires, de juristes en vue de perpétuer leur idéologie d'aliénation du Peuple colonisé. Cependant, dans leurs propres pays, les monopoles économiques ont une attitude conséquente de classe face à leurs exigences économiques : l'école y répond aux besoins de l'économie capitaliste ; aussi, tout y est-il mis en œuvre, dans le domaine de la science, de la technique et de la technologie, dans le but de réaliser les impératifs de classe : le surprofit, à tel point que dans certains pays de capitalisme monopoliste d'Etat, l'Entreprise possède son Université. Il n'y a donc pas de raison que le régime qui choisit l'homme à la place de la plus-value, érige des écoles de théoriciens et non celles orientant, au fur et à mesure de la formation scolaire ou universitaire, vers la pratique éminemment socialiste et révolutionnaire ; ce serait trahir le Peuple !

La Guinée étant aussi un pays d'élevage, a consenti de gros investissements en vue de créer des fermes modernes à Ditinn et à Famoïla, deux centres bien choisis pour le développement du cheptel guinéen et aussi pour la formation des cadres du domaine de la zootechnie.

L'école fait partie de la ferme de Famoïla et devient une section de l'entreprise de Famoïla : ainsi les laboratoires doivent être les instruments de formation des élèves et étudiants y servant ; les activités agricoles, pastorales auxquelles se livre la ferme doivent résulter de l'utilisation des cadres, des étudiants et des élèves. La ferme de Famoïla doit être un authentique centre de travail pour les élèves zootechniciens.

Ainsi en ce qui concerne la formation de notre Jeunesse. au cours de ce processus scolaire ou universitaire. la pédagogie utilisée doit être nécessairement celle qui fait une place privilégiée à la production, à la liaison entre la recherche scientifique et la production ; en un mot. cette pédagogie demeure celle qui opère la liaison organique entre la théorie et la pratique productive. Nous l'avons dit, s'agissant de Foulaya, les Etudiants en Agronomie et en Zootechnie sont formés tout comme les élèves de l'Ecole nationale professionnelle d'Agriculture. Ainsi, théorie, pratique expérimentale et pratique productive seront organiquement liées au cours des quatre premières années. La 5e année qui est l'année de préparation du mémoire sera celle de la pratique productive à temps complet, mais une pratique répondant toujours aux exigences de modernisation de la production et de l'augmentation de la productivité.

Les laboratoires, ne seront plus des salles de recherches non orientées vers la valorisation de nos réalités agronomiques. Les jeunes selon leur profil auront donc, chacun, une réalité à créer ; les mémoires à présenter seront rigoureusement le reflet de cette réalité.

Avec l'application totale d'une telle directive, nous pouvons être convaincus qu'au sortir de l'école, nos jeunes seront des cadres aptes non seulement à enseigner mais à pratiquer ce qu'ils ont appris, mettant ainsi tous leurs acquis scientifiques et technologiques au service de la société dans les structures du Parti et de son Etat. Ceux qui seront formés dans les fermes, dans les chantiers et qui réaliseront effectivement la fusion théorie-pratique, sauront effectivement dominer la nature en vue de l'accélération du développement de notre pays.

En un mot, pour rendre rentables les forces productives que représentent nos jeunes actuellement sur les bancs de l'école, pour rendre rentables aussi les unités de production dont la création a nécessité d'immenses efforts de notre part, pour rester fidèles aux décisions relatives à la Révolution Culturelle Socialiste en Guinée, nous sommes condamnés à expliquer les directives issues de nos congrès et des instances de décision.

PRESERVATION DE LA SANTE DU PRODUCTEUR ET POLYVALENCE PROFESSIONNELLE

L'utilisation des acquis propres d'une Nation, fruits du génie créateur du Peuple, obéit à une nature de classes. Les régimes oppresseurs mobilisent ces acquis pour l'exploitation du Peuple ; par contre, les régimes démocratiques et populaires les orientent vers la satisfaction des intérêts de tous. « Récupérer » la science et la technique des guérisseurs ne saurait signifier pour nous fonctionnariser tout simplement une profession quelque grand que soit son apport à la société : surtout quand on sait que dans ce cas précis, toute tentative d'enrôlement ferait tarir la source. C'est ainsi que seule la coopération, conduisant progressivement à l'intégration des guérisseurs dans le corps médical officiel sans que tous soient considérés comme des fonctionnaires salariés de l'Etat, s'impose à nous pour permettre un développement et un perfectionnement constants de notre action sanitaire au profit du Peuple.

En effet, l'intégration des activités professionnelles des guérisseurs ou médecins populaires dans l'action générale des services médico-sanitaires de la Nation permet :

a) — La modernisation des méthodes de travail des praticiens de la « médecine populaire » grâce à l'aide matérielle technique et morale de l'Etat.

b) — L'élargissement des connaissances médicales et scientifiques des praticiens de la médecine moderne, lesquels au contact des premiers, assimileront et amélioreront les connaissances et les expériences qui fondent la médecine populaire.

Il s'agit en réalité de deux formes de la médecine.

Ces deux formes de médecine coopérant vers le même but, harmoniseront leurs activités et s'enrichiront mutuellement de leur savoir-faire respectif.

C'est ce processus qui dynamisera, dans son contenu et ses propriétés bienfaisantes, la médecine africaine qui doit accroître ses capacités reconnues de sauvegarder et de faire épanouir la santé du Peuple.

C'est aussi ce processus qui élargit et consolide les capacités intellectuelles et pratiques des agents assumant avec efficacité, au sein du Peuple et pour le Peuple, la lutte permanente contre les maladies et la mort, pour l'équilibre et le progrès constant de la société.

Nous avons souligné, à plusieurs reprises et dans maintes circonstances, que c'est le Peuple qui crée la science. Il

la crée par deux voies : d'abord empiriquement, sous la pression de ses besoins vitaux immédiats, ensuite systématiquement, dans ses centres et instituts spécialisés, lesquels, pour être féconds, doivent plonger leurs racines dans la science populaire pour y puiser leur sève nourricière.

Il s'agit aujourd'hui, et dans le secteur spécifique de la santé, par la nouvelle orientation de notre action sanitaire, d'amener notre corps médical à s'intégrer les médecins populaires et d'inviter nos centres médicaux modernes à plonger leurs racines dans les acquis populaires afin d'y puiser, d'une façon méthodique, des éléments fécondants.

N'est-ce pas qu'une telle orientation donnée à l'action sanitaire la fait mieux fonder sur le Peuple et la science, et oblige le personnel médical à acquérir polyvalence et polyaptitude ? Certains pensent que polyvalence est synonyme de dispersion négative d'efforts physiques et intellectuels. Il n'en est rien ! Tout dépend du sens, de l'orientation conférée aux aptitudes.

Il y a deux sortes de polyvalence : La polyvalence horizontale et la polyvalence verticale. Qu'entendons-nous par **polyvalence horizontale ?**

La polyvalence horizontale consiste à donner à un étudiant ou à un groupe d'étudiants une formation dans des disciplines hors de leur profil fondamental ou de leur spécialité. C'est une méthode qui permet de former des cadres ayant ouverture sur le maximum de disciplines ne concernant pas directement leurs spécialités : **mais la vie ne dit pas à l'avance « je ferai tout pour que les équations des problèmes que je pose ne renferment d'autres variables que celles ayant trait à ta profession ». La vie a la propriété déroutante de se présenter sous des formes inattendues !**

Qu'entendons-nous maintenant par la **polyvalence verticale ?**

La polyvalence verticale consiste à donner à un élément ou à un groupe d'éléments, une formation dans plusieurs sous-disciplines de leur profil fondamental. Cette méthode ne s'oppose donc qu'en apparence au souci de culture générale. En effet, tout dépend de la structure conférée à la discipline retenue comme devant donner au futur cadre la largeur d'esprit nécessaire, et motiver son souci de toujours étudier pour élargir la base de sustentation culturelle qui lui permettra d'élargir son cœfficient d'utilité sociale.

Supposons que nous retenions comme discipline commune unique **l'idéologie.** Ce programme d'idéologie pourrait comprendre deux parties dont le contenu serait :

A — Partie générale

a) **Méthode générale :**

— Le matérialisme dialectique,
— Le matérialisme historique,
— La lutte de classes

b) **Le Parti Démocratique de Guinée :**

— Historique du P.D.G.,
— Méthodes et principes du P.D.G.,
— Le Pouvoir Révolutionnaire en Guinée

c) **Les problèmes africains et internationaux**

— Domaine économique,
— Domaine culturel,
— Domaine de la lutte anti-impérialiste.

B — Partie spécifique à la spécialité

Dans le secteur de la Santé qui nous intéresse ici, il s'agit essentiellement de la déontologie professionnelle générale et de la conscience professionnelle, donc de la morale révolutionnaire spécifique (avortement, souci de suivre les malades, etc...).

Dès lors, le profil fondamental étant subdivisé en sous-disciplines, l'étudiant aurait accès à la plupart de celles-ci, sinon à toutes. Par exemple, un médecin qui vient de sortir de l'Université n'ignorera pas la chirurgie, la microbiologie pratique, la recherche en laboratoire, etc. Un agronome qui vient de sortir n'ignore pas non plus les pratiques de génie-civil en matière de petits ouvrages d'art, etc.

La valeur de cette méthode apparaît nettement sur deux plans :

a) elle met fin au cloisonnement arbitraire qui conduit au nanisme scientifique.

b) elle s'adapte aux réalités concrètes de nos villages. De même que les paysans ne comprendront jamais qu'un médecin dit généraliste recule devant une opération chirurgicale ou qu'un chirurgien soit empêché d'intervenir parce qu'il n'est pas en mesure de procéder aux tests pré-opératoires, de même qu'ils apprécieront hautement un agronome capable de conduire en pratique avec eux, des travaux d'irrigation, de retenue d'eau, etc...

Les sous-disciplines étant déjà naturellement des sous-spécialités, **il va de soi qu'à l'Université, l'orientation doit s'effectuer au moment opportun afin que le maximum de temps soit consacré et au profil fondamental et à ses sous-disciplines.** Aussi l'orientation peut-elle intervenir dès la fin du second cycle, ce qui accroît heureusement le temps de formation retenu et diminue le temps de formation au 4ème cycle.

La médecine est un ensemble de techniques dont les sciences fondamentales sont : la biologie, la biochimie, la chimie et la physique. Si l'orientation se fait tôt (fin du second cycle), chaque classe du troisième cycle approfondira les sciences précitées et procurera de surcroît une technicité médico-sanitaire qui, déjà, donnera une activité professionnelle à l'élève, en même temps qu'elle permettra de raccourcir la durée du 4è cycle.

En tout cas le résultat global fait que le temps de formation complète du cadre se trouve réduit, alors que l'intéressé aura acquis la formation nécessaire, la polyvalence spéciale visée. **En plus, l'utilisation des mémoires de diplôme des étudiants s'impose.** Le souci d'application conséquente d'un principe nous invite à prendre en considération les mémoires des étudiants. Quel est ce principe ?

Tout sujet de mémoire doit obligatoirement porter sur des problèmes concernant la transformation des réalités de la Nation dans le sens d'un développement accéléré dans chaque domaine spécifique. Ici, le sujet doit porter sur la connaissance et la lutte contre les maladies qui affligent nos populations, en commençant par les plus fréquentes et les plus nocives et en ne perdant jamais de vue que dans cette lutte, nos meilleures armes doivent être celles que nous permettent d'acquérir nos ressources naturelles et notre patrimoine culturel.

Dès lors, l'Université gagne à exploiter de façon rationnelle ces travaux. **Nous pouvons adopter la méthode suivante : un certain nombre de professeurs sont chargés de tirer des mémoires ce qui a trait à l'apport de l'étudiant-chercheur. Ces extraits sont classés, pédagogiquement traités pour constituer des cours qui seront enseignés aux étudiants en formation.** Nous pensons que c'est la meilleure technique d'élaboration de manuels débarrassés de théories ressassées, des manuels enrichissant la science médicale et renforçant les procédés de maîtrise et même d'éradication de maladies endémiques.

Nous avons beaucoup à apprendre auprès de nos médecins populaires, et leurs connaissances doivent trouver leur place dans le programme de formation de nos praticiens modernes. **Prenons un exemple, celui d'une fracture ouverte. Nous avons des camarades à la campagne qui procèdent de la façon suivante : ils provoquent une nouvelle fracture et ajustent les os déplacés à la suite de la fracture accidentelle et de la fracture médicale.**

Une série de déductions s'impose à nous :

a) puisque ces camarades provoquent une nouvelle fracture, c'est qu'ils ont une certaine connaissance de l'anatomie et de la physiologie !

b) puisqu'ils obtiennent une guérison de la plaie ouverte, c'est qu'ils connaissent une médication capable d'empêcher l'infection !

c) puisqu'ils utilisent une quantité donnée de médicaments, c'est qu'ils possèdent une certaine technique du dosage !

C'est dire que l'étudiant ou le praticien gagnera à aller à l'école des paysans.

Les exemples ne manquent pas dans d'autres domaines. Un paysan sait estimer le degré de salinité de l'eau à partir du comportement d'une plante, afin de décider de la culture du riz ! De même, il peut apprécier le rendement d'une plantation de café à partir du comportement de telle ou telle herbe, de telle ou telle plante, comme il peut obtenir des données climatologiques importantes, à travers le comportement de tel ou tel oiseau !

Tous les étudiants gagneraient à assimiler les nombreuses techniques populaires des paysans.

Aussi devons-nous faire appel à des paysans pour communiquer leurs expériences pratiques, efficaces. Dans un P.R.L., un guérisseur peut être élu au Service local social. Non seulement il sera apte, mais **l'Etat local** peut l'aider à moderniser son infrastructure, ce qui ne fera qu'augmenter son efficacité. Dans tous les cas, les guérisseurs du village doivent être représentés dans la Commission technique de travail du Service local social. **Obligation peut être aussi faite à tout étudiant sortant de présenter, en appendice important de son mémoire, les données recueillies auprès des paysans au cours de ses recherches.**

Il devient donc nécessaire d'adapter le programme de chaque école aux exigences diverses d'un même profil technique.

La diversité des spécialités et des techniques caractérisant le corps médical ne doit pas favoriser un particularisme, un esprit de caste au sein d'une collectivité professionnelle dont la mission reste une et indivisible.

Le comportement professionnel des cadres et agents de la santé ne sera homogène, harmonieux et techniquement qualifié, qu'autant que tous auront, en plus de leur spécialité, un fond commun de culture professionnelle, c'est-à-dire des connaissances professionnelles ouvertes à toutes les techniques contribuant à l'accomplissement de la mission commune.

L'anesthésiste doit connaître, au moins théoriquement les exigences du travail du chirurgien, du médecin généraliste, du psychiatre, etc... tout comme aucun de ceux-ci ne doit ignorer les tâches dévolues aux autres spécialistes avec lesquels il travaille.

Dans un dispensaire, l'infirmier, l'aide de santé et la sage-femme doivent pouvoir, le cas échéant, se substituer l'un à l'autre sans dommage pour le malade. Le médecin généraliste, le pharmacien et le chirurgien doivent également pouvoir combler momentanément le vide provoqué par l'absence de l'un d'eux.

Briser le cloisonnement actuellement étanche entre les spécialités médicales, c'est supprimer du coup l'esprit particulariste que favorise l'antagonisme intra-professionnel et accroître le taux d'utilité sociale et d'efficacité pratique de travailleurs œuvrant pour la même cause : la santé du Peuple, qui est le producteur, le sujet et l'objet du développement économique.

CHAPITRE QUATRIEME

La Production industrielle

GENERALITES

Lorsqu'un Peuple choisit des objectifs, lorsqu'il fait des options, il est obligé de réunir les conditions objectives et subjectives nécessaires à la réalisation parfaite de ces choix. C'est dire qu'à toute politique correspondent des moyens appropriés. La politique choisie par le Peuple de Guinée est d'essence révolutionnaire, de portée démocratique. Une telle politique exige, que malgré la diversité qui les caractérise, les activités du Peuple obéissent aux mêmes caractéristiques, les caractéristiques socialistes, éclairant la voie de transformation de la même réalité, la réalité nationale. Donc la Révolution guinéenne, comme nous l'avons dit, sert de véhicule à notre Peuple à travers son histoire, véhicule dont la solidité et la vitesse de déplacement seront plus fonction des qualités des hommes que de celles des moyens utilisés.

En effet, les moyens technologiques et organisationnels les plus avancés entre les mains d'hommes tirant sur les flancs, non intéressés à se qualifier à leurs postes de travail pour toujours mieux servir la cause du Peuple, partisans de la routine, ces moyens, disons-nous, deviennent à la fois dérisoires du point de vue de leur efficacité initiale et ruineux pour le Peuple qui crée la valeur économique de ces moyens par son travail. La finalité de l'action révolutionnaire est d'assurer l'équilibre transcroissant du Peuple, de réaliser, de garantir et de développer sans cesse les moyens du bonheur de la société et de l'individu. Ainsi, tout devient moyens face à cet objectif suprême : moyens en énergie intellectuelle et physique des hommes, moyens mécaniques, moyens en méthodes de travail utilisés par les hommes. Tous ces moyens doivent être utilisés efficacement dans l'accomplissement des tâches que le Peuple s'est prescrites en toute liberté. Et puisque ces tâches ont été fixées dans le programme de développement de la Nation en fonction même de leurs répercussions sur le Peuple, l'homme qui réalise ces tâches reste tout à la fois sujet et objet de l'action.

L'Etat guinéen doit traduire donc l'idéologie de la Révolution dans son comportement face à tous les problèmes conditionnant le développement harmonieux et équilibré de la Nation utilisant l'Etat comme moyen. Le Parti au sein duquel et par lequel le Peuple agit devient alors le cerveau, le moyen de conception de l'ensemble des activités du Peuple, le centre de perfectionnement de tout ce qui est mis à la disposition du Peuple pour lui permettre de mieux dominer la nature par la valorisation du temps et de l'espace.

Le P.D.G., à tout moment, dans le but d'assurer la qualification de l'homme, perfectionne les principes régissant les comportements au sein de la société guinéenne, améliore constamment, en vue d'un perfectionnement incessant, les méthodes de travail à l'échelle de l'individu et à la dimension des collectivités sociales agissant dans le domaine économique et social.

L'analyse critique, exempte de tout subjectivisme, permet de serrer de près les défaillances et d'indiquer les voies dynamiques de la marche correcte des secteurs.

L'économie commence par l'homme producteur sujet de l'acte de création. Le redressement économique et le développement ne vont pas sans l'accroissement des activités productives du Peuple, sans la meilleure utilisation de toutes les forces productives humaines et matérielles. Si l'acte de production permet de mettre à la disposition du Peuple tout ce qui lui est nécessaire pour satisfaire ses divers besoins, la satisfaction effective de ces besoins implique également la bonne marche d'autres secteurs, lesquels en effet, par leur défaillance, peuvent même bloquer la production. Nous voulons que les secteurs de notre économie demeurent un tout cohérent ; que ce tout, en raison de nos options socialistes, n'ait sa raison d'être que par la connexion rationnelle de tous les secteurs. Ainsi les activités du transport, celles du commerce (import-export, distribution), celles des banques, reflètent le caractère dynamique de la production ou restent paralysées par l'inertie de la production.

La planification a ses lois propres, les investissements ont aussi leurs lois propres, notamment celles devant coûte que coûte assurer la rentabilité envisagée avant l'investissement. Cette rentabilité, comme nous l'avons déjà définie, ne s'entend pas exclusivement financière ; les investissements peuvent avoir et doivent aussi avoir un caractère social, politique. Aussi, les notions liées à la meilleure compréhension du capital, à sa division en capital fixe et capital variable, les notions liées au rapport, au niveau de chaque entreprise, entre les deux types de capital pour que l'entreprise, compte tenu de la nature de ses activités, soit rentable, les notions de bénéfice brut et net ou de perte, enfin de ratio sanctionnant un bilan, en un mot toutes les notions ayant trait aux actes comptables doivent être assimilées.

La comptabilité reflète tout à la fois une politique et les qualités des gestionnaires. C'est dire que ce sont les agents qui restent seuls conformes aux perspectives définies et justifiant la création de leurs entreprises, les agents dont le comportement reste conforme aux principes, aux règles et méthodes édictées pour un meilleur fonctionnement de leur unité de production ; les agents qui font montre de conscience professionnelle, de capacité professionnelle, d'esprit d'épargne, d'esprit de prévoyance, de volonté de maintenance et d'accroissement des moyens de leur entreprise ; les agents qui font état d'esprit d'initiatives, organisent à tout moment des innovations en vue d'une amélioration constante de leur unité de production, **ce sont ces seuls agents qui peuvent donner le meilleur bilan.** C'est dire que le bilan d'une entreprise ne reflète pas seulement la qualité des moyens de base, le volume et l'importance du capital, mais aussi les qualités intellectuelles, morales, techniques, technologiques des travailleurs, car en dernier ressort, ce sont ceux-là qui utilisent les moyens techniques mis à leur disposition. Les moyens techniques obéissent à l'homme : **tel homme producteur, telle valorisation des moyens donnés.**

Le particulier doit ne jamais perdre de vue le général, le coup d'œil doit nécessairement se placer dans le cadre de la perspective arrêtée; ce qui ne signifie guère qu'il faut négliger le détail dans ses rapports dialectiques avec les objectifs généraux, car il y a des situations décisives où la Révolution est le détail parfaitement défini dans toutes ses implications, le traitement correct du détail. Le caractère de complémentarité des activités justifie une telle attitude de chaque cadre et de chaque entreprise. Comme nous l'avons dit, la réalité économique et culturelle de chaque unité de production est un chaînon dont le comportement positif ou négatif peut servir ou desservir la réalité nationale globale.

Les brigades de production, par exemple, et nous en parlerons plus loin , qui ont été créées et dont la plupart ont pour mission d'assurer un ravitaillement correct des unités industrielles, intéressent tous les agents et cadres de l'économie rurale. L'agriculture pèse sur l'industrie ; l'industrie rend à l'agriculture les moyens qu'elle en aura reçus, mais qui se trouveraient multipliés par elle. Le flux et le reflux entre les secteurs économiques constituent une pratique courante dont la parfaite compréhension par les uns et les autres est condition de la conformité de chaque élément à l'objectif central.

Les cadres de l'économie rurale, les cadres du commerce, de l'industrie, des transports et des banques ont un même objectif à atteindre et c'est pourquoi les séparations théoriques entre les secteurs devront être enjambées par une vision globale, totale, des réalités économiques guinéennes en vue de leur donner des bases solides et un rythme de développement en rapport même avec nos besoins. Aussi, la politique de commercialisation, la rapidité de rotation des moyens financiers et des produits ou marchandises à travers le processus A-M-A' sont-elles des facteurs dont chaque agent doit rester conscient.

Les contraintes politiques, sociales, morales ne doivent jamais être perdues de vue et les cadres ne doivent pas oublier que ces diverses contraintes sont en rapport direct avec les possibilités économiques. Et c'est pourquoi la contrainte économique doit être ressentie avec beaucoup plus de vigueur afin qu'aucun des moyens dont dispose notre pays ne soit perdu mais que tout soit utilisé efficacement, dans le processus de transformation qualitative du Peuple et des réalités économiques, sociales, politiques, matérielles de la Nation guinéenne.

Le progrès s'obtient par deux démarches :

— **premièrement,** en utilisant tout ce qui existe de façon efficiente, en valorisant au maximum nos acquis.

— **deuxièmement,** en créant ce qui n'existe pas et qui est susceptible de mieux libérer l'homme des contraintes pesant sur lui grâce à l'augmentation de ses capacités à maîtriser la vie.

L'on voit que le but essentiel et permanent est de maîtriser tout à la fois la nature et les phénomènes de la vie sociale. Or la maîtrise de la nature et l'aptitude à résoudre les problèmes sociaux s'expriment dans le développement conséquent et toujours plus poussé de l'agriculture. Mais ceci ne se fait pas au hasard ; il faut suivre un cheminement cohérent et ascendant ; un homme se fixe un objectif, un Peuple se fixe un objectif vers lequel il s'achemine, c'est comme s'il allait d'un point A à un point B, sur une trajectoire. Le point B qui représente l'objectif à atteindre à partir du point A qui est la situation présente, doit avoir des dimensions et des significations plus émancipatrices pour le Peuple que celles du point d'origine. C'est ce qui justifie alors l'aspiration au progrès, à la transformation qualitative de ce qui est et laquelle suppose pour se réaliser, une intelligence, une capacité de travail du Peuple judicieusement utilisées à travers une activité créatrice. C'est là le fondement de notre affirmation : **le travail réalise l'homme, et le Peuple se réalise dans le travail et par le travail.** Mais au point A, il faut d'abord considérer toutes les possibilités existantes, celles dont l'utilisation en moyens existants même médiocres peut servir de point d'appui solide à l'action à mener en vue d'atteindre le point B. Entre ces deux points, des étapes successives doivent être déterminées, car le travail s'effectue dans un processus continu; le discontinu, résultant du découpage des activités en vue de conférer à celles-ci une plus grande efficience, a précisément pour rôle d'assurer la continuité rigoureuse dans le travail ; la même constatation est valable pour la transformation qualitative de l'homme et du Peuple en ce sens que cette transformation s'opérant également dans le même type, le processus ne doit pas connaître de rupture.

Prenons un exemple :

Un homme qui est à Conakry, ne disposant d'aucun moyen de transport se propose d'obtenir le moyen de locomotion le plus rapide, par exemple un avion à réaction, un Ilyouchine 62 ! cet homme n'est pas un insensé parce que ne disposant pas encore d'un vélo, il se propose d'avoir les moyens de locomotion des plus perfectionnés et des plus rapides ! il est parfaitement sensé, car le moyen qu'il se propose d'avoir, relève déjà de l'acquis de l'humanité ; son souhait n'est donc pas une abstraction qui deviendrait un point imaginaire devant requérir de lui des efforts nouveaux et utiles eu égard au caractère abstrait de l'objectif. L'Ilyouchine 62 existe et est déjà à la disposition de certains Peuples et bien que le Peuple de Guinée n'en dispose pas encore, il fait cependant le raisonnement ci-après : « je pourrais, comme les autres me procurer l'Ilyouchine 62 » ; mais actuellement pour les déplacements, je ne dispose que de mes pieds et il n'est pas possible de passer de A à B instantanément je dois donc m'organiser en conséquence, scientifiquement, car la magie n'est pas une force à laquelle l'histoire obéit pour passer de l'homme-piéton ou du Peuple-piéton à l'homme ou au Peuple utilisant l'Ilyouchine 62 ». Il faut un cheminement : l'homme ou le Peuple fixe les étapes du processus allant de A à B et de façon raisonnable ; les phases ainsi prévues correspondront chacune à une forme d'activité, à un volume d'activité, à un bilan évalué en quantité et en qualité, chacune des phases constitue l'une des marches de l'escalier allant de A à B. Pour concrétiser les choses, voici encore notre homme qui occupe le 5ème étage d'un immeuble et qui se trouve au rez-de-chaussée il passera obligatoirement par le premier, le deuxième, le troisième, le quatrième pour accéder enfin au 5è ; nous avons ainsi imagé la dynamique du processus pour montrer que c'est la parfaite connaissance des moyens de la Guinée, notamment par les cadres dirigeants du Parti et de l'Etat qui pourrait permettre à ceux-ci de mener un travail acharné, méthodique, aboutissant toujours à une efficacité plus accrue.

Notre piéton qui se proposait d'acquérir un Ilyouchine 62 doit s'organiser et travailler dur, ferme, pour acquérir successivement les moyens intermédiaires qui, de la possession des moyens de déplacement à pied, conduisent à celle de l'Ilyouchine.

La méthode, c'est de faire pour chaque phase d'une action continue, ce qui est requis pour atteindre la phase suivante. Ainsi le piéton cherchera tout d'abord à se procurer un vélo, parce que possédant une bicylette, la rapidité du nouveau moyen de déplacement le mettrait dans une position favorable par rapport à la marche à pied ! Au delà du vélo, il y a la moto, après la moto, la voiture, puis l'hélicoptère puis l'A.N. 24 et enfin l'Ilyouchine ! Et si nous avons quantifié les parcours à accomplir en donnant par leurs abcisses, les points à atteindre sur la trajectoire suivie, c'est pour attirer l'attention sur le caractère transcroissant des efforts à déployer d'une phase à une autre. Ainsi le piéton qui veut aller à l'Ilyouchine 62 et qui refuserait d'utiliser ses deux pieds pour faire la marche à pied jusqu'au kilomètre 1 où se trouve le vélo se prive de tous les autres moyens intermédiaires pour acquérir l'Ilyouchine 62 ; il se pénalise ainsi et restera toute sa vie à clamer sa volonté d'obtenir un Ilyouchine 62 sans jamais l'obtenir ! **La volonté est la disposition ferme à atteindre quelque chose, une tension permanente vers l'objectif.**

Il faut que ce piéton fasse d'abord la marche à pied, et pour faire la marche à pied il faut qu'il utilise ses moyens, c'est-à-dire ses pieds grâce auxquels il accédera à des moyens supérieurs, à la bicyclette, au kilomètre 2 ! A partir de là il utilisera progressivement d'autres moyens qu'il aura au fur et à mesure qu'il déploiera des efforts jusqu'à atteindre l'Ilyouchine 62. Voilà donc un exemple de découpage de la ligne d'action A — B en périodes de travail, chaque période correspondant nécessairement à une forme de travail donné, une capacité de travail donné, un volume de travail donné, et les éléments de chaque phase sont nettement supérieurs à ceux des phases antérieures. Voilà donc simplifiées les données de l'évolution du Peuple dans ses démarches économiques.

LE RAVITAILLEMENT DES UNITES INDUSTRIELLES EN MATIERES PREMIERES AGRICOLES

Notre pays a connu, par un saut qualitatif un changement de régime brisant l'étau du régime caractérisé par l'irresponsabilité. Il s'est doté d'un régime garantissant la souveraineté, l'indépendance et la responsabilité pleine et entière du Peuple.

Ce changement ne s'est pas opéré à l'issue d'une évolution progressive. Au contraire, le Parti Démocratique de Guinée mesurant le poids de la responsabilité que portaient les véritables fils des Peuples africains, à ce tournant décisif de l'histoire de notre continent, devait briser la situation coloniale et lui substituer une situation révolutionnaire. Le changement, dû à l'accélération consciente du processus de notre libération, intervint donc sans transition.

Le saut fut si instantané que les réactionnaires parlèrent d'un saut dans l'abîme, convaincus qu'ils étaient de notre échec dans les premiers mois de l'indépendance, alors que pour nous ce bond était un acte conscient, un acte guidé par une vision scientifique de la direction de la société. Nous n'avons pas tardé à prouver de nouveau que nous réalisons parfaitement les conséquences de notre option, en ne reculant pas devant les obligations historiques car à la nature de tout régime correspondent nécessairement des exigences de même nature.

Aussi le régime indépendant et souverain guinéen, dès son avènement a établi clairement la responsabilité de notre Peuple en ce qui concerne son développement : le Peuple doit être apte à faire face à ses propres problèmes, en dehors de toute ingérence. Ainsi donc, sans attendre, un plan de développement a été conçu. Une seule année a suffi — 1959 — pour que toutes les études relatives à l'établissement de ce plan national de développement soient engagées et menées à bonne fin.

Fidèles au principe de la démocratie, nous avions tenu, en avril 1960 à Kankan, une conférence nationale ayant pour mission de discuter et d'adopter le premier plan de développement national, le Plan triennal.

Dans ce plan a figuré la création d'un certain nombre d'unités industrielles. Il faut engager maintenant de façon ferme la transformation industrielle de certaines de nos matières premières, étudier, décider de la création des unités agricoles, sans les conditions de ravitaillement correct de notre industrie naissante, en matières premières, la dépendance vis-à-vis du marché international où dominent encore les monopoles est inévitable.

Pour être totalement rentable une usine doit dépendre des réalités objectives de la zone dans laquelle elle fonctionne.

La tâche fondamentale pour chaque unité de production industrielle est d'abord de créer une base de sécurité pour son approvisionnement en matières premières. Tant que ce problème n'est pas correctement résolu, le fonctionnement de l'usine pourrait rencontrer de sérieuses difficultés même si, le hasard jouant, une année se passait sans difficulté. Une organisation scientifique de la production industrielle exclut évidemment le hasard. C'est pourquoi, chaque unité de production doit étudier sérieusement et créer des bases de garantie quant à son approvisionnement régulier en matières premières, (MP), et autant que possible, cette garantie doit correspondre à un volume supérieur de matières premières à celui correspondant à la capacité de transformation de l'unité pour qu'en dépit des aléas éventuels de la nature, l'usine puisse fonctionner à 100% à tout moment.

Si, en effet, une usine de transformation de fruits a été installée à Mamou, c'est bien en raison des potentialités économiques de cette Région, potentialités dont l'exploitation doit permettre de faire face aux nécessités de fonctionnement correct de l'unité. Mais il faut reconnaître que nous avons pensé qu'un appel aux paysans rendus conscients du débouché important qui existera désormais pour leurs activités maraîchères pouvait suffire pour obtenir une quantité suffisante de matières premières agricoles nécessaires au fonctionnement de l'Usine de Mamou. Cet appel était certes nécessaire, mais non assorti de mesures économiques concrètes et vigoureuses, il n'a pas eu le mordant du facteur subjectif tel que nous l'avions envisagé.

D'ailleurs dès le départ, une valorisation du prix de la tomate est intervenue, ce qui a fouetté l'énergie des paysans dont l'intérêt était déjà positivement polarisé. Cette action n'a pas manqué de produire les effets attendus car dès les premières années un volume de commercialisation appréciable des tomates était enregistré. Mais comme nous l'avons souvent répété, une politique agricole qui se veut solide, exige que l'on tienne compte de la répercussion inévitable de chaque décision concernant les prix sur l'ensemble de la situation économique. Ainsi cette loi économique a immédiatement joué ; l'influence réciproque des différents prix pratiqués dans une zone donnée.

Aussi, dans le but de juguler la pénurie de riz, nous avons été amenés à valoriser dans une proportion plus grande le prix du riz. Et pour pouvoir augmenter conséquemment le volume de nos exportations tels que le café, le palmiste, les agrumes, la banane et l'ananas, nous avons procédé de la même manière en pesant positivement sur leur prix ; cela s'est traduit par une réorientation de l'intérêt du même paysan qui s'est trouvé sollicité davantage dans la culture de tel ou tel produit que dans celle de la tomate. C'est une cause objective des difficultés de ravitaillement de l'Usine, mais cette cause aurait été liquidée à la racine si en même temps nous avions créé les conditions de sécurité permettant à l'usine de fonctionner malgré les fluctuations possibles dans l'attitude des paysans considérés comme les principaux, sinon les uniques fournisseurs. Ce qui est dit de l'usine de jus de fruits de Mamou est aussi valable pour l'usine de jus de fruits de Kankan, pour le complexe tabac allumettes, etc...

Les directions de chaque unité industrielle doivent procéder à des études approfondies sur les possibilités de ravitaillement de l'unité, études tenant compte du caractère de la production et des dimensions de l'unité.

Ces études porteront sur les voies concrètes à suivre pour la création des moyens de sécurité fonctionnelle à chaque unité industrielle, c'est-à-dire à la création d'unités agricoles qui soient une véritable ressource pour la sécurité fonctionnelle de chaque usine de traitement des produits agricoles. La Région de Mamou est parfaitement dans les conditions pour la réalisation de 100 ha de tomate devant garantir la pleine rentabilité de l'usine.

Certes, les huileries de Dabola, de Kassa doivent transformer respectivement 10 000 tonnes et 20 000 tonnes d'arachides et de palmistes. En raison donc de leurs grandes capacités de production, elles exigent la mise en valeur de milliers d'hectares ; ce n'est pas le cas de Mamou ; même en réduisant de moitié la productivité du sol à Mamou, ce qui est sous-estimation considérable, on a la possibilité de créer deux unités maraîchères faisant au total 200 ha, ou quatre unités de 50 ha chacune dotée de tracteurs, de motoculteurs et d'engrais pour la mise en valeur de la superficie ainsi retenue et disposant de cadres efficaces du Ministère de l'Agriculture.

Les conditions climatiques favorables de Mamou aidant, on peut obtenir les 2 000 tonnes de tomates, nécessaires au fonctionnement de l'usine de Mamou.

De gros investissements ont été effectués à Mamou ; il faut qu'ils soient amortis et que l'usine dispose de moyens d'accumulation pour soulager la vie du Peuple dont le travail crée précisément la valeur des moyens d'investissement.

Un calcul économique simple permet de prouver que le montant de la perte d'une année dépasse la valeur des moyens à dégager pour la réalisation et l'entretien des 200 ha de tomates : pas plus de 3 tracteurs ou de 10 motoculteurs, ou de 20 charrues attelées, avec un personnel rationnellement utilisé.

Il faut donc que chaque direction étudie objectivement le problème de la rentabilité de son unité, et pour cela, il faut dabord fixer le cadre strict des obligations industrielles pour voir en amont et en aval tout ce qui peut être fait en vue de la rentabilité de l'usine.

Que faire, en somme dans l'immédiat, afin qu'il n'y ait pas d'incidence négative de facteurs sur l'unité industrielle ?

1 — recenser les moyens agricoles en fonction des besoins de l'usine en matières premières,

2 — évaluer les superficies actuellement mises en valeur,

3 — établir les causes objectives de l'insuffisance de la production dans le cas où les superficies sont suffisantes,

4 — au cas où celles-ci ne le sont pas, créer les conditions pour avoir suffisamment d'étendues à mettre en valeur et aboutir à une production au moins égale sinon supérieure à la capacité de traitement de l'usine de Mamou.

Nous recommandons, pour ne pas compliquer la comptabilité industrielle, **de tenir une comptabilité particulière** des investissements agricoles afin qu'elle se complète avec la comptabilité industrielle. Il faut donc, que le fournisseur sache que le client garanti est là, que le client sache que le fournisseur garanti est là. Ainsi il est effectivement possible de faire un plan de production et de le respecter.

Il faut pouvoir apprécier positivement les résultats obtenus dans ce domaine : **liaison organique des activités productives dans le domaine agricole à celles du domaine industriel.**

— **Le capital fixe** est constitué par les moyens essentiels de base réunis pour la création et le fonctionnement d'une entreprise commerciale ou industrielle. Il est en un mot la première part du capital productif car, sans ces moyens de production, il ne peut exister d'entreprise.

Pour construire une entreprise commerciale, industrielle ou agricole, il faut :

a) — des moyens techniques de production constituant des **forces matérielles de production,**

b) — des locaux de travail,

c) — des matières premières, des matières secondaires, des fournitures diverses,

d) — des travailleurs constituant des forces humaines de production.

Très souvent les points a et b constituent **le capital fixe** dont le coût, une fois déterminé, reste constant, et les points c et d constituent le **capital variable.**

Le capital fixe est amorti au cours d'une période longue alors que le capital variable, qui s'ajoute au premier dans la détermination du prix de revient d'une marchandise, constitue des dépenses régulières dont le montant varie d'un jour à un autre, d'un mois à un autre, d'où son caractère indéterminé et variable.

Les divers moyens de production, chaque fois qu'ils sont utilisés dans le processus de production, transmettent une part de leur valeur à chacun des éléments produits.

Toute marchandise comporte donc une part donnée des investissements qui ont servi à l'acquisition des divers moyens d'équipement ayant servi à sa création.

L'on ne doit pas confondre le **capital fixe** avec le **capital constant,** le **capital circulant** avec le **capital variable.**

Pour dégager l'origine de la plus-value, l'on doit décomposer le **capital total** en **capital constant** et **capital variable.** Par contre l'étude de la circulation du capital exige la décomposition du **capital total** en **capital fixe** et **capital circulant,** car ces 2 parties du capital ne se comportent pas de la même façon dans la circulation.

Le capital fixe est une partie du **capital constant** (valeurs des machines et des bâtiments).

Le **capital circulant** est celui dont la valeur disparaît rapidement au cours du processus de production ; (matières auxiliaires, et forces de travail).

Le capital circulant comprend une partie du capital constant (matières premières, matières auxiliaires et tout le capital variable).

Le rapport qui existe entre capital constant et le capital variable représente la composition organique d'un capital déterminé.

— **Le capital variable** se définit comme suit : le fonctionnement d'une entreprise entraîne une charge qui est en rapport direct avec la capacité et le rythme d'activité de l'entreprise ; cette charge est variable ; s'agissant par exemple des salaires, l'entreprise utilise un nombre de travailleurs qui peut varier d'une période à l'autre. Ce nombre peut s'élever, comme il peut, à un moment donné, décroître par la mécanisation de certaines activités de l'entreprise, mécanisation transférant une part du capital variable au capital fixe dans la mesure où à la place d'un nombre donné de travailleurs, une machine automatique aurait été acquise pour équiper l'entreprise. Une part du capital variable connait ainsi une mutation dans le capital fixe sous forme d'équipement:

En résumé, et compte tenu de la procédure comptable actuellement en vigueur, **le capital fixe constitue les immobilisations** dont seulement l'amortissement pour une période considérée, est pris en charge dans la comptabilité dans la partie des dépenses.

Le capital variable est donc une partie du capital circulant, comprenant la valeur des stocks, les réalisables et les disponibles, tous moyens concourant au fonctionnement de l'entreprise en contribuant au rendement. Le capital circulant joue la fonction de fonds de roulement qui permet de faire face à toutes les charges courantes de l'entreprise : achat de matériel, de pièces de rechange, des ingrédients et lubrifiants, paiements des salaires et divers frais généraux de l'entreprise.

Compte tenu du circuit d'échange : M - A - M, on constate que l'échange des marchandises a enfanté la monnaie, l'argent à son tour a enfanté le capital. Le but de l'échange est d'aliéner une marchandise pour en obtenir une autre avec l'argent comme intermédiaire.

Dans le mouvement du capital le but n'est pas d'effectuer une opération normale **d'échange équivalent,** mais l'acquisition de l'argent (une valeur) que le capitaliste préfère à la valeur d'usage des marchandises produites.

La quantité d'argent à obtenir à la fin de l'opération doit être plus grande que la valeur avancée. (A) doit devenir (A + a) ou (A') ; autrement dit, la valeur avancée augmentée de la plus-value doit correspondre à la valeur à obtenir.

Ce qui précède explique comment le capital argent fait le mouvement triangulaire : argent-marchandises-argent (A;M.A'.) :

Dans le système capitaliste A' est obligatoirement supérieur à A, sans quoi, l'entreprise fait une perte, une faillite, ce qui est contraire à l'objet de l'activité du commerçant qui achète des marchandises pour les revendre avec une plus-value

Dans le cas précis qui nous intéresse, la formule se présentera autrement, c'est-à-dire que l'argent aura servi à acheter des marchandises qui auront toujours une valeur inférieure au dernier terme, car s'incorporent à cette marchandise une partie de l'amortissement du capital fixe et une fraction du capital variable.

C'est ici le cas du capital productif qui intéresse particulièrement nos entreprises. Elles sont en effet installées pour produire ; et pour produire, il faut les moyens de production, d'une part, et la force du travail, d'autre part.

AMORTISSEMENT, STRUCTURE DU CAPITAL ET RENTABILITE ECONOMIQUE

Le développement ne peut se faire que par la maîtrise scientifique de toutes les composantes du réel. En régime capitaliste, chaque entreprise, appartenant à un groupe isolé, fonctionne pour soi, et c'est le comportement objectif du marché qui règle le conflit entre les diverses entreprises par le jeu du mécanisme impitoyable de la concurrence.

En régime socialiste, dans un régime révolutionnaire comme le nôtre, où l'unique propriétaire est le Peuple, il faut, d'une part, que l'anatomie et la physiologie de chaque entreprise, dans ses diverses composantes, soient scientifiquement connues. Les règles comptables doivent être appliquées et respectées dans toutes les entreprises, compte tenu de leur spécificité, afin que le développement de l'ensemble de ces entreprises soit harmonieux et plus rentable. Un nouveau système comptable s'impose permettant cette connaissance analytique et dynamique de chaque entreprise de façon que la maîtrise de la corrélation entre les sociétés nationales enregistre des agrégats chiffrant l'effort national de développement dans les principaux secteurs. Le caractère spécifique de chaque entreprise, de chaque secteur oblige le comptable par exemple à fixer des pourcentages appropriés dans la détermination des divers éléments constitutifs du capital investi, selon la nature et l'objet de l'investissement.

Supposons une construction dont la durée est estimée à 40 ans. Ici on cherche la commodité, cette commodité revêt un caractère arbitraire, une estimation théorique qui se situe nécessairement en deçà ou au-delà des éléments réels constituant un capital, qui lui, est concret. En effet il y a bien des constructions qui peuvent durer même 100 ans, il y en a qui ne dureront pas plus de 10 ans. Ce n'est donc pas la construction en soi qui importe, mais bien son état effectif qui doit être pris en considération. Le capital qui a servi à cette construction doit être apprécié dans la détermination de cet amortissement, ainsi que l'objet de l'entreprise. En effet le délai qui nous est imposé pour rembourser la totalité du capital est une contrainte. Le temps pour que toute l'entreprise devienne sans objet est une autre contrainte dont il faut absolument tenir compte.

Considérons nos Entreprises Régionales de Commerce (E.R.C.) nos entreprises et sociétés nationales. Nous pouvons affirmer que dans 15 ans, il faudra pour la plupart d'entre-elles, de nouvelles constructions.

Les équipements ne peuvent pas non plus avoir la même durée. Il y a des machines qui peuvent faire 25 ans, d'autres 15. Il arrive même que l'équipement soit en une matière telle qu'il ne puisse pas dépasser 2 ou 3 ans. Dans la production, les mobiliers sont estimés pour 5 ans ; mais faut-il observer que les mobiliers en fer et les mobiliers en bois n'ont pas la même durée. Ici encore, les estimations sont bien arbitraires.

Ainsi, après la création d'une unité, la tâche consiste à voir ce qui **existe concrètement** afin d'évaluer les durées respectives des éléments installés. On ne prend ni arbitrairement un pourcentage donné du capital investi sous forme de capital fixe, ni arbitrairement les taux d'amortissement sans tenir compte de la durée de ces éléments. Un rail peut certainement durer plus longtemps qu'un wagon, une locomotive donnée, peut durer plus que telle autre locomotive. Tel autre wagon fabriqué avec une matière ayant telle résistance, peut avoir une durée plus longue que telle locomotive.

Maintenant que nous voulons une plus grande clarté, nous devons imposer une nouvelle rigueur à notre système comptable afin de déterminer avec une plus grande approximation les composantes du capital de chaque Entreprise économique, les diverses charges, tous éléments nécessaires à la détermination aussi exacte que possible du prix de revient des produits et du prix de vente en vue d'une bonne rentabilité de l'Entreprise. Selon que les premières disposeront d'éléments solides, et les secondes pas, c'est un problème qui mérite une certaine étude. Evidemment, au départ, il fallait bien une base approximative pour essayer de donner à toutes les unités de production une valeur d'appréciation, mais maintenant que ce travail préalable est fait, nous devons analyser en profondeur pour que **soit reflétée dans la comptabilité de chaque entreprise la valeur des réalités concrètes.**

Ainsi, les données économiques ne seront plus appréciées ni arbitrairement, ni théoriquement, mais concrètement. Nous pouvons même modifier la plupart des montants figurant dans les bilans au titre du capital. La non maîtrise des notions économiques et comptables précises, porte préjudice à la marche des entreprises

Du fait que dans la constitution des entreprises, le décret de création fixant le montant du capital ne se soit pas traduit par des versements en espèces, à maintes reprises, il a été affirmé par des directeurs que « leurs entreprises n'ont jamais reçu de capital, que le montant prévu par le décret n'a pas été versé ». Alors comment auraient-elles pu fonctionner si elles n'avaient pas un capital ? Les moyens dégagés pour le fonctionnement des unités en vue de la production constituent le capital, quelle que soit la forme sous laquelle ils sont donnés : moyens immobiliers, matériels, véhicules, stocks, transferts de clients solvables, espèces liquides, etc., etc...

Le capital ne s'estime pas seulement en liquidité. Heureusement que cette conception erronée n'apparaît plus aujourd'hui dans l'analyse des bilans.

Quand les camarades directeurs auront des notions très claires sur le capital fixe et sur le capital variable, eux-mêmes pourront demander la modification de la composition actuelle du capital de leur entreprise.

Si l'on prend au hasard Fruitaguinée, comme on peut prendre une société commerciale, une société de transport, **Rail-Route** par exemple, l'on pourrait se rendre compte qu'il y a une nette différence entre le X à amortir et la valeur réelle de ce X, c'est-à-dire les moyens de base utilisés. Et il en est de même pour le ratio de rentabilité auquel l'on devrait donner des interprétations de valeur scientifique.

Un responsable pense que son entreprise est en très bonne santé puisque le ratio de rentabilité est de 1,10 ou 1,20. Le ratio, c'est une relation entre deux éléments, il donne une idée des rapports entre deux éléments mais si les deux éléments sont faux les rapports deviennent faux. Il faut aussi que les deux éléments soient des éléments concrets exprimant la réalité et non des éléments théoriques. Donner une valeur totale du prix de revient d'un stock, alors que les 50 % de ce stock sont avariés, invendables, c'est présenter des rapports, des ratios faux.

En effet, il n'y a pas lieu de juger une situation excellente permettant de faire face à toutes dettes extérieures alors qu'en fait, en raison de la nature du stock pris en compte, il n'est pas possible de faire face à ces obligations. Beaucoup de reports que l'on voit dans les bilans proviennent de cette contradiction entre la partie comptable et la réalité de la vie. On annonce : bénéfice 3 millions de sylis et aussitôt, conformément aux principes, on invite l'entreprise à verser 1 million et demi de sylis, les 50% de ce bénéfice au compte du Plan ; et voilà que l'entreprise n'est pas à même d'assurer ce versement tout simplement parce que le bénéfice dont il fait état est détenu par des débiteurs divers qui sont peut-être insolvables. Et le directeur sait parfaitement qu'une bonne fraction du montant dû par les débiteurs resterait irrécupérable.

En effet souvent les débiteurs ne sont pas identifiés ou s'ils le sont, ils ne sont pas solvables. Voilà donc des contradictions entre la théorie comptable et la réalité. C'est pourquoi, il faut interpréter les ratios doublement, en tant que valeur théorique et en tant que valeur réelle ; puisque le directeur est censé connaître la réalité des deux chiffres mis en rapport pour déterminer ce coefficient, il peut savoir et doit savoir que l'un des chiffres comportait des éléments négatifs.

Dans le capital, très souvent, on fait rentrer en ligne de compte pour l'amortissement la composante variable qui est cependant totalement consommée dans le processus de la production et se trouve incluse dans le produit fini. Or, il n'y a amortissement que pour les moyens de base de durée relativement longue, et transmettant de façon très lente une partie de leur valeur au produit fini.

Par exemple, prenons une menuiserie. Avec deux millions de sylis nous construisons des immeubles pour abriter les ateliers, les matières premières, etc. Si la durée de ces constructions ne peut dépasser 20 ans nous ne devons adopter que ce que dit le Plan comptable national. Nous n'avons pas le droit de nous tromper volontairement . Nous disons donc que ces immeubles sont à amortir en 20 ans. Le plan comptable national devient un cadre, c'est la réalité qui doit déterminer le comportement comptable.

Il nous revient par exemple à deux millions de sylis. La durée des machines est variable; il y a des machines pouvant durer 10 ans, d'autres 5 ans, le petit outillage au plus 2 ans. Or ces trois éléments rentrent dans le chapitre équipement technique en tant que moyens de production. Les machines à amortir pendant une durée de 10 ans nous coûtent 1 million de sylis, les véhicules (5 ans) nous coûtent 1 million de sylis, le petit outillage (2 ans) 20.000 sylis. Nous achetons un stock de matières premières pour 6 mois à 800 000 sylis en pensant qu'au fur et à mesure que nous vendrons les meubles fabriqués nous nous procurerons de l'argent qui servira au renouvellement du stock.

Les salaires de 6 mois seront 900 000 sylis. Nous avons signé un contrat, pour l'eau et l'électricité, au coût de 400 000 sylis. Ainsi si on demande sur quel montant doit porter le calcul de l'amortissement, le directeur de la menuiserie dira qu'il a investi 4 120 000 sylis. C'est une erreur. Il y a d'un côté les gros investissements dont seulement une petite part rentre chaque jour dans le processus de production, c'est le capital fixe, et de l'autre le capital variable qui se transmet dans la valeur du produit au cours du processus de production.

Soit pour l'immeuble de durée 20 ans, et coûtant 2 000 000 de sylis, le montant des amortissements sera de 100 000 sylis, les machines 100 000 sylis, les véhicules 200 000 sylis et le petit outillage 100 000 sylis. Il y a aussi d'autres dépenses. Ainsi, l'on ne peut déterminer le prix de revient du produit fini sans tenir compte du montant des amortissements, du coût des matières premières et des matières secondaires, de celui des salaires payés, etc... **Les investissements de démarrage correspondent à un chiffre qui se décompose en capital fixe et en capital variable. Dans telle entreprise c'est une petite part des investissements qui constitue le capital fixe et la grande part le capital variable, dans telle autre entreprise c'est l'inverse qui existe. Ainsi la composition organique du capital n'est pas identique pour nos diverses entreprises.**

Considérons une première usine dont le capital est estimé à 900 000 sylis, une autre usine dont le capital est de 400 000 sylis. Le capital constant de la première est égal à 800 000 sylis et le capital variable est de 100 000 sylis. Cette usine dont le capital global est de 900 000 sylis a pour structure organique 800 000 sur 100 000 égal 8. Ce sont les rapports entre les deux parties constitutives du capital de cette unité industrielle. Quant à la deuxième usine, son capital global est de 400 000 sylis, son capital constant est égal à 300 000 sylis et son capital variable de 100 000 sylis. D'après le rapport de 400 000 sur 100 000 égal 4, la composition organique du premier capital est plus élevée que celle du second. Donc les ratios de rentabilité doivent être également interprétés selon la composition organique du capital. Le taux de ratio de rentabilité de telle unité industrielle bien que inférieure à celui de telle autre unité de production peut cependant signifier une gestion bien meilleure.

La reconstitution pure et simple des moyens du capital à l'aide des amortissements effectués est la conception classique. Une machine qui, il y a 10 ans, a été achetée à un million de sylis, peut sûrement coûter aujourd'hui plus d'un million. Dans ces conditions, pour qu'une unité de production donnée, soit à même, 10 ans plus tard, de se procurer le même équipement, il faut envisager l'amortissement en tenant compte de ses aspects techniques et financiers, d'une part, et de l'évolution des prix, d'autre part.

En effet la durée technique doit être appréciée pour un temps plus long que la durée théorique de l'amortissement financier constaté en comptabilité ; l'amortissement technique étant par exemple envisagé pour 10 ans. l'amortissement financier pourrait être envisagé pour 8 ans, autrement dit, l'amortissement financier doit s'étaler sur une durée, au plus égale à 80% de celle de l'amortissement technique.

Par ailleurs le coefficient affectant la courbe des prix à travers la durée envisagée, est un facteur important. L'expérience montre, qu'une usine qui coûte 10 millions de sylis aujourd'hui pourrait certainement, dans 10 ans valoir 11 millions de sylis. Il faut tenir compte d'un coefficient raisonnable dans le calcul de l'amortissement pour que le taux d'augmentation des prix soit une prévision réaliste permettant non seulement la reconstitution théorique des moyens de base du capital initial, mais d'un montant financier pouvant procurer à l'unité de production le même équipement au bout d'un temps déterminé.

Achetons un camion de 5 tonnes à 360 000 sylis ; nous disons, compte tenu de l'état de nos routes et du rythme de rotation de ce véhicule, en raison de la nature de son utilisation, à savoir le transport en commun, nous allons amortir notre capital en 5 ans, soit 60 mois. Mais chaque année, puisqu'il s'agit de transport en commun et que la réglementation nationale nous impose d'assurer le véhicule, nous payons l'assurance pour les transports en commun qui est de 48 000 sylis ; nous engageons un chauffeur au taux de 3 000 sylis par mois.

Voilà les éléments fixes. Mais le capital à utiliser pour le fonctionnement de ce camion pourrait dépasser la valeur de ces éléments fixes. Nous devons nous fixer le seuil, nous disons donc : puisque nous devons amortir ce camion en 5 ans, pour l'année nous devons couvrir un amortissement de 72 000 sylis et pour un mois, l'amortissement mensuel serait de 6 000 sylis ; l'assurance étant de 48 000 sylis l'an, pour chaque mois nous devons couvrir l'assurance de 4 000 sylis, c'est une immobilisation ; et le chauffeur 3 000 sylis par mois; il y a aussi les pneus; avec le transport en commun, nous donnons comme durée, une année aux pneus ; donc pour les six pneus, 30 000 sylis l'an, soit 2 500 sylis par mois ; il y a également divers imprévus : c'est une vis qui a sauté, une partie de la carrosserie ou une partie du camion est endommagée, il y a de petites réparations, et prévoyons seulement 1 500 sylis par mois, c'est un taux modique. **Ainsi, ces dépenses sont constantes :**

6 000 sylis pour l'amortissement, plus 4 000 sylis pour l'assurance, plus 3 000 sylis pour le chauffeur, plus 2 500 sylis pour les pneus, plus 1 500 sylis pour les divers imprévus égalent 17 000 sylis de dépenses constantes par mois.

Il y a **les dépenses variables:** le camion consommera plus d'essence ou moins d'essence selon qu'il aura fait plus ou moins de rotation; il y a une série de dépenses qui se trouvent rattachées au rythme productif du camion, nous ne les prenons pas en compte puisqu'elles sont consommées instantanément et ne sont dépensées que lorsque le camion est en fonctionnement, elles rentrent leur valeur dans l'objet du déplacement du camion, elles sont toujours instantanément compensées, mais on se dit : puisqu'il y a 17 000 sylis de dépenses constantes, pour qu'il y ait profit, il faut que les **recettes du mois diminuées des dépenses variables du mois donnent un résultat positif.** Connaissant ce seuil, on se dit : « toutes les dépenses que je fais, relatives à l'achat de l'essence, des lubrifiants ou à divers autres achats, toutes les dépenses que j'effectue dans le mois, déduites des recettes du mois, doivent me donner un résultat égal ou supérieur à 17 000 sylis. Si c'est inférieur à 17 000 sylis, c'est que j'ai une perte au cours de ce mois ». Si l'on veut avoir des éléments annuels de comparaison, puisque les exercices sont souvent annuels, on aura : 17 000 sylis x 12 = 204 000 sylis.

Nous insistons que les 204 000 sylis constituent les dépenses **constantes** et qu'il ne faut pas oublier qu'il y a des dépenses variables.

On doit se dire: « toutes les dépenses effectuées au cours de l'année pour l'achat des pièces de rechange, de l'essence, de lubrifiants, les patentes à payer, enfin toutes les dépenses inhérentes au fonctionnement de ce camion au cours d'un exercice donné sont pour leur totalité au moins égales à 204 000 sylis. Il faut que les recettes réalisées moins toutes ces dépenses variables donnent un résultat égal à 204 000 sylis pour que l'opération puisse s'équilibrer. Dès qu'on a moins de 204 000 sylis après déduction des dépenses variables, on est en déficit. » Cet exemple concret est pris pour illustrer un principe scientifique général qui se traduit en mathématiques comptables et qui reste valable pour toutes les unités économiques. Son application pratique tient naturellement compte des conditions spécifiques du fonctionnement de l'entreprise et de la composition organique de son capital. Cette formule est que **la différence entre les ventes ou recettes et les frais variables doit couvrir les frais fixes et donner un profit.**

Nous qui ne sommes plus au début de l'action de développement, nous avons derrière nous une somme d'expériences acquises, celles que nous procurent les victoires remportées et aussi les échecs subis, et s'il y a eu des échecs dans certains domaines, c'est parce que la précision a manqué dans la détermination de nos objectifs, dans celle de nos moyens et aussi dans l'organisation et la conduite constante de l'action créatrice.

Ainsi c'est lorsque la loi de la rentabilité économique pour une opération économique est sérieusement étudiée et conforme aux conditions objectives du déroulement de l'action créatrice que l'on peut s'assurer d'une victoire dans l'accomplissement total de ce qui a été prévu et dans les conditions les meilleures. La rentabilité de l'opération économique exige que le résultat économique soit supérieur aux investissements économiques, car l'intelligence et la force physique de l'homme se trouvent incorporées dans l'action tendant à l'utilisation des moyens matériels et des matières premières que précisément l'homme valorise pour obtenir de nouveaux objets, des formes nouvelles, des dimensions nouvelles, toutes supérieures aux anciens objets, aux anciennes formes et aux anciennes dimensions. C'est cette différence entre le « A' » et le « A » qui permet de déterminer le surplus ajouté à l'acquis que l'on avait au départ ; c'est cette même différence qui permet l'opération accumulation.

Celui qui investit dans son champ 10 sylis et ne réalise en recette que 9 sylis a perdu une partie de son patrimoine. Cet autre qui investit dix sylis et obtient 15 sylis en recette peut enregistrer une accumulation, à savoir la part d'augmentation sur la somme des dépenses effectuées antérieurement. Cette accumulation va lui permettre l'année suivante, au lieu de n'investir que dix sylis comme l'année précédente, d'investir désormais 15 sylis et en respectant le même taux d'augmentation, le camarade pourrait obtenir 22 sylis 50. **D'année en année, grâce à cette forme d'accumulation, autrement dit d'augmentation des moyens, les moyens de départ qui ne correspondaient pas aux dimensions des objectifs fixés pour la dernière année du Plan Quinquennal atteindront par leur accroissement le niveau requis par ces objectifs.**

Donc ces démarches tendant à utiliser avec esprit d'économie les moyens existants dans le but de les accroître pour atteindre le niveau de moyens requis par les objectifs fixés, sont indispensables. C'est pourquoi nous ne devons plus nous fixer abstraitement des objectifs, si louables soient-ils. Nous devons voir comment les réaliser, et en examinant les conditions de réalisation des objectifs, nous devons savoir si ces conditions permettent une action rentable, celle que postule le développement, car sans action économique rentable, il ne peut pas y avoir de développement économique.

Chaque entreprise est tenue d'abord de rembourser au budget du Plan une part du capital investi en vue du règlement de l'annuité échue vis-à-vis du créancier. Elle est tenue ensuite d'investir pour maintenir ou augmenter sa production. Elle doit se constituer un fonds de réserve et cette accumulation lui permettra un jour de faire des réalisations. Cette politique au niveau des entreprises est nécessaire. Ainsi, nous payerons 2 fois l'amortissement. On paye ce qui est dû, tout en prenant les dispositions pour qu'il n'y ait pas de rupture dans le fonctionnement de l'entreprise. Pour cela, on entretient l'entreprise, on l'équipe chaque jour davantage, pour que la garantie du maintien des acquis soit assurée. Et c'est pourquoi, l'on doit tenir compte de la différence qui peut exister entre **l'amortissement financier et l'amortissement technique,** et cela dépend du degré de rentabilité d'une entreprise. Prenons un exemple concret. La construction de l'entreprise nationale Tabac-Allumettes a coûté moins d'un milliard de francs guinéens. Or, en une seule année cette unité industrielle réalise un bénéfice de plus de 200 millions de Sylis. Voilà un cas où nous pourrions nous permettre, dès la première année, de rembourser la totalité du capital investi avec une seule partie du bénéfice et nous libérer totalement.

Financièrement, l'entreprise est amortie ; techniquement, les machines qui y sont ne seront hors d'usage que dans 10 ou 20 ans, les bâtiments dans 20 ans. L'infrastructure de base n'est donc pas encore techniquement, physiquement amortie; elle n'est pas encore devenue impropre à la production et nous ne pouvons pas la jeter au rebut pour la simple raison que financièrement elle est amortie. Ce n'est pas parce qu'on aura payé totalement le capital que l'on ne doit pas veiller sur l'amortissement technique; il en est ainsi pour le propriétaire d'une vieille machine pendant tout le temps normal du fonctionnement régulier et de l'utilisation ordinaire de cette machine.

Un autre cas, celui du service des Transports Urbains de Conakry (TUC), donne lieu à une analyse inverse. Ce service TUC a un caractère social prononcé. Les prix de transport sont fixés au-dessous du prix normal au profit des populations en général et des travailleurs en particulier. Il ne peut en conséquence se comporter comme le capitaliste, qui fixe ses prix en fonction du prix de revient et tient compte du taux normal d'amortissement à sa convenance. L'amortissement financier aura donc une durée plus longue, car le service TUC est un service à caractère social. Autrement dit, on diminue les charges que devra en particulier cette entreprise pour lui permettre de pratiquer une politique de prix favorable à la société, en lui accordant 20 ans d'amortissement. Dix-huit millions constituent une part de l'amortissement des moyens de base très dérisoire, ne représentant qu'une maigre partie de ce qui a été détruit sans avoir rendu le service pour lequel il avait été acquis.

Supposons même que les 18 millions correspondent à l'amortissement financier complet. Même dans ce cas, la gestion se révèle très mauvaise, puisque, au terme de cette opération, plusieurs cars, peut-être 10 ou 15, ont déjà été mis hors d'usage, de sorte que les deux derniers qui restent constituent la maigre part du matériel encore techniquement amortie. Les 18 000 000 sont trop élevés, comparés aux deux seuls camions qui fonctionnent régulièrement encore.

L'amortissement financier a été dans ce cas précis très lent. L'amortissement technique n'a pas eu lieu puisque le camion est hors d'usage avant la durée normale de sa vie technique. Or, si la gestion est bonne, un camion qui s'amortit financièrement en 5 ans, mais qui est entretenu, peut faire 6 ans, 7 ans ou 8 ans. Cela est une réalité confirmée par la pratique, des camions ayant déjà servi durant 9 ans, 11 ans. Certes, il y a eu à changer beaucoup de pièces, mais l'armature du camion, ses éléments essentiels et le moteur continuent toujours à fonctionner. Si la gestion avait indiqué un montant d'amortissement ou du capital inférieur à ce qui existe réellement comme moyens techniques, pour le même chapitre, cela aurait signifié tout de suite qu'il y a une bonne gestion, mais s'il est indiqué un montant nettement supérieur à la valeur objective des moyens existants pour le même chapitre, cela veut dire qu'il y a eu mauvaise gestion.

Ainsi donc, dès la 2è année du plan, il nous a été donné de rectifier les erreurs qui se sont glissées dans la comptabilité. Nous avons ordonné, de façon impérative, que le renouvellement de l'équipement de base soit supporté par chaque entreprise.

DES INDICATEURS MATHEMATIQUES
(Les Ratios)

Le seuil de rentabilité ou point mort est atteint lorsque la différence entre les recettes (ou ventes ou chiffre d'affaires) et les frais variables ne suffit **qu'à couvrir** les frais fixes comme dans l'exemple choisi : 204 000 sylis.

Autrement dit le seuil de rentabilité est le niveau d'activité auquel l'entreprise ne réalise **ni pertes ni profits.**

Comme on vient de le voir dans l'exemple ci-dessus, les frais fixes sont ceux qui sont liés à la **structure de l'entreprise** et qui demeurent donc plus ou moins constants quel que soit le niveau de l'activité. Ici, les frais d'amortissements, frais d'assurance, le salaire du chauffeur, ailleurs les loyers, etc...

Les **frais variables** sont ceux qui sont liés à **l'activité** de l'entreprise. Ils augmentent ou diminuent en proportion de l'augmentation ou de la diminution d'activité.

On voit donc l'intérêt primordial que l'on doit attacher à l'étude de ces frais variables pour les réduire au maximum.

Ainsi, à partir de la composition du capital d'une entreprise, les obligations constantes, celles qui existent, que l'usine marche ou ne marche pas, sont appréciées ; les autres obligations relatives à la rotation de l'usine, celles rentrant leur valeur immédiatement dans celle du produit, de la marchandise que l'usine fabrique, ou du service que l'entreprise rend, on les considère à part. Pour évaluer le prix de revient du produit ou du service rendu, on ajoute les dépenses constantes connues d'avance aux dépenses variables connues après coup. Mais il s'agit là du prix de revient global qu'il faut diviser par le nombre d'articles effectivement fabriqués ou le nombre effectif d'unités de services rendus pour avoir le prix de revient de chaque article.

Dans la fixation du prix, on tient compte de deux éléments pour connaître le prix de revient exact, car il y a de faux prix de revient. Dans certaines entreprises, on se rend compte que les prix de revient sont anormalement modiques : on a 200 travailleurs qui sont payés, mais on n'a produit que 11 % de la capacité, évidemment le prix de revient est alors élevé ; l'année suivante, si on produit à 90 % le prix de revient aura baissé parce que les travailleurs ont été utilisés à meilleur rendement. S'il y a eu production à 20 % de la capacité installée, le prix de revient baisse encore. **Mais la notion à retenir est que chacun, au niveau de son entreprise, doit connaître son seuil de rentabilité,** il doit savoir quelle est la ligne limite à partir de laquelle l'entreprise est bien assise, la ligne en deçà de laquelle elle est en perte.

Désormais la connaissance profonde et la concrétisation de ces notions donneront plus de vigueur à la marche de la Révolution face aux diverses pressions qui sont exercées sur l'économie, tant pour assurer le parfait fonctionnement de nos unités de production que pour supporter le coût international de l'équipement.

Puisque la comptabilité des unités industrielles ou commerciales exige au départ un compte d'ouverture dont le passif et l'actif doivent s'équilibrer, il faut qu'au niveau du Ministère du Plan nous tenions une comptabilité propre aux investissements de la Nation. Dans cette comptabilité sont portées premièrement le montant initial exact engagé dans chaque action bénéficiaire des crédits d'investissement du Budget du Plan, ensuite un deuxième montant conforme à notre politique nationale. Au niveau du Ministère du Plan. **les crédits affectés à une unité seront majorés d'un cœfficient donné représentant une marge de sécurité,** puisque toutes les opérations en cours, dérivant des investissements effectivement réalisés ne seront pas financièrement rentables.

Les ratios sont des indicateurs mathématiques.

Le Ratio de bénéfice net est donné par le rapport

$$\frac{\text{bénéfice net}}{\text{chiffre d'affaires.}}$$

Il est clair que lorsque cet indice est en **augmentation,** la rotation du stock s'accélère; quand il est en **diminution,** la rotation ralentit et alors, il faut voir si cela provient des longs délais de stockage ou d'un ralentissement des ventes; chacun de ces facteurs doit donc retenir l'attention du directeur d'entreprise qui doit prendre, chaque fois que c'est nécessaire, les mesures de redressement qui s'imposent.

Les ratios de rotation des stocks représentent la vitesse à laquelle tournent les fonds servant au financement. Donc plus vite les stocks tournent, plus petite sera la somme servant à leur financement pour réaliser un **même chiffre d'affaires,** ou encore plus grand se révèlera le chiffre d'affaires réalisé avec un **même fonds immobilisé en stocks.**

L'on voit clairement qu'au lieu de demander des fonds importants à la Banque (100 millions) pour en revenir à un exemple cité, une E.R.C. pouvait se contenter pour la campagne de commercialisation, du 1/3 soit 33 millions si la vitesse de rotation des stocks est multipliée par 3, en d'autre terme, si l'entreprise fonctionne 3 fois plus vite.

Les frais fixes liés à la structure de l'entreprise demeurent plus ou moins constants quel que soit le niveau d'activité. Ces frais fixes étant inversement proportionnels au volume de l'activité, il faut donc veiller à utiliser autant que possible tous les éléments (véhicules) accélérant l'augmentation du volume de cette activité. Il ne faut jamais donc immobiliser les véhicules.

Le ratio de rentabilité de l'entreprise est égal au Bénéfice net divisé par le Capital engagé.

A chaque moment, cette formule permettra au directeur de l'E.R.C., ou de toute autre entreprise nationale, de calculer la rentabilité obtenue des capitaux engagés sur ses fonds propres ou grâce aux crédits et avances qui lui sont consentis par des institutions.

Ce ratio, s'il est faible, commande d'examiner de plus près les conditions de fonctionnement de l'entreprise ; l'on se rendra compte que :

a) la gestion financière est très mauvaise,

b) les frais fixes et les frais variables d'exploitation sont trop élevés,

c) les frais généraux (salaires, loyers) sont exorbitants.

Il apparait dès lors clairement que si ce ratio, indiquant le taux de rentabilité de l'ensemble des capitaux permanents, est inférieur au taux des intérêts payés pour rémunérer les capitaux empruntés, cela veut dire que l'entreprise ne produit pas assez de bénéfice pour rémunérer ces capitaux empruntés. Immédiatement, dans ce cas, des mesures de redressement doivent intervenir. Ce ratio de rentabilité permet des comparaisons utiles d'un exercice à l'autre, et indique ainsi l'allure générale de l'entreprise.

Nous voyons donc que l'actif circulant d'une entreprise à savoir :

— les stocks

— les valeurs réalisables (débiteurs divers)

— les valeurs disponibles (comptes, banques, caisses), seul cet actif circulant « fabrique » de l'argent nouveau.

Il s'agit là d'un véritable tableau de bord financier, exprimé par des pourcentages, des ratios qui dégagent un certain nombre d'indices significatifs et permettent au directeur d'entreprise d'analyser chaque chapitre du bilan et de suivre d'un bilan à l'autre, l'évolution des masses de capitaux que la gestion financière a pour mission d'équilibrer entre elles.

DE LA PRUDENCE DANS LE LANGAGE DES RATIOS

Nous venons de voir qu'à partir de la composition organique du capital, la classification des Entreprises invite à considérer la valeur toute relative des ratios. Ces analyses financières poussées sont du ressort des Coordinations financières ; c'est par là que l'on perçoit clairement le comportement du capital constant et du capital variable dans les différents secteurs. Ainsi, le ratio de rentabilité doit tenir compte de la rémunération exacte, d'une part, du capital total investi, et, d'autre part, du capital variable utilisé dans le processus de la production.

La procédure actuelle pour déterminer le **Point mort** (P.M.) est imparfaite du fait qu'elle ne traduit qu'une réalité ayant sanctionné le mouvement ou les activités de l'Entreprise. Pour une année écoulée, ce point mort ne peut également, telle que l'équation est posée, être connu qu'après l'établissement du bilan. Ce n'est donc pas un élément incitateur qui guide, conseille, et contraint. Nous ne mettons pas en cause de façon absolue l'actuel mode de calcul de ce seuil ; seulement nous faisons remarquer que tout principe mathématique est juste dans la mesure où il permet d'atteindre l'objectif en vue, et tel principe bien que juste peut ne pas être adapté à certaines réalités. en tout cas pas à toutes les réalités. La règle que nous voulons voir instaurer est celle qui sonne constamment l'alarme en nous faisant prendre conscience de nos insuffisances par rapport à la normale. par rapport au minimum de résultat que nous devons atteindre. Nous disons seulement qu'il s'agit à tout moment de savoir si l'on a atteint, si l'on a dépassé, ou si l'on n'a pas atteint le seuil de rentabilité ; mais pour cela il faut le connaître à l'avance.

C'est comme un voyageur qui veut aller à Kankan. et qui dispose d'un engin pouvant faire les 600 Km en 10 heures. Il fixe une moyenne de 60 Km à l'heure. mais durant le parcours il y aura un tronçon de route sur lequel il ne fera que 50 Km à l'heure ; il faut donc tenir compte de cette baisse au-dessous de la moyenne préalablement calculée, pour savoir si notre voyageur est en avance ou en retard sur l'heure d'arrivée prévue. Ainsi, il faut que chaque unité détermine le montant de ses charges constantes. En effet pour qu'une entreprise puisse connaître le capital à amortir chaque année, le personnel à utiliser, la productivité à atteindre, elle doit connaître si elle produit suffisamment ou non, si le traitement est conforme ou non au rendement, bref si les charges sont supérieures ou inférieures à son rendement en recettes. L'entreprise a-t-elle passé la convention pour fourniture d'éclairage et d'eau, pour éviter les décomptes systématiques et fastidieux y afférents, une somme forfaitaire est payée par mois à cet effet qu'il y ait consommation ou non ; cette somme forfaitaire constitue donc une charge constante. (Elle ne serait une charge relative que lorsque la facture est envoyée après pointage). Donc toutes les charges constantes sont recensées, et une valeur est attribuée à ces charges constantes, par mois, par semaine ou par jour. A cette valeur, on oppose périodiquement le montant des recettes réalisées moins les dépenses variables, car on sait qu'automatiquement, celles-ci sont traduites dans le processus de la production dans la valeur du produit fini.

Selon la périodicité choisie, on peut savoir si l'on a atteint le seuil de rentabilité, si on l'a dépassé ou si on ne l'a pas atteint. Le Directeur prenant conscience alors de la situation de l'Entreprise, peut étudier à nouveau les bases de fonctionnement pour le cas échéant, rattraper tôt le seuil de rentabilité. Ce seuil de rentabilité doit être déterminé et chaque Entreprise doit connaître le montant de ses charges constantes et s'imposer le devoir de présenter une différence entre ses recettes du mois et ses charges mensuelles véritables, une différence qui soit supérieure ou au moins égale à la valeur des charges constantes ; ainsi, chaque mois, le seuil de rentabilité est apprécié parce que atteint ou dépassé:

A propos de nos entreprises d'Etat, rappelons-nous les critiques du début : « Elles ne sont pas rentables, ces entreprises commerciales de l'Etat ; il faut les fermer !

L'Etat n'a qu'à se contenter des patentes que les privés pourraient lui verser ! Ce sont les privés qui sont qualifiés pour faire le commerce !... » Dans la lutte de classes engagée, ce qu'il y avait du vieil ordre dans notre société se manifestait ainsi sous forme de critiques virulentes contre nos démarches vers la socialisation de l'économie guinéenne, et beaucoup de cadres honnêtes commençaient à se laisser influencer. Maintenant, consultons les chiffres : **le bénéfice réalisé en 1973 par les seules E.R.C. est dix fois supérieur au montant des patentes que les privés payaient à l'Etat.** Donc, la pratique a plus de valeur que la théorie ; quand la théorie avait été contestée, il a fallu de notre part une grande fermeté pour maintenir l'orientation révolutionnaire donnée aux activités de notre Etat, en livrant un combat de classes à toutes les volontés négatives. Aujourd'hui, la pratique départage ; elle indique le résultat ; **en 1973, nous étions très heureux d'annoncer que nos unités de production industrielle, agricole et commerciale avaient permis l'accumulation de 1 milliard de sylis comme plus-value venant désormais au Plan pour le développement économique. En 1974, le résultat est d'un milliard 500 millions, soit 15 milliards de frs CFA.** Les seules E.R.C., malgré toutes les difficultés signalées ont eu un résultat presque double de celui de l'année 1973. Nous rappelons encore qu'en 1973, les E.R.C. avaient totalisé un bénéfice net de 362 millions et en 1974 le bénéfice net est passé à 610 millions. Les bénéfices de l'industrie, du commerce et des autres secteurs constituent donc une base financière sérieuse à l'Etat pour faire face aux nécessités de développement rapide de la Nation.

Nous devons remercier tous ceux qui, connus ou anonymes, par leur comportement positif et honnête, ont apporté une contribution à la réalisation d'une telle accumulation, résultat plus qu'indispensable à notre Etat pour réaliser ses immenses projets de développement économique de la Nation.

CHAPITRE CINQUIEME

Commerce et Finances

ROLE POSITIF DES SERVICES DE COORDINATION FINANCIERE ET COMPTABLE

La création des centres moteurs de comptabilité qui sont les Services de Coordination Financière a permis, au delà d'une simple centralisation, une coordination des actes économiques et comptables et a facilité l'analyse des données globales pour nous dicter un comportement conséquent en vue d'assurer un développement plus rapide de notre économie. **Les Coordinations Financières ont joué un rôle directeur sans lequel, nous n'aurions pas obtenu les résultats qui constituent aujourd'hui l'objet de notre légitime fierté collective.** L'institution de l'Office Central de Compensation a aussi joué un rôle très positif dans l'assainissement des finances de nos unités industrielles et commerciales. Les commissions de réévaluation des capitaux des unités industrielles et commerciales, l'organisation et la poursuite de l'action de contrôle, assumées par les inspections techniques des différents secteurs et par les inspecteurs des Affaires Administratives et Financières au niveau des Ministères de Développement Rural, ont contribué à rendre claire la situation économique et financière. Disons en résumé que le contrôle périodique de la comptabilité a reflété cette situation que nous pouvons qualifier d'excellente.

Aujourd'hui, nous connaissons mieux nos possibilités et nos insuffisances ; aujourd'hui, notre comportement est sans nul doute plus conséquent vis-à-vis de notre devenir que par le passé, mais comme nous l'avons dit, **chaque pas en avant accroît d'autant la dimension de nos possibilités.** C'est dire que l'étape parcourue, doit nous permettre de préciser les phases ultérieures et le comportement que nous devons adopter pour pouvoir assurer correctement et efficacement nos responsabilités qui ne cessent de s'élargir.

La nécessité de s'adapter constamment aux nouvelles exigences et de perfectionner sans cesse les forces productives sans lesquelles il ne peut y avoir de production demeure un impératif permanent. La décision déjà prise dans ce domaine par notre Peuple est de planifier le développement national en vue de liquider rapidement les causes du sous-développement. La planification, ici, a pour but essentiel non seulement le développement du Peuple dans ses capacités créatrices socio-humaines, mais aussi dans le constant accroissement et le constant perfectionnement des moyens matériels dont il dispose.

C'est dire que la planification, pour nous, porte sur le développement des rapports entre le Peuple sujet du progrès et le Peuple objet du progrès, et également entre le Peuple et les forces productives (sociales et matérielles) qu'il met en mouvement par la réalisation effective des actions économiques, sociales et culturelles inscrites dans le plan de développement national. Le développement s'appuie sur les croissances de base, non seulement la croissance de chaque unité économique, mais aussi de chaque secteur d'activités, d'où la nécessité impérieuse d'une croissance nette, globale, débarrassée de tous rapports antagoniques avec les autres facteurs fondant le bonheur du Peuple. Cette croissance doit avoir une portée positive sur l'ensemble des secteurs et des unités car le développement démocratique doit s'opérer dans l'harmonie, afin que l'équilibre qui est l'équivalent du bonheur devienne une réalité pour l'homme et pour le Peuple tout entier. C'est pourquoi la technique de développement s'appuyant sur la croissance de chaque secteur aboutit nécessairement à l'utilisation rationnelle des moyens accumulés en fonction des nécessités de l'harmonie qui doit caractériser nécessairement la situation économique globale. **Si pour le personnel d'une unité, le résultat positif du bilan de l'unité est une « fin », il faut savoir que cette fin-là se transforme en « moyen » lorsque l'unité est placée dans la structure globale de l'économie nationale. Ainsi, son comportement doit être déterminé par les impératifs d'une évolution harmonieuse du Peuple tout entier.** C'est pourquoi, si un effort important a été déjà engagé en vue de la maîtrise des éléments économiques et financiers de chaque unité de production, cet effort poursuivi doit aboutir à l'élimination définitive de tout « laisser aller », de tout « laisser faire » au profit d'une planification rigoureuse.

En effet, la planification est le contraire de l'improvisation. La planification bannit les actes empiriques, elle exige que tout soit prévu, discuté, décidé, réalisé, selon des fins précises. Et pour qu'il en soit ainsi, il y a nécessité de coordonner les différentes sections d'une même unité, de coordonner les unités entre elles et par secteur, de coordonner les secteurs dans leur comportement afin de maintenir l'harmonie qui doit caractériser le « Tout » ; le Tout étant ici à la fois le Peuple sujet et objet du développement ainsi que l'économie nationale, cadre de l'action du Peuple.

Aussi, l'ensemble doit-il s'accroître en moyens et en capacités, d'où la nécessité de la discipline économique, financière, comptable et professionnelle. **Cela fait obligation à tous les cadres, à tous ceux qui ont à cœur le bonheur et l'honneur de la Patrie, d'agir quotidiennement au nom du Peuple et pour le Peuple,** de recourir toujours davantage à des méthodes rationnelles justes, et de s'imposer ainsi un comportement plus scientifique. En effet, nous voulons planifier notre développement et nous sommes obligés d'appliquer la méthode d'approche scientifique pour cerner tous les éléments constitutifs de notre économie, pour avoir ainsi une vue globale sur le plan national, sur le plan de chaque secteur, et sur le plan de chaque unité. Pour ce faire, nous devons nous déterminer avec précision, ce qui nous permettrait d'identifier chaque objectif et d'éloigner de celui-ci les obstacles qui pourraient s'y opposer, d'identifier également, en vue de les développer, tous les facteurs positifs par une meilleure utilisation des acquis. En un mot, nous devons nous comporter en mathématiciens en abordant tout problème de développement. **Mathématiser le développement est une nécessité pour qui veut cerner l'ensemble des problèmes concernant le développement ;** c'est la voie qui permet de fixer obligatoirement un cadre pour toutes les activités de même nature. S'agissant par exemple de la comptabilité, **il faut un cadre comptable parfaitement adapté aux propriétés de l'économie saisie dans son essence de classe ;** car un cadre peut être statique dans la mesure où ses directives ne sont pas adaptées au réel, comme il peut être dynamique dans la mesure où ses directives sont parfaitement adaptées au réel qui, lui, est dynamique. **Il nous faut donc une comptabilité nationale appropriée à l'action de développement, tenant compte du présent et donnant une vue cohérente de l'avenir.** Pour cela, obligation nous est faite, à tout moment, d'étudier et de connaître la structure de la production sur le plan national, sur le plan sectoriel et sur le plan de chacune de nos unités, il y a aussi nécessité d'avoir **une idée exacte du mode de production en cours et d'adapter ce mode de production à la politique choisie par notre Peuple, d'autant plus que nous avons proclamé que nous ne faisons pas la politique de notre économie, mais que nous faisons l'économie de notre politique révolutionnaire.** L'étude très poussée de notre mode de production nous fera découvrir les contradictions qu'il comporte et en même temps la nécessité de modifier les bases de l'organisation de la production et de l'organisation des producteurs afin d'éliminer toutes les contradictions, contradictions portant sur les rapports de productions, **le rôle des forces productives,** la nature des opérations engagées, au niveau de l'unité, du secteur, tout comme sur le plan national. Tous ces aspects doivent être appréciés et connus dans la définition d'un Plan Comptable.

De même l'appréciation du niveau de notre revenu national est indispensable pour que notre action se déroule avec plus de clarté. Nous devons en un mot, à tout moment, faire l'inventaire du réel, apprécier les potentialités économiques, notamment les forces actives de la population, évaluer les ressources intérieures et extérieures du Peuple, apprécier tous les moyens du développement découlant de l'étude objective de la situation pour chacune des phases de notre évolution historique. C'est par cette maîtrise du réel que nous pourrons adapter les structures économiques, administratives et les institutions législatives aux nécessités du développement tel que le souhaite notre Peuple ; ce développement devant être équilibré, harmonieux et dynamique. Dans la pratique, il n'est pas étonnant que nous ayons fait des études dans ce sens en vue de la planification du développement national, et ce, dès le lendemain de l'Indépendance nationale recouvrée. Nous avons ainsi créé des institutions appropriées tout comme la Conférence économique nationale, le Conseil économique national, institutions appropriées à l'application de notre politique de développement.

Parmi toutes ces institutions appropriées, nous avons situé le rôle efficace joué par les coordinations financières, par les organes centraux de contrôle et par les institutions chargées des statistiques. Ainsi, à tout moment de l'évolution, nous pouvons distinguer l'étape où nous sommes, mesurer ce qui est fait, avoir une idée exacte et de nos insuffisances et de nos résultats positifs, actualiser à nouveau nos méthodes et les adapter aux objectifs que nous devons pouvoir réaliser.

DE LA CREATION D'UN CONSEIL SUPERIEUR DES NORMES ET DE LA COMPTABILITE

Aussi avons-nous pensé tout de suite à la création d'une nouvelle institution, celle qui complète les institutions déjà créées, et qui contribuera à l'assainissement financier de nos unités par la définition exacte des bases comptables propres à chaque secteur, et aussi par la définition des règles entre les unités d'un même secteur. **Cette institution est le Conseil Supérieur des Normes et de la Comptabilité.** La comptabilité est une nécessité absolue et son perfectionnement sera un facteur de dynamisation de la conscience professionnelle au sein de chaque unité de production car, c'est par une comptabilité correcte, et grâce à l'interprétation suivie de toutes les opérations de gestion : achat, vente, encaissement, paiement, etc... qu'à tout moment, une société ou une entreprise peut apprécier sa situation du point de vue de sa santé financière et économique. Cette santé ne sera saisie qu'à travers une comptabilité bien adaptée dont elle sera le reflet.

Ainsi, juger l'état de santé d'une fabrique, d'une maison de commerce, de toute entreprise, pour connaître les fluctuations qui ont marqué le cours de leur fonctionnement, apprécier les obstacles, connaître les facteurs positifs et les insuffisances, voilà quelques-unes des réalités qu'une bonne comptabilité nous permet de saisir. C'est dire qu'il est nécessaire que cette comptabilité soit correctement tenue, car c'est cette comptabilité particulière par rapport aux règles générales du système comptable et par rapport aux bases de gestion, qui sera soumise au contrôle, ce contrôle devenant de plus en plus nécessaire, car sans comptabilité correcte, le contrôle devient difficile, voire impossible. A un système de contrôle efficace, doit correspondre un bon système comptable. C'est la comptabiblité qui permet le contrôle de toute gestion, qui permet de découvrir et d'éliminer les fraudes, de connaître les erreurs commises en vue de les redresser; c'est elle qui permet également, à d'autres niveaux, la centralisation des résultats, la connaissance de la physionomie globale de l'entreprise, l'enregistrement des données réelles et l'étude de celles-ci en vue d'indiquer leur valeur par rapport aux objectifs assignés à l'action du Peuple. La comptabilité doit donc retenir toute notre attention vigilante. Le Conseil Supérieur des Normes et de la Comptabilité, par ses directives, facilitera partout l'application par les organismes de contrôle, des règles adaptées aux différents secteurs. Le contrôle, doit être un acte impersonnel, objectif. L'inspecteur, le contrôleur, en un mot l'agent agissant au nom du Peuple de Guinée pour préciser la moralité ou la régularité des citoyens guinéens, ne doit pas tenir compte de la nature de ses rapports personnels avec ceux qu'il contrôle. Il est investi du pouvoir de la Révolution et doit agir avec honnêteté pour traduire son degré de fidélité à la Révolution et à la loi de son pays.

Le contrôle portera évidemment et toujours sur deux aspects :

a) — **La moralité par l'examen de la conformité des actes avec la finalité.** Il est entendu ici qu'il ne faut pas systématiquement confondre le qualificatif financier avec le mot rentabilité : telle unité vise une rentabilité culturelle ou sociale, telle autre une rentabilité financière. Selon la finalité assignée à une unité, le contrôle doit pouvoir établir s'il y a objectivité dans le comportement de cette unité par rapport à sa finalité.

b) — **Le contrôle de la moralité nécessaire est inséparable du contrôle de régularité.** Les actes engagés sont-ils en conformité avec les règles législatives, administratives, financières, comptables ? Le contrôle de régularité est donc indispensable bien qu'il ait moins d'importance. Le contrôle de fond est celui de la moralité et le contrôle de la forme, celui de la régularité. **Par ailleurs le contrôle à priori a une importance capitale par rapport au contrôle à postériori.** Comme l'on dit, mieux vaut prévenir que guérir ! Le contrôle à priori permet d'éviter les erreurs alors que le contrôle à postériori ne fait que les constater ; or il faut même éviter les erreurs. Donc la vigilance des contrôleurs doit s'exercer également sur les deux types de contrôle : celui d'avant les engagements et celui après les engagements. Le contrôle doit être opéré à tout moment et permettre de situer l'exactitude de l'évolution et celle des données comptables. C'est le contrôle qui exige la coordination, et en raison de l'importance du contrôle, nous avons ressenti la nécessité de coordonner certaines des activités financières ou comptables des Unités, Entreprises et Sociétés.

Par ailleurs, les éléments coordonnés ne doivent pas être considérés comme des données statiques; ces éléments doivent susciter l'analyse pour que la direction connaisse mieux les orientations, les bases actuelles positives ou négatives et le rythme des activités, toutes connaissances indispensables à l'acte de planification.

PLAN ET CREATION DES NOUVELLES ENTREPRISES

Le Plan Quinquennal en cours prévoit la construction d'une usine de tabac à Beyla, d'une usine de fruit à Télimélé qui fera en même temps l'extraction de l'essence d'oranges. Supposons qu'un pays ami, la République de Chine par exemple, accepte, sous la forme de crédit économique, la réalisation des deux usines. Le crédit économique accordé par cet Etat sera évalué au prorata des sommes considérées comme nécessaires à la réalisation des deux usines.

Dans pareil contrat, le pays ami accorde, dans le cadre du crédit économique, tout ce qui touche à l'équipement technique de chaque usine, à la fourniture d'experts chargés des études préalables, à l'établissement des devis et finalement à la création même de l'usine. La Guinée s'engage à son tour à fournir tout ce qui peut être trouvé localement, car le sable, le gravier et le bois, bref toutes matières entrant dans l'édification des bâtiments se trouvent en Guinée.

Après la conclusion de pareils accords, l'exécution des travaux projetés commence. Les études préliminaires sont effectuées, toujours suivies par la partie guinéenne qui a l'autorité, à travers ses techniciens, de modifier les données qui ne paraissent pas exactes ou qui pourraient se révéler très chères et adapter le projet aux nécessités de réalisation à meilleur coût. Ensuite viennent le travail d'importation de l'équipement et celui de l'édification des locaux. Les techniciens guinéens sont toujours associés à toutes les phases du travail, car la tâche de direction de l'usine leur revient. C'est pourquoi, **dès le début du travail, au moment même de la conception et jusqu'à la fin de la réalisation, les techniciens étrangers, sont associés à tout le processus d'édification de l'usine.** Supposons un montant de 40 millions de dollars pour la réalisation d'une usine et les dépenses locales supportées par la Guinée sont, quant à elles, évaluées à un montant de 10 millions de dollars. Le budget du Plan portera dans le chapitre correspondant à la création de cette unité industrielle, les 50 millions de dollars, en faisant ressortir l'objet des 40 millions en tant qu'une aide extérieure remboursable à tel taux et à partir de telle date. Tout le calcul est fait, dans le cadre des dispositions de cet accord, pour que les services comptables sachent parfaitement les exigences découlant de l'acceptation de cet accord qui prévoit qu'à la N ième année, la Guinée devra se libérer de telle dette par ses propres ressources. C'est le même budget du Plan, avec ses disponibilités financières, qui doit pouvoir, au fur et à mesure des échéances, couvrir ces dépenses. Ces dépenses peuvent être prises en compte pour la tranche de l'année si les travaux peuvent s'effectuer et se terminer dans une année, ou dans deux tranches annuelles, si les travaux nécessitent un temps égal à 18 ou 24 mois. En fait, tout est anticipé, la réalité pouvant être tout autre. Le budget est une prévision, et comme telle, il est sujet à des variations dues à certains facteurs imprévisibles du réel. Dans tous les cas, après la création de l'infrastructure matérielle de l'Entreprise, elle s'engage dans la production avec une certaine quantité de matières premières, le plus souvent fournies par le partenaire. Avec l'incompréhension de la composition organique du capital, la direction de l'entreprise, après le démarrage, commencera à réclamer le fonds de roulement ignorant donc que ce fonds de roulement est destiné à l'achat des matières à transformer pour faire face aux premières exigences fonctionnelles de l'usine. Cette réclamation constitue un double emploi ; sinon comment alors sans fonds de roulement ou sans matières premières, l'usine aurait-elle pu s'engager dans la production ? C'est une question de démarches logiques non assimilées par certains cadres de gestion. Et c'est la cause des inscriptions répétées dans certains bilans et de la demande de versement de fonds de roulement alors que l'usine est créée il y a déjà des années. C'est là l'expression d'un manque de compréhension du mécanisme comptable afférent au fonctionnement d'une unité industrielle. Examinons deux exemples de financement par le plan :

1⁰) — Les prévisions budgétaires n'ont pas été atteintes, voilà que nos deux usines sont construites, et au lieu de 50 millions de dollars pour l'équipement, on a trouvé l'équipement à meilleur prix et le tout est revenu à 40 millions de dollars. Ayant donc une disponibilité de 10 millions de dollars, nous demandons au partenaire de nous fournir des pièces de rechange pour l'usine ; et sur 5 ans, de nous fournir les matières premières que nous n'avons pas, afin que cette usine soit dans les meilleures conditions de fonctionnement dès le départ ; il est entendu que dans les mêmes délais, les dispositions seront prises en Guinée pour assurer le ravitaillement de ces usines en matières premières.

2⁰) — Les prévisions en dépenses locales n'ont pas été également atteintes ; sur les 10 millions de dollars comme intervention en sylis, il n'a été dépensé que 5 millions de dollars ; que faire des 5 millions de dollars restants ?

Par exemple les travaux comme ceux de l'O.B.K., sont terminés : au moment de la réception des installations de l'entreprise, nous devons faire l'inventaire de ce qui existe et qui est réellement nécessaire à la marche de l'usine, et de ce qui existe, mais dont l'usine n'aura plus besoin. Pour ce qui est des matières premières, c'est la disponibilité de l'usine dont la valeur est incorporée au capital et qu'on pourra considérer comme montant du fonds de roulement de l'entreprise aux lieu et place d'une somme d'argent destinée à l'achat des matières premières. C'est dans le cadre du même contrat, ayant servi au paiement des moyens de base, que nous avons inscrit les fonds nécessaires pour les premiers mois de fonctionnement de l'usine. Il s'agit de connaître la composition organique de ce capital pour déterminer le montant du capital fixe dont l'amortissement doit être calculé sur une longue période et celui du capital variable dont la consommation est immédiate dès que l'usine commence à fonctionner. Mais les deux éléments constituent le capital initial de l'usine.

Par ailleurs, nous avons dit que les matières premières achetées avant la phase de production font le plus souvent partie du capital initial. Il se peut aussi qu'on ait acheté des camions et d'autres engins pour faire le travail de terrassement. Mais, après la réalisation de l'usine, on constate qu'elle n'aura plus à utiliser des engins, alors qu'ils ont été déjà payés dans le cadre de ce travail. Nous devons ici évaluer, tout ce qui est du matériel disponible et n'entrant pas dans le fonctionnement normal de l'unité industrielle et en tenir compte dans la fixation de son capital. Ainsi tous les moyens techniques restants, par exemple camions, ciment, gravier, sable, outils de travail, qui ont été en partie utilisés et qui peuvent encore l'être, seront réévalués. L'on défalque la valeur de tout ce qui est récupéré, du montant initial du capital de cette usine pour le ramener à sa valeur exacte, celle des dépenses consommées : biens d'équipement, frais d'infrastructure, qui demeurent les moyens de base de l'usine. Aussi, le montant des salaires payés pendant la durée des travaux d'édification de l'usine rentre également dans le capital, car les machines ne se posent pas d'elles-mêmes et les installations matérielles ne se construisent pas sans frais. Ce salaire fait partie du capital constant et s'ajoute aux moyens de base qui constituent le coût de revient que l'usine doit amortir. **Ainsi, le montant global des dépenses effectuées et afférentes à l'exécution de l'action, moins la valeur de tout ce qui reste non utilisable par l'usine, constitue le capital réel de l'usine.** La comptabilité des dettes extérieures fait ressortir la totalité des investissements faits par la Chine, alors que celle de l'usine ne comptera que le montant réel des dépenses engagées pour sa création. Ce montant peut, nous venons de le démontrer, être différent de celui du prêt consenti par la Chine.

POUR UNE RENTABILITE DES ENTREPRISES

La Coordination Financière de l'Industrie « SECOFI » représente un certain nombre d'entreprises. Supposons que parmi ces entreprises il y ait un certain nombre d'entreprises bien gérées, rentables grâce aux efforts de leurs directions et de leurs personnels, et d'autres mal gérées. Les entreprises bien gérées sont pénalisées très souvent par les autres, car leurs liquidités vont à la compensation des déficits de celles-ci. Voilà une situation à éviter. La coordination avait pour but essentiel de cumuler les moyens monétaires et financiers face à la banque et face à l'extérieur, mais en laissant à chaque entreprise, à l'intérieur de la Coordination, sa personnalité financière. Il peut arriver qu'une entreprise qui sait qu'elle a à son compte 50 millions de sylis par exemple et qui voudrait s'acheter un camion ou des matières premières pour augmenter sa production ne puisse pas le faire parce que ses fonds sont engagés par SECOFI au profit d'une autre entreprise. On encouragerait ainsi dans la paresse certaines entreprises. Quand une entreprise sait qu'elle est obligée de payer le personnel et faire face à toutes ses obligations elle fournira tous les efforts nécessaires, mais quand elle sait que les disponibilités financières des autres couvriront ses dettes, elle ne fera plus rien pour assumer ses responsabilités propres.

Il faut une dynamique qui puisse mettre en mouvement les capacités dynamiques de chaque action. /

DES NORMES ET COMPTABILITE

C'est le perfectionnement de notre système comptable et la pratique rigoureuse et constante de ses règles qui permettront, grâce aux données statistiques qui en découleront, la détermination du **Produit National Brut** (P.N.B.) qui s'obtient par l'évaluation correcte des biens et des services produits au cours d'une période annuelle.

Le **Revenu National** sera également obtenu en soustrayant le capital utilisé dans la production nationale du montant du **Produit National Brut.**

Notre option de développement continu et transcroissant de l'économie guinéenne doit se traduire dans les rapports entre le **Produit National Brut** et la **Dépense Nationale.**

En effet, tout pays qui dépense plus qu'il ne produit est voué à la médiocrité ; le sort du Peuple dépend alors de l'extérieur, et c'est l'insécurité propre au déséquilibre économique et social qui caractérise la vie dans un tel pays.

Un Peuple qui veut se développer doit nécessairement recourir à l'accumulation, à l'épargne d'une partie de son **Produit National Brut,** c'est-à-dire la partie non consommée de sa production annuelle.

La dépense nationale qui est égale à la valeur globale de la consommation, des investissements, des exportations des dépenses publiques, etc... doit être d'un niveau nécessairement inférieur à la valeur totale des biens et des services produits, c'est-à-dire la valeur du **Produit National Brut.**

Ainsi, selon que les importations et les dettes extérieures sont d'un niveau inférieur ou supérieur au **Produit National,** un Etat peut se trouver dans les conditions d'un développement indépendant ou dans celles d'une dépendance vis-à-vis de l'extérieur.

Ces règles font obligation à un Gouvernement chargé de la conduite des affaires d'une Nation, de connaître et d'apprécier à leur juste valeur la production nationale, le revenu national, la consommation nationale, les exigences sociales à satisfaire et l'accumulation nationale devant permettre le développement des secteurs économiques et socio-culturels du pays, y compris les secteurs défaillants, car une économie nationale qui se veut viable doit être un tout.

Le **Budget Economique** d'un pays doit donc tenir compte des demandes et des rapports divers.

Pour qu'il y ait accumulation, pour que la production nationale soit supérieure à la dépense nationale, il faut que le **Produit National Brut,** augmenté de la valeur des importations et des apports extérieurs, soit d'un montant total supérieur à celui global de la consommation, des investissements, des exportations et des dépenses de l'Etat.

Ainsi comprenons-nous la nécessité du contrôle, tant des ressources intérieures que des ressources extérieures.

Pour le développement de notre système comptable, nous devons nous fixer la maîtrise de ces diverses données économico-financières comme l'objectif à satisfaire, car sans ces données, aucune planification du développement national ne peut atteindre à l'efficacité totale. Nous voulons que la comptabilité soit, au-delà du simple enregistrement des données, l'interprétation de celles- ci ; sans cela, aucune décision économique scientifique n'est possible.

Il y a donc lieu de déclencher une action multiforme et multi-dimensionnelle telle que dans chaque secteur économique, chaque unité professionnelle, chaque service financier, chaque centre d'éducation révolutionnaire, les agents possèdent les connaissances économiques et financières grâce auxquelles, dans la pratique professionnelle correspondante, chaque agent maîtrisera aisément les informations économico-financières, et dans la collecte de celles-ci, et dans leur analyse correcte ; toute technique qui confèrera de l'efficacité à toutes les activités alors créatrices.

POUR UNE DISCIPLINE NATIONALE VIS-A-VIS DES BENEFICES CAPITALISES

Pour les entreprises très rentables, le bénéfice qui est en partie capitalisé sert chaque année à l'augmentation du capital. Mais il faut qu'une discipline nationale soit définie pour que l'augmentation du capital se traduise en élargissement ou en perfectionnement des moyens de base. Il ne faut pas que la part de bénéfice considérée comme capitalisée, vienne tout simplement augmenter le fonds de roulement sans aucun effet décisif sur le volume de la production. Les trois services de Coordination Financière, le Ministère du Plan et des Statistiques, le Ministère du Contrôle d'Etat, en fonction des conditions réelles de chaque unité, prendront en considération la composition organique du capital de l'unité, ce qui leur permettra de déterminer les modalités d'utilisation de la part du bénéfice revenant à l'unité et devant être capitalisée. Il existe quelques entreprises financièrement marginales, qui vivent chroniquement de dettes ; il y a lieu quand même de leur donner une certaine aisance financière pour leur permettre de faire face à leurs obligations financières en leur évitant l'endettement. Il y a d'autres entreprises ayant une aisance financière telle qu'elles n'ont pas besoin d'un Syli de plus pour fonctionner normalement. Pour celles-ci il faut que la part du bénéfice revenant à l'Entreprise serve à la consolidation des bases de leur production, c'est-à-dire qu'elle soit affectée à l'augmentation du capital fixe de l'Entreprise, sous forme de nouveaux moyens de production. Ce sont là des contraintes qui doivent être déterminées en fonction des conditions particulières des Entreprises. Nous avons vu, en effet, que **les taux d'exploitation et les taux de profit n'ont pas les mêmes rapports selon la nature des Entreprises.** Prenons, par exemple, une Entreprise industrielle ayant **6 millions** de sylis comme capital constant et **2 millions** de sylis comme capital variable, soit au total **8 millions** de sylis.

Sachant que c'est le **capital variable** qui entre totalement dans la valeur du produit fini et sachant que le taux d'exploitation est le rapport entre le prix de vente et le prix des matières premières transformées, en supposant que le taux d'exploitation, qui se confond avec le taux de la plus-value, soit de cent pour cent, le capital variable sera égal à la masse de la plus-value. Ainsi, pour deux millions de sylis de capital variable, l'exploitation des produits finis devra rapporter la même somme.

Par contre, le taux de profit d'une entreprise est égal à la plus-value divisée par le capital total (le capital constant plus le capital variable).

Avec un taux de cent pour cent de plus-value, le taux de profit est : 2 M/ 6 M + 2 M = 2/8 = 1/4 = 25 %

Face à 100 % de taux de plus-value, cette entreprise bénéficie de 25 % de taux de profit.

Prenons une autre composition organique :

— le capital constant = 2 millions
— le capital variable = 2 millions
— la plus-value = 2 millions

Nous obtenons pour le taux d'exploitation : 2 M /2 M = 100 %
et comme taux de profit . 2 M /2 M + 2 M = 2/4 = 1/2 = 50 %

Avec un taux d'exploitation de 100% de plus-value (voir deuxième équation), cette nouvelle composition organique qui modifie en la diminuant de la valeur du capital constant, se traduit dans l'augmentation, du simple au double, du taux de profit. Nous remarquons que la première composition organique du capital est de (1 à 4) 4, et la deuxième de (1 à 2) 2,

Ainsi les capitaux à une composition organique basse ont un taux de profit plus élevé que les capitaux à composition organique haute ayant le même taux d'exploitation.

CHAPITRE SIXIEME

Banque et Finances

L'économie, partout, a précédé la monnaie et la monnaie a précédé la Banque, car dans le processus de satisfaction des besoins humains, dès son apparition sur la terre, l'homme s'est aussitôt attelé à la préservation de sa vie, grâce à des fonctions dynamiques données, qui devaient lui permettre d'abord de s'alimenter pour subsister, de s'habiller et de se loger pour résister aux intempéries de la nature. Et plus tard de s'instruire de façon rationnelle, de se former dans tous les domaines de disciplines intellectuelles et pratiques. Les branches de la connaissance sont donc venues s'ajouter comme besoins complémentaires aux besoins immédiats de l'homme. Mais, et cela est incontestable, l'homme a eu d'abord à satisfaire les besoins immédiats. Nous avons écrit à ce propos :

« Mûs par l'instinct, l'animal et l'homme, après avoir perçu, grâce aux sens dont ils sont doués, les données de la nature, règlent leurs comportements objectifs relativement aux phénomènes naturels. C'est après ce stade que le processus culturel se qualifie chez l'homme. Au stade supérieur les données naturelles perçues par les sens sont enregistrées et expliquées au niveau de l'intelligence, de la conscience qui synthétise la somme de connaissances et d'expériences accumulées en l'homme en vue de l'action. Produire pour s'alimenter ! cette première exigence est le travail. L'homme a donc commencé par le travail. Certes les caractéristiques de ce travail étaient d'abord toutes individuelles. La lutte de l'homme pour survivre l'amenait à cueillir des fruits, à prendre à la nature tout ce qui pouvait l'alimenter, lui permettre de subsister. Tout ce que l'homme arrachait ainsi à la nature était un produit de son travail, du fait de l'effort qu'il a dépensé, en l'arrachant à la nature. Avec le progrès des techniques de transformation de la nature, le travail n'est plus du reste que physique, il est précédé d'un travail intellectuel car l'homme sent la faim, la soif ; il éprouve tel ou tel besoin, il réfléchit et se comporte en conséquence pour satisfaire ses besoins. Ainsi, le travail intellectuel ne précède plus simplement celui physique, il l'accompagne et le guide. La démarche entre la pensée et l'objet de la pensée est l'activité créatrice que fournit l'homme pour arracher à la nature ce qui est nécessaire à la satisfaction des besoins ressentis, par lui. Les fruits cueillis n'étaient donc que des produits, des biens d'usage, et tout objet du travail qui se limite à la satisfaction exclusive des besoins du travailleur reste produit, bien d'usage. Le riz cultivé par le paysan, consommé par lui n'est que produit ; le coton cultivé par lui, tissé par lui-même, les bandes de cotonnade cousues par lui pour se confectionner un boubou, sont encore des produits, des biens d'usage, car il n'y a pas échange. La transformation du produit en marchandise exige l'échange et la base de l'échange, c'est la valeur que lui donne le producteur ou l'acheteur ou les deux à la fois. C'est cette valeur qui établit l'équivalence entre les marchandises. Cette valeur est ainsi une valeur-travail. »

Ainsi avant le commencement du processus de l'économie, le besoin ; besoin de l'homme, besoin du Peuple et que ce besoin étant ressenti ou senti ou perçu par la conscience, se traduit en contrainte, en exigence de satisfaction, laquelle entraîne tout le processus de l'économie.

La première démarche de l'homme a été celle de la production de biens pour son propre usage mais les besoins devenant multiples, l'individu ne saurait satisfaire à leur ensemble par son propre et seul travail. La diversification des activités productives s'impose : les uns ne feraient plus que l'agriculture, alors que d'autres feront l'artisanat, le transport, etc... C'est cela la division sociale du travail. Ainsi, ce que fait chaque couche laborieuse est censé être à la dimension des besoins collectifs de la société considérée, d'où la recherche des moyens d'augmentation de la production et de la productivité au niveau de la société pour qu'une fraction de la société puisse donner les moyens de satisfaction à l'ensemble des besoins exprimés au niveau de la société. Tout un processus est depuis engagé.

Les échanges s'organisent donc à partir des nécessités éprouvées au niveau de chaque individu, et longtemps ces échanges ont existé avant l'apparition de toute monnaie. Mais les capacités productives des hommes ne cessaient de se perfectionner, l'homme étant doué d'intelligence. S'il était facile d'échanger quelques oranges, quelques mangues contre telle quantité de riz, de fonio ou de cotonnade, il devenait de plus en plus malaisé de se livrer au troc direct quand les biens à échanger devenaient très variés, lourds et encombrants et que les individus entrant dans ce processus d'échanges devenaient très nombreux et parfois très éloignés les uns des autres.

Ainsi les produits, pour la part qui rentrait dans le circuit de l'échange, devenaient des marchandises. Ils étaient vus non plus à travers leur utilisation immédiate, mais à travers ce qu'ils pourraient représenter de possibilités aux producteurs d'acquérir tel ou tel autre produit également marchandise. Les échanges se développent, entraînant des moyens d'échange, des moyens de transport, des formes d'organisation de plus en plus perfectionnées, des exigences d'opérations non plus uniquement sur les marchandises elles-mêmes mais sur leurs valeurs. La pratique de la mathématique elle aussi, s'est ainsi imposée. La mathématique était donc appliquée avant que l'homme ne sache écrire ! Il fallait bien retenir la valeur accordée à telle ou telle marchandise et faire son choix dans les trocs auxquels on procédait, toujours dans la recherche de l'intérêt de celui qui effectuait l'opération. **Pour la simplification des échanges, la monnaie a été conçue comme un moyen, la monnaie prenant alors sur une base conventionnelle toutes les valeurs possibles. Le nombre de billets ou de jetons pouvait atteindre au volume le plus élevé des valeurs rentrant dans les échanges entre les hommes, entre les sociétés. Donc si les échanges résultent du travail productif, c'est-à-dire que si sans travail productif, il n'y a pas de biens de consommation et sans biens de consommation il n'y a pas d'échange possible, il est également vrai que sans échange il n'y a pas de monnaie, la nécessité de la monnaie, résulte de la simplification des échanges de biens et de services entre les individus et les sociétés.** Mais partout la monnaie, tout en étant un signe conventionnel admis par une société donnée, reste une valeur impersonnelle et le développement de l'économie, le développement des échanges se répercute nécessairement sur le mouvement monétaire, la monnaie étant créée et rien de ce qui est créé à l'échelle globale, c'est-à-dire à l'échelle de la société, ne saurait être correctement géré par un individu, même si la propriété est privée, et à plus forte raison collective d'où la nécessité de structures appropriées, autrement dit d'une organisation appropriée. Ainsi apparaît la Banque qui devient une institution chargée tout à la fois de la gestion monétaire et des échanges à caractère financier.

C'est pourquoi, nous disons que la Banque reflète une réalité dynamique toujours en mouvement. L'économie de la Nation et les rapports financiers entre les individus, entre les personnes physiques et morales dépendent aussi directement de la gestion de la monnaie car dès que la monnaie s'est substituée à son objet, elle est l'ombre de cet objet, elle a polarisé immédiatement les esprits des hommes. Quand l'homme veut s'acheter un boubou, il pense d'abord à la monnaie nécessaire à l'achat du boubou. Veut-il se construire une maison, s'acheter une voiture, entreprendre telle ou telle transformation heureuse dans ses conditions matérielles d'existence, il ne voit pas les dimensions de l'objet de sa pensée, il se donne les valeurs en monnaie de ce à quoi il rêve. Ainsi la monnaie se substitue à l'objet, la monnaie incarne par conséquent tous les objets transformables en argent et les esprits pensent à l'argent qui devient le moyen d'acquisition des objets auxquels les hommes aspirent. Par conséquent, un homme qui voudrait acheter un camion est obligé, connaissant la valeur d'achat du camion, de se créer d'abord les conditions d'acquisition de l'argent qui lui permettra l'achat de ce camion. Si les conditions d'acquisition de l'argent n'avaient aucun rapport avec la valeur réelle du camion, le camion serait sous-évalué ou surévalué selon que les conditions seraient trop faciles ou trop difficiles, mais n'ayant aucun rapport d'équivalence avec la valeur réelle du camion. Cela situe l'importance de la monnaie dans le domaine précis des prix.

LE ROLE DU SECTEUR BANCAIRE

Le fonctionnement correct de la Banque et la parfaite gestion de la monnaie pour le rapide développement de l'économie nationale sont d'une importance capitale.

La Banque n'est pas une institution dont la mission peut être étrangère à celle générale des secteurs productifs et gestionnels. Ici, bien au contraire, la Banque est un reflet, reflet de la réalité objective découlant de l'économie nationale. C'est dire que la Banque reflètera le développement de l'économie nationale. Mais tout en étant un reflet, la Banque ne doit pas être un secteur statique. Si elle dépend de l'économie en général, elle dépendra aussi en particulier, de l'intelligence et des capacités dont feront preuve les cadres et les travailleurs chargés de son fonctionnement. La Banque ne se borne pas à refléter la réalité objective de l'économie nationale. Centre accumulateur et distributeur du flux qui permet aux divers secteurs économiques de poursuivre leurs activités et qui rend aussi compte de l'importance et de la qualité de ces activités, la Banque est en même temps reflet et facteur du développement économique.

La Banque peut donc avoir une incidence directe sur l'économie, incidence positive dans la mesure où les règles fonctionnelles de sa gestion seraient parfaitement adaptées au dynamisme de l'évolution économique de la Nation, incidence négative, désorganisatrice, freinant l'économie, déséquilibrant les secteurs économiques, dans le cas contraire.

La Banque en tant que détentrice de la monnaie a donc un rôle régulateur de premier plan à assumer et de l'efficacité de l'exécution de cette mission dépendra l'équilibre économique recherché par le Parti et au delà de cet équilibre économique, le développement dynamique de l'économie nationale.

Les problèmes économiques et leurs solutions vont donc être au centre de nos préoccupations, la Banque étant vue par nous tous comme un moyen, un moyen dynamique; et pour que cette économie puisse être, dans son développement, planifiée correctement, c'est encore à la Banque qu'il revient de nous donner les informations économiques les plus exactes permettant de connaître réellement l'état de fonctionnement positif ou négatif des différents secteurs financiers et économiques de la Nation. Les chiffres d'un registre de comptabilité bancaire ne sont pas des valeurs mortes, ils sont des valeurs dynamiques. Ils représentent des objectifs concrets, actifs ou des perspectives qui se concrétiseront à la suite des activités créatrices qui déboucheront sur elles.

Nous devons traduire concrètement les directives du Parti dans la recherche commune de bases opérationnelles efficientes pouvant nous permettre de qualifier le fonctionnement des différents secteurs de la Banque Centrale de la République de Guinée.

Pour le secteur de la Banque, nous avons donc à adapter la Banque à sa fonction, nous avons à l'adapter à travers ses structures fonctionnelles, l'adapter à travers les principes et les méthodes de travail, l'adapter enfin à travers la men-

talité et le comportement objectif de ses travailleurs à tous les échelons.

La gestion monétaire influe directement sur les prix pratiqués au niveau d'une société et nous avons eu à inviter le secteur de la Banque de la République de Guinée à comprendre cela dans l'application des directives du 9è congrès du P.D.G., à savoir le redressement financier et économique de la Nation, la fixation de prix justes et corrects. Nous avons eu à attirer l'attention des uns et des autres sur les conséquences nocives, désorganisatrices de l'inflation que les ennemis du régime révolutionnaire qui ont eu, jusqu'à l'agression du 22 novembre 1970, à diriger la Banque centrale, avaient su organiser pour conduire la politique économique du P.D.G. à l'insuccès, à la faillite.

L'inflation était devenue une réalité pesante, désorganisant, par l'amenuisement du pouvoir d'achat de la monnaie, la vie de chaque citoyen. C'est dire qu'il faut désormais de nouvelles démarches exactement contraires de celles qu'avaient empruntées les ennemis de classe, ces agents de la 5e colonne qui s'étaient jurés de liquider la Révolution.

Puisque du produit on est venu à l'échange, de l'échange à la monnaie, de la monnaie à la Banque, et puisque dans la phase actuelle cette Banque doit jouer pleinement son rôle et un rôle dynamique au service du progrès économique et social de la Nation. nous devons parler de la gestion bancaire et de son aspect financier et monétaire.

Nous ne pouvons pas adopter les bases de l'émission monétaire telles qu'elles sont admises par tel pays de régime contraire au nôtre. Dans un pays capitaliste, l'émission monétaire s'opère sur la base des critères qui ne conviennent pas tous à un pays non développé encore moins à un pays révolutionnaire tel que le nôtre.

La gestion des devises, la gestion du Syli, toutes deux relevant de la Banque, ont des relations d'interdépendance. La gestion des Assurances, la gestion du Crédit national, la gestion du Crédit agricole ont, à l'échelle de la Nation, un même objectif à satisfaire, et c'est pourquoi ces diverses formes de gestion ne doivent pas se contredire et encore moins compromettre l'objectif global assigné à la Banque centrale de la République de Guinée.

Le caractère de spécificité de chacune des sections de la Banque ne doit pas être perdu de vue, mais ce n'est pas parce que tel secteur présente telles conditions particulières qu'il pourrait être autorisé à avoir une politique à lui. Il y a une seule politique, une seule ligne de développement en fonction de l'ensemble des activités de la Banque vues globalement, et les objectifs assignés à l'action bancaire doivent être atteints grâce à l'efficacité dont feront montre les différentes sections constituant la Banque.

Les structures centrales sont parfaitement adaptées aux impératifs d'une évolution rapide de la Nation, mais l'effort suffisant doit être déployé dans le but d'utiliser rationnellement les efforts humains afin que partout il y ait **« l'homme qu'il faut à la place qu'il faut »**. S'agissant de l'homme, nous devons tout de suite affirmer qu'à égalité de niveau d'engagement politique, à égalité de niveau de formation professionnelle, technique, la grande différence qui sépare les hommes réside dans leurs comportements et dans leur méthode de travail. Pour réussir, il ne suffit pas de comprendre ce que l'on a à faire, ni de comprendre le maniement des différents instruments mis à la portée du travailleur ; il faut aussi et surtout comprendre quelle est la méthode qui convient le mieux pour chaque travail. Il y a une multitude de méthodes, mais une certaine méthode est toujours meilleure à une autre. C'est dire que les méthodes n'ont jamais le même degré d'efficacité et le développement de la production, le développement de la productivité résultent davantage de l'adaptation progressive de la méthode aux exigences de phases que l'on vit ou traverse. C'est dire qu'il y a 5 ou dix ans, telle méthode de travail qui était considérée comme bonne, a aujourd'hui cessé de l'être car le progrès, nous l'avons dit aussi, «c'est la complexification de la vie». Les choses s'accroissant et leur accroissement devant s'effectuer dans le cadre de leur unité, il y a nécessairement des rapports complexes sanctionnant le niveau de développement atteint par chaque chose.

En 1960, à la création de la BCRG, des rapports plus simples pouvaient exister, il y avait à peine quelques centaines de comptes, mais au fur et à mesure, les centaines de comptes sont devenues des dizaines de milliers de comptes, donc le travail est devenu plus complexe.

Nous voulons que l'Etat tire profit de la somme d'expériences pratiques réunies afin de lui permettre, en conformité avec les perspectives de développement dynamique de la Révolution, de jeter un coup d'œil juste sur la situation et de l'adapter, par des nouvelles méthodes aux nouvelles exigences nées de la volonté de progrès de notre Peuple.

C'est dire que chacun doit exercer un esprit critique ; Il ne faut pas se limiter à la critique objective et personne ne doit se cantonner dans son secteur propre. Nous l'avons dit, l'économie est à l'image de l'homme : lorsque l'homme a mal au pied, le pied n'est pas le seul organe à ressentir le déséquilibre, à sentir la souffrance, c'est tout le corps ! C'est dire que la guérison du mal intéresse tout le corps et les bras devront utiliser leur fonction pour porter secours au corps et le guérir ! Les agents des Assurances doivent pouvoir en toute connaissance de cause, parler de chacun des secteurs de la Banque ; ceux du Crédit national parleront également de la BNDA, alors que ceux de la BNDA parleront tout aussi valablement de la Banque guinéenne du Commerce extérieur et ceux de la BGCF parleront du Crédit national et des Assurances, etc... La somme d'expériences acquises doit se manifester par une contribution de qualité que chacun se fera le devoir d'apporter.

Nous, en Guinée, nous avons la chance d'être des hommes responsables, un Peuple responsable. Il y a bien des banques qui existent en Afrique, mais invitez seulement les cadres de ces Banques à une conférence, vous y constaterez plus de non-Africains que d'Africains, plus d'étrangers que de nationaux. Nous sommes donc l'une des rares banques à se reposer exclusivement sur les cerveaux et les bras des fils du pays, c'est-à-dire des Africains qui veulent se frayer par leur propre génie, le chemin du bonheur.

Rappelons-nous les échos qu'a eu l'annonce de la naissance de la Banque Centrale de la République de Guinée en 1960 : tous les milieux impérialistes, capitalistes du monde avaient crié à la démence et avaient prédit la faillite de cette institution guinéenne. Quand ils ont finalement compris que les Peuples d'Afrique comme tous les Peuples du monde sont aussi capables, ils sont passés à l'organisation de sabotage de la Banque centrale, d'abord en recrutant dans leurs réseaux les principaux cadres de notre Banque pour leur faire faire un travail de désorganisation, ensuite en fabriquant et en injectant dans le pays des coupures de fausse monnaie dans le but de créer l'inflation. Au même moment une vaste campagne de discrédit contre la monnaie guinéenne était organisée, les uns et les autres de ces ennemis du Peuple de Guinée se présentant comme les véritables défenseurs du pouvoir d'achat du paysan ou de l'ouvrier guinéen alors que durant les 60 années de domination coloniale, ils n'avaient jamais parlé du pouvoir d'achat du paysan ou de l'ouvrier guinéen, s'appliquant plutôt à les surexploiter, à les oppresser, à les opprimer. Ils voulaient seulement décourager le Peuple de Guinée afin qu'il renonce à son indépendance monétaire et accepte ce néo-colonialisme dont ils assombrissent une grande partie de l'Afrique. **Heureusement que notre Peuple est resté lui-même, fier de ses traditions, avec la volonté d'incarner au plus haut point les vertus africaines et de servir avec fidélité l'intérêt historique de notre continent. La monnaie guinéenne est res-**

tée vaillante, elle n'a pas disparu, elle ne disparaîtra plus jamais.

Et c'est pour cela qu'un véritable combat a été engagé par notre Peuple, d'abord pour la définition des bases et du contenu de son économie, ensuite pour l'adoption des règles fonctionnelles de cette économie et enfin pour le choix d'un développement dynamique de cette même économie. Et la Banque qui insère des activités dans ce combat de développement économique ne pouvait pas ne pas accomplir sa mission particulière : d'abord demeurer, ensuite se développer, et cette fonction a été d'autant mieux accomplie que ceux qui nous insultaient à longueur de journées, comme ceux qui doutaient de l'opportunité de la monnaie guinéenne sont ceux-là mêmes qui aujourd'hui, sentent sur leur dos le poids étouffant de la dépendance monétaire étrangère. Il faut aussi noter que grâce à ce combat singulier que nous avons su mener, de plus en plus, l'Afrique s'éveille, se réveille et va à la conquête de la monnaie, nation par nation.

Ainsi depuis la naissance de la monnaie guinéenne, l'Afrique va à la conquête de la monnaie africaine. C'est un hommage que l'on rend indirectement à la Guinée tout comme après qu'ils ont renoncé à l'indépendance en 1958, les mêmes détracteurs n'ont pas manqué de parler d'indépendance et même mieux, de crier plus fort que nous. Demain, comme nous l'avons dit il n'existera aucune Nation africaine sans sa monnaie propre, sans sa Banque propre, et à l'échelle du continent, l'Afrique aura sa Banque centrale, sa véritable banque qui, alors, aura des rapports d'égalité avec toutes les institutions bancaires des différents continents ou des différentes Nations non africaines. Cela est inéluctable et notre contribution à l'avènement d'une telle ère de totale responsabilité de l'Afrique doit, chaque jour, s'amplifier, se renforcer.

L'Afrique est en effet le seul continent à utiliser la monnaie des autres, la mode des autres, les langues des autres. Considérons tout le continent américain, chaque Nation possède sa Banque centrale, sa monnaie. Considérons l'Europe, chacune des Nations d'Europe a sa monnaie propre et sa Banque. Considérons l'Asie, chacune des Nations d'Asie dispose et de sa monnaie et de sa Banque. Au Moyen-Orient chaque pays a sa monnaie et sa Banque.

Nous avons dit que la monnaie est une représentation objective de la souveraineté reconquise par les Peuples, c'est un attribut de l'indépendance nationale. Il ne s'agit pas pour un pays d'être surpeuplé pour sentir le besoin d'avoir sa monnaie et sa Banque, c'est seulement une question de niveau de conscience. Et quand on accède à la conscience nationale, alors la monnaie s'impose, car la monnaie appartient à la société globale, à la Nation.

En Europe, il y a des pays moins peuplés que chacun des Etats africains qui possèdent leur monnaie : le Luxembourg avec à peine 300 000 habitants, a sa monnaie et sa Banque, en tant qu'Etat indépendant. Au Moyen-Orient, prenons le Koweit, 300 000 habitants, il a sa banque et sa monnaie. On nous demande d'accepter l'irresponsabilité en confiant à autrui la gestion de notre économie, mais posons-nous, nous, Africains, la question simple : « quand, pour la première fois, la France s'est dotée de sa monnaie, quel est le pays qui est venu lui assurer la gestion de sa monnaie ? Est-ce que l'Italie a confié la gestion de sa monnaie à un autre pays ? Non. Utiliser une monnaie étrangère est la caractéristique de la dépendance politique, c'est-à-dire la démonstration de l'état de colonisation directe ou de néo-colonisation. Ce point est une évidence.

Aucun des Etats africains qui utilisent des monnaies étrangères n'est encore un pays réellement indépendant, nous pouvons l'affirmer partout où nous sommes ; et quel que soit le volume des exportations ou des importations de ces Etats, ils sont encore esclaves et ne sont pas indépendants et sont en conséquence inférieurs à tout pays disposant souverainement et de sa monnaie et de sa Banque.

A l'échelle de l'Afrique il est certain que la conscience politique et morale, la volonté de progrès rapide, le sens même de la dignité nous inviteront à créer dans l'avenir une monnaie africaine et en tout cas une véritable Banque africaine.

Les pays indépendants d'Afrique qui sont hostiles à la création d'un Marché Commun Africain ne réfléchissent pas assez ou bien ne sont pas conséquents. Quels sont les pays européens composant la C.E.E. ? Ce sont des pays indépendants ayant chacun sa langue de culture et l'utilisant. Donc malgré la diversité de langues, la diversité de monnaies, malgré la diversité des institutions bancaires, ces pays ont convenu, à l'échelle de leur continent, de créer une harmonisation pour un développement rapide. Ce sont les mêmes caractéristiques que présentent les Etats africains et pourquoi eux aussi, à l'image des Européens, ne feraient-ils pas acte de conscience politique et de progrès en se dotant, au delà des particularités nationales, des diversités de situation géographique et économique, pourquoi ne créeraient-ils pas eux aussi leur Banque centrale et leur monnaie commune dont dépendront en couverture, les monnaies nationales ? La question est simple, cependendant même les questions simples ne peuvent être comprises et résolues que lorsque l'homme est libre ; quand l'homme n'est pas libre, le simple devient complexe et du sujet n'en trouve pas le bout, le bout par lequel il engagerait le processus de transformation désirée. Mais ceux qui comprennent, en Afrique, sont ceux-là qui ont fait et qui font des investissements idéologiques et politiques. Les meilleurs investissements sont les investissements idéologiques et politiques et c'est pourquoi les Peuples vont s'emparer des pensées les plus justes et à leur tour, les imposer à toute l'humanité.

L'avenir est à une plus grande affirmation de la puissance économique et monétaire du continent africain. Cela étant, si l'avenir est dans le sens du courant historique, tel que nous venons de le décrire, le présent aussi a ses exigences

et pour la République de Guinée les exigences du présent, c'est moderniser ce qui existe, tirer le maximum de profit de ce qui existe, renforcer les bases de l'indépendance économique par une meilleure gestion des biens publics.

LES ENTREPRISES D'ETAT ET LA DEFENSE DE LA MONNAIE NATIONALE : LE SYLI

A — Aperçu sur les causes objectives de l'inflation

Depuis un certain temps, notre pays subit les effets nocifs de l'inflation dont les causes sont diverses, les unes situées dans les réalités économiques et monétaires de la Nation et les autres en tant que prolongement de la situation mondiale caractérisée depuis la dernière guerre mondiale, par un déséquilibre entre la disponibilité des biens de consommation de plus en plus réduite et celle de papier-monnaie de plus en plus importante.

Cette situation est inhérente aux propriétés dynamiques de la société humaine dont le taux de croissance démographique aboutit chaque année à une augmentation de la population de chaque pays. Les différents taux de croissance justifient le doublement de la population des pays concernés dans une période de 25 à 50 ans

Ainsi, les besoins socio-humains ont une tendance naturelle à l'accroissement et l'évolution socio-humaine pousse les hommes, tous consommateurs, à des choix toujours sélectionnés, leurs goûts et leur niveau d'esthétique ne cessant de s'élever.

Par ailleurs, les Nations constituées ont des besoins qui sont ceux collectifs des Peuples qu'elles recouvrent et ces besoins collectifs, avec le développement de la science, de la technique et de la technologie, ne cessent également de s'accroître.

Parmi les besoins à satisfaire, il y en a qui exigent des investissements improductifs, tels que les équipements militaires dont l'importance dans le secteur de la production des biens de consommation est totalement nulle. Dans certains cas d'ailleurs, cette improductivité n'est pas seulement nulle, elle s'aggrave avec les régimes fauteurs de guerre qui consacrent une part énorme du revenu national, fruit du travail et de l'exploitation des classes laborieuses, aux dépenses militaires.

Ainsi, les Peuples et les Nations doivent-ils, chaque année, effectuer des dépenses improductives, venant réduire le volume des investissements productifs alors qu'au même moment, leurs besoins objectifs tels que la nourriture, le logement, les vêtements, les soins médicaux, l'instruction, etc., exigeront un accroissement sinon supérieur, mais au moins égal au rythme de la croissance démographique et au rythme des augmentations des traitements et des exigences fonctionnelles des services publics.

La rareté des biens de consommation s'explique aussi par le fait que la monnaie s'est substituée à la marchandise qui, dans la période du troc, s'échangeait contre une autre marchandise, toutes deux consommables, alors que la monnaie, quant à elle, continuera son mouvement sans disparaître.

La tendance des gouvernements à émettre de la monnaie sans que sa valeur ne sanctionne l'existence de biens nouvellement créés et la pratique habituelle des gouvernements de dépenser plus qu'ils n'ont de revenus constituent l'une et l'autre des causes d'inflation. Les déficits dans les Budgets de l'Etat sont donc une cause d'inflation dans un pays.

Une autre source d'inflation réside dans le comportement des banques qui, sur les dépôts qu'elles détiennent, consentent des prêts dont le montant excède généralement celui de la disponibilité monétaire.

Une même somme est alors prêtée plusieurs fois, surtout que la monnaie scripturale est de plus en plus en vogue, ce qui non seulement correspond à la création par les banques, sans contre-partie objective, d'importantes sommes, mais aussi à l'accroissement de la circulation fiduciaire par rapport à la valeur globale des richesses offertes sur le marché, donc à un déséquilibre entre valeur en monnaie et valeur en marchandises.

Aussi, faut-il ajouter que les prêts financiers reçus de l'étranger par une Nation sont très souvent consommés sans qu'au préalable, leur couverture en marchandises de production nationale ne soit garantie.

Enfin, quand on sait que les services publics sont supportés financièrement par des impôts et des taxes payés par les populations contribuables, il est indispensable d'établir un rapport harmonieux entre le revenu national et le volume budgétaire, d'une part, entre les dépenses budgétaires et les recettes budgétaires, d'autre part.

L'inflation est donc devenue une maladie économique endémique, résultant du déséquilibre entre la réalité de la production et la réalité de la consommation et dont la solution ne peut résider que dans l'équivalence entre production et consommation, sinon dans la supériorité de la production sur la consommation.

En effet, l'accumulation qui est le point d'appui de tout développement économique dans un pays, ne peut se réaliser que lorsque le même pays consomme moins qu'il ne produit, ce qui lui permet d'augmenter son volume d'investissement de l'excédent de son revenu sur ses dépenses.

Les prêts bancaires, les emprunts, les diverses créances ne se justifiraient que si leur utilisation s'effectue dans un secteur productif de biens de consommation pouvant créer dans un délai raisonnable la contre-partie objective de leur montant financier. Une discipline économique, avec ses contraintes, sur la production et la gestion est donc indispensable dans une lutte conséquente contre l'inflation monétaire.

Il est donc clair que lutter contre l'inflation, c'est d'abord produire plus, c'est ensuite, consommer moins que ce qui est produit, ce qui se traduit forcément dans une technique de gestion des biens ayant pour objectif d'assurer l'équilibre économique et financier de la Nation. Evidemment, cette lutte n'a de l'efficacité que dans les conditions d'une situation politique et économique soustraite aux influences des monopoles étrangers ; elle n'est guère concevable dans le cadre d'une monnaie non souveraine.

Quelles sont donc les mesures envisagées contre l'inflation dans le cadre de notre monnaie quant à elle soustraite à toute allégeance extérieure ?

Nous voulons en finir avec l'inflation, c'est le problème de fond pour l'équilibre de la Nation. **Evidemment, sous les régimes du capitalisme, y compris ceux que ce système régente, l'inflation est un moyen, combien d'ailleurs inefficace pour atteindre à un équilibre économique. Et l'on s'écrie : « ah ! mais l'inflation est une maladie universelle à l'heure actuelle ».** En réalité la maladie a été rendue quasi universelle par ceux qui veulent régenter le monde, mais le Parti-État de Guinée trouvera à bref délai le vaccin qui débarrassera à tout jamais son économie de l'inflation. Certes l'on dira : « il faut d'abord la production », c'est vrai ; mais c'est parce que nous avons songé à la production que nous en avons d'abord formé les sujets individuels et collectifs. Nous avons pris soin de dégager l'élément décisif, l'élément fondamental. **En effet, l'argent ne doit pas être isolé ; il n'est que l'ombre de ce qui doit combler les besoins matériels et immatériels de la société ; en tant que symbole, l'argent cède le pas à la production. Nous sommes ainsi attelés à la démystification de l'argent pris comme fin** par la réorganisation dynamique de l'action productive du Peuple et **nous sommes sûrs que chaque campagne agricole verra plus de sueur couler, plus d'efforts fournis pour que notre Peuple obtienne encore des résultats plus encourageants !** Cela est déjà assuré, mais cela ne suffit pas, car on peut produire, encore produire, toujours produire dans un pays jusqu'à un million de fois l'indice adopté, et ne pas juguler pour autant l'inflation. **Tant que la méthode de gestion n'est pas adaptée à l'équilibre économique et financier de la Nation, l'action demeure un simple coup de sabre dans l'eau.**

La solution radicale contre l'inflation est donc l'augmentation considérable de la production devant atteindre un rythme supérieur à celui de l'augmentation de la masse monétaire en circulation dans le Pays.

Cette démarche est donc entreprise, elle sera de plus en plus dynamique pour permettre au pays de se suffire largement et mieux, de pouvoir exporter l'excédent de la production sur la consommation nationale.

Par ailleurs, plus on produit ce qui est nécessaire à la consommation, moins on utilise de devises à l'importation des mêmes produits. Et plus on exporte une partie de la production nationale, plus on se procure de l'équipement technique et des marchandises de consommation encore nécessaires au progrès économique et social du Peuple.

Parallèlement, l'austérité dans la gestion budgétaire est recommandée à tous les niveaux afin que le train de vie de l'Etat ne l'amène plus à un endettement vis-à-vis des banques, des sociétés ou de l'extérieur.

La clé de l'opération anti-inflationniste ne résidera pas dans l'augmentation considérable de la valeur des marchandises disponibles au marché, mais surtout dans la rentrée de fonds importants dans le caveau de la Banque Centrale.

Si ces fonds résultant, par les Sociétés commerciales, des marchandises importées, continuent leur mouvement en rentrant dans les caisses de la Banque et en ressortant aussitôt, l'inflation ne sera pas jugulée très rapidement car la circulation fiduciaire n'aura pas été sérieusement diminuée.

Il faut donc, et c'est là l'essentiel de notre démarche. que les fonds récupérés par la Banque, au fur et a mesure que les marchandises sont achetées par les consommateurs. sortent du caveau de celle-ci pour rejoindre celui de l'institut d'émission.

Si l'inflation résulte d'une émission exagérée de monnaie, le fait de retirer de la circulation une partie de la masse monétaire en mouvement pour la remettre au caveau des billets non émis constitue le mouvement inverse à l'émission monétaire et aboutit à la diminution de la masse monétaire.

Lorsque la situation économique sera parfaitement assainie grâce à l'application rigoureuse et efficace des diverses mesures préconisées, l'état inflationniste aura donc disparu au profit d'un équilibre économique et financier de la Nation.

La nouvelle politique résultant de nos efforts productifs et de notre sagesse dans la gestion budgétaire sera caractérisée alors par ces effets positifs :

— Chaque citoyen conscient de la valeur de la monnaie fournira un travail quantitatif et qualitatif requis pour la satisfaction de ses besoins.

— Le niveau de production individuel et collectif s'accroîtra constamment.

— Le Commerce extérieur aura plus de produits à exporter chaque année, et cet accroîssement permettra à la Banque. grâce à des disponibilités en devises, d'honorer ses engagements extérieurs.

A la politique de facilité, au comportement frauduleux. nous aurons donc substitué une politique de créativité et un comportement d'honnêteté.

Ainsi, l'inflation sera jugulée. Mais si nous ne faisons pas suffisamment attention. à l'inflation se substituerait la déflation, une autre situation comportant des complications, des effets autant négatifs.

Le but à atteindre, c'est de réduire la masse monétaire en circulation, en vue d'équilibrer le rapport entre marchandises disponibles et l'argent en circulation, avec l'idée que, si nous arrivons à éliminer l'inflation dans le pays, les prix se normaliseront.

Ici, il faut, de façon particulière, insister sur le comportement de la Banque, s'agissant de la politique du Crédit. Nous disons qu'il faut arrêter toute pratique de crédit bancaire liée à une émission monétaire.

Le Crédit est bien un stimulant dans l'économie, nous le savons. Mais le crédit ne doit jamais dépasser le niveau de l'accumulation résultant du Produit National Net : autrement dit, le niveau de la production, moins le niveau de la consommation, donne un résultat positif qui peut correspondre au crédit dans l'année, sans perturber l'économie ; mais ce crédit n'est valable que dans la mesure où le pays n'est pas endetté. Et si il est endetté, le volume de l'accumulation doit servir à éponger sa dette jusqu'à l'en libérer totalement. Or, dans notre situation actuelle, nous le savons, le crédit joue un rôle qui n'est pas du tout en rapport avec nos capacités d'accumulation...

Les Banques peuvent s'interroger : « **Si les crédits sont arrêtés, comment vont-elles vivre?** » Et nous devons d'ores et déjà répondre à cette question. Il est vrai que la Banque aussi ne peut pas rester sans faire du crédit, pour ne pas être un simple exécutant des tâches qui lui sont confiées, car alors, comment pourrait-elle vivre et sur quels fonds pourrait-elle assurer le payement de ses charges financières?

Nous devons dire, en réponse, que les bénéfices réalisés par elle en une année, ne représentent même pas un dixième des dettes qui lui sont dues par ses débiteurs divers. La Banque donc, sans accorder de nouveau crédit, peut continuer à réaliser des bénéfices grâce aux intérêts qu'elle prélèvera sur les anciens crédits non encore remboursés. Dans la mesure où il pourrait rentrer dans les caisses de la Banque des milliards de Sylis, et dans la mesure où la nouvelle politique exigerait le règlement dans un délai assez court, tout ce qui est dû à la Banque par les Entreprises industrielles, les Sociétés commerciales, les Coordinations Financières et le Budget.

B. Mesures pour assainir la monnaie nationale.

1. — Contrôle des versements des fonds à la Banque.

Les entreprises d'Etat sont tenues de verser quotidiennement leurs recettes à la caisse de la Banque pour ne garder comme encaisse courante qu'une somme maximum de 10 000 sylis.

En vue de contrôler l'application stricte de ces prescriptions au niveau des trois coordinations financières, les inspecteurs doivent quotidiennement reconnaître l'encaisse réelle des entreprises. Chaque matin, obligation est faite à toutes les caisses publiques relevant du commerce, tout au moins à Conakry, d'indiquer à la coordination financière du Commerce leurs mouvements de fonds avec la Banque. Au niveau de la coordination financière de l'industrie, la même opération doit être effectuée chaque jour. Les coordinations veilleront au respect rigoureux des dispositions prévues par la loi.

Le versement rapide des fonds relève de la discipline comptable et des règles de la rotation financière.

En effet, sans un contrôle strict des versements effectués des fonds, toute mesure de contrôle et de mobilisation de l'épargne des entreprises par les banques resterait sans effet.

Les départements de tutelle et les services financiers de Contrôle doivent continuer à qualifier la nouvelle mentalité consistant à faire respecter ces règles de la rotation financière afin que le circuit financier soit fermé des entreprises aux banques grâce aux versements quotidiens des recettes de ces entreprises.

Au niveau de la banque, le contrôle doit porter individuellement sur chaque entreprise, chaque unité économique, ce qui permet de mettre fin au système de l'anonymat dans les versements globaux et indistincts. Plusieurs unités devant opérer des versements, il faut pouvoir identifier instantanément celles qui ne le font pas. Aussi un contrôle correct au niveau de la banque également doit pouvoir faire ressortir, au premier coup d'œil, la défaillance de telle ou telle unité de production ou commerciale. Donc, il faut organiser, au niveau de chaque département, le contrôle quotidien des encaisses. Aucune entreprise ne doit avoir une encaisse excédant celle autorisée par les textes en vigueur. Tout fonctionnaire soucieux du respect de la discipline comptable versera, tous les jours, l'excédent d'encaisse, ce qui implique qu'il ne peut quitter son bureau à la fin du travail sans avoir arrêté au préalable sa caisse (livre ou tout au moins brouillard de caisse).

Le bilan d'une société doit être présenté à temps et les caisses également arrêtées à temps. Les services centraux sont chargés de répercuter effectivement et quotidiennement toutes dispositions nouvelles dans la vie fonctionnelle de chaque service de base. Au niveau de la coordination financière du commerce ou de celle de l'industrie par exemple, un inspecteur est commis uniquement à cette tâche. Chaque matin, il contrôle toutes les caisses, dresse un tableau de mouvements de fonds qu'il communique à la coordination et au département. Toute infraction constatée doit être sanctionnée immédiatement et les mesures de redressement qui en découlent seront prises et appliquées. Une telle méthode éduque en même temps les défaillants. En tout cas, si les versements ne sont pas régulièrement effectués, le financement de l'économie est bloqué car, le système bancaire manquerait de liquidité, alors que des entreprises détiennent des disponibilités dès lors inactives ; cette situation provoque donc une réaction en chaîne.

Si toutes les décisions arrêtées en matière de gestion sont appliquées effectivement, cela contribuera efficacement à l'amélioration de la situation générale, notamment en ce qui concerne la clarté dans l'analyse du poste "débiteurs divers" découlant des transactions à crédit, transactions interdites dans les entreprises. Donc, périodiquement, à la fin de chaque mois, la situation exacte peut être connue au moyen de la balance mensuelle. Ainsi, au bout de deux mois au plus, nous pouvons déceler facilement toute défaillance, au lieu d'attendre la fin de l'exercice, sans compter que si le contrôle n'est pas fait à temps, en cas de mutation de cadres d'une unité économique à l'autre, ou de tout changement dans les attributions des gestionnaires, les conséquences négatives sont infiniment plus regrettables.

Pour tous les cas où se produit un décalage entre la livraison et le paiement en raison de circonstances exceptionnelles, dès que la moralité des factures est reconnue comme fondée, la régularité également admise, alors l'O.C.C. les prend en charge, règle leur montant aux entreprises créancières et poursuit en recouvrement soit le service d'Etat intéressé, soit l'entreprise débitrice et ce, avec les moyens de coercition dont dispose la Banque Centrale.

Par ailleurs, il faut que le transfert de fonds versés par une succursale soit automatique au profit de sa direction générale ; cette compétence relève du directeur de la succursale du Crédit national. Celui-ci, dès après le versement, exécute à son niveau le mouvement des fonds ; il n'est qu'intermédiaire, par exemple, entre la succursale d'Agrima et le compte central d'Agrima. C'est une opération purement interne qui intervient au fur et à mesure des opérations entre la succursale Agrima et l'Entreprise nationale au niveau de la succursale du Crédit national.

Dans la lutte contre l'inflation, une autre mesure est à appliquer. Il s'agit de relever le taux de la patente des tiers.

De plus, il y a une réglementation fixant les redevances des salles de spectacles au profit du budget local, d'une part, et du budget général, d'autre part, et ceci, que la salle de spectacle soit publique ou privée ; puisque cette réglementation est une source d'entrées quoditienne de fonds, nous avons institué un automatisme rigoureux des opérations de versement de cette redevance qui est de 40 %, en la faisant prélever **automatiquement** par la Banque à l'achat même des billets par les exploitants des salles. Cet automatisme ne peut être institué pour les autres entreprises, mais alors il faut que les hommes, par discipline et par foi dans les destinées du pays, aient un comportement conscient et qu'un contrôle quotidien vérifie la rigueur de ce comportement.

Les services de transport (TUC, Société navale de Guinée, Société nationale Air-Guinée, Rail-Route) doivent procéder au versement régulier de leurs fonds à la Banque.

On ne doit pas mettre à la disposition d'un service des tickets, ni pour deux ans, ni pour un an, mais seulement pour un trimestre. Par ailleurs, ces tickets seront payables au comptant. A ce titre, il est indiqué que l'utilisateur dépose par avance sinon la totalité, mais au moins la moitié de la valeur des tickets. Il en est de même pour les timbres-poste. Les services payent une avance de 50%, il ne peut être remis un deuxième lot de timbres ou de tickets, tant que le service n'aurait pas versé la valeur des premiers tickets ou timbres remis. C'est une contrainte qui s'exercerait sur les services, les astreignant à un versement régulier des recettes effectuées par eux.

L'Etat se doit aussi de trouver les voies et moyens pour que les importantes sommes d'argent détenues par les particuliers soient versées à la Banque non pas parce qu'il entend confisquer ces sommes à son profit, mais parce que c'est bien son devoir d'aider et de guider ses citoyens afin que chacun participe de façon utile à l'œuvre d'édification nationale.

Ils ont intérêt à le faire pour beaucoup de raisons : incendies, change de signes monétaires, pertes de toutes sortes, etc... Cette garantie que confère la garde bancaire est à la portée de chacun. Dans tous les cas, des mesures de sauvegarde morale et économique commandent à l'Etat le recours aux institutions bancaires par divers procédés, par exemple :

— Employer les moyens d'information et d'éducation dont dispose l'Etat : radio, journaux, causerie, meetings, etc., pour expliquer clairement le fonctionnement d'un compte bancaire, son rôle et ses avantages.

— Subordonner l'édification de tout immeuble ou achat de véhicule même entre particuliers sur tout le territoire national à la détention d'un compte bancaire, ou d'un livret de la Caisse d'Epargne devant assurer le financement de l'un ou de l'autre objet. Déjà la Caisse d'Epargne par le taux d'intérêt substantiel de 0,25% de syli qu'elle consent à ses clients est un moyen d'incitation à l'épargne.

— Renforcer les différentes mesures déjà prises sur les modes de règlement pour et par les services publics.

— Décider qu'en cas de contestation entre particuliers, les institutions politiques et administratives : P.R.L. , police, gendarmerie, justice, etc... n'agiront en faveur de la partie victime que si la contestation porte sur un montant inférieur à 10 000 sylis.

Un tel système, outre qu'il permettra à la banque de disposer d'importantes sommes actuellement immobilisées dans des coffres privés, aura l'avantage de permettre à l'Etat de distinguer et d'encourager les honnêtes gens désireuses d'accomplir quelque chose en faveur de la consolidation du patrimoine national.

2. — Nouvelle procédure comptable concernant l'acte de vente.

La comptabilité administrative est une comptabilité simple, basée sur l'équilibre entre les recettes et les dépenses. Elle est annuelle. Les dépenses non effectuées doivent être prises en charge, tout comme les recettes non recouvrées, pour le départ d'une nouvelle période budgétaire. C'est là une procédure courante pour la comptabilité administrative.

Par contre, il en est autrement de la comptabilité commerciale. Prenons l'exemple du magasin de vente Nafaya qui aurait vendu et sorti de ses magasins des marchandises sans règlement au comptant. Cet acte de vente est enregistré dans les écritures comptables de l'exercice budgétaire considéré dans le poste «débiteurs divers» ; puisque il n'y a pas eu de paiement au comptant, les factures sont alors prises en considération dans le bilan de l'année. Faut-il alors reprendre au cours de l'année suivante la même opération? La question mérite à notre avis d'être posée.

Il est indiqué de rappeler une notion d'équilibre entre les recettes et les dépenses, notion à laquelle obéït tout budget. Quand il y a des rapports d'inégalité, cela ne devrait arriver qu'en faveur des recettes qui doivent être supérieures aux dépenses, ce qui signifierait une bonne santé économique de l'entreprise.

Prenons le cas d'une unité industrielle ou commerciale disposant de marchandises; les marchandises non vendues constituent des stocks et leurs valeurs sont enregistrées au "poste stock" .

Chaque fois qu'un acte de vente intervient, celui-ci entraîne une mutation qui s'opère par la diminution de la valeur du stock et l'accroissement de la valeur numéraire dans le sens de A - M A', si nous revenons à la formule A-M-A'

A = argent (initial) M = marchandises (acquises par A)
A' = argent (valeur initiale augmentée du bénéfice)

Toute vente s'effectue soit à crédit soit au comptant. Prenons l'opération sous ces deux aspects différents :

a) **L'opération normale : la vente au comptant :**

La société nationale « Alimag » a sorti X tonnes de riz de son stock qu'elle a vendues aux établissements scolaires, aux garnisons militaires, bref à des clients, qui en paient la valeur au prix de vente des denrées livrées ; cette quantité de riz était prise en compte dans l'inventaire de stock de l'exercice précédent. L'opération se traduit donc par une diminution de la valeur du stock au prix de revient et une augmentation de la liquidité d'Alimag égale aux prix de vente. Ce qui signifie qu'il n'y a pas eu un simple transfert de valeur stock vers liquidité mais une valorisation stock vers liquidité, valorisation concrète qui fait apparaître un bénéfice effectif.

b) **L'opération anormale : la vente à crédit**

Alimag a bien sorti les mêmes quantités de riz pour les mêmes clients, mais les clients n'ont pas versé immédiatement le prix des denrées retirées ; ils ont accepté seulement de régler ce prix en signant un document, une reconnaissance attestant qu'ils ont pris effectivement dans les magasins d'Alimag X quantités de riz pour tel montant en sylis. Le bilan établi enregistre l'opération dans le poste «débiteurs divers» et nous y trouverons que la facturation afférente à cette opération est prise en charge. En cas de réalisation de bénéfice, l'incidence de cette opération sera enregistrée et l'on aboutira à l'existence d'un bénéfice réalisé théoriquement par l'entreprise ; mais en réalité l'argent ne se trouvera pas effectivement dans la caisse de l'entreprise faute de paiement. Alimag sera ainsi paralysée dans ses mouvements ultérieurs, et tous les services auxquels est destiné un tel bénéfice seront également paralysés par le non-paiement des factures. La banque qui a prêté de l'argent à Alimag ne recouvrera pas non plus le montant de ses avances. Si ce sont, à l'origine, des crédits à court terme, ils finiront par devenir des crédits à long terme, alourdissant ainsi le fonctionnement de la banque. Aussi l'entreprise aurait manqué un de ses buts économiques, à savoir promouvoir l'accumulation nationale par le versement de la moitié de son bénéfice au budget du plan national de développement économique et social. Il ne sera pas indiqué de reprendre dans la comptabilité de l'année suivante une opération qui aura été déjà prise en comptabilité l'année d'avant. Il y a lieu donc de modifier la procédure comptable. Comment ? Il s'agit de ne plus considérer comme actes de vente, les opérations commerciales n'ayant pas entraîné le paiement au comptant. La responsabilité de l'entreprise resterait totale : les marchandises cédées par elle seraient considérées comme appartenant à son stock, et figureraient en valeur de stock sous la responsabilité du directeur. Ainsi en fin d'exercice, avant l'établissement du bilan, toutes les écritures de ventes qui ne correspondent pas à une entrée effective de fonds seront passées en compte d'attente. C'est au fur et à mesure que les factures seraient réglées que l'opération vente sera enregistrée. C'est là, la comptabilité objective.

Ainsi, est prise en considération l'injonction de la banque, et se trouve également modifiée la procédure comptable. Toute vente à crédit est une vente provisoire, et ne peut être définitive que lorsque le montant en liquidités sonnantes représentant la valeur de la marchandise cédée est effectivement encaissée. Le directeur reste responsable du sort de la marchandise cédée que l'Etat considère comme existant encore en stock. **Il y aura donc un grand livre pour le stock réel qui est le stock physique ; le stock non réel sera une partie du stock déjà cédé mais dont la compensation financière n'est pas encore faite. Le directeur reste responsable de ces deux stocks. C'est ce que nous commande la rigueur comptable : une marchandise sortie et non réglée est considérée comme élément du stock et ne**

vient en déduction du stock que lorsque le paiement est effectué. Le contrôle périodique trimestriel est une nécessité.

La banque met à la disposition de l'entreprise la liquidité raisonnable, diminue automatiquement les comptes des services qui doivent, et ainsi chaque bilan approuvé correspond à une réalité effective, **un stock concret, une liquidité concrète.** A partir de là, priorité est donnée aux secteurs économiques, une nouvelle mentalité est créée et tous les agents économiques et financiers auront un nouveau comportement, celui de respecter les règles administratives dans le domaine comptable et économique. Le contrôle périodique de 3 mois permet, au moins à l'Etat de s'attirer le maximum de chance pour recouvrer les dettes.

Si les dépenses engagées le sont sur la base d'une liquidité effective, les mandats pourraient, certes, être retardés ici et là, mais en trois mois, être obligatoirement payés.

Evidemment nous devons envisager une procédure tenant compte de la moralité du client et de son degré de solvabilité.

A titre exceptionnel, une dérogation doit être faite pour l'armée, les hôpitaux, les établissements scolaires : pour cette catégorie de clients, le paiement se fera à condition que les ventes interviennent sur présentation de la pièce des dépenses engagées attestant l'existence d'une liquidité effective devant couvrir la créance.

3. — Mécanisme de régulation des mouvements financiers et bancaires.

Il existe un service bancaire chargé de l'émission et de la gestion des monnaies, billets, valeurs et titres émis. Tout billet, valeur ou titre non émis est sans valeur au point de vue de la comptabilité.

Le dépôt des banques spécialisées et du trésor, est affecté d'une valeur car après émission, la valeur intervient. Les billets non émis sont sans valeur. Or on ne peut pas, en comptabilité, additionner ensemble les choses sans valeur et les choses ayant une ! Une première nécessité est qu'il n'y ait pas de confusion dans le domaine comptable; il faut considérer séparément tous les titres, valeurs et billets émis et tout ce qui n'est pas émis n'appartenant pas à la banque. Ces valeurs (monnaies et titres) se trouvent gardées dans un caveau de la banque. Un autre caveau est créé, caveau où l'excédent des encaisses des banques spécialisées sous forme de valeur, de tickets, de billets est déposé. Il en est de même des fonds appartenant au trésor. La comptabilité est facile puisque ce sont des objets évalués dont on prend la quantité et la valeur en compte.

Prenons le cas du Crédit national. Une recette exceptionnelle de 50 millions de sylis rentre dans la journée; le caissier n'a pas le droit d'avoir 50 millions de liquidité; il n'a pas le droit non plus d'envoyer cette somme d'argent dans le caveau des billets non émis; il la met dans la caisse centrale de la Banque Centrale de la République de Guinée (B C. R. G.) ; c'est toujours à son compte ; à tout moment il puise dans son compte, pour son fonctionnement courant, ce dont il a besoin, car aujourd'hui il a ses 50 millions de recettes dont il n'a pas besoin, eu égard aux paiements plus réduits ; demain il pourrait faire face à des paiements de 50 millions, alors que les recettes de la journée sont à peine de 20 millions. Il puise donc à la caisse centrale qui est différente de la caisse de dépôt des billets non émis.

Ainsi, la caisse de dépôt de billets et valeurs non émis relève de l'autorité d'une commission nationale qui comprend les Ministères des Domaines et le gouverneur de la Banque centrale, collectivement responsables de l'application de la politique définie par le gouvernement en matière d'émission. Aucun syli ne doit alors être émis et mis en circulation, sans qu'au préalable cette commission l'ait autorisé conformément aux règles strictes d'émission approuvées par le gouvernement.

De plus, la caisse centrale de la B. C. R. G. où les dépôts des différentes banques spécialisées et du trésor se trouvent en instance d'utilisation, relève purement et simplement du vice-gouverneur de la Banque; ce sont des avoirs appartenant aux banques spécialisées et au Trésor. C'est quand il y a change monétaire, quand il s'agit de changer ce qu'il y a en circulation que la banque centrale, après avoir fait son compte et évalué la circulation monétaire, demande aux deux caisses de dépôt, la nouvelle monnaie correspondant à telle ou telle valeur. Par la suite, la banque centrale qui exécute l'acte de change au nom du gouvernement, est obligée de justifier l'utilisation des fonds ou la remise dans le caveau des sommes non changées. Dans ce cadre précis nous avons donc deux corps distincts, celui des billets non émis et celui des billets en circulation, billets qui se trouvent sous la responsabilité directe des banques ou sous la responsabilité des personnes physiques ou morales en dehors des banques.

Pour que la Révolution demeure le moyen suprême propre à traduire dans les faits la volonté de progrès de tout un Peuple, il faut donc que les décisions essentielles soient assorties de conditions de clarté de telle sorte que l'on ne puisse pas être placé devant un fait accompli. C'est là une mesure de sécurité générale et de réussite dans l'action.

Donc, nous retenons qu'au niveau de la banque centrale il y a un caveau des billets, valeurs, titres, timbres non émis, lesquels ont pour valeur zéro, puisqu'ils ne sont pas émis. Au niveau de la banque centrale, il y a la caisse centrale des Banques et du Trésor. Tous les dépôts des banques se trouvent là réunis, car la Banque Nationale de Développement Agricole (B. N. D. A.), par exemple, peut avoir plus d'argent que le Crédit national et vice-versa; mais, puisqu'il y a une caisse centrale, la BNDA dans le cadre même des rapports inter-banques puise à la caisse centrale sans demander une émission puisque les autres banques disposent d'une liquidité permettant de dépanner provisoirement en cas de besoin la BNDA ou le Crédit national. Mais, quand elles arrivent à la limite de leur possibilité, elles sont obligées de faire appel à l'émission et, conformément à la loi économique définie régissant l'acte d'émission. La Banque Centrale présente alors un rapport justificatif de son projet d'émission qui peut être rejeté par la commission nationale. Si la commission nationale approuve la justesse du rapport de la Banque, l'émission aura lieu, et la caisse de la Banque centrale sera alimentée et en même temps débitée du montant de la nouvelle émission monétaire.

Il n'est pas indiqué de procéder à une émission sans une base d'appréciation. La Banque doit exercer une contrainte sur chaque entreprise commerciale, sur chaque client; elle doit connaître les réalités de chaque entreprise, fixer la limite d'endettement de chacune d'elles vis-à-vis d'elle-même.

La banque doit aussi dresser son bilan car, somme toute, une banque est une entreprise commerciale, et qui, en tant que telle, doit faire son bilan, réaliser des bénéfices grâce à ses ressources dont notamment les intérêts des dépôts et prêts. Sinon elle vit grâce à des émissions monétaires, ce qui serait extrêmement grave. Les dépôts effectués par des personnes physiques ou morales, et tous les prêts à la banque doivent être connus. La banque doit connaître ce qu'elle doit pour que dans l'éventualité d'un éclatement, elle sache le montant qu'elle a à débourser pour faire face à ses obligations vis-à-vis de tous les déposants.

La meilleure preuve est que d'ordinaire, la banque est par définition riche, c'est-à-dire réalise plus facilement des bénéfices que les autres entreprises commerciales !

Le montant des liquidités actuelles en banque est la somme de toutes les encaisses reçues par tout l'appareil bancaire guinéen. La valeur des dépôts privés et publics qui comportent les versements espèces et les simples inscriptions en compte en vertu des crédits octroyés est toujours supérieure à l'encaisse **numéraire** de la banque. De la même manière, cette encaisse numéraire est inférieure aux engagements de la banque vis-à-vis des tiers publics et privés. C'est pourquoi il est indispensable que les versements en banque des recettes soient faits régulièrement par les entreprises afin de ne pas provoquer de crise de liquidité au niveau de la banque qui ne peut et ne doit en aucun cas procéder sans autorisation préalable du gouvernement à des émissions monétaires. La banque en effet doit fonctionner sur son encaisse propre. Nous avons adopté un système intégré au sein duquel la banque doit trouver sa place afin qu'elle joue son rôle centralisateur et régulateur. Le tableau général permet un contrôle permanent. Il y a une loi économique objective : la rentabilité politique, sociale n'est envisagée qu'au niveau du gouvernement et vient sous forme d'instructions à la banque mais les attitudes objectives de la banque vis-à-vis du secteur d'Etat restent liées à la rentabilité ; ce qui compte en définitive, c'est la loi objective.

Ainsi, dans les pays capitalistes, il peut y avoir vingt, trente ou cinquante banques, mais l'acte d'émission demeure un acte de souveraineté. Cette souveraineté relève certes du bon vouloir des monopoles, mais il n'en demeure pas moins vrai que le centre de l'acte d'émission est unique. C'est pourquoi la Banque de France, par exemple, existe et fait l'émission. Toutes les autres banques qui veulent utiliser les signes monétaires français sont clientes de la Banque de France. Celle-ci contrôle donc les autres banques, y comprises les banques pseudo-nationales des Etats néo-colonisés.

Nous avons en Guinée la Banque Centrale de la République de Guinée (B. C. R. G.) qui a le monopole de l'émission ; certes, à côté de la BCRG existent les banques spécialisées qui ne peuvent pas se prévaloir du monopole d'Etat accordé à la BCRG mais dans le sens précis du mot, tout ce qui est banque, n'est pas la B.C.R.G. Il y a une comptabilité propre à la B.C.R.G. et une comptabilité pour chacune des banques spécialisées. C'est pourquoi, il y a deux caveaux : l'un pour toutes les banques spécialisées et le trésor et l'autre pour les billets, jetons, timbres, etc ... non encore émis. Supposons que la valeur des dépôts de la caisse centrale des banques soit très élevée; elle pourrait faire face à ses engagements, avec une réduction de ces dépôts; c'est une politique de déflation. Si nous faisons le mouvement inverse de retour au dépôt central d'une partie des fonds qui avaient été émis, au fur et à mesure nous résorbons l'inflation ; mais il faut avoir une connaissance exacte de ce mouvement entre le point neutre et le point positif. Le point neutre représente les billets non émis, billets égalant zéro, et le point positif représente les signes monétaires en mouvement. Ceux-ci sont inférieurs à la valeur globale des biens de consommation. Si nous retirons du point neutre un complément de billets pour éviter la déflation, le point positif serait d'une valeur deux fois supérieure à la valeur des biens de consommation. Si nous n'enlevons rien du point neutre pour le point positif, c'est le mouvement inverse qu'il faudrait favoriser : retirer de la circulation, donc du point positif vers le point neutre jusqu'à équilibrer la valeur du point positif avec la valeur des biens de consommation. C'est ce mécanisme qui est le régulateur des mouvements financiers et bancaires; mais pour l'instaurer il faut identifier le point neutre, identifier les billets en circulation et régler leur rapport. Il s'agit donc là, comme on le voit, de la technique de l'émission monétaire, opération économique délicate par essence. En effet, l'équilibre normal entre le volume des biens et services existants et le montant de la circulation fiduciaire doit être maintenu à tout prix et à tout moment car une économie saine ne doit enregistrer ni déflation, ni inflation en dehors des limites admises. Il faut donc connaitre exactement à tout moment le volume de la circulation fiduciaire, le volume des billets émis, d'où la nécessité d'une distinction nette entre les deux caveaux; l'émission monétaire est certainement l'acte économique capital puisqu'elle agit d'emblée sur toute la vie nationale.

Nous nous acheminerons vers une situation de plus en plus meilleure ; chaque pas comportant de nouvelles précisions, de nouvelles contraintes, chaque pas tendra donc à la perfection de l'action de l'Etat dans l'accomplissement de sa politique en vue d'un développement dynamique, harmonieux et équilibré de la Nation.

4. — Rapports entre le rythme de rotation des produits et celui de la monnaie

La banque joue un rôle efficace dans l'action d'amélioration de la situation économique et financière de la nation. Aussi, toutes innovations assorties de décisions nouvelles se justifient par notre volonté de conduire le pays vers un assainissement rapide et complet. Les contraintes imposées tant à la banque elle-même qu'au trésor public et aux entreprises, sociétés et offices, ont une même raison : notre détermination à satisfaire les besoins croissants du Peuple, à assurer l'équilibre monétaire et le mouvement des produits. La santé de la monnaie est liée à la rotation rapide des marchandises, l'évacuation rapide des produits. En fait, c'est le problème du redressement au niveau de la production et de la commercialisation.

Un Peuple peut produire deux fois plus qu'il n'a produit l'année précédente et connaître quand même une crise économique plus aiguë, si ce qu'il a produit n'a pas servi au but visé. Veiller à la rapidité de la rotation, c'est ne pas perdre d'importantes quantités de produits d'exportation dans les magasins.

Les produits ne peuvent pas être considérés comme une encaisse quand ils ne sont pas encore achetés par l'ERC ; s'ils le sont, ces achats auraient été faits par prélèvement sur un crédit. L'ERC a donc intérêt, dès qu'elle a utilisé le premier prêt accordé à elle, à évacuer immédiatement les produits et à avoir une liquidité lui permettant dès lors d'acheter au comptant et de continuer la rotation. **C'est donc la rotation des produits qui imprime à la monnaie sa rotation. Or la valeur dynamique de la monnaie qui est sa valeur effective en tant qu'instrument économique est égale au produit de sa valeur statique par sa vitesse de rotation.**

Supposons que la valeur globale des produits agricoles destinés à l'exportation et passant par l'intermédiaire des E.R.C. soit de 450 millions de sylis. Dans ce cas, la politique bancaire peut être définie comme suit. La banque fixe le volume de son intervention à 150 millions, soit au tiers de la valeur totale de la commercialisation des produits agricoles ; dans ce cas également, la banque subdivise cette somme: pour les ERC, une avance de 100 millions de Sy. pour engager la commercialisation, au niveau du commerce extérieur, une avance de 50 millions de Sy. ; une telle rotation favorise la production ; la disponibilité au niveau des ERC est de 100 millions et l'exportation est favorisée, parce que le tout ne vient pas le même jour ; si en un mois les 100 millions peuvent être engagés dans la production, dans le même mois les exportateurs ne pourront recevoir peut-être que la moitié de ce qui aura été commercialisé dans le mois. Mais puisqu'ils ont aussi 50 millions et qu'ils paient au fur et à mesure les produits qui leur parviennent, le mouvement régulier existe ainsi. Il n'y a plus d'intervention bancaire ; c'est un fonds qui roule et le chiffre d'affaires peut atteindre les 450 millions, pour un crédit initial en rotation de 150 millions. Il arrivera un moment difficile : la fin de la campagne, mais puisqu'on a donné moins aux exportateurs, l'Entreprise Nationale d'Exportation de Produits secs et oléagineux (PROSECO) livrant chaque fois, la Banque du Commerce extérieur le crédite et ainsi les 50 millions sont donc également renouvelés ; vers la fin de l'opération les dernières livraisons de 50 millions par les ERC sont bloquées et ne retournent plus aux ERC ; et les 50 millions que le ministère du Commerce extérieur devait payer aux ERC se trouvent en excédent de paiement parce que lui n'a reçu que 50 millions au lieu de 100 ; cependant il a racheté les produits quoique ne disposant que de 50 millions ; d'où une différence de 50 millions qui viennent en dépassement du crédit ; mais ils se trouvent compensés avec les 50 millions donnés à la base. L'opération terminée, les 150 millions se retrouvent dans la caisse. L'on peut dire que si cette opération est bien menée, les 150 millions suffiraient et si elle n'est pas bien menée, même 200 millions de sylis ne suffiraient pas, mais au cours de chaque période, tout ce qui aurait été commercialisé se retrouverait dans les magasins du commerce extérieur. **La véritable défense du syli, c'est l'augmentation de la production, la limitation de la consommation, suivie de l'utilisation effective et rapide dans le circuit monétaire de tout ce qui aura été produit ;** ce n'est pas seulement l'acte de commercialisation qui est utile, il faut que ce qui est produit par les paysans serve soit à la consommation nationale ou extérieure soit en compensation financière. Ainsi le mouvement est bouclé et dans ces conditions, la tendance inflationniste est évitée et il n'y aura pas de possibilité de pertes contribuant à l'affaiblissement progressif de la monnaie. Un cadre uniquement chargé tous les 15 jours, de communiquer la situation sur l'existence des stocks exerce chaque jour ainsi une pression sur les directions des ERC, cela finit par créer une nouvelle mentalité. Il faut donc qualifier l'organisation de l'évacuation des produits. Et pour cela, il faut que les moyens de transport soient rationnellement utilisés ; le travail consiste à aller dans les PRL pour charger les produits qui sont sans abri et de les mettre dans les meilleures conditions de conservation. Chaque moyen est utilisé pour une fin déterminée et précise ; le camion de « RAIL-ROUTE » ou de l'Entreprise régionale de commerce (E.R.C.) ne saurait être affecté à des tâches autres que celles de l'Etat. Sinon les fonds engagés dans la commercialisation pourraient se perdre, les produits étant parfois facilement périssables. Ainsi les camions de Rail-Route doivent faire des mouvements rationnels : un camion à vide qui vient de N'Zérékoré doit être plein en passant par Macenta, Kissidougou, Faranah, Mamou, Kindia avant d'être à Conakry. Ainsi, la défense de la monnaie nous commande de considérer les moindres détails, car tout acte économique a une répercussion directe sur la monnaie. Il faut donc veiller sur tous les actes économiques, et notamment sur l'acte qui nous préoccupe ici, à savoir **la rapide évacuation, vers les ports d'exportation, de tous les produits commercialisés.**

Les tâches sont précisées à travers diverses fonctions de l'entreprise : fonction économique, fonction comptable, fonction financière. Ainsi on évitera toute confusion de responsabilité et la rentabilité de la fonction se répercute en redressement de la situation économique générale. Si la discipline est observée dans chaque acte économique et financier, il est certain qu'en raison même des grandes possibilités dont dispose la Guinée pour bâtir une économie prospère, très rapidement nous pourrons vivre dans une situation nouvelle, toute florissante, et, c'est en fonction de ce haut degré de satisfaction morale et politique que nous éprouvons plus tard, que nous ne devons pas nous ménager dans tous les efforts imposés aujourd'hui par nos fonctions, par nos charges. C'est là une exigence impérative de la Révolution. Pour bien servir le Peuple, il faut que chacun comprenne parfaitement la ligne que nous devons suivre, les objectifs auxquels nous devons atteindre et aussi que chacun respecte rigoureusement la discipline que nous nous imposons de vivre et d'agir en conformité avec l'objet des aspirations légitimes de notre Peuple. C'est la voie la plus efficace de la défense **du syli** instrument du bien-être matériel et moral de notre Peuple.

ROLE CLASSIQUE DU TRESOR

Le trésor se définit comme le service chargé d'appliquer les recettes publiques aux dépenses publiques ou comme le service chargé de l'exécution des plans financiers de l'Etat. Statutairement, le Trésor a un rôle bien simple : il perçoit selon les règlements en vigueur, les recettes telles quelles sont inscrites au Budget, émises par l'ordonnateur et il paye les dépenses telles qu'elles sont prévues au même Budget, après leur ordonnancement.

Si, à l'exécution, ce budget restait à tout moment en équilibre, c'est-à-dire si, à tout moment il y avait concordance parfaite entre les recettes et les dépenses, le Trésor n'aurait aucune difficulté à remplir correctement sa tâche, laquelle serait alors celle d'un simple caissier.

Mais tel n'est pas le cas. D'une manière générale. dépenses et recettes ne vont jamais au même rythme. Les dépenses s'effectuent d'une manière quasi-régulière : les soldes, les salaires, les pensions de retraites, les factures et marchés de matériel se règlent chaque jour au fur et à mesure des échéances, sans que l'on puisse retarder leur exécution, au risque de perturber le fonctionnement des services publics, et, partant de troubler l'ordre public. Par contre les recettes rentrent d'une manière presque toujours irrégulière, irrégularité due à plusieurs facteurs ;

1⁰ retard de contribuables pour le paiement,

2⁰ un certain délai s'impose pour la confection et la mise en recouvrement des rôles de contributions directes,

3⁰ les contributions et taxes indirectes, quant à elles, ne sont réalisables qu'à la suite des faits économiques suivants, importations, exportations, productions, achats, ventes, lesquels s'échelonnent toute l'année.

En un mot, il y a décalage dans le temps entre le recouvrement des recettes, généralement très irrégulier, et le payement des dépenses très régulier.

C'est à cause du manque de synchronisme que l'intervention du TRESOR, sur un autre plan est nécessaire dans l'exécution du Budget, il est chargé de trouver le volant de TRESORERIE nécessaire pour combler les déficits temporaires. C'est la première tâche traditionnelle assignée au Trésor Public, en dehors de son rôle de simple caissier. Il y a une deuxième tâche similaire. Pour connaître celle-ci il faut parvenir à l'équilibre réel du Budget.

On sait par expérience qu'un Budget voté en équilibre ne peut jamais, après exécution se présenter exactement en équilibre. Les considérations qui conduisent à équilibrer le Budget sont basées sur une vue statique de l'Economie et sur les éléments connus à un moment donné (niveau de production, prix, salaires, etc...).

Or l'économie n'étant jamais statique, les prévisions de recettes subissent au cours du temps, l'influence de la conjoncture.

Les prévisions de dépenses subissent également et pour les mêmes raisons mille et une influences : augmentation des effectifs de personnel, fluctuations des prix et des salaires, événements imprévus. Tant et si bien que l'équilibre du Budget ne peut se retrouver. A la fin de l'exercice, au mieux, le Budget présente un excédent, au pire il présente un déficit qu'il faut solder. Financer le déficit définitif du Budget : telle est la deuxième tâche du Trésor en dehors de son simple rôle de caissier.

Le Trésor ne peut reculer devant aucune de ces deux tâches qui sont les siennes. Il ne peut même pas les différer. En effet, le Budget, quand il est voté, représente un plan dont l'exécution ne peut être retardée pour quelque cause que ce soit. Rappelons que ce caractère inéluctable du Budget découle de la nécessité de faire fonctionner les Services Publics, ceux-ci étant indispensables à la vie harmonieuse de la Nation. Dès que les coûts des Services ont été chiffrés et approuvés par les autorités, ces coûts représentent une dépense nationale obligatoire et c'est en fonction de cette dépense que les recettes sont calculées. Ce principe dit que l'antériorité des dépenses fait que le Budget est d'exécution forcée. En conséquence une moins-value sur les recettes ne peut pas faire remettre en cause d'une façon fondamentale les dépenses. Pour s'exprimer autrement, il est connu que les dépenses sont obligatoires et les recettes doivent être trouvées coûte que coûte pour les couvrir. L'ajustement ne pouvant jamais être parfait, le Trésor à la charge d'assurer le volant de Trésorerie, le cas échéant.

Le Trésor a donc l'obligation de se trouver des fonds disponibles, en cas d'insuffisance des rentrées budgétaires. Pour cela il met en œuvre certains mécanismes légaux.

a) — Il reçoit les dépôts des collectivités et des Services Publics dès que ceux-ci ont des excédents.

b) — Il peut demander des avances à l'institut d'émission. On dit alors qu'il a recourt à la « Planche à billets ». De telles avances sans contre-partie dans le patrimoine de la Banque sont anti-économiques et ouvrent la voie à l'inflation.

c) — Il peut recourir à l'emprunt à court terme, et il est autorisé, à cet effet, à émettre des bons du Trésor offerts à la souscription publique.

LE BUDGET DYNAMIQUE

A — Caractéristiques

Tout Budget est la traduction chiffrée d'une politique. Il peut être dynamique, dans la mesure où elle vise au développement des réalités positives existantes; il peut être **statique** aussi ou de consommation dans la mesure où elle tend au seul maintien de l'équilibre entre les acquis et les besoins dans leur état actuel, ou encore **régressive** dans la mesure où elle ne tient pas compte des exigences d'accroissement des besoins, introduisant ainsi un déséquilibre entre acquis et besoins.

Des trois politiques du Budget, les deux dernières se confondant en dernière analyse dans leur effet, à savoir le retard sur les exigences de la société, il n'y a, en fait, que deux politiques : une dynamique et une statique.

La politique statique contient celle régressive qui devient inévitable avec le temps. En effet, les besoins de tout groupe social croissent avec le temps. Si donc les biens nécessaires ne croissent pas en proportion de l'accroissement des besoins, il y a régression : la seule maintenance des biens au niveau des besoins d'une phase révolue se traduit, dans le processus historique par la régression sociale. **En matière d'évolution sociale, ce qui ne progresse pas, ne se limite pas seulement à la stagnation, mais régresse.** Même en économie capitaliste, si la classe bourgeoise au pouvoir adopte une politique de simple maintenance des acquis, elle limite sa plus-value, aggrave les contradictions au sein de la société. Ceci ne signifie guère d'ailleurs dans le cas contraire, c'est-à-dire lorsqu'une politique économique dynamique est pratiquée par cette classe bourgeoise, que cette politique dynamique entraine automatiquement une politique sociale dynamique aussi.

En effet, le dynamisme ou plus exactement la dynamique de cette politique économique est prioritairement mue par les exigences d'accroissement des besoins de la seule classe bourgeoise. C'est ici qu'il faut faire intervenir les exigences de la démocratie. La vraie politique dynamique prend en considération, d'une façon conséquente, l'expression des aspirations au progrès démocratique de l'ensemble de la société, à savoir l'accroissement constant de ses besoins matériels et immatériels. Quand le groupe social dont il s'agit est tout le Peuple et non une classe bourgeoise minoritaire et exploiteuse, la dynamique du développement est encore plus forte et plus exigeante, et sa non satisfaction est historiquement plus grave ; la politique dynamique, dans le domaine de l'économie traduit la réalité de la Révolution, son inexistence traduit l'inexistence de la Révolution. Il n'y a Révolution démocratique que si seulement la politique économique obéit à une dynamique, engendrant le progrès démocratique de l'ensemble du corps social et non le seul progrès d'une minorité. Sous le régime bourgeois, le progrès est nécessairement antidémocratique et conduit au déséquilibre. **Le projet du modèle non encore réalisé de cette politique économique dynamique, constitue la politique financière,** de sorte qu'en dernière analyse, les moyens devant permettre la réalisation des objectifs économiques et socio-culturels de la Société ont pour fondement, d'une part, les bases financières de la politique constituées exclusivement par les sources de financement donc par les recettes et, d'autre part, la distribution faite de ces recettes à travers les divers secteurs de la vie de la Nation.

Pour mener à bien cette politique économique dynamique et démocratique, il faut :

a) — Tout d'abord, faire l'inventaire exact des acquis qui doivent non seulement être maintenus, conservés, mais également développés au maximum, leur régression pouvant compromettre tout progrès.

b) — Procéder à l'évaluation aussi juste que possible des potentialités dont la valorisation concrète donnera les moyens financiers servant à la mise en œuvre conséquente d'une politique dynamique ; l'inventaire exact et l'analyse correcte de ces potentialités répondent à la nécessité évidente de l'accroissement continu des besoins de la Société.

Soit l'image du processus évolutif de l'homme lui-même. Si, à sa naissance, il n'a besoin que de quelques centilitres de lait, peut-être de quelque 4 ou 5 mètres de tissu, au fur et à mesure qu'il avance en âge, ses besoins alimentaires et vestimentaires s'accroissent ! Il arrive un moment où il lui faut nécessairement un toit personnel et des moyens propres. Ce qui est valable pour l'homme l'est aussi pour la Société. Les potentialités sont donc à inventorier pour que d'étape en étape, l'on puisse les transformer en réalités, en dégageant les sources de financement permettant à la Société de faire constamment face aux nouvelles exigences engendrées précisément par ces étapes d'évolution.

c) — Enfin, à partir de cette définition des bases financières, et l'option en faveur de la méthode dynamique, il faut maintenant définir les moyens à utiliser au cours de la période concernée. En voici la procédure :

Le bon financier qui s'apprête à préparer un Budget doit se convaincre que l'élément fondamental annonçant le sérieux de son travail réside dans l'appréciation juste de la réalité des recettes, bien plus que dans celles des dépenses ; les recettes doivent être sous-estimées et les dépenses surestimées. La prévision scientifique veut que les dépenses, à l'origine, soient toujours inférieures aux recettes escomptées ; ceci, pour tenir compte de tous les facteurs ultérieurs dont il est malaisé de cerner les réalités au moment de la confection du document budgétaire. Ainsi, après l'inventaire, les possibilités sont sciemment minorées quelles que soient les circonstances ou autres conjonctures, les recettes du Budget doivent toujours couvrir les dépenses inscrites. Quelles que soient les fluctuations des prix pouvant augmenter le montant initial des dépenses prévues, le bon financier utilise cette méthode pour n'être jamais placé devant l'impossible ; il se réserve, en un mot, la possibilité, quelles que soient les circonstances, d'exécuter correctement sa politique budgétaire. A cette fin, les dépenses aussi doivent être cernées de très près.

En effet, il existe deux catégories de dépenses : dépenses statiques connues, et dépenses dynamiques. Les *dépenses* statiques sont les dépenses qui ont un caractère obligatoire, on ne peut les modifier, ni dans leur nature, ni dans leur dimension financière, sans compromettre les objectifs visés. Par exemple, pour une entreprise, les dépenses relatives aux amortissements, au paiement des salariés, à l'achat des matières premières constituent les dépenses obligatoires statiques, sans lesquelles l'entreprise s'arrêterait tout simplement... Pour le budget général, par exemple, entrent dans la partie statique, ou fixe, le montant des annuités pour les paiements des dettes, les traitements, les salaires, et d'autres dépenses qui, toutes ont un caractère obligatoire.

A côté de cette partie statique fixe du budget, nous avons, comme nous l'avons dit plus haut, une deuxième partie, celle-là dynamique parce que tenant compte des besoins bio-culturels de l'évolution sociale considérée selon une fonction croissante du temps et aussi de toutes les fluctuations pouvant intervenir dans les données de base. Pratiquement, dans la prévision, on doit tenir compte des fluctuations du coût de la vie, des prix des marchandises, des changements qui interviennent en faveur des travailleurs (chaque année, une bonne partie des travailleurs bénéficie de l'avancement et d'autres avantages) ; il y a aussi les exigences de l'Etat à prendre en charge, comme dans le cas des cadres qui, en formation, doivent, au cours de l'année, occuper des postes. Quand par exemple un ingénieur a fini sa formation, on n'attend pas un autre Budget pour le mettre dans la production. Donc, les dépenses qui seront réelles au cours de l'exercice, mais non au début, sont envisagées dans leurs dimensions financières et prises en compte dans le budget. Le budget est ainsi préparé avec suffisamment de minutie. Les efforts de préparation doivent tendre à cerner, d'une part, les recettes tout en les minorant, d'autre part, les dépenses en les majorant, et à prévoir non seulement la partie obligatoire, c'est-à-dire le maintien des acquis, mais aussi les potentialités à valoriser au cours de l'exercice. Il faut prévoir les dépenses obligatoires, et ensuite les dépenses éventuelles qui pourraient s'imposer au même budget, au cours du même exercice. **Ainsi, la préparation du Budget qualifie le Budget.** Toutes les difficultés (manque de liquidités, lenteur de la procédure) seraient de moindre inconvénient si au départ, le Budget est scientifiquement préparé car, celui qui en assumerait la gestion serait toujours à même de faire face à ses obligations.

Telles sont les exigences de la bonne confection d'un Budget.

Nous arrivons maintenant au stade de l'exécution du Budget. La tâche principale pour l'exécution du Budget résulte de la somme d'efforts déployés, pour recouvrer les recettes envisagées, et même pour aboutir au dépassement du volume des recettes envisagées. **Donc l'exécution de la partie recettes est l'action essentielle dont le résultat pèsera directement sur l'action des dépenses,** car l'on ne peut sortir ce qui n'existe pas ; des services financiers et comptables fonctionnant correctement doivent à la fois contrôler les dépenses, leur moralité et leur régularité, et fournir les efforts nécessaires pour faire rentrer les recettes qui doivent couvrir ces mêmes dépenses.

Ainsi les Contributions Diverses et toutes les autres sources de recettes sont adaptées à la politique dynamique, celle dont le budget doit-être le reflet. C'est en raison principalement de ces tâches que, le Ministère des Finances est généralement, considéré comme le Ministère des Recettes.

Dans la procédure d'exécution du Budget il faut retenir une première exigence : **les recettes doivent être en avance sur les dépenses ; elles doivent toujours précéder les dépenses.** La qualité d'un Budget réside moins dans son équilibre financier théorique, que dans son équilibre au point de vue de la trésorerie, de la liquidité, d'où la nécessité absolue de recouvrer les recettes à un rythme tel que leur réalisation précède toujours les dépenses correspondantes. C'est là que réside la qualité du bon financier, qui à chaque instant, doit avoir ce principe comme règle d'or de conduite.

Pour les contributions diverses dues au cours de l'année, on doit remettre sur pied une procédure semblable à celle qu'on vient de définir afin que les bases économiques qui peuvent nous échapper dans leur contrôle, soient soumises à un système de recouvrement qui nous donne la garantie du maximum, sinon de la totalité de ce que doivent les privés; par exemple, l'on peut exiger le paiement au cours des deux premiers mois du semestre, de la moitié des sommes dues au titre de l'exercice, et au cours des deux premiers mois du second semestre, exiger le paiement du reste. Pour ce qui est de l'Etat, chaque mois, une fraction doit être versée obligatoirement. Mais ce ne sont pas les deux seules sources, il y a des taxes qui frappent des activités particulières placées sous le contrôle des Contributions Diverses. Une méthode, une procédure, qui assure l'automatisme dans le recouvrement des contributions diverses, d'après l'adaptation de la structure même du service aux nécessités permanentes est adoptée. En effet vu le développement que prend l'Etat guinéen la nécessité d'une décentralisation plus poussée s'impose. S'il existe toujours une Trésorerie générale, il existe aussi au niveau de chaque Ministère de Développement Rural une Paierie principale où les actes de contrôle sur la moralité et la régularité de tous les actes financiers, sur les opérations des dépenses, sont effectués en premier ressort afin de raccourcir les délais entre Conakry et certaines Régions. Un certain volant de liquidité en numéraires est maintenu au niveau de certains ministères de Développement

Rural pour assurer avec plus de rapidité les opérations d'envoi de fonds. Ainsi, le Payeur principal de Labé, sachant que les liquidités existent à Pita, alors qu'il en manque à Dalaba, donne les instructions au Payeur de Pita pour que telle ou telle somme soit versée immédiatement à Dalaba. Les opérations d'envoi de fonds pour couvrir les délégations de crédit sont ainsi rapides entre Conakry et la Région intéressée. Telle est la structure adoptée. Les exigences du contrôle sur le détail, ne doivent pas conduire à ignorer les payeurs principaux et à ne traiter qu'avec les Paieries régionales. Les paieries principales sont ainsi à mesure de faire le travail, ayant l'autorité nécessaire et les moyens pour assurer la discipline dans le nouveau cadre défini.

Si, il y a 10 ans, notre trésor public ne manipulait que quelques centaines de millions, aujourd'hui, c'est par milliards que se chiffrent ses opérations. Personne ne doit quitter le bureau à la fin de la journée, sans avoir arrêté la caisse. C'est dire que la clarté comptable doit demeurer pour connaître la situation exacte de chaque caisse ; nous avons opéré une décentralisation situant la responsabilité particulière de chaque échelon.

BUDGET DE DEVELOPPEMENT

Le Budget Unique de Développement concrétise une nouvelle conception budgétaire extrêmement importante qui doit sous-tendre tous les actes de gestion budgétaire.

Si dans l'ancien système le Budget général et les Budgets locaux n'étaient en fait que des budgets de consommation, le Budget du Plan et les Budgets des P.R.L. sont exclusivement réservés au développement économique et social du pays.

Le budget unique de Développement National comprend :

a) l'ancien budget général,

b) l'ancien budget du Plan.

Il se présente en un document unique comportant deux parties :

a) Partie Fonctionnement,

b) Partie Equipement.

Le Budget Régional de Développement englobe l'ancien budget local et les budgets des P.R.L.

Désormais, l'exécution du Budget, y compris celle de la partie « Fonctionnement » doit toujours tenir compte de la préoccupation principale du Parti : le Développement.

Toute dépense de salaire doit correspondre à une production effective de biens ou de services.

Tout matériel acheté sur les fonds de l'Etat doit être bien conservé et rationnellement utilisé au service du Peuple jusqu'à son amortissement complet.

Le Budget Unique de Développement viole les règles budgétaires classiques qui sont :

— l'annualité

— l'universalité

— l'unité.

L'annualité est la règle qui veut que le budget soit préparé, exécuté pour une période de douze mois. Elle est violée par le fait que le Budget Unique est préparé pour une période plus longue :

Cinq ans pour l'actuel Plan de Développement exécuté en tranches annuelles.

Cette méthode permet d'éviter les opérations de clôture annuelle du Budget qui ralentissaient l'exécution des tâches.

Les reports automatiques des excédents d'une tranche annuelle à l'autre à l'intérieur du même plan suppriment les Budgets additionnels dont la préparation, le vote et l'approbation retardaient l'exécution des actions en cours au moment de la clôture du Budget.

Aussi, une action entreprise peut-elle être poursuivie sans que son exécution soit retardée par des formalités comptables.

La règle de l'universalité interdit l'affectation des recettes. Toutes les recettes d'un budget donné sont utilisées sans distinction à la couverture de toutes les dépenses inscrites dans ce budget.

L'affectation d'un certain nombre de recettes obligatoirement à des dépenses d'équipement constitue une violation à cette règle.

Quant à la règle de l'unité, elle se trouve un peu plus renforcée par le fait que l'ancien budget de fonctionnement et l'ancien budget du Plan, d'une part, les anciens budgets locaux, d'autre part, sont groupés en un seul document :

Le Budget national de Développement et le Budget Régional de Développement.

Elle est violée par l'existence de quelques budgets annexes et des Budgets des Sociétés et Entreprises d'Etat qui font l'objet de documents séparés dont une partie du résultat vient en recettes au Budget de Développement.

Ainsi, les budgets exécutés en République de Guinée sont :

— le Budget Unique de Développement National

— les Budgets Annexes

— les Budgets Régionaux de Développement

— les Budgets des Sociétés et Entreprises d'Etat.

Chacun de ces Budgets dispose de ressources propres, et a des charges propres également.

Le Budget National de Développement, soumis aux délibérations de l'Assemblée Législative, est chargé d'assurer le fonctionnement régulier des services de l'Administration Centrale, et de financer les actions nationales de développement. L'Ordonnateur de ce budget est le Ministre des Finances pour sa partie « Fonctionnement » et le Ministre du Plan pour sa partie « Equipement ».

Les 33 Régions Administratives sont dotées chacune d'un budget régional, soumis aux délibérations de l'Assemblée Régionale du ressort, avec le Premier secrétaire général comme Ordonnateur.

La préparation de chacun de ces budgets obéit à des règles particulières, mais dont la procédure est pratiquement identique.

On distingue ainsi les budgets qui se préparent sur le Plan National, et ceux qui se préparent sur le Plan Local.

Pour l'exécution de ces divers budgets, le Ministère des Finances, par ses services d'exécution, centralise toutes les recettes, paie les dépenses du Budget de l'Etat, des Budgets Annexes et les comptes dépendant du Budget unique de Développement.

L'exécution des Budgets locaux relève des attributions des Premiers secrétaires généraux de Région.

Le Ministre des Finances, a sous ses ordres, toutes les administrations productives de recettes. Il est, au surplus, le Chef des Comptables du Trésor. S'agissant des dépenses, son intervention se produit avant décaissement, par le contrôle de l'emploi des crédits. Il est chargé de toutes les opérations de Trésorerie.

L'exécution des Budgets fait apparaître ainsi deux fonctions compatibles :

a) — celle des agents de l'ordre administratif appelés ordonnateurs ;

b) — celle des comptables chargés de percevoir les fonds, d'en assurer la garde, et de payer les dépenses sur ordre des ordonnateurs.

Après la préparation et le vote, l'exécution des Budgets appelle naturellement un contrôle.

La nécessité du contrôle de l'exécution du Budget découle de la notion même du Budget ; le budget étant un acte d'autorisation, il faut de toute nécessité, assurer la conformité de son exécution, à cette autorisation.

L'Administration des Finances assure elle-même le contrôle de ses services de manière que le Ministre des Finances, qui assure la responsabilité des budgets, puisse être assuré de la régularité de cette exécution. Il s'agit d'un contrôle interne, purement financier, de type administratif.

Comme le pouvoir de décision appartient à l'Assemblée Législative pour le budget unique de développement, aux assemblées régionales pour les budgets locaux, il faut naturellement que l'autorité d'exécution vienne rendre ses comptes à l'autorité de décision : c'est le contrôle législatif.

Le contrôle juridictionnel confié à la Cour des Comptes est le contrôle à postériori. La Cour des Comptes, tribunal composé de conseillers, juge la régularité des comptes des comptables.

Le contrôle administratif, quant à lui s'exerce à la fois sur les ordonnateurs et sur les comptables ; il est assuré par l'administration des Finances et le Ministère du Contrôle d'Etat.

Il s'opère :

1° — De façon périodique par le rapprochement des résultats de la comptabilité des ordonnateurs, avec des écritures des comptables.

2° — De façon permanente, par le contrôle hiérarchique des Chefs de Services Centraux et, dans les Ministères de Développement Rural, par celui des Contrôleurs Financiers et des Trésoriers principaux ;

3^{0}) — Par le corps des Inspecteurs des Finances et des Affaires Administratives.

D'autre part, le Commissariat Général aux Comptes exerce un droit de contrôle sur l'exécution des Budgets.

Ce contrôle à priori porte :

a) — sur la régularité et la moralité des opérations ;

b) — sur la disponibilité des crédits ;

c) — sur l'exactitude de l'évaluation.

Enfin, il faut noter que le Commissariat Général aux Comptes ainsi que les Contrôleurs Financiers dans les Ministères de Développement Rural, visent les projets de marché de l'Etat et des collectivités et contrôlent leur exécution.

Ils visent également tout projet, ou proposition, ayant une incidence financière, et conformément à leurs attributions respectives.

BUDGET SANS RUPTURE

La différence entre le budget de consommation et le budget de développement, est la différence qui existe entre le pouvoir bourgeois et le pouvoir révolutionnaire qui exige que le fonctionnaire se pose la question, au moment où il se présente pour recevoir sa solde, si l'effort qu'il a fourni dans le mois, si la contribution qui a été la sienne au développement du Peuple, justifie bien cette solde ! Dans le régime bourgeois l'on s'empressait de s'instruire le plus possible. pour faire travailler les autres ! Sous le régime colonial on ne s'instruisait que pour pouvoir travailler moins ! plus on est instruit, moins on doit, semble-t-il, travailler ! Or, l'instruction vraie ne doit pas conférer la capacité de pouvoir faire travailler les autres, de se soustraire au travail ; cette valeur accordée au diplôme est profondément réactionnaire. Dans la phase qui s'ouvre, le Parti nous apprend que plus on est instruit, capable, plus on doit travailler, et payer d'exemple. Partout, l'ingénieur doit avoir une somme de rendement supérieure au rendement des contrôleurs. Partout, à tous les échelons, il faut fixer les normes de travail à fournir. Il s'agit d'abord d'apprécier l'objet du travail avant d'en chercher les moyens, et ensuite, compte tenu des moyens dont on dispose, l'utilisation du temps pour atteindre au but, est organisée.

Le budget de développement résulte d'abord de la conception dynamique que le Peuple ne doit pas subir l'histoire ; maîtriser le temps, c'est fixer des objectifs devant requérir, tant qu'ils ne sont pas pleinement réalisés, de l'énergie intellectuelle et physique, la mobilisation de l'ensemble des moyens dont dispose le Peuple.

Le Plan quinquennal est élaboré sur la base d'une telle philosophie ; pour une période de cinq ans, nous nous sommes fixé des objectifs à tous les échelons : le village, la Région, la Nation. Nous avons fait l'inventaire des moyens existants et nous nous sommes préparés en fonction de nos objectifs. Les objectifs étant à atteindre dans les cinq ans, ce qu'on fera en un jour sera une fraction du temps quinquennal ; ce qu'on fera en un mois sera 1/60 du temps quinquennal.

Nous retenons toujours l'établissement par tranches annuelles du budget de développement ; si l'on pouvait mesurer autrement le temps que par l'année, nous l'aurions fait, mais le temps de production agricole nous impose ce découpage. La nature elle-même étant « organisée » à l'échelle de l'année, nous avons aussi organisé notre étape par année. Dans l'ancien temps, on n'avait qu'un souci, équilibrer le budget en recettes et en dépenses. Nous n'allons plus nous comporter comme dans l'ancien temps. De tous ses travailleurs, le patron exige, puisqu'il leur paie la solde, au moins une compensation dans l'augmentation de son capital ! Nous, nous sommes des travailleurs du Peuple qui voudrait aussi chaque année, tout en payant ses travailleurs dévoués, que le patrimoine national augmente. Or, le budget de consommation ne laisse pas de trace objective pour le Peuple ; il est propre au système bourgeois, et c'est pourquoi nous le rejetons. Après soixante ans, le système colonial a laissé nos régions dans des conditions de vie si médiocres qu'on ne peut pas penser que pendant tant d'années, les populations de ces régions étaient soumises régulièrement au paiement d'impôts.

A un ou deux mois de la fin de l'année, on ne s'empresse pas en Guinée de voir quelles sont les disponibilités qui restent pour préparer toutes les factures correspondantes en vue d'engager des dépenses avant la clôture du budget. Ce sont des méthodes propres au budget de consommation. Il s'agit pour nous d'avoir constamment présents à l'esprit les objectifs inscrits dans le Plan quinquennal en général et dans la tranche de l'année en particulier. Aussi un gouverneur sérieux prend en compte les investissements commencés et non terminés par son prédécesseur avant d'entreprendre des nouvelles actions, il doit continuer le travail. Autrement, ce serait au détriment du Peuple. C'est cela, le budget de développement ; ce ne sont pas les écritures en recettes et en dépenses qui constituent notre budget, ce sont les réalisations de tel et tel objectifs que nous devons présenter chaque année pour justifier les dépenses auxquelles nous avons eu recours. C'est cela, la politique de développement, politique visant à l'utilisation de tous les moyens, petits et grands, pour que le Peuple qui nous a permis de les réunir soit en définitive le bénéficiaire des réalisations auxquelles auront été consacrées les différentes dépenses effectuées au niveau de la Région. **Le développement est un processus continu et c'est pourquoi il n'y a plus d'arrêt dans la gestion budgétaire, car tout ce qui a été prévu et réalisé, vient en augmentation de la quantité, de la dimension du patrimoine régional ; il faut que l'année suivante, il y ait encore accroissement du même patrimoine. Ainsi, de façon transcroissante, le progrès doit continuer à se développer.**

Le budget de développement veut que toutes les sommes d'argent dépensées aient une réelle justification, celle qui concourt au renforcement de l'équilibre de la société grâce à l'accroissement de ses moyens matériels et immatériels. S'il est facile, évidemment, de recenser les moyens matériels, il n'est pas aussi aisé de recenser les moyens immatériels. La campagne d'éducation idéologique dans la Région, le fonctionnement de l'école et la portée sociale de l'instruction ou de la formation technique des populations régionales, l'assainissement du milieu, etc., tendent à créer et à engendrer un nouvel homme, sain d'esprit et de corps, plus apte à la maîtrise de l'histoire : cela ne peut pas être comptabilisé comme le nombre de maisons, de routes, de ponts réalisés, etc. ! Mais quelle que soit la nature de la réalisation, même si elle vient en apport qualitatif, il faut être assuré de la moralité de la dépense occasionnée. Chaque dépense du budget de développement contribue à la qualification de la société ; ce n'est plus la consommation pour la consommation, mais le développement du patrimoine national pour le progrès social.

La tâche des cadres régionaux est facilitée, parce qu'il existe déjà au niveau de chaque Région, un programme de développement qui doit guider leurs activités, et des organismes politiques et techniques appropriés pour l'appréciation des choix en vue de la conduite correcte de chaque tranche annuelle. A partir de ces choix, les dépenses trouveront alors leur justification, c'est-à-dire la base de leur régularité absolue avant même la régularité financière.

Assurer un fonctionnement correct et régulier des contributions diverses, veiller sur l'établissement à temps de tous les rôles, l'émission des rôles, veiller sur la perception régulière des émissions, avoir toujours des disponibilités compte tenu justement des capacités reconnues à l'échelon des collectivités comme à l'échelon des individus, il y a là autant d'actes nécessaires.

Aucun syli ne peut être dépensé tant que ce syli n'aura pas effectivement existé en disponibilité réelle.

L'essentiel est donc le recouvrement des recettes ; c'est après ce recouvrement que sont engagées les dépenses à la cadence des moyens pour la réalisation des objectifs fixés à la Région pour la tranche annuelle. **Si au bout de l'année, il existe même le tiers des recettes, on ne liquide pas les chapitres, puisque les objectifs ne sont pas atteints. Il n'y a plus d'arrêt, les périodicités des communications des pièces comptables jusqu'à l'établissement du compte administratif par les chefs de service financiers ou des comptes de gestion par les trésoriers, permettront aux différents échelons de voir l'allure fonctionnelle des finances publiques ; mais ces périodicités ne correspondent pas à des ruptures d'action. L'action est continue. Aucun budget ne reprend à son compte le reste des crédits. Ainsi, au cas où en fin d'année, sur un budget de cinquante millions de sylis, il reste une disponibilité de trente millions, cela constitue une économie qui servira au démarrage de la nouvelle année. Si la disponibilité permet même d'augmenter un peu les objectifs de la tranche de l'année suivante, la question est soumise à l'attention de l'assemblée régionale afin qu'elle se prononce sur l'augmentation des objectifs du plan de l'année à venir pour promouvoir davantage le progrès économique et social au bénéfice des populations régionales.** Donc, pour nous reprendre, le budget de développement a deux caractéristiques essentielles :

a) **Les dépenses ne constituent plus une chose séparée de leur objet.** Ce sont les objectifs retenus en vue du développement économique, social et culturel de la région qui doivent justifier chaque dépense financière.

b) **L'action budgétaire ne connaît plus de rupture, elle est continue, planifiée,** comme le trajet de celui qui doit quitter Conakry pour atteindre Kankan en quatre jours :

première étape Kindia, deuxième étape Mamou, troisième étape Kissidougou, enfin quatrième étape Kankan. Il a ses provisions pour quatre jours de voyage. Arrivé à Kindia, s'il consomme toutes ses provisions, pourra-t-il atteindre Kankan ?

Que les recettes soient consommées entièrement ou non dans l'année, elles sont consacrées à la période du Plan, à condition qu'à chaque étape, des réalisations concrétisent le bond en avant des populations. L'action budgétaire des cadres doit tendre essentiellement à la dynamisation des services de recettes. Aucune source possible de recettes ne doit leur échapper.

Il faut que tous les moyens du Pouvoir Révolutionnaire Régional (P.R.R.) contribuent au meilleur fonctionnement du service régional des contributions diverses afin que la santé financière de la Région résultant du bon fonctionnement de ses services, puisse lui permettre de faire face aux dépenses inhérentes à l'application de son plan de développement.

Il faut témoigner d'esprit d'économiste dans l'utilisation des moyens, esprit consistant à déterminer si chaque dépense a été judicieusement décidée et justifiée par son objet et sur le plan de la moralité, et sur le plan de la régularité.

Il consiste à éviter l'endettement qui résulte du dépassement des dépenses sur la liquidité effective.

Il consiste enfin à disposer de revenu avant toute dépense d'argent et à agir de façon que le montant des dépenses soit toujours inférieur à celui des recettes.

En ce qui concerne le service des Contributions Diverses, des sections spécialisées sont créées, car un inspecteur des Contributions Diverses très loin des réalités qui doivent se répercuter dans le volume des recettes dues à l'Etat, ne sera jamais à jour.

Qualifier les structures, préciser les responsabilités, déterminer les moyens de travail, effectuer un contrôle permanent, en un mot cerner l'ensemble des problèmes et leur trouver des solutions requises pour appliquer celles-ci. voilà la voie d'amélioration des bases financières de la politique budgétaire à partir même des rentrées fiscales, lesquelles commandent aux possibilités de dépenses générales à effectuer.

Tout doit être mis en œuvre pour que le comportement de chacun soit constamment conforme aux règles édictées par la Révolution dans le domaine où il est utilisé. Le révolutionnaire authentique est nécessairement apte à son poste de travail. En tout cas, il se doit de déployer constamment tous les efforts nécessaires pour répondre correctement aux exigences que requiert son poste de travail.

Nous avons tous pris conscience des grandes faiblesses enregistrées dans le domaine de la gestion des biens publics, faiblesses imputables à deux raisons fondamentales :

— La première raison relève de la volonté de l'homme. Il s'agit des actes de malversations consciemment commis par l'homme dans le but contre-révolutionnaire de s'enrichir au détriment de la société. Une telle attitude ne signifie rien d'autre que le mépris répugnant du Peuple. Celui qui s'enrichit en régime populaire en commettant des malversations, est nécessairement et objectivement partisan de l'instauration d'un régime autre que celui choisi par le Peuple, car le régime populaire bannit le train de vie propre aux régimes exploiteurs. Nous devons affirmer sans équivoque que quiconque vole les biens du Peuple est un ennemi déclaré de classe qui, comme tel, doit être combattu sans ménagement aucun.

— La seconde raison est imputable à l'inexpérience, à l'incapacité ; on la constate chaque fois que les fonctions qu'assume un homme, requièrent des exigences supérieures à ses capacités réelles ; nul ne peut faire face avec succès aux exigences de son poste de travail, s'il n'est pas doté de qualités professionnelles requises. Il arrive aussi souvent qu'un agent apte aujourd'hui devienne carent demain, s'il s'installe dans la routine, se considérant ainsi comme compétent et valable une fois pour toutes, alors que la vie quotidienne exige de chacun des efforts soutenus et continus. Adapter la mission de contrôle périodique des unités de production, des unités administratives aux règles d'une vie saine de l'Etat, **nécessite la décentralisation de tous les organismes de contrôle.**

L'adaptation de la structure du contrôle aux conditions spécifiques propres à chaque secteur s'impose ; la connaissance et le respect des réglementations particulières exigent la présence d'agents spécialisés de contrôle. Par exemple, l'on ne contrôle pas de la même manière une entreprise commerciale et un bureau des Postes et Télécommunications. En effet la comptabilité postale obéit à des règles spécifiques. Egalement on ne contrôle pas de la même manière une entreprise agricole et une entreprise industrielle. Bien que les règles générales de comptabilité obéïssent aux mêmes principes de base, la structure des registres et des documents comptables varie selon la nature des activités à comptabiliser. C'est pour cette raison donc, l'adaptation de l'acte de contrôle à la structure des services d'Etat, qu'il est organisé un corps de contrôleurs au niveau de chaque Département ministériel, chargé de suivre tous les actes de gestion par un contrôle permanent.

La structure du contrôle en Guinée se présente donc comme suit : Coordination de tous les actes de contrôle au niveau de chaque Département, de chaque Domaine, de chaque Ministère de Développement Rural, jusqu'au niveau supérieur, c'est-à-dire le Département du Contrôle d'Etat.

Nous avons tous intérêt à ce que l'Etat jouisse d'une excellente santé. Pour ce faire nous devons veiller scrupuleusement à l'application honnête des sanctions prévues par les textes. L'Etat n'appartient en effet à aucun individu, à aucune famille, à aucun groupe social ; c'est l'ensemble des structures organiques de la Nation chargé de la gestion de tous les biens publics et de leur développement continu.

Pour que les agents de l'Etat puissent assumer efficacement leur mission, il faut qu'ils adorent la réalité, qu'ils la respectent, qu'ils aient le courage de reconnaître la réalité négative, réalité qu'ils ont mission d'améliorer et de développer ; la Révolution condamne le culte des réalités fardées qui constituent pour elle des sources permanentes de défaillances graves.

La confusion, surtout délibérée, est l'ennemie de la Révolution dans cette mesure redoutable qu'elle substitue aux bases objectives, concrètes de l'action, des prémisses fausses. C'est pourquoi la subordination d'un échelon à un autre, principe auquel obéit d'ailleurs l'Etat, est de règle.

Il n'existe pas d'organisation révolutionnaire enregistrant des succès, sans discipline.

Nous ne pouvons assainir sans autorité. L'acte d'assainissement est un acte d'autorité et on ne doit pas hésiter à faire acte d'autorité quand on a conscience d'incarner les valeurs du Peuple, le pouvoir de l'Etat dans la sauvegarde des biens publics. La fermeté est un impératif de la morale révolutionnaire ; quand l'indulgence consiste à violer les règles, son but conscient ou inconscient est de détruire la vigueur de la Révolution. La Révolution ne saurait être menée qu'avec ses propres méthodes : l'intransigeance la plus absolue et la clarté sont de rigueur.

Une sanction prompte, justifiée, vigoureuse fait réfléchir par deux fois le défaillant et oblige le candidat à la défaillance à renoncer à ses projets diaboliques.

L'ambition normale d'une promotion devrait pousser le gérant d'une boutique à devenir demain directeur régional d'une ERC, le directeur de l'ERC à diriger les plus grandes entreprises commerciales de la Nation et à devenir par la suite inspecteur général. Une telle ascension est légitime. L'opportuniste ne mesure pas la valeur idéologique de la fonction au degré de responsabilité.

Un investissement économique n'a de sens que s'il est rentable. Un investissement ne peut être rentable que par une gestion saine et efficiente nécessitant un contrôle permanent et efficace à tous les niveaux. Nos unités économiques doivent réaliser des bénéfices pour en même temps s'auto-financer et assurer l'accumulation nationale. C'est pourquoi la gestion saine de ces unités est l'affaire de tous, et explique donc la nécessité d'un contrôle permanent efficace et coordonné.

UN DEVELOPPEMENT HARMONIEUX ET EQUILIBRE

La politique économique d'un Etat révolutionnaire est une politique unitaire car elle vise au renforcement constant de l'unité nationale et à la réalisation du **bonheur démocratique.** C'est la Révolution qui postule pour un développement harmonieux, équilibré et c'est pourquoi un Etat qui se réclame de la Révolution, adopte obligatoirement une politique unitaire avec effet de propagation sur l'ensemble de la société nationale. Les éléments positifs dans leur rentabilité économique, financière doivent supporter les éléments à objectif positif mais dont la rentabilité financière est négative car la Révolution n'a que des objectifs positifs.

Pour illustrer ce que nous venons de dire, prenons un cas particulier : la Révolution veut tout à la fois dynamiser l'évolution dans le secteur de la production, organiser et parfaire tous les autres secteurs économiques : transports ferroviaires, routiers, aériens. Elle veut répartir des marchandises sur des bases justes ; développer son secteur bancaire pour en faire un instrument dynamique au service de son développement économique. Si telle succursale est rentable financièrement, telle autre ne l'est pas. Mais les populations ont besoin d'une banque, même si celle-ci n'effectue pas d'opérations rentables. Il y a des constantes politiques sociales auxquelles, obligatoirement, une politique économique obéit en tant qu'impératif de l'évolution harmonieuse d'une société. Cette même Révolution veut réaliser un programme de développement culturel, technique, technologique du Peuple. L'augmentation exceptionnelle de l'effectif des élèves et étudiants, des enseignants chargés de les former engendre ainsi de nouvelles charges en construction d'établissements scolaires à tous les niveaux, en paiement de fournitures à tous les niveaux pour les 250 000 élèves, des frais d'équipement de centaines de salles de classe, en salaires des professeurs, des enseignants, en bourses de formation à l'extérieur de techniciens qualifiés. La même Révolution veut être représentée dans tous les pays du monde par des ambassades ; elle veut démocratiser la justice et entend, du village à la nation doter le pays d'une infrastructure matérielle et humaine permettant à la justice d'être à la portée des citoyens ; pour les travaux publics, l'éducation, la fonction publique, la santé, l'administration générale, pour chacun de ces secteurs constitués, elle exige un développement progressif pour que les organes de l'Etat puissent assumer les fonctions nécessaires, au progrès continu de la société. Une telle politique qui se veut harmonieuse et équilibrée ne peut se réaliser qu'en intégrant les différents facteurs de l'économie, en faisant de l'économie et de la politique qui la sous-entend, une unité. C'est pourquoi les secteurs dynamiques, de rentabilité financière doivent supporter les secteurs également dynamiques mais d'intérêt purement social ou politique. Le secteur de la santé est de rentabilité sociale. La santé au service du Peuple doit être supportée par les secteurs financièrement rentables ; l'éducation au service du Peuple, puisqu'elle est gratuite, doit être supportée par les secteurs financièrement rentables.

En résumé les charges des sections socio-culturelles, diplomatiques, politique, ne peuvent être assumées, supportées que par ce que procurent à l'Etat les secteurs financièrement rentables. Dans la Révolution, tout est lié. Nous ne pouvons pas avoir des ingénieurs en nombre suffisant pour le développement de la Nation si sur le plan socio-culturel, nous n'engageons pas des frais, et si nous ne procédons pas à des investissements financiers en écoles, en professeurs et en moyens d'équipement. Il en est de même des professeurs de demain, des cadres techniques qui vont influer sur la qualité et le niveau de la production. De même les armes de combat, en tant que matériel, utilisées dans la défense de la Révolution ne rapportent pas d'argent, mais ils contribuent à préserver les acquis de la Révolution. Donc les secteurs positifs financièrement doivent également intervenir dans la solution des problèmes de la défense de la Révolution. La conception unitaire d'une Révolution veut que tout objectif ait ainsi un signe positif, à lui conféré par sa conformité avec les besoins réels de la société. Or dans les démarches à entreprendre pour la solution des problèmes posés par certains de ces besoins, il n'y a que des dépenses d'argent ; ce n'est que le processus A-M-A' ; l'argent investi se transforme en capacité humaine, capacité humaine qui se transforme en force de production. Telle est par exemple l'équation qui correspond au secteur social. En effet l'argent sert à construire une école, un hôpital, un stade qui deviennent des moyens de formation intellectuelle, physique, professionnelle du travailleur. Ainsi, A-CH-A' - est bien la formule abrégée de l'argent servant à former la force productive du travailleur qui à son tour, crée l'argent.

Le système capitaliste se sert de l'argent et du travailleur dont il achète la force de travail pour obtenir de l'argent, toujours plus d'argent. L'entreprise capitaliste vise l'obtention d'une plus-value résultant de l'exploitation de la classe ouvrière. Par contre, le système socialiste utilise cette même plus-value au progrès du Peuple et à la promotion continue de la classe ouvrière.

Le capitalisme amasse la fortune au profit d'une minorité de possédants alors que la Révolution libère les masses populaires et leur fait exercer tous les pouvoirs en vue de leur prospérité.

La Révolution sert le Peuple et ne l'exploite guère. Si le bénéfice d'une opération capitaliste appartient exclusivement au capitaliste, il est, dans un régime socialiste, la propriété collective du Peuple, car c'est le Peuple qui est propriétaire des moyens de production, propriétaire des sociétés et entreprises.

Le bénéfice résultant des activités commerciales, industrielles, agricoles et des sociétés et entreprises publiques sert au développement socio-culturel du Peuple.

C'est ainsi que les secteurs des Banques, des assurances, du commerce, de l'industrie, de la pêche, des transports, de l'agriculture, de l'élevage, etc... constituent le domaine où les activités de l'Etat sont de rentabilité financière alors que les secteurs de l'idéologie, de l'éducation, de la santé, du sport, de l'information, de la justice, de la sécurité, etc... constituent le domaine où les activités de l'Etat n'ont qu'indirectement des recettes financières supérieures aux dépenses qu'exige directement un rendement économique.

En effet le domaine socio-culturel, s'il ne produit pas pour son organisation, son fonctionnement et son développement, est cependant le plus rentable ; sa rentabilité est l'ordre social et humain. C'est l'homme qu'il qualifie en lui conférant des connaissances, des capacités créatrices, un pouvoir sur son comportement personnel et sur la nature.

Mais si la Révolution exige le perfectionnement continu de la société et la promotion de l'homme à travers l'épanouissement intégral de ses facultés, il est à comprendre que c'est le développement dynamique des richesses matérielles qui, dans une large mesure, servira de support au progrès socio-culturel du Peuple.

La liaison intime qui existe entre les investissements économiques et les investissements socio-culturels est fondée sur la nécessité de l'harmonie qui caractérise tout véritable équilibre d'une Nation.

Plus l'homme produit, plus le volume et la qualité de sa production sont en rapport avec le niveau de sa formation. Pour expliquer le phénomène de l'influence de la formation technique sur la production, plaçons dans un village nouvellement créé, 100 ingénieurs guinéens de toutes spécialités et, dans un second village, 1000 Guinéens sans qualification professionnelle. Donnons aux deux villages les mêmes moyens de base ; en un minimum de temps, les 100 ingénieurs de toutes spécialités auront tiré de leurs moyens, dix fois plus de rendement que celui obtenu par les 1000 Guinéens sans formation technique, sans instruction ! Cela veut dire que la production, en qualité et en quantité, est toujours en rapport avec la qualité du producteur. Plus nous aurons d'agronomes, plus notre production changera du tout au tout. Le paysan pouvant en ce moment analyser les caractéristiques de la terre à mettre en valeur, comprendre la variété des semences qui conviennent, utiliser les meilleures méthodes culturales, maîtriser le temps et l'espace, aurait un rendement absolument élevé par rapport à celui d'un autre paysan inculte. Par exemple, de 800 kg de riz à l'hectare, il atteindrait 9, 10, 11 tonnes à l'hectare, les conditions naturelles de nos terres étant excellentes, et en même temps, il pourrait mettre en valeur 3, 4, 5 fois plus de terre qu'il ne le faisait auparavant.

La politique unitaire de la Révolution veut donc que le facteur décisif de la Révolution soit l'homme producteur,

mais il faut former cet homme, durant 12 ans, 15 ans, 17 ans d'école, et d'apprentissage avant qu'il entre dans la production. Toutes les charges inhérentes à sa formation sont supportées d'année en année par les secteurs financièrement rentables. Ainsi, tout en tenant compte des conditions particulières des Régions et des Pouvoirs Révolutionnaires Locaux (PRL) l'action menée est adaptée aux dites conditions ; la politique, à travers cette diversité de formes d'action, est impérativement unitaire, nationale, globale. C'est ainsi qu'à l'échelon national, les réalités régionales et celles des P.R.L. doivent être prises en considération afin que toute définition d'une politique nationale tienne compte du réel. C'est comme si on régionalisait la politique nationale. L'inverse est aussi valable : au niveau de chaque région, de chaque P.R.L., la Révolution exige que l'objectif national ne soit jamais contredit, la partie ne peut se détacher du tout, elle ne saurait nier le tout, ni compromettre le tout. Le P.R.L. est une partie de la Nation, la région en est une autre et dans le secteur économique, l'ERC est une partie de l'économie nationale. Chaque société nationale constitue une partie du domaine commercial, aucune ne saurait être en rapport négatif avec l'ensemble du domaine qui, lui aussi, ne peut être en contradiction avec l'ensemble de la politique. **Une politique unitaire intègre tous les facteurs individuels et collectifs pour en tirer une synthèse, un dénominateur commun, à travers les objectifs assignés à toutes les activités quelles que soient les formes ou les conditions dans lesquelles elles s'éxécutent.**

Nous sommes obligés de prélever sur le résultat annuel du secteur de la banque, du commerce intérieur, du commerce extérieur, des transports, de tous les secteurs économiques et industriels une part de bénéfices réalisés pour honorer les engagements extérieurs et poursuivre la politique intérieure d'édification.

Il ne faut donc pas avoir une conception partielle, particulariste des activités que l'on mène dans un domaine car tous les domaines sont intégrés en un seul, la Nation. **La Révolution veut que le développement soit équilibré, harmonieux, que les éléments à rentabilité économique négative soient supportés par les éléments à rentabilité économique positive.** Ce qui est produit au point A doit servir au point Z et ce qui est produit au point Z doit servir au point A. Il y a une Nation, donc une seule politique nationale ! Il y a un secteur du commerce, donc la même politique commerciale. Comme ce secteur est à côté d'autres constituant le domaine économique, c'est ce domaine qui doit supporter les charges matérielles des domaines politique, culturel et social.

Les secteurs économiques, industrie et commerce sont au service de la Nation et que de leur rythme de développement, de leurs résultats dépend le développement social, culturel de la Nation.

Ainsi chaque secteur, se considère comme une entreprise nationale et toutes les autres parties, unités productives fonctionnelles, doivent être considérées comme appartenant à un tout qu'est le secteur. Si la Nation est le tout par rapport à chaque région, la région est le tout par rapport à chaque arrondissement, l'arrondissement est le tout par rapport à chaque PRL, chaque village est le tout par rapport à chaque famille du village et chaque citoyen est une partie de ce tout.

La politique unitaire veut que les bénéfices servent tout d'abord la Nation, à la défense des institutions, nationales, ensuite à régler les dettes contractées car c'est le budget du Plan qui a été débité de toutes les dettes et charges de création de tout ce qui n'existait pas dans le Plan de développement de la Nation. C'est pourquoi tous les secteurs économiques envoient une partie de leurs bénéfices au Plan et que l'autre partie reste dans l'entreprise.

LA REPRODUCTION ELARGIE DU CAPITAL ET LA DECOMPOSITION DES BENEFICES

Le plan comptable est un cadre qui est défini, indiquant le niveau d'augmentation accepté pour le capital de chaque E.R.C. Une autre disposition réglementaire accorde justement aux E.R.C. la moitié du montant de leurs bénéfices.

Supposons qu'au cours d'une année, l'E.R.C. de Dubréka réalise un bénéfice de six millions. Dans ce cas 3 millions soit la moitié, viendront en augmentation du capital. Supposons que cette E.R.C. ne réalise que 4 millions l'année suivante, il pourrait être prélevé deux millions qui viendraient en augmentation du capital et ainsi d'année en année, il serait procédé à l'augmentation des capacités fonctionnelles de l'entreprise commerciale à qui, par autofinancement, de nouveaux objectifs à réaliser seraient fixés.

L'augmentation n'est donc pas nécessairement due à une source extérieure. L'augmentation du capital, à partir du moment où l'entreprise est en fonctionnement, peut et devrait provenir des résultats obtenus par la même entreprise. Il s'agit ici d'un processus de reproduction élargie qu'on peut traduire par les formes mathématiques suivantes:

L'entreprise E, de capital x1, a fait dans l'année un bénéfice y. L'Etat fixe un cœfficient k (qui est une fraction de 1) et autorise E à augmenter son capital, pour l'année suivante, de ky. Pour cette année-là, le nouveau capital sera x2 + ky.

Si E est sainement gérée, son bénéfice est chaque année proportionnel au capital, de sorte que le nonveau bénéfice provenant de x1 : **la reproduction est continûment élargie.**

Ici, nous avons admis un cœfficient k égal 1/2. L'autre partie du bénéfice soit (1 — k) y, va au fonds d'accumulation de l'Etat pour financer d'autres actions.

Le bénéfice est proportionnel au capital mis en œuvre. Pratique économique scientifique : pour chaque secteur, l'on fixe le cœfficient de proportionnalité « b » par rapport au capital. Un capital « x » produit alors un bénéfice y égal bx. Dans la réalité, le bénéfice y, produit sera différent du bénéfice théorique y ; mais alors il faudra apprécier l'écart, en analyser les causes et prendre les décisions qui s'imposent. Soit e l'écart, e = y - y'.

Pour le capitalisme le point A c'est l'argent, le point d'arrivée, B, c'est également l'argent. La totalité du bénéfice n'a d'autres fonctions que d'être investie. Ce n'est pas le cas des Peuples et des régimes qui ont fait des options révolutionnaires et qui se sont inscrits des phases historiques à accomplir, à réaliser telle que la phase socialiste.

Il faut comprendre que le régime socialiste est pour le Peuple. Pour qu'il se réalise, il faut que le Peuple évolue. Pour nous, l'argent est un moyen au service du Peuple. Ainsi le bénéfice réalisé doit servir à l'alimentation du budget, à l'installation de l'infrastructure, au développement des institutions socio-culturelles, des institutions populaires pour parvenir à l'industrialisation, à la modernisation de l'agriculture, car à une économie agraire, archaïque correspond un mode de vie médiocre, et cela dans tous les pays. Le système colonial ne pouvait pas envisager la formation des hommes ; c'est contraire à sa politique. Pour pouvoir exploiter les hommes et les Peuples, il lui faut les maintenir dans un état permanent d'ignorance. C'est quand l'agriculture, la science, la technologie viennent se mettre au service du Peuple qu'il peut lui être donné de développer de façon plus dynamique son patrimoine et de résoudre les problèmes par la substitution de la machine à l'homme pour l'augmentation des forces de travail. Il peut être donné au Peuple de produire 5 fois, 10, N fois plus que ce qu'il devait réaliser quand il n'avait que des moyens rudimentaires. Le producteur guinéen, de la « daba », de la charrue, du motoculteur, atteint au stade du tracteur. C'est pourquoi, par les moyens que nous procurent les activités agro-pastorales, nous devons installer une infrastructure industrielle, laquelle va permettre la dynamisation de l'agriculture qui lui a donné naissance. L'agriculture aide l'industrie à se créer et à se développer. L'industrie, à son tour aide l'agriculture à se moderniser, à se développer pour pouvoir fournir à l'industrie des moyens plus puissants en produits d'exportation permettant l'acquisition de matériel d'équipement, de matières premières, des aliments pour les travailleurs de l'industrie. L'économie est un système complexe. Sans un système d'industrialisation basé sur l'agriculture on ne peut mener une économie conséquente. A quoi sert donc le bénéfice tiré d'un tel système dans le cadre de nos options ?

Le bénéfice doit servir à payer le capital investi et à l'augmentation de ce même capital car le rythme d'accroissement du revenu doit rester proportionnel au rythme de la demande. La demande, obligatoirement, systématiquement, connaît une augmentation d'année en année car il y a là des constantes. D'abord c'est l'accroissement démographique : chaque année en Guinée par exemple, il y a une augmentation d'au moins 2,5% de la population. Cela veut dire qu'en moins de 40 ans la population guinéenne aura doublé ! Cet accroissement suit une règle semblable à celle des intérêts composés et constitue une première raison de l'accroissement de la demande. Et la demande ne croît pas seulement deux fois plus. Il y a aussi un coefficient d'augmentation des besoins lié au temps de progrès. La société vit son temps ; c'est pourquoi nous avons vécu une époque où personne ne pensait à la voiture et aujourd'hui ce ne sont pas les seuls hauts fonctionnaires, mais nos enfants qui attendent le car, le taxi ! Nos besoins croissants viennent s'insérer dans la gamme de ceux de la société à travers le temps. Voilà un autre coefficient multiplicateur de la somme des besoins d'une société, indépendamment d'un autre facteur que représente le taux d'accroissement démographique de la société.

Toute unité économique industrielle, agricole, commerciale, financière, etc... doit donc obéïr au principe de la gestion dite équilibrée. C'est-à-dire, que toutes ses charges devront être compensées par ses propres produits. Et notre économie en développement mieux que d'autres régimes économiques exige de chacune d'elles un excédent de produits sur les charges autrement dit la réalisation d'un bénéfice. Le bénéfice brut aura la décomposition suivante sous l'angle de son utilisation :

a) — **La dotation aux fonds d'amortissements :** calculée sur la base des divers taux fixés selon les conditions objectives de la production, cette dotation doit couvrir l'amortissement technique. Ce fonds devra permettre le renouvellement du moyen de base après sa durée probable d'utilisation sans porter atteinte à la règle de la gestion équilibrée.

b) — **L'amortissement financier :** si le Plan est considéré comme le fournisseur créateur des entreprises, la logique veut qu'en fonction du degré de rentabilité de chaque investissement, cet organisme soit remboursé. Ainsi chaque année en fin d'exercice, l'entreprise devra verser la quote part de l'amortissement financier qui doit être calculé en fonction du montant de liquidité du capital investi.

c) — **Part du bénéfice versée au Plan :** les unités économiques doivent alimenter la caisse d'accumulation nationale, support du développement de notre économie indépendante. Ainsi, après la clôture du bilan, chaque entreprise bénéficiaire devra se libérer auprès du Plan de cette obligation.

d) — **Part de bénéfice ajoutée au capital :** chaque unité économique doit ambitionner et promouvoir un progrès continu. Pour ce faire elle doit chaque année élargir les bases de son fonctionnement par l'augmentation de son capital à partir de ses moyens propres. Cette augmentation pourra selon les impératifs être répercutée soit sur le capital fixe, soit sur le capital circulant.

Ainsi, le bénéfice a deux fonctions :

1°/ — Se libérer des dettes qui ont servi à la constitution du capital de départ ; c'est ce qu'on appelle amortissement de la valeur des biens engagés dans une opération.

2°/ — Servir à l'accroissement des moyens de l'entreprise. C'est ce que nous avons formulé en règle d'action en affirmant, un peu arbitrairement, que lorsqu'une entreprise réalise x millions, la première moitié vient à l'amortissement du budget de plan et la seconde va à la base de fonctionnement de l'entreprise.

Le Parti-Etat de Guinée se fixe de réaliser dans le cadre du Plan du développement des objectifs précis. Pour ce faire, le pays dispose des fonds nécessaires pour financer une bonne partie des projets arrêtés. Mais pour que les objectifs soient à la mesure de l'ambition nationale, il faut en outre avoir recours à des sources de financement extérieures, en empruntant de l'argent, soit auprès des pays amis, soit auprès d'organismes financiers et bancaires internationaux ou étrangers. Puisque les projets doivent se traduire dès les premières années par des résultats bénéfiques, on est en droit de souscrire des engagements, étant bien entendu que tous les fonds empruntés doivent être remboursés dans les délais requis dans les bénéfices réalisés par les Secteurs financièrement rentables.

CHAPITRE SEPTIEME

Le sens de la Responsabilité

Les rapports avec les organismes internationaux et les experts étrangers appellent quatre observations :

Si nous voulons imposer une attitude correcte face aux représentants et fonctionnaires des organismes internationaux, pour que leur présence dans notre pays serve effectivement au développement rapide de notre continent, nous devrons d'abord incarner, et, ce, au plus haut degré de pureté et de dynamisme, les véritables intérêts de nos masses populaires, et respecter, en conséquence, la morale saine de notre Peuple, en un mot, les règles de gestion honnête. Si nous sommes purs, les experts le seront obligatoirement ; nous devons donc au préalable nous demander ce qui peut justement être reproché à notre propre conduite. Et si nous parvenons à déceler nos propres insuffisances et à les corriger, c'est seulement alors que nous serons placés dans les conditions d'une intervention efficace permettant le redressement du comportement objectif et subjectif de tous les fonctionnaires internationaux.

La pureté morale exige de se poser toujours la même question : **quelle attitude adopter pour nous refaire et ne pas être refait ?»**

Nous refaire, c'est avoir un comportement hautement responsable, traduisant les exigences de la Révolution, les qualités et les vertus de notre Peuple, car il s'agit de rapports internationaux. Tous les étrangers qui se rendent compte de nos défauts et insuffisances repartent avec l'impression pénible que tel ou tel pays ne fait que parler, mais qu'il lui manque encore les hommes nécessaires à l'incarnation effective des vertus auxquelles il se réfère. Les Peuples réellement vertueux sont ainsi disqualifiés dans l'esprit des experts alors qu'il s'agit d'actes d'individus n'incarnant guère les valeurs cardinales de leurs Peuples. C'est un préjudice grave, voire criminel, que des cadres commettent ainsi à l'encontre de leurs Peuples. L'opinion que l'on se fait d'un pays ne se fait pas à travers le jugement que l'on porte sur les arbres qui s'y trouvent, ni sur ses seules potentialités économiques, ni uniquement sur les propos qu'on y tient ! On juge un pays encore moins dans l'anonymat ; **on le juge à travers le comportement quotidien de certains éléments du Peuple qui sont en contact avec l'étranger.**

Un certain défaut d'analyse amène malheureusement très souvent des hommes à réagir négativement à l'égard de tout un Peuple, parce que tout simplement, il s'est trouvé face à eux quelques nationaux cupides qui se sont laissés corrompre ou qui se sont révélés corruptibles, voleurs, fainéants, irresponsables, tricheurs, etc... Mais par ailleurs, nous devons reconnaître qu'ils sont excusables, en effet ils n'ont commis, eux, qu'une erreur de jugement, car ces nationaux qui assument des fonctions de cadres n'incarnent pas les vertus de leur Peuple. Ceci nous impose et doit nous rappeler la nécessité de sauver l'honneur du pays en nous imposant une discipline rigoureuse dans nos rapports avec tous ceux qui, à l'extérieur, auront à parler de nos nations. Les professeurs, les ingénieurs, les médecins, les pharmaciens, enfin tous ces hommes, tous ces travailleurs de toutes spécialités provenant des divers pays du monde et qui séjournent dans nos pays et au sein de nos Peuples, n'ont pas les yeux bandés ni les oreilles bouchées ! Ce sont des hommes qui voient, entendent, apprécient et jugent ! Ces qualités de discernement sont au demeurant à la base de leur choix par leurs pays respectifs pour servir à l'extérieur. La preuve en est que le comportement de l'expert varie suivant les pays! De même que l'homme est en rapport direct avec la nature et prolonge en quelque sorte celle-ci, de même il est en rapport dynamique avec la société ; et partout, au sein d'une autre société, l'homme est conditionné et par sa propre société, et par cette autre société.

Voyons par exemple un expert sérieusement influencé par des idées racistes en vogue dans son pays ; si chez nous, il trouve en chaque Guinéen l'expression des qualités et des capacités humaines, universelles, cet homme-là sera sauvé de son infirmité philosophique et son séjour en Guinée l'aura débarrassé définitivement de son complexe de supériorité raciale ; il aura désormais une conception plus juste de l'homme d'Afrique. Par contre, voyons le cas d'un autre expert, technicien français ou américain, ami sincère des Peuples africains, champion de la cause sacrée de notre Peuple qui sollicite son affectation en Afrique. Sur place s'il assiste à des scènes déshonorantes, s'il constate des comportements indignes au niveau des cadres, cela le démobilise à coup sûr, au lieu de l'encourager. Cet homme venu en tant qu'ami sincère des Peuples d'Afrique, ne repartira-t-il pas après avoir été transformé en ennemi de l'Afrique, déçu par des Africains ? Nous pouvons répondre oui. **C'est dire que c'est notre comportement, face à nous-mêmes, face à nos Peuples, qui se traduira obligatoirement en force de conditionnement de tout expert étranger.** Celui qui est venu affligé de préjugés retournera au moins ébranlé dans ses propres préjugés; cet autre qui arrive animé de sentiments nobles, repartira plus convaincu de la valeur de ses sentiments internes, parce que, s'il n'avait que des conceptions théoriques sur les Peuples d'Afrique, après son séjour, il aura eu la preuve que l'Afrique est capable et digne.

C'est dire qu'il ne faut jamais minimiser l'importance que nous devons accorder à la présence des citoyens étrangers dans le pays; c'est eux, en définitive, nos meilleurs ambassadeurs : ce sont ces techniciens, médecins, professeurs, venus de pays étrangers amis qui, après avoir servi en Guinée, disent à leur retour et en connaissance de cause, du bien de notre pays dont le prestige s'en trouve ainsi considérablement accru.

La Révolution exige l'auto-critique et ensuite la critique. Souvent nous sommes défaillants vis-à-vis des assistants étrangers. Il faut tout faire pour rendre toujours plus agréable et profitable le séjour, si court soit-il, d'un expert étranger. Tel expert étranger tombe malade, par exemple, pendant une semaine il ne vient pas au travail ; il doit voir un Guinéen à sa porte pour dire : «Frère, nous venons vous voir et vous souhaiter un prompt rétablissement». L'épouse d'un expert vient-elle d'accoucher ? Il faut songer à entourer cette famille de chaleur amicale. Les événements heureux ou malheureux survenus dans la vie quotidienne des experts doivent susciter une réaction humaine, de la part des Guinéens. Les experts étrangers sont des hommes aussi ; si nous parlons des tendances négatives de l'homme, il faut aussi indiquer les tendances positives de l'homme. Comment les accueillir, ces experts ? Nous sommes engagés, vis-à-vis de leur pays, à leur donner les meilleures conditions de logement, quand ils sont au service de notre Peuple. S'agissant du ravitaillement, nous sommes un pays qui préfère ne pas tout consommer, un pays désireux de faire des investissements chaque année pour résoudre les problèmes de l'avenir, un pays qui s'est engagé, en conséquence, dans la politique de développement et qui a, de ce fait, ses propres exigences.

Mais, nous ne devons pas, pour autant obliger les étrangers à adopter nos principes de tempérance. Nous devons les convaincre de la valeur de ces principes ; or ils peuvent accéder à nos options comprendre que telle ou telle restriction est voulue et en saisir la portée bénéfique sur notre développement. Sans explication, ils ne comprendront pas et ne se soumettront pas volontiers à cette politique pourtant juste et justifiable.

Si les problèmes ont un contenu universel, leur mise en équation est liée à un contexte national spécifique, impliquant donc des solutions appropriées. Le seul fait pour un individu de travailler pour notre société en fait un homme digne de mériter de notre régime de travailleurs, et toutes les conditions favorables doivent être créées par nous pour qu'il accomplisse, au mieux sa tâche.

DES VALEURS AUTHENTIQUES

Les experts sont des travailleurs, par conséquent, tous devraient se sentir dans un contexte permettant de les édifier positivement sur les valeurs authentiques de la Révolution Guinéenne, les objectifs de cette Révolution, les méthodes appliquées par cette Révolution. **On ne peut aimer une chose que l'on ne connaît pas, et pour que les experts étrangers aiment davantage notre Peuple, notre Parti-Etat, nous devons les aider à comprendre le pourquoi et le comment de tout ce qu'ils voient autour d'eux.** Alors, ils ne seront plus étonnés ; ils expliqueront tout, grâce à cette connaissance acquise de la Guinée, de sa philosophie, de ses méthodes, de ses principes et surtout de ses objectifs d'avenir.

Une fois, nous avons organisé des soirées artistiques à leur intention ; ils y sont tous venus, même avec leurs enfants en bas âge. C'était un événement tellement inattendu un événement qui les avait tant frappés qu'ils ont estimé que même les petits enfants ne pouvaient pas y manquer ! Les plus sensibles ont été touchés jusqu'aux larmes, comprenant la signification morale de l'acte ! Cela doit être désormais un fait traditionnel. Nous avons nos Ballets qu'ils ne peuvent pas voir très souvent dans leurs propres pays ; donc quand ils viennent en Guinée, nous devons leur donner l'occasion de connaître les grandes richesses culturelles du pays. Pour maints étrangers, voir les Ballets Africains de Guinée est un projet précieux, un rêve ! Dès leur retour chez eux on leur posera la question : «et les Ballets Africains ?» S'ils répondent : «je n'ai pas eu l'occasion de les voir» ; ce serait parce que l'occasion ne leur aura jamais été donnée.

Quand ils expriment le désir de voir un spectacle, la priorité doit leur être accordée à l'entrée dans la salle ; chacun doit continuer à se comporter à leur égard comme vis-à-vis d'étrangers méritant de bénéficier du maximum d'assistance. Au niveau d'une région, le Bureau Fédéral, une ou deux fois par an, doit réunir tous les experts de toutes nationalités pour partager avec eux un repas, demander ce dont ils sont privés, leur situation sanitaire, se renseigner sur leurs conditions de travail.

Pour comprendre la nécessité d'accroître notre sollicitude à l'égard des experts étrangers, que chacun s'imagine un instant travaillant dans les mêmes conditions dans un pays étranger, dans un village de ce pays, isolé de tout, ne trouvant personne pour partager un repas avec lui, pour lui manifester le moindre sentiment humain, la moindre sympathie, même quand il est malade ! Eh bien, l'homme n'obéissant pas qu'à l'argent, même l'expert qui est venu dans le but de s'enrichir aurait besoin de cet aspect humain dans les rapports. S'il est déçu dans son projet d'enrichissement. il doit trouver une compensation en chaleur humaine, en amitié, en confiance, en coopération !

A l'échelon national, à l'échelon des Ministères de Développement Rural, des Régions, voire des Arrondissements, la situation à faire aux experts étrangers, est à qualifier.

Donnons un exemple de devoir vis-à-vis des experts étrangers : le camarade Secrétaire Général du PDG est par exemple en tournée ; non seulement la population militante se fait le devoir de se mobiliser et l'accueille chaleureusement, mais aussi les experts s'imposent le même devoir en participant à tout le programme des manifestations ; à la tribune, ce sont les Chinois, les Américains, les Soviétiques, les Yougoslaves, les Italiens, etc... qui doivent occuper en priorité les fauteuils ou toute autre place de choix. Devant les cinémas, les maisons de commerce, on doit s'effacer pour leur laisser le passage.

Ainsi, nous devons avoir des rapports dignes de nos traditions d'hospitalité avec tous les experts étrangers. L'expert a des exigences et des besoins que le Peuple qui l'accueille a le devoir de satisfaire pour qu'il se sente dans les meilleures conditions de travail ; il faut libérer son esprit de certains soucis, afin qu'il se donne entièrement à sa tâche.

LA PLACE DES EXPERTS DANS LA REALISATION D'UN PROJET ET LOI OBJECTIVE REGISSANT LA DEMANDE D'ASSISTANCE

Il importe de préciser à nouveau la philosophie des rapports internationaux entre l'Etat Guinéen et les Organismes Internationaux. **C'est la philosophie d'une coopération excluant la subordination ou l'irresponsabilité d'un des partenaires.** Ce point est capital, car il s'agit de la définition même de la nature des rapports devant exister entre nos Etats et les Organismes Internationaux.

Toute action se traduit en processus composé d'une chaîne de phases :

La première phase est celle de la conception de l'objectif ou des objectifs considérés comme indispensables à un progrès souhaité.

La deuxième phase est l'étude, la discussion et la décision de l'action à engager pour atteindre aux objectifs et la détermination des énergies et des moyens nécessaires aux transformations souhaitées.

La troisième phase est l'exécution de la décision retenue.

Enfin la quatrième phase est le contrôle permanent permettant de mesurer le rythme des transformations, de corriger les erreurs qu'ont pu comporter les vues théoriques faites au moment de la conception ou de la décision.

Une telle méthode de travail est indiscutable.

C'est à la lumière de la philosophie devant régir nos rapports avec les organismes internationaux que se situe la responsabilité des partenaires à chacune de ces phases. Cette démarche est indispensable car, sans elle, il y a possibilité de confusion et de contradiction pouvant compromettre la réussite des actions engagées.

Nous devons savoir que dans la phase de la conception, nous sommes seuls responsables de l'établissement de tout plan de développement économique, politique, sociale et culturel intéressant notre Peuple. Nous ne partageons cette responsabilité avec personne, avec aucun organisme quel que puisse être son degré d'efficacité ou d'utilité à l'histoire guinéenne. **Tout plan de développement étant un acte souverain relevant du Peuple, la responsabilité qu'assument les divers organismes dirigeants du Peuple, les objectifs devant requérir l'intervention extérieure ne peuvent être fixés dans leur nature et dans leurs dimensions que par l'Etat souverain.** A nos yeux, tout «piétinement» de ce pouvoir constitue sans aucun doute une aliénation des attributs de souveraineté par un organisme étranger.

Dans la deuxième phase, celle de la discussion, de la décision, c'est également à la République de Guinée d'abord que revient le droit absolu et exclusif d'engager tout acte fixant les conditions et les objectifs du développement. C'est lorsque le plan national de développement conçu est discuté et décidé par le Peuple de Guinée ou par les instances dont il s'est doté, que l'Etat de Guinée, à travers son Gouvernement, peut estimer devoir demander une aide, une assistance à qui de droit, qu'il s'agisse du concours de pays étrangers, de la coopération avec des sociétés ou firmes étrangères ou des organismes internationaux, qu'il s'agisse de la coopération bilatérale ou multinationale. Les organismes internationaux, expression de la volonté de solidarité animant les Nations Unies, s'étant assigné comme mission d'apporter leur concours, dans certains domaines, au développement rapide et harmonieux des collectivités sociales par ailleurs membres des Nations Unies en tant que nations, peuvent être sollicités par un Etat, pour qu'une aide, une assistance de leur part, facilite au Peuple concerné la réalisation rapide et efficace de tels ou tels objectifs de son développement ; et, c'est pourquoi, au niveau des Nations Unies comme au niveau des organismes internationaux se réclamant des Nations Unies, il faut que chaque Etat membre adhérant à tel ou tel organisme, se soumette aux obligations contractuelles notamment au payement régulier d'une certaine contribution financière, pour que cet Etat acquiert le droit de bénéficier des avantages desdits organismes internationaux.

Ainsi, la République de Guinée doit payer chaque année une contribution financière, d'abord aux Nations Unies, ensuite à tous les organismes internationaux auxquels elle adhère sous l'égide de l'O.N.U. dont elle est membre. L'ensemble des cotisations réunies au niveau de chacun de ces organismes internationaux ainsi que les dons faits par certains pays constituent les moyens financiers que lesdits organismes internationaux utiliseront pour s'acquitter de leurs missions respectives. Et ce sont les représentants des Etats qui, périodiquement, discutent des budgets de chacun de ces organismes et du mode d'utilisation des moyens financiers, techniques et humains dont dispose chaque organisme international.

Certes, tous ceux qui paient une contribution ne sont pas des demandeurs. Ce sont ceux qui se trouvent dans des conditions objectives justifiant une intervention extérieure qui demandent cette intervention, et soumettent tel ou tel projet, tel ou tel programme, à tel ou tel organisme international ; et le mode de fonctionnement de l'organisme permet à des organes exécutifs de se prononcer après les enquêtes réglementaires définies dans le statut ou le règlement intérieur de l'organisme concerné.

Ainsi, une contradiction peut exister entre les objectifs arrêtés par un état souverain et les dispositions réglementaires ou statutaires d'un organisme international. Dans ce cas, ledit organisme explique tout simplement à l'Etat demandeur que, conformément à sa mission dont le cadre est strictement défini, il ne peut résoudre favorablement tel ou tel problème posé à lui par cet Etat. Une autre contradiction est celle existant entre la conformité de la demande de l'Etat à la nature et au programme d'intervention de l'organisme international, et les dimensions de l'intervention sollicitée par l'Etat. Cette contradiction se pose chaque fois que la demande ne correspond pas aux possibilités de l'organisme; il appartient encore à ce dernier de dire à l'Etat demandeur : «d'accord pour le fond, mais pour la forme, nos moyens étant limités, nous ne pourrons exécuter que telle partie de votre programme». II y a donc deux objections : objection totale ou objection partielle. La souveraineté absolue de l'Etat demandeur est donc respectée. Il est seul juge de sa politique et de la traduction objective de cette politique en acte de développement, tout comme l'organisme international juge aussi, en conformité avec sa mission et ses moyens, les champs de son intervention et les conditions de cette aide. Les rapports ne sont pas des rapports confondus, mais des rapports d'assistance, d'aide.

La philosophie qui doit dominer notre comportement vis-à-vis des organismes internationaux est ainsi en parfaite compatibilité avec la dignité et les intérêts normaux matériels de la nation. La responsabilité exclusive de l'Etat Guinéen dans le domaine de la conception du programme et de la décision, est sans appel; l'expert n'intervient que dans la mesure où l'organisme international a considéré que l'action soumise est conforme à sa mission d'assistance et demande éventuellement que les dimensions soient ramenées aux limites de ses moyens disponibles.

L'expert étranger qui vient en Guinée, chargé de l'exécution d'une tâche donnée, a pour seul devoir d'exécuter cette tâche. Le citoyen Guinéen est seul impliqué dans les deux premiers actes de la conception et de la discussion-décision. **Si l'expert étranger devient sujet de l'action qu'il doit mener en faveur du pays assisté, son ou ses homologues nationaux sont tout à la fois sujets et objets car il s'agit du progrès de leur Peuple, du bien-être matériel et moral de leur nation, en un mot du développement historique de leur pays.**

La nécessité permanente de la vigilance doit se matérialiser sous la forme du contrôle objectif du niveau d'utilité et d'efficacité pratique de l'assistance technique ; cela est assorti d'une démarche dynamique, celle consistant à doubler obligatoirement chaque technicien étranger d'un ou de deux techniciens nationaux. Aucun pays n'a le monopole du savoir, du savoir technique, du savoir scientifique, du savoir technologique, encore moins un homme ou un groupe d'hommes. Si nous faisons appel à l'intervention étrangère dans le domaine technique et technologique, c'est seulement en raison du manque actuel de techniciens nationaux, pénurie indépendante de notre volonté car due à l'héritage laissé par le passé colonial que nos Peuples ont connu et subi. Donc, en utilisant un technicien étranger, il faut immédiatement désigner son ou ses homologues nationaux agissant parallèlement et activement avec lui. Il reste entendu que les homologues sont plus responsables que les experts étrangers qui, eux, n'ont que les connaissances techniques et technologiques alors que les cadres nationaux sont, non seulement des responsables techniques et technologiques, mais aussi des représentants de notre Peuple, au service exclusif duquel ils se sont résolument placés.

Nos rapports avec les organismes internationux ne seront jamais des rapports de subordination. Notre Etat est souverain, il ne saurait être subordonné à qui que ce soit ou quoi que ce soit. Notre conception des rapports avec ces organismes exclut l'égalité de responsabilités telle que celle qui caractérise les rapports des membres d'une coopérative qui, ayant conçu, décidé, réalisé ensemble, évoluent dans des rapports de stricte égalité en raison de la communauté absolue des intérêts des uns et des autres.

Nos rapports avec les organismes internationaux qui sont des rapports d'aide, d'assistance, sont d'une autre nature que les rapports coopératifs. Bien que le mot « coopération internationale » soit en vogue, il ne faut pas donner au concept « coopération » sa valeur absolue.

Les organismes internationaux ne viennent pas du ciel, désignés par Dieu au-dessus des contingences nationales d'ordre politique, économique et socio-culturel ! Les organismes internationaux sont constitués par les moyens que leur offrent les Etats existant, des Etats concrets, ayant leurs points de vue, leurs intérêts, leur regime politique, leur attitude et, aussi, toutes les incompatibilités qui existent entre chacun d'eux et les autres. Les organismes internationaux reflètent donc les contradictions à l'échelle mondiale caractérisant des rapports entre les différentes nations chaque nation voulant réaliser ses intérêts économiques, politiques. diplomatiques, stratégiques à travers les actes concrets de chacun de ces organismes, tout en apparaissant comme suivant une ligne impersonnelle, toute de générosité et de compréhension. Mais la réalité, elle, se traduit et se traduira toujours dans le comportement des hommes, des classes, des Etats. C'est dire que, puisque les organismes internationaux utilisent les moyens des nations entre lesquelles existent des contradictions, leur mission a beau vouloir être supra-nationale, les hommes qui doivent traduire cette mission supra-nationale sont tous des nationaux de tel ou tel pays soucieux des intérêts économiques de celui-ci, de sa politique, de sa culture propre. Tout ressortissant d'un tel pays épouse ces coordonnées que nous venons de rappeler. **Il n'y a pas d'homme détaché de ses liens de classes, de ses intérêts nationaux, de son milieu culturel !**

Aussi, le concept de fonctionnaire international doit-il être compris dans son sens très relatif. Consciemment ou non, l'expert tend à faire valoir de façon plus ou moins intelligente, plus ou moins subtile le point de vue de sa nation ou celui de la classe sociale à laquelle il appartient. C'est pourquoi il n'est pas étonnant que lorsqu'un fonctionnaire international a une attitude absolument contraire à celle des classes dominantes de son pays, très souvent, son propre pays le fait remplacer par un autre, considéré comme étant plus apte à traduire son point de vue. Par contre, un fonctionnaire international, qui se fait subtil et défenseur zélé des intérêts de son pays dans ses actes et ses propos, est appelé à des hautes destinées dans son pays, sans compter qu'il peut prolonger longtemps la durée de sa fonction. Cette contradiction doit être comprise afin que nous puissions limiter non pas la confiance en un fonctionnaire international, mais les attributions que nous devons lui confier. Autant que possible, les attributions à lui confier doivent être d'un caractère technique ; les sciences exactes sont plus controlables que les sciences sociales qui obéïssent à des conditions de spécificité propres à chaque Peuple, à chaque Nation. Nous acceptons donc l'assistance technique, non pas avec réserve mais avec vigilance, ce qui est différent.

Il y a une autre contradiction qui doit être connue pour que l'utilisation de l'assistance technique internationale ne porte pas atteinte aux intérêts du pays assisté. La pratique nous enseigne que lorsqu'un million de dollars sont accordés par un organisme international pour la réalisation d'une action quelconque dans un pays africain au moins 600 000 à 800 000 dollars, soit 60 à 80% de ces crédits servent au paiement des frais d'études, d'indemnités, de déplacement et de salaires des experts étrangers, et à peine 1/5 ou tout au plus le quart se trouve affecté à l'acquisition du matériel d'équipement. C'est ainsi qu'à des sommes très importantes, accordées aux pays africains correspondent toujours des résultats très minces, n'ayant aucun rapport de grandeur avec la somme des crédits dépensés. L'expert est un homme, ce n'est pas un ange, il a ses intérêts personnels les intérêts de la classe dominante de son pays, enfin les intérêts de son organisme à défendre. Mais, contre quoi défend-il ces intérêts, car pour qu'il y ait opposition, il faut au moins deux termes ? C'est contre l'intérêt du pays assisté que ce fonctionnaire international défend les intérêts dont nous venons de parler. Donc, si l'expert est utile au pays assisté, c'est dans la seule mesure où il saura mettre son savoir technique, sa technologie, sa capacité de travail créateur à la disposition de ce pays assisté pour que celui-ci en bénéficie en moyens d'évolution. Aussi, **le pays assisté doit, avec vigilance, contrôler l'apport effectif de tout expert et s'en débarrasser dès que cet apport est considéré comme nul ou négatif.** Dans le même cadre d'idées, le pays assisté est nécessaire à l'expert ; ce n'est pas seulement que l'expert et son pays soient nécessaires au pays assisté, mais le pays assisté est aussi nécessaire à l'expert et au pays de celui-ci ! La preuve est que dans toutes les nations, il y a des techniciens de toutes spécialités qui sollicitent à longueur de journée des emplois, des postes internationaux, ceci en raison des avantages moraux, politiques, économiques ou financiers qu'ils pourraient tirer aussi de l'exercice de ces fonctions internationales. D'autre part, chaque nation techniquement et technologiquement avancée, cherche à placer ses nationaux dans les Organismes Internationaux pour s'assurer une présence conforme à ses intérêts. **Si sur la surface du globe les nécessités d'assistance extérieure prenaient fin, il n'y aurait plus d'experts étrangers !** Certains experts se plaisent à prolonger la durée de leur contrat ; ce qui peut être fait en un an, ils ne le feront qu'en trois ans ! Car, aussi longtemps qu'ils sont assistants, les avantages multiformes dont ils bénéficient leur restent dûs, ce qui satisfait leurs intérêts, mais en contradiction avec ceux des pays assistés. Cette situation exige donc un état de vigilance de la part de chaque pays requérant l'assistance internationale afin qu'il puisse tirer le maximum de profit de la présence de fonctionnaires étrangers et se passer le plus tôt possible de toute assistance technique étrangère.

La centralisation des actes dans la conception et la programmation ne s'oppose pas à la décentralisation dans l'exécution. La diversité des champs d'intervention favorise le parallélisme des rapports et conduit parfois au double emploi. C'est dire que la nécessité de rationaliser la procédure d'intervention s'impose.

Le caractère rationnel d'une organisation est à la fois défini par la précision du but, des objectifs à atteindre, et par la technique caractérisant les formes et moyens d'intervention en fonction des bases de fonctionnement assortie des principes d'un contrôle périodique; ainsi les causes déterminantes du succès ou de l'insuccès, en vue d'une correction de l'action, sont toujours correctement perçues pour l'essentiel.

Ainsi, quelle que soit la diversité des formes d'intervention comme des moyens d'intervention, le caractère rationnel d'une organisation implique l'unicité directionnelle symbolisant le plus court chemin et reliant les moyens humains et matériels aux buts ou aux objectifs auxquels l'on veut atteindre. Nous adoptons donc le système de centralisation au sommet, de tous les actes conduisant à l'établissement des projets, à la définition des rapports entre la Guinée et les organismes internationaux, au contrôle des activités liées à un contrat, à la gestion du personnel international et à celle des moyens mis à notre disposition. Une telle méthode permet effectivement d'apporter à temps toute correction nécessaire à la meilleure utilisation de l'assistance technique internationale, ce qui n'exclut pas une décentralisation dans l'exécution, grâce à la répartition des tâches confiées, selon le principe de la précision des responsabilités.

Le nombre de ces organismes s'élargit de plus en plus. En effet, dans le secteur économique et financier, il existe le PNUD (Programme des Nations Unies pour le Développement), le Fonds Monétaire International, la BIRD avec ses sections la BAD (Banque Africaine de Développement, etc...) Pour le secteur social et celui de l'Education, de la Culture, de la Science et de la Technique, il existe l'UNESCO, l'UNCEF, l'OMS, le PAM, le BIT, pour le domaine des Echanges et des Communications, nous avons : l'Union Postale Universelle, l'Union Panafricaine des Postes, l'Organisation Mondiale de la Météorologie. Pour le secteur rural, c'est la FAO. Nous constatons que chacun de ces organismes intervient au niveau de plusieurs de nos secteurs et qu'au niveau de chaque département, il y a ainsi un bureau organisé pour être en relation directe avec tel ou tel organisme international. Au niveau de chaque Domaine ministériel regroupant quatre ou cinq ministères, il y a également un bureau de centralisation. Sur le plan national, il a été créé un **Ministère au niveau de la Présidence de la République, chargé de la Coopération Technique Internationale.** Il comporte en son sein des sections chargées de tâches techniques spécifiques.

CONCLUSION

Le problème économique, produire tout ce qui est nécessaire à la Nation, est en permanence, à l'ordre du jour et chacun doit apporter sa contribution à sa juste solution. Nous devons barrer le chemin du crime à la minorité active des affameurs du Peuple ; nous devons, en un mot, affronter toutes les difficultés avec la force et la conviction de les aplanir. La volonté de progrès social nous commande d'adopter ce comportement dynamique. Nous devons savoir que toute Révolution a en son sein son contraire. Nous devons donc peser sur nous-mêmes, en nous imposant la loi de l'effort dans la formation idéologique permanente, la loi de l'effort dans la maîtrise des techniques, la loi de l'effort en restant toujours fidèles à la Révolution et au Peuple.

Nous connaissons tous le principe du levier, le rapport entre la puissance et la résistance et le rôle du point d'appui. Ce principe physique, nous pouvons et nous devons le traduire quotidiennement dans le comportement politique. La résistance n'est autre chose ici que le passé et tous les vieux privilèges qu'il comporte et que notre Peuple est déjà en train d'abolir ; ce sont les insuffisances, l'esprit de facilité, le vol, la résistance au travail, en un mot, les entraves que créent sur le chemin de la Révolution les classes réactionnaires, celles qui voudraient toujours avoir à leur disposition les biens du Peuple afin de s'enrichir continuellement, pourvu que le Peuple demeure dans la médiocrité. Ces forces réactionnaires qui sont des obstacles au progrès doivent être brisées. Mais par quoi ? Par la puissance et cette puissance est représentée par le peuple lui-même, le Peuple organisé, le Peuple conscient, le Peuple mobilisé, le Peuple combattant ! Il faut que la Révolution qui, déjà nous mobilise, continue à éduquer, à organiser à pousser le Peuple à aller toujours de l'avant afin que sa puissance puisse anéantir tout ce qui est capable, tant soit peu, d'entraver son essor économique, son évolution sociale et son progrès culturel. Si le Peuple a cette puissance, le point d'appui n'est autre chose que le régime lui-même, c'est-à-dire les structures pensées et créées par le Parti-Etat. La base sociale du Parti-Etat est constituée par les forces laborieuses (la classe ouvrière, la classe paysanne, les artisans, tous ceux qui peinent pour créer). Nous le rappelons tous les jours; ce sont les seuls éléments qui peuvent faire la Révolution, les éléments avec lesquels nous devons compter.

Telles sont et demeurent les conditions de protection et de qualification de la ligne. Les moyens à utiliser pour ce faire restent :

1. Les moyens idéologiques, politiques, intellectuels, moraux, la science et toutes ses ressources, la technique et la technologie pour le progrès économique et social ;

2. Le perfectionnement continu de l'organisation de de toutes les activités productives de la société.

Des Peuples nous donnent des exemples bien frappants que nous avons déjà cités : la Chine, par exemple, connaissait, chaque année, avant la Révolution, avant l'indépendance de ce pays, la famine ; des millions et des millions de personnes mouraient tout simplement de faim ! La maladie ravageait le Peuple ! Aujourd'hui, c'est ce même Peuple qui exporte des millions et des millions de tonnes de riz pour nourrir l'humanité ! Le Vietnam, en guerre durant près de trente ans, pouvait non seulement se suffire, mais exporter encore des denrées alimentaires. Voilà des exemples frappants. Nous Guinéens pouvons et devrons faire davantage avec toutes les facilités de la nature que nous avons. La terre de Guinée est certainement l'une des plus fertiles des terres d'Afrique : partout les cours d'eau sillonnent le pays, tout pousse en Guinée ; nous sommes donc condamnés à réussir ; il faut que chaque cadre du Parti, chaque matin, chaque soir, dise : «Mon Peuple est condamné au succès, et je dois contribuer à sa victoire ».

Aussi il faut créer partout la tension économique, la véritable mystique de travail ; il faut partout indiquer que le Plan Quinquennal est bien la cristallisation dialectique de l'ensemble de nos légitimes aspirations. Que partout l'on sache qu'il exprime la volonté, les ordres du Peuple militant de Guinée ! Que partout l'on sache que le Plan est donc l'exigence fondamentale à laquelle l'homme, la femme, le jeune et le vieux de Guinée doivent se plier à tout instant. Il faut que partout chacun ait cette conscience et veuille, par sa volonté et son aptitude, apporter toute sa contribution à la création du progrès économique et social de la Guinée.

Le Pouvoir Révolutionnaire Local (P.R.L), c'est tout le Peuple organisé dans les centres urbains, comme dans les centres ruraux. Si le Parti arrive à parachever l'organisation de la vie sociale qu'il a réussi à créer, si le Parti arrive à résoudre convenablement l'ensemble des problèmes posés au Peuple de Guinée, il se sera acquitté de sa mission essentielle, à savoir, parfaire les rapports de production, tous les rapports sociaux , permettre, grâce à la démocratie, au Peuple de se fixer des objectifs nouveaux et de les réaliser grâce à l'action collective. L'application rigoureuse des décisions démocratiquement prises doit être suivie davantage. Les visions théoriques sont toujours plus faciles que l'action pratique. En théorie, il suffit de poser correctement les équations ; de bien choisir les paramètres pour trouver la solution juste aux problèmes. Mais dans la pratique, il y a des forces de résistance à vaincre. Certes, grâce au Parti, notre société est solidement organisée, mais rien n'étant achevé une fois pour toutes pour la Révolution, nous éprouvons constamment le besoin de parfaire son état d'organisation. Une telle action tombe dans le champ de la lutte de classes. En effet certains voudraient que rien ne change parce que dans la situation actuelle, ayant quelques privilèges, ils aimeraient les conserver et même les accroître au détriment des masses laborieuses. Or, la Révolution considère que ces privilèges doivent être brisés pour une justice plus grande. C'est pourquoi l'action va comporter la lutte dans toutes les directions, mais cette lutte bien que multidimensionnelle, s'effectue essentiellement sous deux formes :

— La lutte sur nous-mêmes et contre nous-mêmes,

— La lutte contre les rapports sociaux dépassés, contre les éléments qui sont opposés au bien-être collectif. Mais pour que nous ayons suffisamment de force contre la minorité des réactionnaires, il faut que nous ayons suffisamment de force su nous-mêmes pour que l'hésitation ne soit plus possible dans notre attitude, pour que la compromission ne soit plus possible, pour que l'inaction soit bannie, pour que l'improvisation soit bannie également. C'est dire que les deux formes de lutte sont intimement liées. Nous devons toujours savoir analyser les situations qui se présentent et procéder aux choix les plus justes, choix qui vont requérir encore de nous de nouveaux efforts. Si nous arrivons à nous maîtriser nous-mêmes, à ne jamais accepter ce qui peut créer un fossé entre nous et les masses, à travailler sans relâche aucune, a souffrir et à espérer avec les masses, il est certain que notre force sur l'ennemi du Peuple deviendra puissante, car c'est le Peuple qui sera le point d'appui de la puissance de l'action que nous allons mener contre les ennemis de classe. En un mot, nous devons nous conformer à la thèse des trois attitudes du dirigeant révolutionnaire : être derrière les masses, au sein des masses et à l'avant-garde.

Le Peuple doit maîtriser le circuit économique, notamment la distribution des marchandises. Alors le Peuple continuera à nous conserver toute la confiance et dans l'enthousiasme et dans toute cette confiance, à exécuter méthodiquement les actions inscrites dans le Plan quinquennal 1973-1978.

L'action de l'Etat est impersonnelle ; il faut que les cadres régionaux aient des rapports militants avec tous les camarades, qu'ils ne servent aucun intérêt particulier au détriment de l'intérêt du Peuple.

Là aussi, il faut énormément de force morale, énormément de courage pour savoir dire à un camarade collaborateur, non ! chaque fois que son attitude est contraire à la ligne du Parti, être toujours du côté du faible, du pauvre, du travailleur, contre ceux qui sont encore porteurs de complexes de supériorité et qui voudraient confisquer à leur seul profit le pouvoir acquis par le Peuple grâce à la lutte. Il faut que les camarades membres des bureaux fédéraux conprennent que de leur cohésion dépend la force du Parti national. La cohésion réside dans l'unité idéologique de la direction en ce qui concerne toutes les questions de la ligne. L'on ne saurait dans ces conditions que parler de l'unité dans la construction du développement heureux du Peuple, l'unité dans la conception, la discussion, dans l'application correcte de toutes les décisions. Or, l'unité n'est possible que dans la sincérité. Il faut donc que les rapports entre les membres des organismes dirigeants, notamment des bureaux fédéraux, demeurent des rapports militants. Au niveau d'un Comité directeur, ils doivent créer les mêmes rapports, les entretenir et les développer, comme il en est de même dans les Pouvoirs Révolutionnaires Locaux (PRL).

La nouvelle offensive est l'application du mot d'ordre de la Révolution : « **l'homme qu'il faut à la place qu'il faut** », et du mot d'ordre «**radicalisation de la Révolution**» par l'incarnation de la pureté révolutionnaire, de la sincérité révolutionnaire et l'amour constant du travail. La place privilégiée est aux producteurs au sein du Peuple guinéen.

Le Parti Démocratique de Guinée giflera encore ses ennemis, liquidera la contre-révolution et fera accélérer la marche du Peuple de Guinée vers le soleil du bonheur, de la prospérité, vers l'émancipation de notre société et vers l'agrandissement de notre contribution à l'histoire africaine et internationale.

Déjà le plan quinquennal s'accomplit et les grands objectifs de la Révolution, les grands projets industriels qui ont préoccupé longtemps le Peuple de Guinée se réalisent. **C'est la Guinée qui a les 2/3 de la bauxite du monde. Il est établi qu'elle a, en tant que Nation, les plus grandes réserves de fer et de teneur atteignant 72% que l'on ne trouve pas ailleurs ! Il est également établi que pour le diament les 3/4 de la superficie en sous-sol du pays renferment ce charbon et que la Guinée a plus de réserves que l'Afrique du Sud ! Il est aussi établi maintenant que la Guinée a des grandes réserves en pétrole.** La nature ne peut pas offrir tant de choses à un Peuple organisé sur la base de la Révolution et que ce Peuple puisse échouer dans son entreprise historique.

Nous avons un vaste programme qui a demandé près de deux milliards de dollars et ce programme se réalise ! La réalisation du Trans-Guinéen, le nouveau chemin de fer reliant l'Océan à N'Zérékoré et à Tougué ayant demandé plus d'un milliard de dollars, est assuré désormais !

L'avenir est la démonstration de la viabilité de la ligne révolutionnaire sur la ligne néo-colonialiste.

C'est pourquoi nous devons radicaliser la Révolution, parfaire nos rapports au sein de la société, augmenter la production nationale, pouvoir satisfaire tous nos besoins et rester solidaires de tous les fronts de lutte de par le monde.

Notre solidarité doit être inconditionnelle à l'égard de ceux qui luttent pour la liberté et la dignité. Les cadres des P.R.L. doivent devenir des hommes nouveaux pour la phase historique nouvelle, faire la démonstration des capacités infinies de notre Peuple, dans la conception, la décision et la réalisation de son bonheur. Le chemin est grand, il est long, plein d'embûches, mais nous avons une grande volonté, une foi profonde, le dévouement à tout instant et aussi la certitude de la victoire.

L'avenir de la Révolution doit être le souci permanent de tous les militants fidèles au Peuple. Construire cet avenir tous les jours, accepter les efforts, abandonner la facilité, donner le dos à l'exploitation et à la corruption, rester soumis au Peuple, dévoué à sa cause, œuvrer à l'instruction de ceux qui ne sont pas instruits, maîtriser la technologie pour aider les autres à y accéder, tous les jours être élève et maître, apprenant des autres et apprenant aux autres, voilà autant de contraintes qui confirmeront avec davantage de force la puissance de la Révolution guinéenne. Et alors la Nation se consolidera sur la base de la vraie démocratie qui conduira son action vers la prospérité de tous dans la sécurité de tous.

ABREVIATION

P.N.U.D.
Programme des Nations Unies pour le Développement

R.D.A.
Rassemblement Démocratique Africain

P.R.C.
Pouvoir Révolutionnaire Central

P.R.R.
Pouvoir Révolutionnaire Régional

P.R.L.
Pouvoir Révolutionnaire Local

T.U.C.
Transport Urbain Conakry

O.N.R.R.
Office National de Rail-Route

B.C.R.G.
Banque Centrale de la République de Guinée

C.E.R.
Centre d'Education Révolutionnaire

B.N.D.A.
Banque Nationale de Développement Agricole

C.N.R.
Conseil National de la Révolution

O.C.A.
Office de Commercialisation Agricole

B.G.C.E.
Banque Guinéenne de Commerce Extérieur

B.A.D.

Banque Africaine de Développement

E.R.C.

Entreprise Régionale de Commerce

E.N.T.A.

Entreprise Nationale des Tabacs — Allumettes

O.P.E.M.A.

Office des Pêches Maritimes

C.B.G.

Compagnie des Bauxites de Guinée

E.M.A.P.E.

Entreprise Nationale d'importation du Matériel de Pêche

O.E.R.S.

Organisation des Etats Riverains du Sénégal

AGRIMA

Entreprise Nationale d'importation de Matériels Agricoles

B.M.P.

Brigade Mécanisée de Production

B.A.P.

Brigade Attelée de Production

PROSECO

Entreprise Nationale d'Exportation de Produits secs et Oléagineux

O.M.S.

Organisation Mondiale de la Santé.

TABLE DES MATIERES

CHAPITRE QUATRIEME

CHAPITRE CINQUIEME

CHAPITRE SIXIEME

CHAPITRE SEPTIÈME

Structures éditoriales du groupe L'Harmattan

L'Harmattan Italie
Via degli Artisti, 15
10124 Torino
harmattan.italia@gmail.com

L'Harmattan Hongrie
Kossuth l. u. 14-16.
1053 Budapest
harmattan@harmattan.hu

L'Harmattan Sénégal
10 VDN en face Mermoz
BP 45034 Dakar-Fann
senharmattan@gmail.com

L'Harmattan Cameroun
TSINGA/FECAFOOT
BP 11486 Yaoundé
inkoukam@gmail.com

L'Harmattan Burkina Faso
Achille Somé – tengnule@hotmail.fr

L'Harmattan Guinée
Almamya, rue KA 028 OKB Agency
BP 3470 Conakry
harmattanguinee@yahoo.fr

L'Harmattan RDC
185, avenue Nyangwe
Commune de Lingwala – Kinshasa
matangilamusadila@yahoo.fr

L'Harmattan Congo
67, boulevard Denis-Sassou-N'Guesso
BP 2874 Brazzaville
harmattan.congo@yahoo.fr

L'Harmattan Mali
ACI 2000 - Immeuble Mgr Jean Marie Cisse
Bureau 10
BP 145 Bamako-Mali
mali@harmattan.fr

L'Harmattan Togo
Djidjole – Lomé
Maison Amela
face EPP BATOME
ddamela@aol.com

L'Harmattan Côte d'Ivoire
Résidence Karl – Cité des Arts
Abidjan-Cocody
03 BP 1588 Abidjan
espace_harmattan.ci@hotmail.fr

Nos librairies en France

Librairie internationale
16, rue des Écoles
75005 Paris
librairie.internationale@harmattan.fr
01 40 46 79 11
www.librairieharmattan.com

Librairie des savoirs
21, rue des Écoles
75005 Paris
librairie.sh@harmattan.fr
01 46 34 13 71
www.librairieharmattansh.com

Librairie Le Lucernaire
53, rue Notre-Dame-des-Champs
75006 Paris
librairie@lucernaire.fr
01 42 22 67 13

www.ingramcontent.com/pod-product-compliance
Lightning Source LLC
LaVergne TN
LVHW021138061026
849535LV00002B/283